涉铁检察业务丛书

编委会主任◎姜建初

侵犯财产罪刑事检察

QINFAN CAICHANZUI

XINGSHI JIANCHA

主　编◎曹　康

副主编◎李睿杰　刘光辉

中国检察出版社

总序言

党的十八大以来，习近平总书记站在治国理政的战略高度，统筹协调推进"四个全面"总体布局，围绕全面依法治国作出了一系列重要论述。在论及政法工作时，习近平总书记深刻指出：同面临的形势和任务相比，政法队伍的能力水平还不适应，追不上、打不赢、说不过、判不明等"本领恐慌"的问题还没有完全解决。对此，曹建明检察长也反复强调：要把检察队伍能力建设作为一项重要任务来抓，持之以恒地提高检察官职业素养和专业水平。检察机关学习贯彻习近平总书记系列讲话精神，就是要结合检察工作实际，勇于担当，开拓创新，在全面依法治国进程中有更大的作为。铁路检察机关作为国家在铁路领域推进法治建设、维护公平正义的重要力量，必须按照高检院党组和曹建明检察长的要求，以执法规范化和队伍专业化建设为核心，坚持问题导向，补齐工作短板，努力提升队伍的专业素质、办案能力和执法水平。

正是从这个着眼点出发，铁路运输检察厅会同铁路检察官分会，组织全国铁检机关的优秀人才，不辞辛苦，攻坚克难，下功夫编写出这套集理论与实务为一体的检察业务指导丛书，实为难能可贵！丛书总结铁检机关办案实践，体现出铁检工作的特色和需求，具有较强的实用价值，同时也弥补了铁检系统多年来没有自己特色业务工具书的短板。这对于新时期铁检队伍建设、业务建设以及执法办案工作创新发展，无疑是一件普惠长久的大好事。

这套丛书涉及的业务内容广泛、文字工作量巨大，既结合法学理论和检察实务新成果、新实践，对铁检机关执法办案中的常见罪名及其相关重点、难点问题进行概括论述；又根据指导办案需要，广泛收集、编写铁检机关侦查、预防、侦监、公诉等业务的典型案例。各级铁检机关克服种种困难，踊跃承担编写任务，大约有300多名业务骨干不同程度地参与到编写工作中，付出极大的热情和精力。当一部部厚重的书稿陆续呈现时，我不仅为它们能够填补铁检业务建设的一项空白感到欣慰，而且为我们队伍中拥有这样一批高素质、有担当、肯奉献的精英人才感到由衷的自豪，为他们"点赞"！

这套丛书以刑法罪名分类为主轴编辑写作，在体例框架和内容方面体现出以下几个特点：一是立足业务指导，功能定位明确。各分册紧紧围绕办案工作，力求把法律问题研究与司法实践结合起来，着重解决执法办案中的现实紧迫问题。二是突出铁检特色，适应普遍需求。各分册以铁检办案常见的罪名为研究对象，而章节设置和内容阐述又兼顾司法实践的共性需求，力图把握好两者平衡，尽可能扩大受众范围和指导效果。三是聚焦检察实务，夯实理论基础。各分册总体框架包括上下篇两部分。其中上篇结合当下法学研究新成果与检察工作新实践，在概括各罪适用法律等基本问题的同时，突出对检察实务的归纳阐述，力求解决侦查、预防、侦监和公诉等办案环节的重点难点问题。四是典型示范引路，丰富实战内容。各分册下篇配套选编了近年来各级铁检机关所办结的一批典型案例，对各环节检察业务工作具有一定指导意义。

这套丛书的出版，可以帮助铁检系统和其他司法机关的读者，进一步加深对各罪诉讼实践活动的理解与体验；可以帮助那些有志于提升执法水平的年轻同志，尽快掌握各罪办案流程、证据审查等知识技能，从中汲取有益经验和工作方法。对于从事法学教育、研究的同仁学子来说，书中的典型案例是不可多得的宝贵资料；对于社会各界和企事业单位来说，也不失为普及相关法律知识、防范各种犯罪风险的实用教材。

总之，这套丛书既是对铁检机关多年司法实践的总结，又是面向未来跨行政区划检察队伍建设、业务建设的一项基础性工作。目前，全国铁检机关根据党的十八届四中全会战略部署，正在进行跨行政区划检察院改革试点工作。站在这个重要节点上看，现在编辑出版这套丛书，也就有了"总结过去、把握当下、承前启后、继往开来"的特殊意义。

对于参与丛书编写的同志们来说，他们来自铁检工作一线，虽然有一定法学功底和实务经验，但大多没有长篇编写经历，所以在编写过程中可能会有一些疏漏，也在所难免。在丛书陆续出版之际，我很愿意向社会各界广大读者做个推介，衷心希望它能够成为全国各级检察、司法同仁们依法、规范办案的好帮手，也成为各类企事业单位了解检察工作、防范各种犯罪风险的好参谋。

是为序。

姜建初*

2016 年 11 月 1 日

---

* 时任最高人民检察院副检察长、检察委员会委员、二级大检察官。

目　　录

中篇　侵犯财产案件法律监督实务

下篇　侵犯财产罪典型案例

上篇　侵犯财产罪刑事检察综述

第一章 侵犯财产罪理论概述

第一节 侵犯财产罪的概念和分类

一、侵犯财产罪的概念

侵犯财产罪，也称财产罪，是指侵犯他人财产的一类犯罪行为。在资本主义国家，"私有财产神圣不可侵犯"是宪法和法律的重要原则，侵财犯罪以个人财产作为保护的法益；在社会主义国家，刑法除保护公民私有财产外，还注重保护公共财产。在我国，公共财产是人民民主专政的政权赖以存续、巩固的物质基础，是不断发展社会主义生产力、提高人民群众物质文化生活水平的根本保证。

在《中华人民共和国刑法》（以下简称《刑法》）中，侵犯财产罪具有显著的地位，它是国家、社会和公民个人维护合法财产权益的有效保障，是惩治各类侵犯财产犯罪强有力的法律武器。事实上，惩治预防财产犯罪历来为世界各国的法律所重视，都在其刑法甚至宪法中以显著位置加以规定。我国《宪法》第12条和第13条规定，"社会主义的公共财产神圣不可侵犯。国家保护社会主义的公共财产。禁止任何组织或者个人用任何手段侵占或者破坏国家的和集体的财产。公民的合法的私有财产不受侵犯。国家依照法律规定保护公民的私有财产权和继承权"。《刑法》也把"保护国有财产和劳动群众集体所有的财产，保护公民私人所有的财产"作为基本任务写入总则，并在分则专章具体规定了13种侵犯财产罪。

侵犯财产罪伴随私有制和阶级社会的产生而产生，是历朝历代刑法所打击的重点。我国现行《刑法》规定的侵犯财产犯罪，基本上都能在古代刑法中找到历史渊源。据《左传·昭公十四年》引

《夏书》说："昏墨贼杀、皋陶之刑也。"这里的"昏"指"恶而掠美为昏"。可见，我国夏代已经有强盗罪的规定。[①] 唐代的《唐律疏议》专设《贼盗律》一篇，把贼盗罪分为"强盗"和"窃盗"两种。到了明代，关于财产犯罪的法律规定已经相当完备，有强盗、窃盗、毁坏财物、诈骗财物和侵占财物等类型。清代有关财产犯罪的立法已经具有现代意义，规定了强盗罪、窃盗罪、诈欺官私罪、白昼抢夺罪、恐吓取财罪等罪名。民国时期和新中国成立初期，有关侵犯财产罪的规定在一定程度上也受到了清律的影响。

简单回顾侵犯财产罪的立法史，我们不难发现，侵犯财产犯罪的手段和对象是受当时社会实践能力制约的，并且随着社会生产力和人们对财物观念的发展而变化，犯罪手段逐渐多样化，犯罪对象的范围也在不断扩大。例如，最初的财产犯罪对象只包括有形财物，而随着社会发展，无形财物最终也成为财产犯罪的对象。因此，在特定历史时期界定财产犯罪的对象，要与社会生产力发展水平相适应，若把犯罪的对象界定过宽，就会使无罪变为有罪，造成冤假错案；反之，就会放纵犯罪，使财产犯罪得不到应有的惩罚。

我国刑法理论通说对侵犯财产罪的定义，建立在刑法分则有关财产犯罪具体规定的基础之上。一般认为，侵犯财产罪是指以非法占有为目的，非法取得公私财物，或者挪用单位财物、故意毁坏公私财物，以及拒不支付劳动报酬的行为。[②] 如前文所述，财产罪虽是传统型犯罪，但随着生产力和社会经济的发展，财产的利用形态和存在状态不断发生变化，侵犯财产的方式和手段日益更新，财产犯罪的边界也因此不断被打破，获得重新调整、设定。如 1997 年修订的《刑法》增设了侵占罪、聚众哄抢罪等新型侵犯财产罪罪名。再如，对于"拖欠农民工工资"等特定时期出现的社会现象，《刑法

---

① 参见张晋藩：《中国刑法史稿》，中国政法大学出版社 1995 年版，第 15 页。

② 参见张明楷：《刑法分则的解释原理》，中国人民大学出版社 2004 年版，第 834 页。

修正案（八）》在《刑法》第 276 条后增加第 276 条之一"拒不支付劳动报酬罪"这一新罪名。

二、侵犯财产罪的分类

在刑法理论和刑事立法上，因理论视角差异和采用标准不同，对侵犯财产罪的分类也不尽相同。了解其不同分类，对于准确把握各种侵犯财产犯罪的性质、特点、社会危害程度以及个罪认定和量刑等，具有重要的实践意义。

（一）外国刑法理论的主要分类

1. 以是否取得财产为标准，分为取得罪与毁弃罪。前者是指不法取得或利用他人财产的犯罪类型，包括盗窃、强盗、诈欺、恐吓和侵占罪等；后者是指毁灭或减少他人财物价值的犯罪类型，仅限于毁弃罪。前者是财产犯罪的核心内容，是司法打击的重点，法定刑一般也重于后者。因为从各国的犯罪统计情况看，取得罪的发案率非常高，有必要用较重的刑罚来加以惩治。

对于取得罪，根据行为人是自己直接取得还是通过他人间接取得，可进一步区分为直接取得罪与间接取得罪。前者是指直接取得财物或者财产性利益的犯罪类型，如盗窃罪、强盗罪、诈欺罪等；后者是指对他人不法取得的财物间接取得的犯罪，如赃物罪。这种划分是以把赃物罪视为财产罪为前提的。在日本《刑法》中，赃物罪被规定在财产罪一章，认为搬运、隐藏、收买赃物之类的赃物罪，是从直接取得他人财物的财产犯手中间接取得财物的行为，[①] 如果不认为赃物罪是财产罪，则此种分类即无存在必要。

2. 以侵害对象是动产还是不动产为标准，分为动产罪与不动产罪。动产可以成为绝大多数财产犯罪的侵害对象，这一点并无争议。但不动产可以成为哪些财产犯罪的侵害对象，尚无定论。日本刑法的判例、学说认为，诈欺、恐吓、侵占、赃物、毁弃罪等财产罪侵

---

① 转引自刘明祥：《财产罪比较研究》，中国政法大学出版社 2001 年版，第 3 页。

害的对象可以是不动产。日本学者对于不动产能否成为盗窃罪的侵害对象，有较大争议，但在 1960 年《刑法》部分修改时增设"不动产侵夺罪"后，学者们的意见趋于一致，即认为盗窃罪的侵害对象只能是动产，不动产侵夺罪侵害的对象只能是不动产。日本《刑法》第 236 条规定的强盗罪中，"财物强盗"的对象只能是动产，"利益强盗"（或"二项强盗"）的对象则有可能是不动产。①

3. 以侵害对象的外在特点为标准，分为财物罪与利益罪。作为财产犯罪的侵害对象——财产，从外部存在特征上可以区分为财物（金钱和实物）与利益（财产性利益）两类。财物罪是以财物作为侵害对象的犯罪，利益罪又称利得罪，是以财产性利益作为侵害对象的犯罪。其中，盗窃罪、侵占罪、毁弃罪和赃物罪是财物罪，而强盗罪、诈欺罪、恐吓罪既是财物罪又是利益罪。日本刑法典在强盗罪、诈欺罪等条文中，对获取不法利益的情形作了明确规定，理论上又称为"利益强盗""利益诈欺"等。

4. 以犯罪行为所侵犯财产的性质为标准，分为对个别财产的犯罪与对整体财产的犯罪。对个别财产的犯罪，是指对被害人的个别财产予以侵害而构成的犯罪；对整体财产的犯罪，是指对被害人的财产状态的整体予以侵害而造成的犯罪。盗窃罪、不动产侵夺罪、侵占罪、赃物罪、毁弃罪、隐匿罪属于侵犯个别财产之犯罪，而背信罪则属于对整体财产的犯罪。强盗罪、诈欺罪、恐吓罪是否属于侵犯整体财产的犯罪，则有争论。有学者认为它们既是侵犯个别财产的犯罪，同时也具有侵犯整体财产犯罪的特征。②

5. 以是否发生实际的财产损害结果为标准，分为对所有权的犯罪与对财产的犯罪。前者不以实际发生财产损害结果为成立条件，包括盗窃罪、侵占罪等；而后者则必须有实际的财产损害结果发生，具体包括诈欺罪、恐吓罪、背信罪等。这是德国学者以德国刑法为

---

① 转引自刘明祥：《财产罪比较研究》，中国政法大学出版社 2001 年版，第 4 页。

② 参见何鹏：《外国刑法简论》，吉林大学出版社 1985 年版，第 196 页。

根据所作的分类。

（二）我国财产罪分类的主要观点

我国刑法界对侵犯财产罪的分类早有研究，并有诸多见解。新刑法颁布前，有学者主张以"犯意"为标准，将财产罪分为以非法占有为目的而攫取公私财物的犯罪和故意毁坏财物罪两大类；有学者主张把财产罪分为三类，即利用各种手段非法占有公私财物犯罪（如抢劫、盗窃、诈骗、抢夺、敲诈勒索等罪）、利用职务非法占有公共财物犯罪（如贪污罪）和毁坏公私财物犯罪；[①] 也有学者主张，按照犯罪手段的不同对财产罪进行分类。[②]

新刑法颁布之后，财产罪分类理论的研究逐渐深入，目前最有影响力的是从犯罪主客观相结合的角度，将财产罪分为三种类型：

1. 占有型犯罪。即以占有为目的，采取暴力、秘密窃取、欺骗、公然夺取或聚众哄抢等各种手段，攫取公私财物，占为己有。主要包括抢劫罪、盗窃罪、诈骗罪、抢夺罪、聚众哄抢罪、敲诈勒索、侵占罪、职务侵占罪8个罪名。

2. 挪用型犯罪。即以使用为目的，利用职务上的便利，将单位资金或7项特定款物，挪作个人使用或借贷给他人，或者挪作他用，改变款物的用途。主要包括挪用资金罪、挪用特定款物罪两个罪名。

3. 破坏型犯罪。即以毁坏财物为故意内容，采取毁灭、损坏的方法，使财物完全或者部分丧失价值和效力，实现毁坏财物，破坏生产经营的意图。主要包括故意毁坏公私财物罪、破坏生产经营罪两个罪名。[③]

还有学者根据犯罪客观方面的行为表现不同，将侵犯财产罪区分为四种类型：一是暴力、胁迫型财产罪，包括抢劫罪、抢夺罪、

---

① 参见金凯主编：《侵犯财产罪新论》，知识出版社1988年版，第21页。

② 参见赵秉志、吴振兴主编：《刑法学通论》，高等教育出版社1993年版，第659页。

③ 参见高铭暄、马克昌主编：《刑法学》，中国法制出版社2007年版，第591～592页。

聚众哄抢罪、敲诈勒索罪4个罪名。二是窃取、骗取型财产罪，包括盗窃罪、诈骗罪两个罪名。三是侵占、挪用型财产罪，包括侵占罪、职务侵占罪、挪用资金罪、挪用特定款物罪4个罪名。四是毁坏、拒付型财产罪，包括故意毁坏公私财物罪、破坏生产经营罪、拒不支付劳动报酬罪3个罪名。①

此外，比较有代表性的分类方法还有如下主张：

1. 在根据犯罪的主客观结合进行分类的基础上，将侵犯财产罪进一步提炼概括为取得罪、挪用罪与毁坏罪。②

2. 以是否具有非法占有目的为标准，将侵犯财产罪区分为以非法占有为目的的犯罪与不以非法占有为目的的犯罪。③

3. 根据犯罪主体是否要求具备特殊身份，将侵犯财产罪区分为一般主体的犯罪与特殊主体的犯罪；根据侵犯财产罪的对象是否具有特殊性，区分为侵犯一般财物的犯罪与侵犯特殊财物的犯罪等。④

综上所述，从犯罪主客观相结合的角度进行分类，是目前的通说。根据我国立法现状，拒不支付劳动报酬罪应当归入占有型犯罪。这是因为，劳动报酬是劳动者付出体力或脑力劳动所得的对价，主要表现为用人单位在生产过程中以货币形式支付给劳动者的工资、奖金、津贴、补贴、社会保险等，集中体现劳动者创造的社会价值；用人单位拒不支付劳动报酬，客观上表现为故意占有他人的合法财产，因此属于占有型犯罪。

三、侵犯财产罪的类型

《刑法》分则第五章规定的侵犯财产罪，从第263条至第276共

---

① 参见张明楷：《刑法学》，法律出版社2011年版，第850页。

② 参见赵秉志主编：《侵犯财产罪研究》，中国法制出版社1998年版，第17~18页。

③ 参见蔡兴教主编：《财产贪贿犯罪的疑难和辩正》，中国人民公安大学出版社1999年版，第95~96页。

④ 参见赵秉志：《侵犯财产罪》，中国人民公安大学出版社1999年版，第26~28页。

14 条。原来有 12 个罪名，2011 年 5 月 1 日施行的《刑法修正案（八）》在《刑法》第 276 条之后又增加一个新罪名：拒不支付劳动报酬罪。如前所述，按照不同标准，侵犯财产罪有多种分类。

（一）根据行为特征的分类

1. 暴力、胁迫型犯罪；

2. 窃取、骗取型犯罪；

3. 侵占、挪用型犯罪；

4. 毁坏、破坏型罪。

（二）根据犯罪故意的内容分类

1. 占有型。即以非法占有为目的的侵犯财产罪。按照犯罪方式又可以细分为四种具体类型：

（1）公然强取型犯罪，包括抢劫罪、抢夺罪、聚众哄抢罪、敲诈勒索罪；

（2）秘密窃取型犯罪，即盗窃罪；

（3）骗取型犯罪，即诈骗罪；

（4）侵占型犯罪，包括侵占罪、职务侵占罪、拒不支付劳动报酬罪。

第一种类型又可以称为强制占有型犯罪，第二、三、四种类型又可合并称为非强制占有型犯罪。

2. 挪用型。即以挪用为目的的侵犯财产罪。包括挪用资金罪、挪用特定款物罪。

3. 毁损型。即以毁损财物为故意内容的侵犯财产罪。包括故意毁坏财物罪、破坏生产经营罪。

（三）根据行为的结果分类

1. 取得型。指非法取得所有人财产的犯罪，如盗窃、诈骗罪等。又可细分为夺取型与交付型，前者是违反被害人意志取得财产的犯罪，如盗窃、抢劫、抢夺罪；后者是被害人基于意思瑕疵而同意交付财产的犯罪，如诈骗、敲诈勒索罪。

2. 毁弃型。指消灭财产价值的犯罪，如故意毁坏财物罪、破坏生产经营罪。

3. 不履行债务型。单指拒不支付劳动报酬罪。在铁路检察机关办案实践中，经常遇到的侵犯财产罪主要包括抢劫罪、盗窃罪、诈骗罪、抢夺罪、职务侵占罪、挪用资金罪、敲诈勒索罪、故意毁坏财物罪和破坏生产经营罪等9个罪名；而其他四种，如聚众哄抢罪、侵占罪、挪用特定款物罪和拒不支付劳动报酬罪，则比较少见。

（四）侵犯财产罪的分类

参考上述标准，从主客观相结合的角度，可将侵犯财产罪分成以下三类：

1. 占有型犯罪。即以非法占有为目的，采取暴力、秘密窃取、欺骗或公然夺取等手段，将他人财产占为己有。包括抢劫罪、盗窃罪、诈骗罪、抢夺罪、职务侵占罪、敲诈勒索罪6个罪名。

2. 挪用型犯罪。即以非法使用为目的，利用职务上的便利，将单位资金挪作个人使用或借贷给他人，或者挪作他用，改变资金用途。包括挪用资金罪1个罪名。

3. 毁坏型犯罪。即以毁坏财物为其故意的内容，采取毁灭、损坏的方法，使财物完全或者部分丧失其价值或效用，从而实现毁坏财物，破坏生产经营的意图。包括故意毁坏财物、破坏生产经营两个罪名。

这种分类方法，注意到了侵犯财产罪各罪名的主客观特征及其相互间的内在联系，有利于正确认定行为人的主观恶性和社会危害性，从而综合主客观因素正确认定和处理涉铁侵犯财产罪。

第二节　侵犯财产罪的法益

一、法益概述

"法益"这个概念起源于19世纪末20世纪初。由德国学者毕恩堡姆（Birnbaum）最先提出，后来德国著名刑法学家宾丁（Binding）、李斯特（Liszt）在研究犯罪概念、犯罪本质的过程中引入了

"法益"概念，并将其提升为刑法体系的基本范畴。李斯特指出："法益是法所保护的利益，所有的法益无论是个人利益，或者共同社会的利益，都是生活利益。这些利益的存在，并不是法秩序的产物，而是社会生活本身。但是，法律的保护把生活利益上升为法益。"可见，任何犯罪都是侵害由法律所保护的生活利益的行为。由于"法益侵害说"可以说明各种具体犯罪的本质，随着法益理论的贯彻，逐步获得在德国以至在欧陆刑法学中的核心地位。第二次世界大战前，法益理论由德国传到日本，并在战后获得较大发展，成为德国、日本等大陆法系国家刑法理论的通说。目前，在我国大陆及台湾地区刑法学界，均有学者对法益理论进行研究。台湾地区的民法学者、行政法学者对法益范畴也有所探讨，但不像刑法学者那样将"法益"作为基本范畴进行系统化的研究。

所谓利益，是指在一定的社会形式中由人的活动实现的满足主体需要的一定数量的客观对象，是适合社会主体存在与发展的因素或条件。按利益是否具有法属性，可区分为法益、非法利益、法外放任利益。法益，即法律承认、实现和保障的利益；非法利益，即法律反对、排斥的利益；法外放任利益，即法律所不予干涉、由其自生自灭、放任自流的利益。法益是法的核心问题。在法律规范中，有时以"公共利益""公民合法权益"等用语表述，多数情况以"权力""权利"等用语表述。对法益的界定在理论上存有争议，因而演绎出不同的法益理论派别。例如，日本学者伊东研祐认为：法益是国家遵循宪法所（应当）构造的，对社会内的社会成员共同生活的存在所必不可少的条件，而且是由纯粹规范所（应当）保护的，因果上可能变更的对象。①

法益具有法定性和可被侵害性两个基本特征。法益是实在法的制定依据和价值依归，任何实在法都应以法益为制定基础，不存在没有保护法益的实在法。正如马克思说："立法者应该把自己看作是一个自然科学家。他不是在制造法律，不是在发明法律，而仅仅是

① 参见张明楷：《法益初论》，中国政法大学出版社 2000 年版，第 155 页。

在表述法律，他把精神关系的内在规律表现在有意识的现行法律之中。如果一个立法者用自己的臆想来代替事物的本质，那么我们就应该责备他极端任性"，① "法律应该是社会共同的、由一定物质生产方式所产生的利益和需要的表现，而不是单个人的恣意横行"。②可见，法益在未通过立法形式确立之前就存在，任何现实立法实质上都是立法者在发现和表述法益，由于立法者阶级立场、认识能力等差异，有些法益可能表现为法定的法益，有些则可能未上升为法定法益。非法利益、法外放任利益等未被法律确定保护的利益不属于法益。

法益是具有价值属性的利益，但并非所有价值都能成为法律所保护的法益。法益应该具有客观性和现实性，"法益必然是在现实中可能受到事实上侵害威胁的利益；如果不可能遭受侵害或者威胁，也就没有保护的必要。而所谓侵害或者侵害的危险都必然是一种事实的或因果的现象。因此，价值与价值观本身不是法益。虽然利益是具有价值的，保护利益也就保护了有价值的对象，但离开了利益的价值则是纯精神的现象，是价值观本身"③。法律通过规范人的行为进而调整社会关系达到保护法益的目的，如果法益在因果关系上不可能由人的行为所侵害，那么法益就不具备受法保护的必要性。

二、侵犯财产罪的法益

刑法的法益，是受刑法规范保护的利益。财产罪保护的法益就是财产或财产权，这在各国刑法理论上几无异议。但究竟如何理解"财产"的内涵，各国刑法理论和判例解释的差异很大。

德国刑法理论关于"财产"的概念，主要有三种学说：④

---

① 《马克思恩格斯全集》（第 1 卷），人民出版社 1972 年版，第 183 页。

② 《马克思恩格斯选集》（第 6 卷），人民出版社 1995 年版，第 292 页。

③ 张明楷：《法益初论》，中国政法大学出版社 2000 年版，第 163 页。

④ 参见刘明祥：《财产罪比较研究》，中国政法大学出版社 2001 年版，第 9 ~ 10 页。

一是法律的财产说。认为《刑法》中的财产就是民事法上的权利，财产罪的本质是侵害民事法上的权利，处罚财产罪所要保护的也正是这种权利。但是按照此说，不法原因给付物（如嫖客给予妓女的预付款、行贿者给予受贿者的贿赂物、赌博者支付的赌资等），无效的债权，以及采取盗窃等非法手段取得的物等，由于不受民事法律保护，故不能成为财产罪所保护的财产；第三者盗取、诈取、侵占这类钱物，自然也就不构成侵犯财产罪。

二是经济的财产说。认为凡是有经济价值（或金钱价值）的利益都是财产，都可以成为财产罪的保护法益。反之，没有经济价值的东西，即使是民事法律所保护的权利，也不能称其为"财产"，侵害这种权利，不可能构成财产罪。

三是法律的、经济的财产说。认为除违法的利益外，由法律秩序所保护的、整体上有经济价值的利益都是财产。财产罪的保护法益既有民事法上权利的一面，又有经济利益的一面，要把两者结合起来考虑。

其中，法律的财产说曾是德国刑法理论中的传统学说，也曾为司法判例所长期采用。但如今在德国，经济的财产说既是理论通说，同时也是司法判例所采取的基本主张。

日本刑法理论关于财产罪保护法益的学说主要有三种：[①]

一是本权说，又称所有权说。认为财产罪的保护法益是财物的所有权及其他本权。日本《刑法》第 242 条规定：虽为自己之物，但如果属于"他人占有"，则视为他人之物。所谓的"他人占有"，指的是基于合法原因的占有，财产罪的成立仅限于对财产权具有实质侵害的场合。据此，作为盗窃罪被害者的所有人，从犯人那里取回赃物的行为，并未实质侵害盗窃罪的保护法益，故不构成盗窃罪。同样，在民事活动中，权利人采用不法手段行使权利的行为，也不能构成财产罪，所以，债务人到期不履行债务，债权人采用胁迫手

---

① 参见张明楷：《外国刑法纲要》，清华大学出版社 1999 年版，第 580～583页；刘明祥：《财产罪比较研究》，中国政法大学出版社 2001 年版，第 11～12 页。

段夺取其相当数额财物的，由于不存在私法上实质的权利侵害，即便其胁迫行为具有犯罪性，也不构成财产犯罪。

"本权说"的缺陷显而易见：即对于司法实践中发生的"第三人以不法手段盗窃、抢劫、抢夺他人无权占有的赃物或违禁品案件"无法认定为犯罪，而这样做既不利于社会秩序的维护，也与刑法的社会保护功能相背离。另外，所有权和其他本权都是基于合法理由的占有，当所有权者与其他本权者发生权利冲突的场合，依照"本权说"就无法解决。例如，甲将自己所有的汽车借给乙，在乙不知情的情况下又将该车取回，该行为应如何定性。

二是占有说，又称持有说。该学说认为，财产罪的法益是对财物事实占有本身。"占有说"看到了所有权和占有权相分离的客观经济现象，强调对占有本身的保护，有利于维护财产秩序和社会稳定。但该说理论缺陷是，将会导致"盗窃罪的被害人窃取其被盗财物的，也将被认为构成盗窃罪"，可能造成"即便是明显的不法利益也得予以保护的局面，这并不符合刑法所具有的维持社会秩序的本来目的及真实意图"。

三是修正说，又称中间说。即在"本权说"或"占有说"基础上提出的一种折中修正的学说。本权说和占有说都无法圆满解释财产罪的法益问题，为了克服两者的缺陷，学者们提出了形形色色的中间说，其中有的以本权说为基础，有的以占有说为前提。

财产罪的本质是侵犯财产所有权，刑法设立财产罪的宗旨也正是为了保护财产所有权。财产所有权包括占有、使用、收益、处分四项权能，这些权能具有相分离的特性，并在此基础上衍生出了自物权、他物权（用益物权、担保物权）以及债权等复杂的经济现象。因此，执其一端认定财产罪的法益，难免出现以偏概全的误解。综上所述，侵犯财产罪的法益，包括财产所有权、他物权和债权。就表现形式而言，侵犯财产罪侵犯的既可能是财产所有人的所有权，也可能是非所有人的财产占有权；行为人既可能侵犯合法占有权，也可能侵犯非法占有权；但是，对财产权利人基于明示的恢复权利的侵犯行为，不应认定为犯罪。

第三节　侵犯财产罪的对象

一、刑事立法上的对象

侵犯财产罪的对象，即公共财产和公民私人所有的财产。根据《刑法》第91条、第92条规定，公共财产是指国有财产、劳动群众集体所有财产，以及用于扶贫和其他公益事业的社会捐助或者专项基金的财产。在国家机关、国有公司、企业、集体企业和人民团体管理、使用或者运输中的私人财产，也以公共财产论。

公民私人所有的财产包括：公民的合法收入、储蓄、房屋和其他生活资料；依法归个人、家庭所有的生产资料；个体户和私营企业的合法财产；依法归个人所有的股份、股票、债券和其他财产。

二、理论与实践中争议的问题

刑法理论上，一般将侵犯财产罪的对象简称为"财物"。关于什么样的财物可以成为犯罪对象，各国刑事立法大多未作规定，由此在刑法理论上产生诸多分歧。概而言之，主要涉及下列问题：

（一）不动产能否成为财产罪对象

我国刑法理论关于抢夺罪、聚众哄抢罪、挪用资金罪的对象问题，只限于对"动产"没有异议，但对于盗窃、抢劫罪的对象是否以动产为限，则有不同认识。一种观点认为，盗窃罪、抢劫罪的对象不包括房屋等不动产，而诈骗罪、侵占罪的对象则包括不动产；[1]另一种观点认为，抢劫罪的对象既可以是动产，也可以是不动产；[2]

---

① 参见周振想：《刑法学教程》，中国人民公安大学出版社1997年版，第525页。

② 参见张明楷：《刑法学》（下），法律出版社1997年版，第760页。

盗窃罪的对象除动产之外，还可以是不动产。[①] 上述观点虽有差异，却一致认为不动产可以成为侵犯财产罪的犯罪对象；但受侵犯财产犯罪各罪行为的性质、特点限制，不动产只能成为某些罪的对象，如诈骗、故意毁坏财物罪，而对于抢劫、盗窃、抢夺、挪用资金、挪用特定款物等罪，对象只能是动产，而不包括不动产。

（二）财产性利益能否成为财产罪对象

如前所述，刑法理论将财产罪分为财物罪与利益罪，前者以财物作为侵害对象，后者以财产性利益为侵害对象。这在国外立法上也不乏其例。如德国 1998 年《刑法》第 253 条与第 266 条，即肯定恐吓罪与背信罪的对象可以是财产性利益。又如日本 1907 年《刑法》第 236 条第 2 项、第 246 条第 2 项、第 249 条第 2 项，也分别规定了利益强盗罪、利益欺诈罪和利益恐吓罪。我国《刑法》并未明确规定利益罪，而只是笼统以"财物"作为侵犯财产罪的对象。一般认为，财产性利益可以成为诈骗等财产犯罪的对象。财产性利益，是指财物以外的有财产价值的利益。取得财产性利益的方法主要有：使对方负担债务；使自己免除债务；接受别人提供的劳务等。

（三）违禁品能否成为财产罪对象

违禁品，是指法律所禁止的，除得到国家许可外的任何人不得制造、贩卖、运输、持有的特定物品，包括毒品、假币、淫秽物品、枪支、弹药、爆炸物等。违禁品能否成为侵犯财产罪对象的物品，刑法理论上也有不同看法。一种观点认为，枪支弹药、鸦片烟毒、淫书淫画等违禁品虽均属非法所有物，也可以成为财产罪的侵害对象。[②] 另一种观点认为，违禁品因为法律禁止流通，不能成为商品，不具有财物的特征，故不能成为侵犯财产罪的对象。通说认为，违禁品能否成为侵犯财产罪的对象，关键在于刑法是否已就取得违禁

---

① 参见高铭暄、王作富：《新中国刑法的理论与实践》，河北人民出版社1988 年版，第 588 页。

② 参见金凯主编：《侵犯财产罪新论》，知识出版社 1988 年版，第 11 页。

品的行为规定了相应的其他性质的犯罪；在刑法已规定盗窃、抢夺、抢劫、私藏枪支弹药等罪名的情况下，枪支弹药显然不再属于侵犯财产罪的对象。至于对未规定相应罪名的其他违禁品，则有可能成为财产罪的对象。①因此，违禁品在特殊情况下可以成为侵犯财产罪的对象。

对于这个问题，最高人民法院司法解释规定："以毒品、假币、淫秽物品等违禁品为对象，实施抢劫的，以抢劫罪定罪；抢劫的违禁品数量作为量刑情节予以考虑。抢劫违禁品后又以违禁品实施其他犯罪的，应以抢劫罪与具体实施的其他犯罪实行数罪并罚。"②"两高"司法解释也规定："盗窃毒品等违禁品，应当按照盗窃罪处理的，根据情节轻重量刑。"③对于某些特定的违禁品，因《刑法》已作专门规定，就不能再成为财产罪的对象。例如对盗窃枪支、弹药、爆炸物的行为，就应按《刑法》有关规定追究刑事责任，而不能再以盗窃罪论处。

（四）人体能否成为财产罪对象

有生命的人体是人格权的对象，不是所有权的对象，所以不能视为财物，当然也就不能成为侵犯财产罪的对象。但是对于人的肢体、器官、血液、精液、头发等，在与身体分离后，能否成为财产罪对象，则存在不同看法。通说认为，虽然法律禁止买卖器官，但是从人体分离出来的器官、血液、精液等，确实在医疗实践中能够买卖，事实上具有一定财产价值，因此可以将其视为"财物"。抢劫、盗窃用于临床医疗、科研等用途的器官、血液的，应当按照抢劫罪或盗窃罪论处。

---

①　参见赵秉志主编：《侵犯财产罪研究》，中国法制出版社1998年版，第30～31页。

②　参见2005年6月8日最高人民法院《关于审理抢劫、抢夺刑事案件适用法律若干问题的意见》第7条。

③　参见2013年4月2日最高人民法院、最高人民检察院《关于办理盗窃刑事案件适用法律若干问题的解释》第1条第4款。

（五）证券票证能否成为财产罪对象

证券票证的种类繁多，有价证券如国库券、公债券、股票、储蓄存折、信用卡、签发的支票、汇款单等；有价票证如车票、船票、飞机票、邮票、邮寄包裹单、货物托运单、提货单等。对于记名的以及设有密码的有价证券和票证，只有与证券票证上记载的相关事项相结合才能使用；这些证券票证本身虽然具有一定财产价值，可以成为侵犯财产罪的对象，但票面上记载的钱款数额却不宜认定为财产罪的对象。因为，行为人即使非法占有了该证券票证，如非所有人亲自兑现或通过密码验证，行为人根本无法侵害证券票证上的财产，权利人只需通过柜台或电话挂失等方法即可避免损失。而对于不记名的或无须通过身份、密码验证的证券票证，当属刑法上的财物无疑，应该认定为财产罪的对象。简言之，证券票证本身是侵犯财产罪的对象，但其本身记载的财产内容能否成为财产罪的对象，一方面取决于具体财产罪的构成要件，另一方面还需要具体问题具体分析。

（六）借条能否成为财产罪对象

这里所说的"借条"，其本质是一种财产权利的证明，起着证明债权债务关系的作用，是债权人从债务人处获得某项财产的法定依据。借条本身不是财物，但其内容却代表着财产性利益。因债权是一种对人权，具有相对性，无关的第三人抢劫或者盗窃借条没有任何实际意义，因而在此种情况下，借条不可能成为财产罪的对象。但是，如果债务人出于消灭债务的目的窃取借条，债权人丧失借据就意味着财产受到损失，则对债权人的财产构成了实质性的侵害，应当认定为盗窃罪。

（七）网络虚拟财产能否成为财产罪对象

网络虚拟财产，是指虚拟的网络本身以及存在于网络上的具有使用、收益、交换等经济价值，能够用现有的度量标准度量其价值的数字化的新型财产。作为互联网经济的产物，网络虚拟财产的存在范围和表现形式非常广泛。其类型主要包括：虚拟金币，如腾讯

Q币、新浪U币、网易POPO币、百度的百度币、酷币等；网络游戏道具，如游戏账号等级、虚拟装备（武器、装甲、药剂等）、虚拟动植物、虚拟ID账号及游戏角色属性等。

网络虚拟财产是否属于"财物"，有两种观点。一为肯定说，认为网络虚拟财产具有固定的价值，也是一种财物。网络虚拟财产主要是通过个人劳动获得，同时客观存在伴随性的财产投入；网络虚拟财产可以通过实际购买的方式获得；网络虚拟财产和真实财产之间存在市场交易；网络虚拟财产与真实货币之间的固定兑换方式已经存在；网络虚拟财产所有者对网络虚拟财产的重视性与日俱增。① 二为否定说，认为网络虚拟财产不是刑法意义上的财物。因为虚拟财产不具有普遍价值，对沉湎于游戏的玩家而言，虚拟财产可以价值千金，但对于局外人而言，价值连城的虚拟财产可能不值一文；虚拟财产只能在特定游戏环境中存在，本身不具有价值；当游戏服务器关闭时，玩家无法将游戏中获得的虚拟财产回收。②

司法实践中一般认为，虚拟网络财产可以成为财产罪的对象。第一，网络虚拟财产具有物理存在性。如网络游戏中的"武器装备"、Q币等，都是以一种数字化的电磁记录形式存在于网络，它们以网络为载体，具有物的属性。第二，网络虚拟财产具有使用价值。就网络游戏而言，开发商研发网络游戏需要消耗大量的人力和财力，而且游戏玩家想要获得和使用相关道具也要支付真实货币购买。第三，网络虚拟财产具有交换价值。游戏玩家不仅可以用Q币购买实物，现实生活中的Q币还可以为手机充值，作为财产转让等。第四，网络虚拟财产能够用现有的度量标准来衡量其价值。因此，行为人通过黑客手段，在未获得服务使用者账号的情况下，对服务使用者的账户进行解密或通过其他方式窃取，使服务使用者失去其网络游

---

① 参见于志刚：《虚拟空间的刑法理论》，中国方正出版社2003年版，第91～104页。

② 转引自赵秉志、阴建峰：《侵犯虚拟财产的刑法规制研究》，载《法律科学》2008年第4期。

戏中的游戏装备和游戏货币等行为应认定为盗窃罪。

第四节　铁路运输领域的财产要素

铁路运输主要包括两部分：旅客运输和货物运输。铁路运输系统是一个精密、完整的运行体系，它由以下基本要素构成：作为车辆运行基础的铁路线路、作为牵引列车动力的机车、作为装载运送乘客和货物工具的车辆、作为引导列车行进的信号及通信设备、作为办理货物运输基地的车站和货场。这些要素内涵的财产性内容，都可能成为铁路运输领域侵犯财产罪的犯罪对象。铁路运输领域易受财产犯罪侵害，或易发侵财犯罪的地域包括：铁路线路、机车车辆、信号通信、车站等。

一、铁路线路

铁路线路，是由路基、桥隧建筑物（包括桥梁、涵洞、隧道等）和轨道（主要包括钢轨、连接零件、轨枕、道床、道岔等）组成的整体工程结构，是机车车辆和列车运行的基础。

路基和桥隧建筑物都是轨道的基础，直接承受轨道的重量，承受轨道传来的机车车辆及荷载的压力。无论是高于天然地面，还是低于天然地面，路基都需要由人工填筑或者开挖而成。为防止路堤本身或者路堑坡顶土壤坍塌，路堤和路堑的边坡都依照规定设置一定坡度，并在坡上种草籽、铺草皮、设护坡或挡土墙等，进行防护和加固。然后在路基面上铺设一层道砟，即道床。道床的作用是缓和车轮对钢轨的冲击，排除轨道中的雨水，阻止轨枕滑移，校正线路平面和纵断面等。道砟材料应当坚硬、稳定、有弹性并利于排水，因此，碎石是最好的道砟材料。我国铁路线路上的道床大多用碎石铺成。轨枕是钢轨的支座，铺设在道床上，用于保持钢轨的位置和轨距的稳定，我国的铁路轨枕大多采用钢筋混凝土枕。钢轨架设在轨枕上，用连接零件固定起来。这就是铁路线路的基本构件。

二、机车车辆

机车车辆是一个集合名词，泛指所有在铁路运输上的车辆，分为机车（即火车头）和车辆（即车厢）两个部分。

（一）机车

机车，是指牵引或推送铁路车辆运行，而本身不装载营业载荷的自推进车辆。机车是铁路运输的基本动力，客货列车的牵引和车站调车工作，都要由机车来完成。按原动力分类，机车可分为蒸汽机车、内燃机车和电力机车三类；按用途分类，可分为客运机车、货运机车、客货通用机车、调车机车、工矿机车五类。电力机车的运行需要大型发电站供电，沿铁路线还必须设置牵引变电所、接触网等设备，因此机动性不强；同时，装卸作业和装卸机械的使用会受到高压电的威胁，受限很多。对涉铁侵财犯罪而言，铁路沿线的电力设备极易遭到违法犯罪分子破坏，在铁路管辖范围内发生的刑事案件中，破坏、盗割铁路沿线电力设备及通信设备的案件占有相当大的比例。

（二）车辆

根据运输任务需要，铁路车辆可分为客车、货车两大类。

1. 客车。铁路企业根据铁路线路技术设备条件以及客流的不同需求，开行不同种类的旅客列车。不同种类的列车，其设备、运行速度以及提供的服务不同，价格也不同。目前旅客列车主要分为以下几种：

（1）动车组列车。开行速度达 300 千米/小时，列车车底采用新型的流线型的子弹头动车组。车次编号为：

①动车组列车 G1 - G9998。"G"代表"高"，跨铁路局的列车编号为 G1 - G5998，例如北京南 - 上海虹桥 G135 次；铁路局管内列车的编号为 G6001 - G9998，例如长沙南 - 广州南 G6115 次。

② 城际动车组旅客列车 C1 - C9998。"C"代表"城际"，跨铁路局的列车编号为 C1 - C1998；铁路局管内的列车编号为 C2001 -

C9998，例如北京南－天津为 C2001 次。

③ 动车组旅客列车 D1－D9998。"D"代表"动车"，跨铁路局的列车编号为 D1－D3998，例如北京南－福州 D301 次；铁路局管内的列车编号为 D4001－D9998，例如成都－重庆北 D5102 次。

（2）特别旅客快车。简称"特快"。这种车停站次数少，运行速度高，车内设备完善，服务水平高。在首度与各大城市以及国际间开行。此类列车根据开行区段的长短和停站次数多少又分为：

①直达特别快车，列车编号为 Z1－Z9998，"Z"代表"直"。例如：北京－哈尔滨 Z1 次。

②特别快车，列车编号为 T1－T9998，"T"代表"特"。跨铁路局的列车编号为 T1－T4998，例如成都－北京西 T8 次；铁路局管内的列车编号为 T5001－T9998，例如成都东－贵阳 T8900 次。

（3）快速旅客列车。停站次数较特别旅客快车多，比普通旅客列车少。车次编号为 K1－K9998，"K"代表"快"。跨铁路局列车编号为 K1－K6998，例如成都东－广州 K829 次。铁路局管内列车编号为 K7001－K9998，例如成都东－贵阳 K9465 次。

（4）普通旅客列车。分为普通旅客快车和普通旅客慢车，该种车辆停站次数较多，直通速度较低，但可方便中小城市及农村小城镇旅客的旅行需求。

①普通旅客快车。跨 3 个铁路局及其以上的列车编号为 1001－1998；跨两个铁路局的列车编号为 2001－3998，铁路局管内的列车编号为 4001－5998。

②普通旅客慢车。编号为 6001－7598。跨铁路局的列车编号为 6001－6198；铁路局管内的列车编号为 6201－7598。

（5）临时旅客列车。这种车主要是适应客运市场变化需要（"春运""暑运"）而临时开行的旅客列车。车次编号为：临时旅客列车 L1－L9998，"L"代表"临"。跨铁路局列车编号为 L1－L6998；铁路局管内的列车编号为 L7001－L9998。

（6）临时旅游列车。开行于大城市与名胜古迹、旅游胜地所在站之间的旅客列车。主要用于输送旅游观光旅客。

旅客列车根据路途长短和需要，配置有硬座车、软座车、硬卧车、软卧车、餐车、行李车、邮政车等车厢。每一节车厢实际上就相当于一个治安区域，侵财犯罪在任何一节车厢的各个角落都有可能发生。以盗窃为例，旅客车厢发生的盗窃，多是针对旅客随身携带的钱物；行李车和邮政车厢里发生的盗窃，都是针对托运和邮寄的物品。

2. 货车。根据运送货物种类以及运送要求，装运货物的车辆按用途来分有：通用货车、专用货车以及特种货车。通用货车是用来装运普通货物的车辆，货物类型不固定，也无特殊要求。我国目前有以下三种通用货车：

（1）敞车。敞车的车体两侧和端部都设有高度在 0.8 米以上的固定墙板，无顶棚，侧面设有车门，主要装运煤炭、矿石、木材、钢材等大宗货物用，也可用来运送重量不大的机械设备。如果盖上防水帆布或其他遮篷物，可代替棚车承运怕湿损的货物。敞车具有很大通用性，在货车组成中数量最多，占货车总数的 50% 以上。敞车按卸货方式不同可分为两类：一类是适用于人工或机械装卸作业的通用敞车；另一类是适用于大型工矿企业、站场、码头之间成列固定编组运输，用翻车机卸货的敞车。

（2）棚车。棚车车体有顶棚、车墙及门窗，用于运送怕日晒、雨淋、雪侵的货物，包括各种粮谷、日用工业品及贵重仪器设备等。

（3）平车。平车车体为一平板或设有活动的矮侧墙板和端墙板，可以当砂石车用，在装运长大货物时，可将侧墙板和端墙板翻下。平车主要用于装运原木、钢材、建筑材料、汽车、军用物资等长型货物和集装箱、机械设备等。

专用货车是指专供运送某类货物的车辆。我国目前有以下四种专用货车：

（1）罐车。车体为圆灌筒的车辆，专门用来装运各种液体、液化气体和粉末状货物等。包括汽油、原油、各种粘油、植物油、液氨、酒精、各种酸碱类液体、水泥、氧化铅粉等。

（2）保温车。保温车又称冷藏车，一般用于装载易腐货物。外形似棚车，车体夹层装有隔热材料，侧墙上有可密闭的外开式车门。车内有降温装置，可使车内保持需要的低温，有的车还有加温装置，在寒冷季节可使车内保持高于车外的温度。按制冷方式的不同，可分为冰箱冷藏车、机械冷藏车和无冷源冷藏车三种类型。

（3）煤车。车体一般与敞车相类似，只是为了装卸方便设有多种结构不同的车门，可装运煤炭、矿石。

（4）漏斗车。是由棚车派生出来的专用货车，用于装运散装粮谷、化肥、水泥、砂石、碎石、化工原料等怕湿散粒货物。车体下部设有漏斗，侧墙垂直，没有门窗，端墙下部向内倾斜，车顶有装货口，口上有可以锁闭的盖，漏斗底门可以用人力或机械开闭。打开底门，货物靠自身重力自动卸出。

在上述七种车辆中，敞车、棚车、煤车甚至漏斗车所载货物往往是侵财犯罪发案最多的，有些盗窃团伙的目标还会是罐车中的油料。

三、信号及通信

在纵横交错的铁路网线上行进的所有列车，每时每刻都必须有准确精密的速度、位置，只有这样，才能保证整个铁路运输系统的秩序和安全。铁路运输的这一特性，就要求铁路必须有一套完备精确的调度系统，铁路调度系统通过铁路特殊的通信信号系统来发布命令、发挥作用。

铁路信号是铁路信号、连锁和闭塞的总称，是由各类信号显示、轨道电路、道岔转辙装置等主体设备及其他有关附属设施构成的一个完整的体系。铁路信号设备相当于铁路运输的"眼睛"。铁路信号是用特定物体（包括灯光）的颜色、形状、位置，或用仪表和音响设备等向铁路行车人员传达有关机车车辆运行条件、行车设备状态以及行车的指示和命令等信息。所有列车，只有严格遵行信号发出的指令，才能保证行车的安全、效率。铁路信号的基础设备包括：信号机、轨道电路、道岔转辙装置、控制设备、电源设备、电线路等。

铁路的通信设备是整个铁路系统和线路网络互通情报、传达命令、发布信息、组织运输生产以及各部门之间互相联系的保障，通信设备相当于铁路运输的"耳朵"。按照使用的机械来分，铁路的通信设备可以分为电话、电报和扩音装置；按信息的传输方式来分，又可分为有线通信和无线通信两类。

四、车站

车站是铁路组织客货运输、办理各种行车作业的处所，是铁路运输部门的基层生产单位。车站既是铁路与旅客、托运人、收货人联系的纽带，也是铁路内部各项作业的汇合点。

按照业务性质划分，车站可分为客运站、货运站、编组站和客货运站四类。其中，客运站的功能主要是从事客运业务和客车行车与整备作业。根据需要设置若干到发线和站台，以及客运站房。在大型客运车站，还配备有检修、清洗列车等作业的整备场。货运站一般设于大城市、工业中心、港口、矿区或有大量货物装卸、中转作业的地点，主要从事货运业务，包括货物承运、装卸作业和货物列车的到发作业。货运站根据需要设置若干到发线、编组线和货物库场、库房等设施。既办理客运又办理货运业务的车站是客货运站，在全国车站中占绝大多数。

按照作业性质划分，车站还可以分为编组站、区段站、中间站、越行站和会让站五类。此外还有为工矿企业服务的专业化车站。其中，编组站一般设于大量车辆集散、港口附近或若干铁路线衔接的地点，专门从事货物列车的编组和解体。区段站则设于机车牵引区段分界处的车站，主要办理更换机车和乘务组、列车技术检查、货运检查、区段零担摘挂列车和小运转列车的改编等作业，配备有机车段、车辆段，以及到发线、调车线和牵出线等设施。中间站设于两个技术站之间，包括单线区段的会让站、双线区段的越行站，主要办理列车接发、会让、越行和摘挂车辆的作业，配备有到发线、货物线和牵出线等主要设施。编组站和区段站统称为技术站。

无论是装卸货物还是对车辆进行检查、编组、中转，车站都是列车停靠的地点，而且，只要是能够办理货物托运、收发的车站都设有货场，用于办理承运、保管、装卸和交付作业。近年来，"货场办市场"的趋势明显，很多铁路货场同时也是各种类型物资的交易市场，成为新的物流集散地。这些地方自然成为侵财犯罪分子作案的最佳地点。各地铁路公安机关在车站及其货场、编组站都部署有一定的警力，但侵财犯罪活动仍然屡禁不止，尤其是货物盗窃案件，不仅各类社会闲杂人员防不胜防，甚至一些铁路职工、看守货物的其他人员监守自盗的违法犯罪也经常发生。

第五节 涉铁侵犯财产罪的概念及其特征

一、涉铁侵犯财产罪的概念

"涉铁侵犯财产罪"一词并非严谨的法律概念，只是司法实践中概括出来的一个特定称谓，意指发生在铁路管理区域或管理范围内、故意非法将公私人财产据为己有，或者故意毁坏公私财物、破坏铁路生产经营等犯罪行为。

我国《宪法》第 12 条和第 13 条规定："社会主义的公共财产神圣不可侵犯。国家保护社会主义的公共财产。禁止任何组织或者个人用任何手段侵占或者破坏国家的和集体的财产。""公民的合法的私有财产不受侵犯。国家依照法律规定保护公民的私有财产权和继承权。"《物权法》第 52 条第 2 款规定，"铁路、公路、电力设施、电信设施和油气管道等基础设施，依照法律规定为国家所有的，属于国家所有"。《铁路法》第 2 条规定，"本法所称铁路，包括国有铁路、地方铁路、专用铁路和铁路专用线。国有铁路是指由国务院主管部门管理的铁路"。《铁路企业国有资产产权管理暂行规定》第 2 条规定，"铁路企业国有资产是指国家以各种方式对铁路各类企业投资（包括企业运用国有资产再投资）和投资收益形成的财产，以及依据法律、行政法规认定属于国有的其他财产"。《民法通则》第 75 条第 1 款规定："公民的个人财产，包括公民的合法收入、房屋、储蓄、生活用品、文物、图书资料、林木、牲畜和法律允许公民所有的生产资料以及其他合法财产。"由上述法律法规规定可见，涉铁侵犯财产罪所侵犯的法益，主要是国有铁路的国有财产以及身处国有铁路管理空间范围内的公民个人财产。

在我国，铁路首先是一种现代化的运输方式，在安全可靠、全天候、重载、中长途、污染小等方面，铁路与公路、水路、航空等运输方式相比较具有显著优势。同时，铁路还是一个国家投资经营管理、基础设施占地庞大、承担运输任务繁重的基础产业。在铁路运输领域和管理区域，各色人等穿插其中，各方利益混杂交错，各种违法犯罪随时出现，涉铁侵犯财产罪始终是发案率最高的一类犯罪。

二、涉铁侵犯财产罪的特征

（一）涉铁侵犯财产罪的客体，是国有铁路管理范围和管理区域内的公私财产所有权

根据《民法通则》第71条："财产所有权是指所有人依法对自己的财产享有占有、使用、收益、处分的权利。"所有权包括占有、使用、收益和处分四项权能。其中："占有权能"是指所有人对其财产实际管理或控制的权能。拥有财产的前提就是占有，这是所有者直接行使所有权的表现。对于动产，除非有相反的证明，占有某物即是判定占有人享有该物所有权的标准。"使用权能"是指所有人按照其财产的性能和用途加以利用，以发挥财产的使用价值的权能。"收益权能"是指获取财产所产生的利益，即收取由原财产所产生出来的新增经济价值的权能。"处分权能"是指所有人对其财产在事实上或法律上进行处置，从而变更、消灭财产的存在状态或者改变财产权利归属的权能。在上述四项权能中，处分权是所有权的核心，是财产所有人最基本的权利。处分权最直接地体现了人对财产的支配，是拥有所有权的根本标志。处分权一般由所有权人行使，但在某些情况下非所有权人也可以行使，比如，在发生紧急情况时，承运人可以依法对运输中的货物进行处分。

在大多数情况下，涉铁侵犯财产罪对财产所有权的四项权能的整体构成侵犯，如涉铁抢劫罪、盗窃罪、诈骗罪、职务侵占罪等。这类犯罪的目的，是使财产所有人在事实上永久地、完全地丧失对财产的占有、使用、收益和处分权能。但是在某些情况下，则体现为对财产所有权部分权能的侵犯，如涉铁挪用资金罪、破坏生产经营罪等，主要是对财产使用权能的侵犯；故意毁坏财物罪则直接体现为对财产处分权能的侵犯。

侵犯财产罪的犯罪对象是公私财产所有权的物质表现，具体而言，是指犯罪主体通过其行为所直接占有或破坏的公私财产。在侵犯财产罪中，各种具体犯罪只是主观犯意或行为方式上的区别，而在犯罪对象上存在一致性。换言之，侵犯财产罪的犯罪对象，在性质上都属于特定主体所有的、具有相当价值的公私财产。

所谓特定主体，包括国家、集体和公民个人。某特定物之所以成为财产犯罪的对象，根本的原因就是，该物的所有权状态被非法地改变。因此，某物只有专属于特定主体，才能确定其存在的原初状态，也才能进一步确定这种状态是否发生改变，以及这种改变是否非法。在这里，"特定主体"与作为犯罪对象的物具有专属对应关系，这种专属对应关系排除了该物是抛弃物或无主物的可能。

所谓具有相当价值，是指侵犯财产罪的侵犯对象应当具有客观的经济价值。成为侵犯财产罪的对象不仅有质的要求，还有量的标准。一般情况下，侵犯财产罪都是结果犯，即要求犯罪客体被侵害的程度具有一定的严重性，显著轻微的不能认定为犯罪。相应地，对于侵犯财产罪的对象而言，一般也要求在价值上必须达到法定的数额标准。当然也有例外情况，例如，《刑法》第 263 条规定，构成抢劫罪并不要求"数额较大"；第 264 条规定，入户盗窃、携带凶器盗窃及扒窃类型的犯罪，也不要求以"数额较大"为前提。

"公私财产"在日常生活中的表现形式纷繁复杂。根据《刑法》第 91 条和第 92 条规定，公共财产是指国有财产、劳动群众集体所有的财产、用于扶贫和其他公益事业的社会捐助或者专项基金的财产。在国家机关、国有公司、企业、集体企业和人民团体管理、使用或者运输中的私人财产，也以公共财产论。公民私人所有的财产，是指公民的合法收入、储蓄、房屋和其他生活资料，依法归个人、家庭所有的生产资料，个体户和私营企业的合法财产以及依法归个人所有的股份、股票、债券和其他财产。

涉铁侵犯财产罪所侵犯的公私财产主要包括两部分：一是国有铁路的公共财产，包括用于铁路建设和运营的资金，铁路轨道、桥梁、隧道、涵洞等基础设施的配件，列车设施零部件，信号机设备及通讯用电缆、光缆，铁路运输物资等。二是在铁路管理区域包括车站广场、候车室、售票处、进出站口、站台、铁路沿线、货场、旅客列车内活动的人员随身携带的私人财产。

（二）涉铁侵犯财产罪的客观方面，表现为将国有铁路的公共财产或国有铁路管理区域内活动人员的私人财产非法占有、挪用、毁坏的行为

所谓非法占有，是指行为人通过《刑法》所禁止的手段（犯罪行为）将他人所有的财产转移为自己实际掌握和控制；既包括行为人对非法取得财产的占有，也包括行为人对非法占有财产的使用、收益和处分，如销赃等。非法占有在法律层面侵犯的是《刑法》保护的财产所有权关系，在事实层面侵犯的是财产所有人的占有权、使用权、收益权和处分权。常见的占有情形包括：

1. 他人事实支配和控制的财物。例如，他人住宅内、车内的财物；他人工具箱内的财物；住在宾馆的人穿着的宾馆提供的睡衣，顾客试穿在身上的商店里的衣服，都属于他人占有的财物。

2. 推知他人事实上支配的财物。例如，他人门前停放的没有上锁的自行车；他人停在路边的汽车；挂在他人门上、窗户上的任何财物；他人短暂遗忘或者短暂离开，但处于他人支配力所能涉及范围的财物，都属于他人占有的财物。在路边、广场、酒店大堂、公交车、火车、地铁等公共场合落下的钱包、手机等小件物品，属于脱离占有的遗忘物。

3. 特殊事件不改变占有关系。例如，火灾、水灾、地震、战争的发生不改变原来的占有关系。但水灾将财物冲入河中，这些漂流

物则属于脱离占有的财物。

4. 权利人知道他人难以发现的特定场所的财物。例如，故意隐藏在野外并知道其所在位置的财物，由埋藏者占有。

5. 具有回到原处能力或习性的宠物，属于他人占有的财物。

6. 财物转移为建筑物的管理者或者第三者占有。只有一定的管理者才能进入的场所中遗置的财物，管理者占有。例如，旅客遗忘在旅馆房间的财物，旅馆管理者占有；甲遗忘在乙家的财物，乙占有。而公共汽车、大型客轮、火车中货架上遗留的财物，丧失占有，属于遗忘物。

7. 事实上没有支配，但具有强烈的占有意思的情形，也属于权利人占有。例如，权利人不慎从阳台上将钱包掉在公用道路上后，一直在阳台上看守着钱包，该钱包仍为权利人占有。

8. 共同占有。例如，将与他人共同经营的果园的水果偷摘卖掉的，侵犯他人的占有，成立盗窃罪。

9. 封缄物整体由受托人占有，内容物为委托人占有。受托人不法取得封缄物整体的，成立侵占罪；取出其中的内容物的，成立盗窃罪。

行为人非法占有后，是否将财产据为己有，或者是转归第三者或用作其他用途，属于犯罪后对犯罪对象的处理问题，不影响非法占有行为的定性。

非法占有的行为方式与侵犯财产罪的不同罪名相对应。如抢劫罪采取当场使用暴力、胁迫或者其他使被害人不知反抗或不能反抗的方式；盗窃罪采取秘密窃取他人财物的方式；诈骗罪采取虚构事实或者隐瞒事实真相的欺骗方法；抢夺罪采取乘人不备或在被害人觉察而丧失防护能力的情况下公然夺取的方式；聚众哄抢罪采取聚集多人、哄抢滋扰，夺取财物的方式；职务侵占罪采取利用职务之便非法占有本单位财物的方式；敲诈勒索罪采取对被害人威胁和要挟，强索财物的方式。非法占有在行为方式上的差异，为正确区分此罪与彼罪提供了客观的参考依据。

所谓非法挪用，是指行为人利用职务上的便利，擅自将单位的资金或特定款物挪作他用的行为。行为人对挪用的单位资金或特定款物具有"用后即还"的意图，在挪用时并没有将单位资金或特定款物非法占为己有的目的。因此，非法挪用的本质特征是为了取得资金的使用权。在侵犯财产罪中，非法挪用行为表现为四种形式：

一是挪用本单位资金归个人使用或者借贷给他人，数额较大，超过 3 个月未还。此种情况有两种限制，即挪用本单位资金既不是进行非法活动，也不是进行营利活动，而是进行其他活动。

二是挪用本单位资金虽未超过 3 个月，但数额较大、进行营利活动或进行非法活动。此种情况《刑法》规定只要挪用数额较大，就构成犯罪。对于挪用时间是否超过 3 个月以及行为人营利的目的是否达到均不要求。

三是挪用本单位资金数额巨大或者数额较大不退换。

四是将救灾、抢险、防汛、优抚、扶贫、移民、救济等七项专用款物挪作他用。此种情况应当具备"情节严重"的条件，即致使国家和人民群众利益遭受重大损害等情节。

"毁坏公私财产"包含两层含义，或曰两种行为：一是"毁灭"，即致使物品全部丧失使用价值，如烧毁、砸毁等；对财产所有人而言，意味着财产价值和效用的完全失去。二是"损坏"，即致使物品部分丧失使用价值，对财产所有人而言，意味着财产价值和效用的部分损坏。毁坏行为在《刑法》分则侵犯财产罪一章只涉及故意毁坏财物罪、破坏生产经营罪两个罪名。

从侵犯财产罪的行为方式上看，多数犯罪只能以作为方式实施，例如抢劫、盗窃、聚众哄抢、敲诈勒索等罪名，不可能以不作为方式实施。有些犯罪也可以通过消极的不作为方式实施。例如，侵占罪、拒不支付劳动报酬罪，即属于比较典型的不作为犯罪；再如破坏生产经营罪，既可以通过毁坏机器设备等积极的身体行为构成，也可以通过工作中应该履行作为义务而不履行的不作为方式构成。

在司法实践中，对涉铁侵犯财产罪的认定，既应考察具体犯罪行为的"质"——社会危害性，也要考察具体犯罪结果的"量"——法定性。根据《刑法》分则第五章规定，除抢劫、破坏生产经营罪外，其他侵犯财产罪都是以占有、挪用财物"数额较大"或者毁坏财物"数额较大"作为构成犯罪的必要条件或充要条件之一。如果非法占有、挪用、毁坏财物的数额较小、达不到法定标准，或者情节显著轻微，危害不大，则不认为构成犯罪。

（三）涉铁侵犯财产罪的主体

多数犯罪是一般主体，即达到一定的刑事责任年龄并具有刑事责任能力的自然人，如盗窃、诈骗、抢夺、敲诈勒索、故意毁坏财物等罪都属于一般主体；少数犯罪是特殊主体，除要求具备一般主体条件外，还要求由行为人具备某种特定身份，如职务侵占罪、挪用资金罪的主体，必须是国有铁路公司、企业或者其他单位的人员。

根据《刑法》第17条规定，涉铁侵犯财产罪的刑事责任年龄，除抢劫罪为14周岁外，其他各罪均为16周岁。铁路领域侵财犯罪的主体身份具有一定的特殊性。以取得型犯罪为例，其犯罪主体主要包括下列人员：

1. 聚集在车站和货场周围的外来"三无"人员。在城市的大型车站、货场和开放式编组站内外、周边，常年聚居着很多外来人员、无业游民，这些人无生活来源、无谋生能力、无法定赡养人或抚养人，依靠拾荒、乞讨、偷窃或打零工为生。

2. 当地的无业人员。包括当地不务正业的闲散人员、被征收了土地的"城中村"的农民等。

3. 铁路沿线的农民。在全国各地都有"吃铁路"，以盗窃铁路运输物资为生的村庄和农民。

4. 流窜人员。包括流浪人员和负案在逃人员。这类人伺机混上客车或扒上货车，随车四处流浪，成为职业扒手或职业货盗分子。

5. 路内人员。包括铁路内部职工和临时工。这些人在现场作业时直接接触货物，尤其是列检、商检、调车、仓管人员，有利用职务或工作之便盗窃铁路货物的便利条件，而且他们熟悉铁路运输规律和现场环境，作案目标明确，得手后善于伪装现场，不易发现。这类特殊的犯罪主体，更加难以防范。

6. 货物押运人。根据铁路货运部门的规定，货物是否押运由托运人决定，货物押运人也由托运人提供，这样一来，就形成了一个新群体，甚至在一些地方还出现了职业押运人。由于铁路货运是保价运输，运输货物的管理松散，押运人员在押运过程中盗窃押运货物甚至与货盗分子结成团伙，在司法实践中并不鲜见。

（四）涉铁侵犯财产罪的主观方面只能是故意，过失不能构成犯罪

毁坏财物犯罪，要求行为人明知自己的行为会发生使他人财物丧失或者减少使用价值的结果，并且希望或者放任这种结果的发生。例如，某铁路搬运工人，对领导分配的工作任务不满意，为泄私愤，在从列车上卸贵重工艺品时，不严格按照操作规范卸车，导致大量贵重工艺品损坏，其行为当属放任这种毁坏结果发生的故意毁坏财物罪。非法占有类型的侵财犯罪除要求故意外，还要求具备非法占有的目的。

非法占有的目的，既包括行为人为自己非法占有，也包括为第三者（包括单位）非法占有。例如，行为人为了本单位非法占有而实施盗窃、诈骗他人财物行为的，也成立盗窃罪、诈骗罪。因为以使第三者非法占有为目的实施的盗窃、诈骗行为，同样侵犯了他人的财产权；以使第三者非法占有为目的，并不意味着毁坏、隐匿财产，仍然能够被评价为具有遵从财物可能具有的用法进行利用、处分的意思；以使第三者非法占有为目的，仍然说明行为人具有利欲动机、非难可能性重于毁坏财物。当然，这里的第三者，应是与行为人有一定关系的第三者，而不是任何第三者。例如，从车站超市扔出商品，让不相识的过路旅客捡走的，不应认定为盗窃罪，而宜认定为故意毁坏财物罪。①

_____

① 参见张明楷：《刑法学》，法律出版社 2011 年版，第 849 页。

第二章 抢劫罪刑事检察

受时空环境条件的局限，发生在铁路领域的侵犯财产罪在侵害对象、犯罪主体身份以及客观行为表现等方面都具有一定的特殊性。目前，我国刑法分则第五章规定的侵犯财产罪共涉及 13 个罪名，分别是抢劫、盗窃、诈骗、抢夺、聚众哄抢、侵占、职务侵占、挪用资金、挪用特定款物、敲诈勒索、故意毁坏财物、破坏生产经营和拒不支付劳动报酬。其中，抢劫、盗窃、诈骗和职务侵占等罪名在铁路领域的发案率较高。侵占罪因属于自诉案件，铁路公安机关一般不会主动受理，铁路检察机关也没有管辖权；拒不支付劳动报酬罪属于新规定的罪名，目前在铁路司法实践中比较罕见。故本章及以下章节，除侵占罪和拒不支付劳动报酬罪外，拟分别对其他侵犯财产犯罪的一般理论及刑事检察工作实务进行概括介绍。

第一节 抢劫罪理论概述

一、概念及其犯罪构成

抢劫罪是指以非法占有为目的，以暴力、胁迫或者其他方法，当场强行劫取公私财物的行为。其犯罪构成特征是：

1. 侵犯的客体是复杂客体。既侵犯公私财产的所有权，又侵犯公民的人身权利。抢劫罪之所以成为侵犯财产罪中最严重的犯罪，原因就在于其侵犯的是双重客体：一是财产权益，使财产所有人处于丧失或可能丧失财产的危险之中；二是人身权利，使财产所有人面临生命与健康遭受损害的危险。

根据《刑法》规定，抢劫罪的犯罪对象是公私财物。所谓财物，是指存在于人体之外，能为人所支配控制且能满足人的需要的物体。一般认为，有体物、动产、合法财物均可以成为抢劫的行为对象；而对无体物、不动产、非法财物、人体器官、毒品等能否成为抢劫罪的对象，则存在争议。

2. 本罪客观方面表现为对公私财物所有人、保管人或守护人当场使用暴力、胁迫或者其他方法，抢走财物或者迫使被害人交出财物的行为。

3. 本罪主体为一般主体。根据《刑法》第 17 条第 2 款规定，已满 14 周岁不满 16 周岁的人犯抢劫罪的，应当负刑事责任。

4. 本罪主观方面是直接故意，并且具有非法占有的目的。

二、犯罪形态

根据最高人民法院司法解释①：具备劫取财物或者造成他人轻伤以上后果两者之一的，均属抢劫既遂；既未劫取财物，又未造成他人人身伤害后果的，属于抢劫未遂。换言之，行为人对被害人实施暴力并劫取到财物的，可构成抢劫罪既遂，即使被害人没有受到伤害，该行为也成立既遂；对于抢劫中实施暴力，实际没有取得财物，但造成被害人轻微伤以上后果的，也构成既遂。

《刑法》第 263 条规定了抢劫罪的八种加重形态。大体分成两类：一是结果加重犯，二是情节加重犯。"抢劫数额巨大"和"抢劫致人重伤、死亡"的，是结果加重犯；其他形态是情节加重犯。结果加重情节存在既遂和未遂，其具体认定应以加重结果的实际发生为标准——有加重结果的为既遂，没有加重结果的为未遂。对情节加重犯，则应以是否劫取到财物为既遂和未遂的标准。

《刑法》第 269 条规定："犯盗窃、诈骗、抢夺罪，为窝藏赃物、抗拒抓捕或者毁灭罪证，而当场使用暴力或者以暴力相威胁的，依照本法第二百六十三条的规定定罪处罚。"该条规定在刑法理论上

---

① 参见 2005 年 6 月 8 日最高人民法院《关于审理抢劫、抢夺刑事案件适用法律若干问题的意见》（法发〔2005〕8 号）第 10 条。

被称为"准抢劫罪"或"转化型抢劫罪"。转化型抢劫罪是否存在既遂与未遂，应当在不同情形下适用不同的标准进行判断。一是在转化前的行为已经取得财物后，又使用暴力或以暴力相威胁的，构成抢劫罪既遂。在这种情况下，可以认为此时的转化实际是一种行为犯，即只要实施暴力或以暴力相威胁，就构成抢劫罪。二是如果盗窃、诈骗、抢夺未遂后转而实施抢劫的，则只能转化为抢劫罪未遂。因为抢劫罪的转化是行为犯，但抢劫罪本身仍然是结果犯，应当以财物取得为既遂标准。

三、此罪与彼罪的区分

1. 冒充正在执行公务的人民警察、联防人员，以抓卖淫嫖娼、赌博等违法行为为名，非法占有公私财物的行为。行为人冒充正在执行公务的人民警察抓赌、抓嫖，没收赌资或者罚款的行为，构成犯罪的，应以招摇撞骗罪从重处罚；在实施上述行为中使用暴力或者暴力威胁的，应以抢劫罪定罪处罚。行为人冒充治安联防队员抓赌、抓嫖、没收赌资或者罚款的行为，构成犯罪的，应以敲诈勒索罪定罪处罚；在实施上述行为中使用暴力或者暴力威胁的，以抢劫罪定罪处罚。

2. 以暴力、胁迫手段索取超出正常交易价钱、费用的行为。从事正常商品买卖、交易或者劳动服务的人，以暴力、胁迫手段迫使他人交出与合理价钱、费用相差不大钱物，情节严重的，应以强迫交易罪定罪处罚。以非法占有为目的，以买卖、交易、服务为幌子采用暴力、胁迫手段迫使他人交出与合理价钱、费用相差悬殊的钱物的，应以抢劫罪定罪处刑。在具体认定时，既要考虑超出合理价钱、费用的绝对数额，还要考虑超出合理价钱、费用的比例，加以综合判断。

3. 抢劫罪与绑架罪。绑架罪是侵害他人人身自由权利的犯罪行为。两罪的区别在于：第一，主观方面不尽相同。抢劫罪行为人一般出于非法占有他人财物的故意实施抢劫行为；而绑架罪行为人既可能为勒索他人财物而实施绑架行为，也可能出于其他非经济目的实施绑架。第二，行为手段不尽相同。抢劫罪行为一般在同一时间、同一地点劫取财物，具有"当场性"；而绑架罪则表现为，以杀害、伤害等方式向被绑架人亲属或其他人发出威胁，索取赎金或提出其他非法要求，劫取财物一般不具有"当场性"。

实践中需要注意的是，绑架过程中当场劫取被害人随身携带财物的，同时触犯绑架、抢劫两个罪名，属于刑法上的牵连犯，应当择一重罪定罪处罚。

4. 抢劫罪与寻衅滋事罪。寻衅滋事罪是严重扰乱社会秩序的犯罪行为。行为人在实施寻衅滋事行为时，客观上也可能表现为"强拿硬要"公私财物的特征。这种"强拿硬要"行为与抢劫罪的区别在于：前者行为人主观上还具有逞强好胜或通过强拿硬要来填补其精神空虚等目的，后者行为人一般只具有非法占有他人财物的目的；前者行为人客观上一般不以严重侵犯他人人身权利的方法强拿硬要财物，而后者行为人则以暴力、胁迫等方式作为劫取他人财物的手段。司法实践中，对于未成年人使用或威胁使用轻微暴力强抢少量财物的行为，一般不宜以抢劫罪定罪处罚；其行为符合寻衅滋事罪特征的，可以寻衅滋事罪定罪处罚。

5. 抢劫罪与故意伤害罪。行为人为索取债务，使用暴力、暴力威胁等手段的，一般不以抢劫罪定罪处罚；如构成故意伤害等其他犯罪的，依照《刑法》第234条等规定处罚。

6. 抢劫罪与敲诈勒索罪。抢劫罪侵犯的客体是公民财产权利和人身权利，而敲诈勒索罪侵犯的客体是公私财物的所有权。从两罪的客观方面看，抢劫罪和敲诈勒索罪都可以采用"威胁"的方式，但威胁的内容和形式不同。第一，抢劫罪只能是以当场实现某种侵害行为相威胁；而敲诈勒索罪则一般以日后实现某种侵害行为相威胁。第二，抢劫罪的威胁只能是行为人当着被害人的面发出；而敲诈勒索罪的威胁既可以当面发出，也可以通过书信或者第三人转达的方式发出。第三，抢劫罪威胁的内容是当场能够实现的——暴力；而敲诈勒索罪威胁的内容既可以是当场能够实现的，也可以是日后才能实现的。第四，抢劫罪必须是当场占有财物，而敲诈勒索罪既可以是当场，也可以是日后占有财物。

7. 抢劫罪与抢夺罪。两罪共同点在于：行为人主观上都以非法占有为目的，客观上都具有"公然性"。二者区别在于：一是犯罪客体不同。抢劫罪是复杂客体，既侵犯人身权利，又侵犯财产权利；而抢夺罪只侵犯公私财产权利。二是犯罪主体不同。抢劫罪要求年满 14 周岁即可；而抢夺罪则要求年满 16 周岁。三是行为方式不同。抢劫罪必须符合"两个当场"的条件，即当场使用暴力、当场取得财物。抢劫罪的"力"是作用在被害人身上，采用的是致使被害人不敢、不知或者不能反抗的强制手段占有财物；而抢夺罪则是公然夺取，全部的"力"都作用在财物上，并且是趁被害人不备而夺取。

四、刑事责任

根据《刑法》第 263 条规定：犯本罪的，处 3 年以上 10 年以下有期徒刑，并处罚金。有下列情形之一的，处 10 年以上有期徒刑、无期徒刑或者死刑，并处罚金或者没收财产：（1）入户抢劫的；（2）在公共交通工具上抢劫的；（3）抢劫银行或者其他金融机构的；（4）多次抢劫或者抢劫数额巨大的；（5）抢劫致人重伤、死亡的；（6）冒充军警人员抢劫的；（7）持枪抢劫的；（8）抢劫军用物资或者抢险、救灾、救济物资的。

第二节　抢劫罪涉铁相关问题

一、涉铁抢劫罪的客观方面

从抢劫罪复杂客体的内在逻辑关系，可以将抢劫罪的客观方面分解为手段行为、目的行为两个方面。侵犯人身的暴力、胁迫或者其他强制方法是手段行为，非法强取公私财物是目的行为。一般情况下，对人身权利和财产权利的侵犯分别存在于手段行为和目的行为之中。如某甲在候车室抢劫旅客某乙的金项链，某甲应分别实施暴力、胁迫行为以及强行夺取的行为，才能构成抢劫罪。如果某甲只是趁某乙不备，强行将金项链扯下来并摔伤乙，由于其手段行为与目的行为竞合，实质只是一个行为，因此不能认定为抢劫罪，只能按照想象竞合犯在抢夺罪和故意伤害罪之间择一重罪处罚。

所谓"暴力"，是指犯罪分子对被害人的身体实施打击或者强制，使其不能反抗的行为，如殴打、扭抱、捆绑、伤害甚至杀害等。这种暴力行为必须是指向财物所有人、保管人或者守护人，是犯罪分子用来排除被害人抵抗从而顺利劫取财物的手段。例如，乙将手提电脑放在候车室座位上离开去厕所，甲以为站在手提电脑旁边的丙是所有人，使用暴力将丙摔倒在地，拿起手提电脑后逃走。由于甲的行为不是针对物主，而是无关的旅客丙，故对甲的行为不宜认定为抢劫罪，对拿走手提电脑应成立盗窃罪；如果对丙造成了人身伤害，则应成立故意伤害罪。

对于暴力的强度，我国《刑法》无明确规定，理论上也有不同见解。一般认为，只要犯罪人所采取的暴力行为是故意用来排除被害人的反抗从而劫取公私财物的手段，则不论这一暴力行为是严重侵害被害人人身的殴打、伤害甚至杀害行为，还是仅属于扭抱、捆绑、紧闭等较轻的身体强制行为，均属于《刑法》中抢劫罪的暴力行为。[①] 换言之，犯罪分子只要使用了能够使被害人失去保护财产的人身自由或抵抗能力的外在强制力来劫取公私财物，无论这种外力强弱如何，都应当认定为抢劫罪。例如，甲乙二人在火车站伺机作案，甲趁旅客丙赶车奔跑之机，伸出右脚将丙绊倒，乙乘丙倒地之机将其旅行箱夺走。甲伸右脚的行为显然与通常意义上的"暴力"行为不同，但由于这种行为是使被害人丙失去保护财产抵抗能力的外在强力，并且出现了财产被强行夺取的结果，因此甲和乙的行为应认定为抢劫罪。

所谓"胁迫"，是指行为人以对被害人立即当场使用暴力相威胁，使被害人产生恐惧心理而不敢反抗的行为。胁迫一般是针对财

---

① 参见陈兴良主编：《罪名指南》（上），中国政法大学出版社 2000 年版，第 788 页。

产的所有人、保管人或者守护人，有时也可以是针对在场的被害人的家属或亲友。胁迫的内容仅限于对被害人以当场对其人身付诸暴力相威胁、迫使其当场交出财物的行为。胁迫的形式可以是某种动作也可以是威胁性的语言。

所谓"其他方法"，是指除暴力、胁迫以外其他所有侵害被害人人身权利，从而造成被害人不敢、不知或不能反抗的方法。如用麻醉剂、安眠药、催眠术或毒药等方法使被害人丧失意志力，劫取财物。在旅客列车上，用酒灌醉被害人取走财物的行为是否构成抢劫罪，要看行为人用酒灌醉被害人过程中所使用的方法，如果仅通过拉拢感情、激将法等劝酒方式将其灌醉取走财物，属于秘密窃取行为，应认定为盗窃罪；如果被害人喝到一定程度拒绝再喝，行为人强行将其灌醉，或者在酒中掺进高度酒、安眠药等将其致昏后取财的行为，应认定为抢劫罪。

二、涉铁抢劫罪的犯罪对象

铁路领域抢劫罪的犯罪对象，是指属于国有铁路或国有铁路管理区域内公民所有的公私财物及他人人身。公私财物只限于动产。以暴力、胁迫或其他方法索取到期合法债务，或索取被他人非法占有的自己的财物的，因行为人不具有非法占有的目的，故不构成抢劫罪。行为人出于一个目的使用暴力，在使用暴力过程中或之后又萌生侵财意图的，应根据案件情况定罪。例如，甲出于强奸意图，在铁路涵洞内实施暴力致乙昏迷，实施强奸后，又将乙的金项链取走的行为，不宜认定为抢劫罪，而应认定为强奸罪和盗窃罪。再如，甲在旅客列车上因争抢座位与乙发生争执，失手将乙打晕在地，在逃离现场时顺手将乙的手机拿走。这种行为也不宜认定为抢劫罪，而应认定为故意伤害罪和盗窃罪。

三、涉铁抢劫罪的多发领域

涉铁抢劫罪的多发区域，通常在火车站候车室、广场及其周边，铁路酒店、货场、铁路沿线、卧铺车厢等地点。常见的作案手段有，蒙面持械抢劫、将单身男旅客色诱到僻静地点抢劫、在火车上通过在酒水中下药麻醉抢劫等。根据最高人民法院司法解释①：《刑法》第 263 条第 2 项规定的"在公共交通工具上抢劫"，既包括在从事旅客运输的各种公共汽车、大中型出租车、火车、船只、飞机等正在运营中的机动公共交通工具上对旅客、司售、乘务人员实施的抢劫，也包括对运行途中的机动公共交通工具加以拦截后，对公共交通工具上的人员实施的抢劫。

四、列车内抢劫犯罪的认定和处理

根据最高人民法院司法解释②：在列车内，抢劫旅客财物，伤害旅客的，依照《刑法》有关规定从重处罚。

1. 在列车内抢劫旅客财物，是抢劫罪从重处罚的情节。在具体认定时，应当根据《刑法》有关规定，结合铁路运输的特殊性综合考虑。凡在列车内对旅客使用暴力、胁迫手段，如以语言相威胁、暴露或者暗示携带有凶器或者依仗人多势众对被害人施加精神压力等，强拿旅客财物或者以"借钱借物"为名索取财物的，以及对旅客实行强买强卖，侵犯旅客财产权益的，均应以抢劫罪从重论处。

2. 在列车内抢劫旅客财物的，一般视为《刑法》第 150 条第 2 款规定的"情节严重"，适用该款规定从重处罚；但情节较轻或者是从犯的，可以适用《刑法》第 150 条第 1 款的规定处罚。

第三节　抢劫罪侦查监督指引

抢劫罪的侦查监督，是指检察机关在办理涉嫌抢劫罪案件审查批准逮捕过程中进行的立案监督、侦查监督和证据审查等工作。对

---

① 参见 2000 年 11 月 22 日最高人民法院《关于审理抢劫案件具体应用法律若干问题的解释》（法释〔2000〕35 号）第 2 条。

② 参见 1993 年 10 月 11 日最高人民法院《关于执行〈中华人民共和国铁路法〉中刑事罚则若干问题的解释》（法发〔1993〕28 号）第 5 条。

公安机关提请批准逮捕案件的证据审查，是侦查监督工作的重点。本书有关章节拟重点介绍抢劫罪等各罪案件证据审查中应注意的问题。

一、逮捕案件的证据审查

（一）有证据证明发生了抢劫犯罪事实

着重审查以下证据：

1. 证明抢劫案件发生的证据。主要包括：

（1）铁路公安机关报案登记、受案登记、立案决定书及破案经过证明等材料。

（2）被害人、抓获人、扭送人、现场目击人等的证言。

（3）案发现场附近的电子监控视频或网络截图等。

审查中需要注意的是，对发生在铁路专属管辖范围之外的抢劫案件，应当依法及时移送有管辖权的检察机关办理。

2. 证明被害人财产权利被侵害的证据。主要包括：

（1）被抢劫财物及其价值，如价格鉴定意见、权属证明、购物发票、被害人陈述、证人证言等。

（2）证明被抢劫财物特征的书证、物证、证人证言，如车辆发动机号、车架号、手机入网证明，尤其是反映被劫物品隐蔽特征的证人证言等。

（3）被抢劫的财物及其追赃笔录、提取笔录、勘验材料、照片等。

（4）证明赃物处置情况，如犯罪嫌疑人供述和辩解，窝赃人、购赃人的证言等。此外，抢劫违禁物品如毒品或者非法持有的枪支、弹药等，不影响抢劫的认定。

3. 证明被害人人身权利被侵害的证据。主要包括：

（1）被害人户籍证明、身份证。

（2）被害人死亡或伤残的书证、照片、鉴定，被害人陈述、证人证言。

（3）被害人随身携带的物品及提取笔录，亲友对该类物品的辨认笔录。

（4）对尸源不清、无法辨认的尸体所作的 DNA 鉴定及有关同一 DNA 鉴定。

（5）证人、犯罪嫌疑人对被害人的辨认笔录等。

需要注意的是，在上述证据中，证明被害人人身权利和财产权利同时被侵害的证据最为重要，二者缺一不可，是证明发生抢劫犯罪事实的核心证据。此外，如果犯罪嫌疑人抢劫财物时所使用的暴力强度不大，被害人身体无明显伤情，也需有足以证实该情节供证一致的证据。

4. 证明抢劫加重结果的证据。主要包括：

（1）证明入户抢劫的证据。如被害人陈述、邻居或亲友的证人证言；现场勘验笔录及照片、被破坏的门、窗、锁等物证或痕迹；犯罪嫌疑人遗落在现场的物品、指纹、脚印、血迹等提取笔录及鉴定意见等；犯罪嫌疑人"入户"的主观故意及目的的证据，注意区分是"入户抢劫"还是"在户抢劫"。

（2）证明在公共交通工具上抢劫的证据。在办理涉铁抢劫案件中，需要着重审查在处于正常运营状态的列车上实施抢劫的证据。如列车司乘等证人证言、列车路线牌，该列车上的录音录像资料，犯罪嫌疑人遗落在列车上的物证、痕迹及其鉴定意见，现场勘查笔录及照片，被害人陈述及证人证言等。

（3）证明持枪抢劫的证据。包括用于抢劫的枪支杀伤力的证据，如枪支、弹药等物证，提取笔录及照片，痕迹检验，枪支弹药性能鉴定意见等；犯罪嫌疑人所持枪支用于抢劫的证据，如被害人陈述、证人证言、犯罪嫌疑人供述和辩解、对枪支的辨认笔录等。审查中需要特别注意的是，只要犯罪嫌疑人在抢劫过程中故意显示出枪支、使被害人受到威胁，就属于"使用"。

（4）证明多次抢劫或抢劫数额巨大的证据。①多次抢劫的证据，如接警记录、被害人陈述、证人证言、犯罪嫌疑人供述和辩解等；注意审查多次抢劫行为的时间、地点是否有明显的时间差和空间差，准确判断是否属于"多次抢劫"。②抢劫数额巨大的证据，如被害人陈述、发票、价格鉴定意见等；抢劫信用卡数额巨大的，要注意审查是否实际使用或消费的证据。③犯罪嫌疑人为抢劫其他财物，劫取车辆当作犯罪工具或者逃跑工具使用的，被劫取车辆的价值应当计入抢劫数额。

（5）证明抢劫致人重伤、死亡的证据。注意审查抢劫行为与被害人重伤、死亡结果之间因果关系的证据，以区分是一个抢劫行为，还是犯罪既遂后或者在抢劫过程中出现另外的与抢劫目的无关的情形。

（6）证明抢劫银行或其他金融机构的证据。如被害金融机构营业人员证言、财产损失清单、案发当日入库单、库存现金财物的凭证等；中国人民银行规范性文件及其核发的营业执照等。

（7）证明冒充军警人员抢劫的证据。如犯罪嫌疑人供述和辩解，有关部队、公安机关出具的证明材料，假证件、制服、车辆及其牌照等，以证实犯罪嫌疑人身份的真伪；被害人陈述、证人证言、犯罪嫌疑人供述中关于行为人是否穿着警服、驾驶警车、出示军警证件、表明身份的内容，以证实犯罪嫌疑人抢劫时是否冒充军警人员。

（8）证明抢劫军用物资或抢险、救灾、救济物资的证据。包括：①证明行为人明知或应知的证据，如被害人陈述、证人证言、犯罪嫌疑人供述和辩解等。②证明被抢物资性质的证据，如被抢劫物资及其照片、有关部门出具的货物发运单或物资上的用途标志等。

（二）有证据证明抢劫犯罪事实是犯罪嫌疑人实施的

着重审查以下证据：

1. 证明犯罪嫌疑人当场实施暴力、胁迫或其他方法等行为的证据。如被害人伤情检验、尸检报告等鉴定意见；抢劫作案工具（如凶器、麻醉药）等物证的提取笔录、搜查笔录、辨认笔录、指认笔录及扣押物品清单等；被害人陈述、目击证人证言等，用以证明被害人财物被抢劫的具体经过；犯罪嫌疑人及其同案犯的供述和辩解，用以证明抢劫的预谋、准备过程，抢劫的时间、地点、参与人、抢劫方法、使用的工具、具体分工等情况；抢劫现场监控视频或视听资料等证明案发过程的证据。

2. 证明犯罪嫌疑人当场劫取财物的证据。主要包括：

（1）赃物来源及去向的相关证据，如搜查笔录、提取笔录、扣押物品清单、辨认赃物笔录等。

（2）现场勘验检查笔录及照片、物证及痕迹的检验、鉴定意见，如 DNA 鉴定、指纹鉴定等。

（3）证人证言、被害人陈述和指认，用以证明是否被抢及被抢物品的数量、种类、颜色、状态、价值等情况。

（4）犯罪嫌疑人供述和辩解，用以证明行为人是否当场劫取财物以及被劫财物的形式和特征，被劫财物的销赃情况及赃物的实际去向。

（5）收赃人员、持有赃物人员的证言及对销赃人员的辨认笔录等，用以证明被劫财物由他人收购、转移、持有的经过以及赃物特征等情况。

在上述证据中，重点审查与犯罪嫌疑人人身特征相关联的证据，以解决抢劫行为是否为犯罪嫌疑人所实施、几人实施、各人的地位与作用、能否确定直接致害人等关键问题。对犯罪嫌疑人不如实供述的，要注意结合本案其他证据，准确查明直接致害人与其他人员的各自地位与作用。特别是通过网络纠集而实施抢劫的共同犯罪人，更要落地查人，准确认定。对于一人作案且被害人死亡的案件、单人流窜作案的案件、破案周期较长且证据固定有瑕疵的案件，除注意审查证人证言、鉴定意见、现场勘验检查笔录、音像资料外，还要特别注意审查报案记录、破案报告中犯罪嫌疑人的排查过程、犯罪嫌疑人供述和辩解及同步音像资料，着重对作案时间、作案手段、财物特征、人身打击的部位、程度与工具、胁迫与其他手段情况下的时空条件等细节进行认真比对，锁定犯罪嫌疑人。上述证据中，在犯罪嫌疑人身上检出的被害人 DNA 鉴定、记录案发过程的视频录像、目击证人证言是直接证据，只要具备其一，即可锁定犯罪嫌疑人。但在现场的物证痕迹中检测出犯罪嫌疑人 DNA 的，还需要进一步排查犯罪嫌疑人具有作案时间等其他证据，以综合印证锁定犯罪嫌疑人。在锁定犯罪嫌疑人环节，要坚决排除非法证据。

在办理未成年人涉嫌抢劫罪的案件中，要特别注意审查未成年人刑事责任年龄方面的证据，不满 14 周岁、已满 14 周岁不满 16 周岁、已满 16 周岁不满 18 周岁等，均应有相关证据证明。

（三）有证据证明犯罪嫌疑人具有抢劫的主观故意

抢劫罪的主观方面表现为直接故意。实践中，要注意不同情形下证据审查的重点：

1. 共同抢劫案件。（1）对于有预谋的，要着重审查共谋的时间、地点、内容，各犯罪嫌疑人的分工、具体犯罪行为以及事后分赃等情况的证据。（2）对于临时起意或者事中加入的共犯，需重点分析同案犯的口供，并结合案发前、案发时、案发后的语言、行为，确定其主观上是否有抢劫的故意。（3）有帮助犯、教唆犯的，要重点审查证据是否能确定其在明知他人抢劫的情况下实施了帮助行为，其教唆的具体内容就是让他人实施抢劫犯罪。（4）要注意审查犯罪预备、未遂和中止形态下各个人员的表现，以准确区分其主观恶性。

2. 致被害人重伤或者死亡的抢劫案件。应当着重审查犯罪嫌疑人的供述和其他相关证据，以确定其杀害、伤害被害人的时间是在抢劫行为之前、之中还是之后，并准确区分犯罪故意是否发生变化。

3. 索取债务型抢劫案件。注意审查犯罪嫌疑人供述、证人证言、借据等证据，着重查明犯罪嫌疑人是"以索债为名"劫取非法财物，还是索要合法债务。如果是索要合法财物的，是否超出了债务的范围，除索要债务外是否还索要了其他明显不合理的费用或财物；如果是索要赌债等非法债务的，重点审查时间、地点、对象、财产数额等要素，准确认定非法占有故意的内容。

（四）转化型抢劫的证据审查

着重审查以下证据：

1. 证明实施盗窃、诈骗、抢夺行为的证据；

2. 证明使用暴力或以暴力威胁行为的证据，如物证、被害人伤情鉴定意见及照片、被害人陈述、证人证言等；

3. 证明窝藏赃物、毁灭证据、抗拒抓捕的证据；

4. 证明是暴力或胁迫行为与盗窃、诈骗、抢夺行为在时间和空间上是否具有紧密联系的证据等。

在审查上述证据时，有的案件行为人实施盗窃、诈骗、抢夺行为未达到"数额较大"，当场使用暴力或者以暴力相威胁，情节较轻、危害不大，需要以抢劫罪定罪处罚的，还要注意审查：（1）证明实施上述行为接近"数额较大"标准的证据；（2）证明入户或在公共交通工具上实施上述行为的证据；（3）证明使用暴力致人轻微伤以上后果的证据；（4）证明使用凶器或以凶器相威胁的证据。同时，对于犯罪嫌疑人是未成年人的转化型抢劫，还要注意年龄不同档次对前置条件的特殊限制，准确把握未成年人抢劫中"强拿硬要"的特征和非罪化处理；以及已满 14 周岁不满 16 周岁未成年人抢劫致人重伤或死亡时，因侵财客体缺失而导致的双重客体变为单一客体的情形。

（五）聚众打砸抢型抢劫的证据审查

此类案件，由于首要分子实施打砸抢行为在先，实际发生的财产被损毁或被抢夺，是暴力行为的直接延续，并不是简单地"以非法占有为目的"。因此，要着重审查三个方面：一是发生聚众打砸抢行为的证据；二是聚众的首要分子实施犯罪行为的证据；三是导致被害人财物损毁或被抢夺的证据。

二、社会危险性条件审查

《刑法》第 263 条规定了基本的抢劫罪和结果加重的抢劫罪。对于结果加重犯，因其法定刑为 10 年以上有期徒刑、无期徒刑或者死刑，可以径行批准逮捕，无须通过审查犯罪嫌疑人的社会危险性来判断有无逮捕必要性，在必要时可以适用附条件逮捕。对不符合径行逮捕条件的，即处法定刑为 3 年以上 10 年以下有期徒刑的基本犯，如果犯罪情节较轻，认罪悔罪且有下列情形之一的，可以进行社会危险性审查，但应当从严把握：

1. 属于犯罪预备、未遂或中止，未造成严重后果的；

2. 主观恶性较小的初犯、偶犯、共同犯罪中的从犯、胁从犯，犯罪后有自首、立功表现或积极退赃、赔偿损失、确有悔罪表现的；

3. 属于临时起意犯罪的；

4. 抢劫近亲属的财物，构成犯罪，其近亲属请求从轻处罚的；

5. 犯罪情节较轻，有固定住所或固定工作单位，或能提供可靠担保，确保刑事诉讼程序顺利进行的；

6. 犯罪嫌疑人系未成年人或者在校学生，本人确有悔罪表现，其家庭、学校或者社区及居民委员会、村民委员会具备监护、帮教条件的；

7. 年满 75 周岁的。

审查社会危险性条件，实践中还需要注意根据犯罪嫌疑人自身特殊状况作出判断，如对身体状况不适宜羁押的老年人或残疾人、患有严重疾病的人、正在怀孕或哺乳自己婴儿的妇女，或者是生活不能自理的人的唯一抚养人的，具备监视居住或取保候审条件的，可以适用无社会危险性不批准逮捕。对于转化型抢劫和打砸抢型抢劫，也应当参照上述标准来衡量。

三、侦查监督需要注意的问题

（一）犯罪嫌疑人不供、翻供和变供

在审查逮捕中，审查犯罪嫌疑人供述和辩解要重点解决三个核心问题：一是是否存在犯罪嫌疑人不在现场、犯罪嫌疑人是精神病或者依法不负刑事责任的证据；二是通过提讯、审查供述和辩解、调取同步录音录像等工作，评判公安机关的取证过程是否客观公正，是否存在刑讯逼供的情况；三是全面分析供述的客观、全面和真实性，不供或者不如实供述的可能性，辩解理由的合理性和可印证性，从而准确判断供述和辩解的可靠性和证明力。对口供的证明力问题，

主要审查以下内容：

1. 前后供述是否一致、稳定。对时供时翻或者先否认后承认的情况，要重点审查口供取得的途径是否合法。

2. 口供与其他证据之间有无矛盾。如果有矛盾，查明矛盾产生的原因以及是否有相应的证据应予以排除。如果口供与客观证据之间有重大矛盾，口供不能作为定案的依据。

3. 获取口供的程序是否合法。主要审查是否存在长时间连续传唤、在公安机关内部办案区传唤，是否符合应当两个人进行讯（询）问的规定等。

此外，实践中还要注意审查供述与证据的印证顺序。一般而言，先供后证的案件相对于先证后供的，供述的可信度相对较高，冤错概率较小。同时要正确对待犯罪嫌疑人的辩解，不能简单认为有辩解甚至是翻供就是认罪态度不好、不老实；而要客观分析辩解是否符合逻辑，是否有相关证据证明，是否有必要进一步调查核实，辩解或翻供是否对证据结论足以造成实质影响等。特别是共同抢劫案件，要认真甄别是避重就轻、推卸责任，还是如实供述。

（二）非法证据和瑕疵证据

审查证据的合法性包括四个方面：证据内容、证据形式、取证人员主体资格和取证手段方法。对有证据证明犯罪嫌疑人供述、证人证言、被害人陈述系采取暴力、威胁等非法方法所收集的，即属于非法证据，应当予以排除。

"瑕疵证据"是指有缺陷的证据，具体表现为四种情形：一是在内容上有缺陷或是虚假的证据；二是表现形式上有缺陷的证据；三是提供证据的主体不合法；四是程序性违法的证据。对收集、保存、鉴定等程序上存在瑕疵的物证、书证，应贯彻"先补证、后排除"的原则。

第四节　抢劫罪公诉指引

根据《刑法》有关规定，抢劫罪可分为四种类型：即《刑法》

第 263 条规定的普通抢劫，第 267 条规定的准抢劫，第 269 条规定的转化型抢劫和第 289 条规定的聚众抢劫。需要注意的是，《刑法》第 269 条规定的转化型抢劫的前提条件"犯盗窃、诈骗、抢夺罪"，是指《刑法》分则第五章规定的盗窃、诈骗、抢夺犯罪行为，而不包括《刑法》分则规定的以盗窃、诈骗、抢夺手段实施的其他犯罪行为。

一、公诉案件的证据审查

（一）关于犯罪主体的证据

抢劫罪是一般主体，即年满 14 周岁、具有刑事责任能力的自然人。无论是《刑法》第 267 条规定的准抢劫、第 269 条规定的转化型抢劫，还是第 289 条规定的聚众型抢劫，犯罪主体均是如此。但需要注意的是，《刑法》第 289 条规定的聚众型抢劫，主体还要求是"首要分子"。在铁路司法管辖领域实施抢劫，符合上述主体条件的，都可以构成本罪。

在办理抢劫罪公诉案件中，对犯罪主体方面的审查证据主要包括：

1. 居民身份证、临时居住证、工作证、护照、港澳居民来往内地通行证、台湾居民来往大陆通行证、中华人民共和国旅行证以及边民证；

2. 户口簿、微机户口底卡或公安机关出具的户籍证明；

3. 医院出生证明；

4. 个人履历表，入学、入伍、招工、招干等登记表；

5. 犯罪嫌疑人、被告人供述；

6. 亲属、邻居等有关人员关于犯罪嫌疑人、被告人情况的证言。

上述证据，应当证明自然人姓名（曾用名）、性别、出生年月日、居民身份证号码、民族、籍贯、出生地、职业、住所地、学历、政治面貌等情况。此外，审查中如发现犯罪嫌疑人、被告人可能患有精神病时，应当收集反映其精神状态的相关证人证言，必要时可对其家族遗传病史予以调查。

（二）关于主观方面的证据

着重审查以下几方面：

1. 犯罪嫌疑人、被告人的供述和辩解。主要证实：（1）行为人参与作案的动机、目的，对抢劫犯罪后果的认知程度、主动程度。（2）犯罪起意的过程，有无事先策划及策划的内容。（3）是否为共同犯罪，如事先有无预谋策划，策划分工的时间、地点、内容以及各犯罪嫌疑人相对应的犯罪行为；抢劫赃物的去向以及具体分赃情况。（4）对转化型抢劫犯罪，重点讯问当场使用暴力或以暴力相威胁的目的和动机等。（5）在有伤害、杀死被害人的抢劫案件中，重点审查讯问伤害杀死被害人的时间是在抢劫之前、当时还是之后，目的是毁灭证据还是为实施抢劫排除妨碍等。

2. 被害人陈述。主要证实：（1）被害人是否认识犯罪嫌疑人，双方是何种关系，是否存在债务纠纷或其他矛盾等。（2）行为人在实施抢劫前后和过程中的具体言行，抢劫行为产生的危害结果。（3）转化型抢劫犯罪，被害人是否对实施盗窃、诈骗、抢夺的行为人进行过反抗或抓捕，行为人是否使用暴力抗拒或以暴力相威胁。（4）抢夺犯罪的，行为人是否向被害人显露凶器。

3. 证人证言。主要证实：（1）目击证人的证言，能否客观、如实反映在现场所看见、听到的一切与案件事实相关的情况。（2）其他知情人能否客观、如实反映自己所了解的与案件有关的情况。

4. 证明非法占有目的的证据。主要审查：（1）行为人以自己名义将赃物出让、出借、出卖、典当的情况，如借据、当票等。（2）被劫财物受让人、借入人、买受人及典当行人员证言。（3）从上述证人处提取的赃物及证明。

（三）关于本罪客观方面的证据

着重审查以下内容：

1. 犯罪嫌疑人、被告人供述与辩解。主要证实：（1）抢劫的时间、地点及参与人；涉铁抢劫案件，还需重点审查抢劫地点是否在铁路辖区范围内。（2）是否存在作案工具，作案工具的具体特征、数量及其下落。（3）被害人是否反抗、能否反抗，排除被害人反抗采取的具体手段，是否对被害人当场造成伤害，具体伤情。（4）转化型抢劫，重点审查行为人实施盗窃、抢夺、诈骗行为后，为了窝藏赃物、抗拒抓捕，或者为了毁灭罪证而当场使用暴力或以暴力相威胁的过程。（5）实施抢夺犯罪的，是否向被害人显露凶器。（6）共同抢劫犯罪的，重点审查起意、策划、分工、实施等细节情况，确定每一名犯罪嫌疑人的地位和作用。（7）被抢财物的形式及具体特征，包括外部形态、种类、颜色和数量等。（8）犯罪后的表现，如是否积极退赔、悔罪等。

2. 被害人陈述。审查重点同上。

3. 证人证言。重点审查内容包括：（1）与犯罪嫌疑人、被告人和被害人的关系。（2）案发时间、地点、原因、抢劫的经过。（3）被抢财物的种类、数量、伤情。（4）收购、销售赃物的时间、地点；赃物的特征、种类、数量、价格；赃物的去向；出售赃物的人的体貌特征。（5）抓获犯罪嫌疑人、被告人的时间、地点、具体经过。

4. 物证、书证。重点审查的内容包括：作案工具，现场遗留物品及痕迹，赃款赃物，电话通话记录、短信记录，有价证券，有关部门出具的证明材料等。

5. 鉴定意见。重点审查：有无伤情的法医鉴定意见，痕迹鉴定意见，血型、DNA 鉴定意见，物价鉴定意见等。

6. 勘验、检查、辨认、侦查实验笔录。主要审查：现场勘查笔录及照片；人身检查笔录及照片；尸体检验笔录及照片；被害人、目击证人辨认犯罪嫌疑人或物证的笔录；犯罪嫌疑人、被告人和被害人、证人指认抢劫现场、弃尸毁尸现场笔录；侦查实验笔录、录像等。

7. 视听资料、电子数据。包括录音、录像、电子数据资料等。

8. 对被害人身体、精神造成损害的其他证据。包括被害人病例、诊断书、抢救记录、住院医疗记录、死亡证明；被害人亲友对被害人被害前后的身体健康状况、如劳动能力、智力状况、后遗症、精神状态等的证言。

在抢劫罪案件审查公诉中，要特别注意收集行为人当场对被害人实施强制性行为的证据。所谓强制性行为，包括三种情形：一是暴力方法，即对被害人的人身使用暴力，如捆绑、殴打、伤害等足以使被害人的身体受到强制，处于不能反抗或不敢反抗的状态。二是胁迫方法，即对被害人以立即实施暴力相威胁，进行精神上的强制，使被害人产生恐惧感而不敢反抗。三是其他方法，如采取用酒灌醉或药物麻醉等方法，使被害人不能反抗、不敢反抗。

实践中需要注意把握的是，案件被害人不能反抗、不敢反抗或无法反抗的状态，必须是由抢劫人的强制性行为造成的，这两者之间应当具有刑法上的因果关系；反之，如果是由于被害人自身原因或者因他人的行为造成被害人不能反抗、不敢反抗或无法反抗，行为人趁机拿走被害人的财物的，则二者没有因果关系，对行为人不能认定为抢劫罪，而只能以盗窃罪定罪处罚。

（四）关于犯罪客体的证据

着重审查以下两方面证据：

1. 侵犯被害人人身权利的证据。主要包括：（1）户籍证明、身份证；（2）亲友及犯罪嫌疑人、被告人辨认笔录；（3）物证，如提取的被害人随身携带的物品及其提取笔录；（4）亲友对该类物品的辨认笔录；（5）对尸源不清，无法辨认的尸体所作的 DNA 鉴定，被采样作为同一 DNA 鉴定的亲属与死者关系的证明；（6）尸检报告、伤情鉴定；（7）被害人及其亲友对被害人被伤害前后的身体健康状况如劳动能力、智力状况、后遗症等的证言。

2. 侵犯被害人财产权利的证据。主要包括：（1）被害人对该项财物拥有合法权利及证明该物价值、购买时间的证据，如购物发票、被害人陈述、证人证言、价格鉴定等；（2）证明被抢财物特征的书证、物证、证人证言，如被抢车辆的发动机号、车架号、驾驶证，被抢手机的入网号及相应包装盒上的附属证明等，证明被抢物品的隐蔽特征的证人证言等；（3）物证、书证，被抢的有关财物及其相关的追赃笔录、提取笔录、勘验材料、照片等；（4）犯罪嫌疑人、被告人、窝赃人、买赃人对赃物处理情况或去向的证言或供述；（5）价格鉴定意见。

二、审查起诉应当注意的问题

（一）非法证据的排除

我国《刑事诉讼法》明令禁止以非法方式收集证据，但是对以非法方式取得的证据是否具有法律效力并没有具体规定。"两高"有关司法解释虽然规定，对非法手段获取的"言词证据"予以排除，但对于非法获得的其他证据效力尚未作出明确规定。在司法实践中，对于非法证据排除规则的适用仍是一个难点问题。在办理抢劫罪审查起诉案件中，适用非法证据排除规则应当注意以下几个方面：

1. 非法取得的言词证据不能作为定案根据。包括以刑讯逼供方式取得的犯罪嫌疑人供述，以暴力方式取得的证人证言、被害人陈述，以威胁、引诱或欺骗等非法方式取得的犯罪嫌疑人供述、证人证言、被害人陈述等。

2. 以非法方法收集的物证、书证等实物证据，原则上应当进行合法性转化，无法加以转化的，应当根据限制排除的原则处理。

3. 以需要排除的非法证据为线索，发现并依法收集、调取的证据，经查证属实的，可以作为指控犯罪的依据。

（二）正确区分正常索债和以"索债"为目的的抢劫

司法实践中，抢劫罪主犯之外的其他抢劫参与人往往以帮助主犯索取"债务"为辩解理由，为自己主观上不具备"非法占有目的"这一犯罪要件进行开脱。在审查案件时，应重点审查行为人是否明知"债务"关系存在的证据，具体可以通过审查犯罪嫌疑人、被告人供述、被害人陈述、证人证言以及书证等进行认定。

第三章　盗窃罪刑事检察

第一节　盗窃罪理论概述

一、概念及其犯罪构成

盗窃罪是指以非法占有为目的，秘密窃取他人占有的数额较大的财物，或者多次盗窃、入户盗窃、携带凶器盗窃、扒窃的行为。盗窃罪在任何国家都是发案率最高的犯罪，在我国铁路领域也是常见多发的一类犯罪，在各类涉铁刑事案件中，盗窃案件一直居于首位。盗窃罪的犯罪构成是：

1. 犯罪客体是公私财产所有权，犯罪对象是公私财物。任何盗窃行为都是侵犯财产所有权的行为，即便是以违法犯罪赃物、违禁物为对象的盗窃行为，同样也侵犯到财产所有权；因为这些物品要么属于他人所有，要么应当依法没收归国家所有，盗窃这些物品与直接从财物所有人手中窃取财物并无本质上的不同。换言之，盗窃赃物、违禁物行为之所以构成盗窃罪，归根结底在于这类行为也侵犯到合法财产所有权这一客体。盗窃罪对象必须是具有一定经济价值、人力可控制的财物，同时还应该是可移动的财物，即动产。不动产不能成为盗窃罪的对象，但不动产可以拆卸的部分如门窗、砖瓦、木料等，可以成为盗窃罪对象。盗窃罪的对象一般是有体物，但根据有关司法解释，盗窃电力、煤气、天然气等行为也可以构成盗窃罪。

2. 犯罪的客观方面，表现为秘密窃取数额较大的公私财物，或者多次窃取公私财物的行为。这是盗窃罪区别于抢劫、抢夺、诈骗、敲诈勒索等其他侵犯财产罪的一个重要特征。

"秘密窃取"是盗窃行为的基本特征，是指行为人主观上自认为采取了不为财物所有人、保管人所知的方法而将财物取走。"秘密窃取"包括主观与客观两方面内容，即行为人在客观上采取秘密方式取走财物，而在主观上自认为被害人不知晓。所谓秘密，是相对于财物所有人、保管人而言，而非对受害人以外的人而言。因此，在盗窃现场，即使有第三者知晓，甚至行为人也明知第三者知晓，仍然视为秘密窃取。

盗窃数额是本罪客观方面的重要内容，也是影响定罪量刑的重要因素。一般来说，只有盗窃财物数额达到法定标准的，才能追究刑事责任；但是，盗窃数额只是盗窃罪构成的重要条件，而非唯一条件。根据最高人民法院司法解释规定[①]：盗窃数额是指行为人窃取的公私财物的数额。尽管司法解释为盗窃罪的数额确定了具体的参考标准，但在司法实践中必须注意数额的可变性和幅度性，盗窃数额不等于犯罪所得额，不包括损坏数额。[②]

3. 本罪主体为一般主体。即已满 16 周岁且具有刑事责任能力的自然人，均可成为本罪的主体。根据最高人民检察院司法解释[③]："单位有关人员为谋取单位利益组织实施盗窃行为，情节严重的，应当依照刑法第二百六十四条的规定以盗窃罪追究直接责任人员的刑事责任。"

4. 本罪主观方面是直接故意，并且具有非法占有公私财物的目的。

二、犯罪形态

在我国刑法理论、司法解释和司法实践中，是承认并现实存在

---

① 参见 1998 年 3 月 10 日最高人民法院《关于审理盗窃案件具体应用法律若干问题的解释》（法释〔1998〕4 号）第 1 条。

② 参见赵秉志、吴大华：《论盗窃数额的认定问题》（上），载《法律适用》1999 年第 11 期。

③ 参见 2002 年 10 月 29 日最高人民检察院《关于单位有关人员组织实施盗窃行为如何适用法律问题的批复》（高检发释字〔2002〕5 号）

盗窃罪的既遂和未遂等犯罪形态的。刑法理论中关于盗窃罪既遂与未遂标准的争论，主要有三种观点：一是失控说，从对客体的损害着眼，主张以财物的所有人或持有人失去对被盗财物的控制作为既遂的标准，符合盗窃罪的本质特征；至于行为人是否最终达到了非法占有并任意处置该财物的目的，不影响既遂的成立。① 二是控制说，主张以盗窃犯是否已获得对被盗财物的实际控制为标准，盗窃犯已实际控制财物的为既遂，盗窃犯未实际控制财物的为未遂。所谓实际控制，并非指财物一定在行为人手里，而是说行为人能够在事实上支配、处理该项财物。② 三是失控加控制说，主张应当以被盗财物是否脱离权利人的控制，并且实际置于盗窃行为人的控制为标准。③ 目前，控制说为通说。

三、罪与非罪、此罪与彼罪的区分

（一）盗窃罪的罪与非罪

在司法实践中，要正确区分盗窃罪与一般盗窃行为的界限。一般盗窃行为，是指盗窃少量公私财物，违反《治安管理处罚法》的一般违法行为。区分盗窃罪与一般盗窃行为的界限，关键把握两个方面：一是盗窃数额是否达到国家或本地区确定的"数额较大"标准；二是行为人是否存在多次盗窃、入户盗窃、携带凶器盗窃或扒窃的行为。行为人的盗窃行为符合上述任何一点，即可认定为盗窃罪（但具有法定从轻情节的除外）。偷拿家庭成员或者近亲属的财物，获得谅解的，一般可以不认为是犯罪。盗窃公私财物数额较大，行为人认罪、悔罪，退赃、退赔，且具有下列情形之一，情节轻微

---

① 参见高铭暄、马克昌主编：《刑法学》，北京大学出版社 2005 年版，第562 页。

② 参见赵秉志主编：《侵犯财产罪研究》，中国法制出版社 1998 年版，第198～199 页。

③ 参见高铭暄主编：《新中国刑法学研究综述（1949—1985）》，河南人民出版社 1986 年版，第 640 页。

的，可以不起诉或者免予刑事处罚；必要时，由有关部门予以行政处罚：

1. 具有法定从宽处罚情节的；

2. 没有参与分赃或者获赃较少且不是主犯的；

3. 被害人谅解的；

4. 其他情节轻微、危害不大的。

（二）盗窃罪与其他犯罪

重点掌握并妥善处理以下几种情况：

1. 以牟利为目的，盗接他人通信线路、复制他人电信码号，或者明知是盗接、复制的电信设备、设施而使用的，依照《刑法》第264条盗窃罪定罪处罚。

2. 偷开他人机动车的，按照下列规定处理：（1）偷开机动车，导致车辆丢失的，以盗窃罪定罪处罚；（2）为盗窃其他财物，偷开机动车作为犯罪工具使用后非法占有车辆，或者将车辆遗弃导致丢失的，被盗车辆的价值计入盗窃数额；（3）为实施其他犯罪，偷开机动车作为犯罪工具使用后非法占有车辆，或者将车辆遗弃导致丢失的，以盗窃罪和其他犯罪数罪并罚；将车辆送回未造成丢失的，按照其所实施的其他犯罪从重处罚。

3. 盗窃毒品等违禁品，应当按照盗窃罪处理的，根据情节轻重量刑。

4. 盗窃枪支、弹药、爆炸物、危险物质或公文、证件、印章的，只要行为人认识到对象可能是上述特定物，即成立盗窃枪支、弹药、爆炸物、危险物质罪或盗窃公文、证件、印章罪。相反，如果没有认识到盗窃对象是上述特定物的，只能以盗窃罪论。如果在盗窃到的提包中意外发现放有上述特定物，因无盗窃故意，应以盗窃罪论；如果盗窃后发现提包内有枪支、弹约而私藏的，则构成私藏枪支、弹药罪。

5. 盗窃公私财物并造成财物损毁的，按照下列规定处理：（1）采用破坏性手段盗窃公私财物，造成其他财物损毁的，以盗窃罪从重处罚；同时构成盗窃罪和其他犯罪的，择一重罪从重处罚。（2）实施盗窃犯罪后，为掩盖罪行或者报复等，故意毁坏其他财物构成犯罪的，以盗窃罪和构成的其他犯罪数罪并罚。（3）盗窃行为未构成犯罪，但损毁财物构成其他犯罪的，以其他犯罪定罪处罚。

6. 使用投毒、爆炸方法偷鱼的犯罪性质。（1）以非法占有为目的，毒死或炸死较大数量的鱼，将其偷走，未危害公共安全的，应定为盗窃罪。（2）行为人不顾人畜安危，向供饮用的池塘中投放剧毒药物，或者向堤坝、其他公共设施附近的水库中投掷炸药，严重危害公共安全的，应定投毒罪或爆炸罪。

7. 盗窃广播电视设施、公用电信设施价值数额不大，但是构成危害公共安全犯罪的，依照《刑法》第124条破坏广播电视设施、公用电信设施罪定罪处罚；盗窃广播电视设施、公用电信设施同时构成盗窃罪和破坏广播电视设施、公用电信设施罪的，择一重罪处罚。

8. 盗窃使用中的电力设备，同时构成盗窃罪和破坏电力设备罪的，择一重罪处罚。

9. 盗窃技术成果等商业秘密的，按照《刑法》第219条侵犯商业秘密罪定罪处罚。

10. 盗窃珍贵文物的，如果仅属窃取，应定盗窃罪；在盗窃过程中破坏珍贵文物、名胜古迹的，应按盗窃罪或破坏珍贵文物、名胜古迹罪中的一重罪从重处罚。

11. 盗窃墓葬，窃取数额较大的财物，应以盗窃罪论处；虽未窃得财物或窃得少量财物的，如情节严重，也应以盗窃罪论处；盗掘古文化遗址、古墓葬的，依照《刑法》第328条盗掘古文化遗址、古墓葬罪定罪处罚。

12. 盗窃信用卡并使用的，根据《刑法》第196条第3款规定，应当认定为盗窃罪。盗窃数额根据行为人盗窃信用卡后使用的数额认定。

13. 将电信卡非法充值后使用，造成电信资费损失数额较大的；盗用他人公共信息网络上网账号、密码上网，造成他人电信资费损失数额较大的，依照《刑法》第264条盗窃罪定罪处罚。

14. 邮政工作人员私自开拆或者隐匿、毁弃邮件、电报而窃取财物的，依照《刑法》第264条盗窃罪从重处罚。

15. 违反保护森林法规，秘密地盗伐森林或其他林木，情节严重的，构成盗伐林木罪；如果不是盗伐生长中的林木，而是盗窃已经采伐下来的木料，或者偷砍他人房前屋后、自留地上种植的零星树木数额较大的，应定盗窃罪。

16. 盗窃铁路线路上行车设施的零件、部件或者铁路线路上的器材，危及行车安全的，依照《刑法》有关规定定罪处罚。

四、特殊类型的盗窃

根据《刑法修正案（八）》第39条规定，盗窃公私财物，数额较大的，或者多次盗窃、入户盗窃、携带凶器盗窃、扒窃的，成立盗窃罪。下列第一项属于普通盗窃罪，第二至四项属于特殊类型的盗窃罪。

（一）多次盗窃

根据"两高"司法解释①：2年内盗窃3次以上的，应当认定为"多次盗窃"。需要指出的是，"多次盗窃"是《刑法》扩大盗窃罪处罚范围的规定，因此不能做过于严格的限制性解释。首先，对于"次"应当根据客观行为认定，而不能根据行为人的主观意思认定。其次，"多次盗窃"不以每次盗窃既遂为前提，也不要求行为人每次盗窃行为均已构成盗窃罪。最后，"多次盗窃"中的每次盗窃行为，既包括未经处理或处罚的盗窃行为，也包括受过行政处罚或刑事处罚的盗窃行为。当然，对"多次盗窃"行为是否以盗窃罪论处，首先要考虑行为人是否可能盗窃值得《刑法》保护的财物；其次还要考虑行为的时间、对象、方式以及已经窃取的财物数额等。②

---

① 参见2013年3月18日最高人民法院、最高人民检察院《关于办理盗窃刑事案件适用法律若干问题的解释》（法释〔2013〕8号）第3条。

② 参见张明楷：《刑法学》，法律出版社2011年版，第879页。

（二）入户盗窃

入户盗窃是指非法进入供他人家庭生活，与外界相对隔离的住所，包括封闭的院落、牧民的帐篷、渔民作为家庭生活场所的渔船、为生活租用的房屋等进行盗窃的行为。"户"在这里是指住所，其功能特征表现为供家庭生活和与外界相对隔离两个方面。一般情况下，集体宿舍、旅店宾馆、临时搭建的工棚等不应认定为"户"，但在特定情况下，如果确实具有上述两个特征的，也可以认定为"户"。经营场所与居住场所合二为一的门市，经营时间内不认定为"户"，而在非经营时间，则可以根据情况认定为"户"。"入户"是构成入户盗窃这一特殊盗窃罪的构成要素。对入户盗窃的，不论次数，不论盗窃价值多少，应一律追究刑事责任；原因在于入户盗窃不但侵犯了公民的财产权、住宅权，而且极易引发抢劫、杀人、强奸等恶性刑事案件，严重危及公民的人身和生命安全。

（三）携带凶器盗窃

携带凶器盗窃是指携带枪支、爆炸物、管制刀具等国家禁止个人携带的器械盗窃，或者为了实施违法犯罪携带其他足以危害他人人身安全的器械盗窃的行为。在现实中，"携带凶器盗窃"可能由取财型犯罪上升为暴力型犯罪，从而对人身造成重大危害，因此，对人身侵害的危险也是此项立法规范的目的之一。携带凶器盗窃属于行为犯，即不以盗窃数额较大为前提。携带凶器盗窃中的凶器，包括国家规定的管制器具，如枪支弹药、爆炸物、管制刀具等，在办案实践中应当由相关部门鉴定；还包括为盗窃而准备的凶器，如棍棒、铁锤、老虎钳、刀片等非国家管制器具。携带凶器盗窃，需要行为人主观上具有使用的意识，即行为人在犯罪过程中具有压制他人反抗或杀伤他人的意识，但不包括用刀具划包、割断包带等不对人身产生压制作用的使用意识。凶器是对人产生杀伤作用的器物，携带性质上的凶器如枪支、管制刀具时，通常可以推定使用者具有使用的意识。对于用法上的凶器，行为人准备使用的意识更为明显。针对不具有使用凶器意识的单纯以刀具划包、割断包带等以凶器作为盗窃工具的普通盗窃行为，不宜按照携带凶器盗窃处理，否则会减少对普通盗窃罪的数额要求，扩大入罪范围。

（四）扒窃

扒窃是指在公共场所、公共交通工具上盗窃他人随身携带财物的行为。在刑法中，"扒窃"属于空白罪状，相关司法解释或学术理论也缺乏明确规范的定义。一般认为，扒窃应当具备两个要件：一是行为发生在公共场所，如车站、码头、广场、公园、影剧院、人行道、集贸市场、大型商场等公共场所或公共汽车、地铁、火车等公共交通工具；二是窃取的应是被害人随身携带的财物或置于身边附近的财物。扒窃犯罪属于行为犯，即只要实施了扒窃行为就构成犯罪，《刑法》并未规定扒窃犯罪的数额、次数或其他限制条件。扒窃入罪虽然不以财物价值的"量"为限，但在实践中也应当注意，所扒窃的财物应当在"质"的规定性上属于《刑法》保护的财物，如扒窃他人口袋里的餐巾纸、名片、铅笔等物品的，不宜认定为盗窃罪。

五、刑事责任

根据《刑法》第264条规定：盗窃公私财物，数额较大的，或者多次盗窃、入户盗窃、携带凶器盗窃、扒窃的，处3年以下有期徒刑、拘役或者管制，并处或者单处罚金；数额巨大或者有其他严重情节的，处3年以上10年以下有期徒刑，并处罚金；数额特别巨大或者有其他特别严重情节的，处10年以上有期徒刑或者无期徒刑，并处罚金或者没收财产。

第二节　盗窃罪涉铁相关问题

一、涉铁盗窃罪的特点

铁路司法机关习惯上将发生在旅客列车上或车站区域内、以旅客随身携带的财物作为盗窃对象的案件称为"客盗"案件，而将发生在货场内或货车上、以铁路承运物资为对象的盗窃案件称为"货盗"案件。客盗、货盗案件都具有鲜明的铁路特点。

（一）客盗

发生区域主要是铁路的车站广场、售票厅、进站口、候车厅或旅客检票上车、乘车过程中，盗窃分子往往趁旅客人多拥挤，候车、乘车途中注意力分散、打瞌睡之机扒窃旅客财物。主要作案手段有：掏窃、卸窃、掂包和手彩。

1. 掏窃，俗称掏包、摸包或摸窃，是以他人身上服装内所放置的钱物为窃取目标的行为。作案手法主要有挤掏、碰掏和静掏三种。

2. 卸窃，又称卸装扒窃，是以他人随身装饰佩戴的首饰、衣饰配件以及贴身的日常用品为窃取目标的行为。卸窃的目标主要有三类：一是他人贴身装饰佩戴的饰件，如耳环、耳坠、项链、项圈、金镏子等；二是着装与配件，如外套、帽子、鞋子、手套等；三是随身日常用品，如手机、相机、电脑、手表等物品。针对这些物品，盗窃分子最常用的手法是剪窃（或割窃），也就是使用刀剪之类器具剪断绺带，实施窃取。

3. 掂包，又称偷包、窃包、摸包、拎包等，是以他人随身携带的行包或行包内的财物为窃取目标的行为。根据盗窃财物的形式，分为以整个行包为目标的盗窃和以行包内财物为目标的盗窃。前者的手段有调包、套包、钩包；后者的手段为解包、拉包、割包等。根据从行包内取财的手法，又可以分为抽包和抽芯。

4. 手彩，属于魔术（俗称"变戏法"）的一个门类，手彩盗窃是以他人当场经手支配的钱物为窃取目标的盗窃行为。其原理是行为人施展手彩魔术的手法，将被害人的注意力从钱物上引开，当着被害人的面瞬间取走财物。手彩盗窃的关键是玩手法技巧，为掩护其手法技巧不出破绽，行为人还要使用"错引"手段来遮挡被害人或其他观众的视线，以转移他人的注意力。手彩盗窃主要有两种：手彩卷钱盗窃和手彩调包盗窃。

（二）货盗

货运列车上的盗窃案件，可以分为打车门、割篷布、破封（剪断铅封）、掀盗等形式。铁路沿线通信线路、信号设施的盗窃案件，可以分为切盗、拆盗等形式。货盗犯罪，主要有就地作案、中途掀盗、停车下货三种作案方法。

1. 就地作案，是指在货场、货站看好目标后伺机作案，或利用搬运货物之机混装多拉盗窃。就地作案以当地常住人口、外来租住户以及常年聚居在货场周围或者编组站内外的"三无"人员为主，这些人熟悉站场内外情况，进出迅速，甚至还有人以开废品站、办种养场等为掩护，伺机作案。

2. 中途掀盗，就是事前摸清货车运行规律，在小站或慢速性区段爬上货车，到预定地点与车下人员接头，按约定向下掀货，由车下接应或者在合适的地点跳车取货。

3. 停车下货，就是事先踩点，摸清货车装载货物情况，伺机爬上列车并隐匿在车厢中，在途中实施盗窃，待车行至合适地点停车后携赃逃跑。①

二、涉铁盗窃罪的犯罪形态

就铁路领域盗窃犯罪的表现形式而言，完全采用"控制说"并不能解释所有的盗窃案件。例如，某列车乘务员在列车运行时，把列车上的货物抛到车窗外，打算下班后返回来取。在这种情况下，财物被抛出列车外，只意味着被害人失去了对财物的占有，而行为人并没有实际控制该财物。如果乘务员记住了抛下财物的地点，而且他人难以发现该财物的所在处，可以认定犯罪既遂；但如果乘务员没记住抛下财物的地点，或者该财物被他人取走，则很难认定为盗窃既遂。因此，认定盗窃罪既遂应当根据案件的不同情况，综合考虑多种因素区别对待。仍以认定铁路盗窃案为例：在一般情况下，

---

① 参见吕萍、张东方等：《盗窃铁路运输货物犯罪与追诉研究》，中国人民公安大学出版社2008年版，第64页。

如果行为人进入了不能随便进出的铁路货场盗窃，应以货物被盗出货场大门、围墙作为既遂标志；在运行中的列车上盗窃货物的，只要货物脱离列车车厢落地即为既遂；如果在铁路沿线或车站临时停驶的列车上盗窃货物，一般以货物脱离管理人的监视、警戒为既遂；如果在车站或旅客列车上盗窃旅客随身携带之物，则以财物脱离旅客监控或者被行为人隐藏在身上（或他人无法找到的地点）为既遂。

三、铁路盗窃犯罪的想象竞合

想象竞合犯，也称想象的数罪、一行为数法，是指行为人实施了一个犯罪行为而触犯了规定不同种罪名的数个法条的情况。我国《刑法》虽没有明文规定想象竞合犯，但司法实践中确实存在这种现象。铁路司法管辖区域内，除客盗和货盗两种盗窃犯罪外，还存在以铁路沿线的铁路设施、通信线路、信号设施为盗窃对象的犯罪。因盗窃对象不同可能构成不同的想象竞合犯。

1. 盗窃罪与破坏交通工具罪的竞合。行为人以非法占有铁路公共财产为目的，盗窃运营中列车要害部位的零部件，如列车闸瓦、闸瓦钎（火车制动装置）等，足以使火车发生倾覆、毁坏危险的，构成盗窃罪与破坏交通工具罪的想象竞合。如果盗窃的是门窗、座椅、卧具等非要害部位的零部件，只需根据盗窃数额认定盗窃罪即可。

2. 盗窃罪与破坏交通设施罪的竞合。行为人以非法占有铁路公共财产为目的，用电气焊割等破坏性手段盗窃铁路钢轨、枕木，拆卸轨道接头夹板、扣件等设施，足以使火车发生倾覆、毁坏危险的，构成盗窃罪与破坏交通设施罪的竞合。

3. 盗窃罪与破坏电力设备罪的竞合。行为人以非法占有铁路公共财产为目的，盗割正在使用中的铁路接触网回流线、承力索，轨道电路引接线等电力设施，危害列车运行安全的，构成盗窃罪与破坏电力设施罪的竞合。

4. 盗窃罪与破坏公用电信设施罪的竞合。行为人以非法占有铁路公共财产为目的，盗窃铁路通信信号电缆、信号机等电信设施，危害列车运行安全的，构成盗窃罪与破坏公用电信设施罪的竞合。

在刑法的罪数理论上，想象竞合犯属于实质上的一罪。当盗窃铁路公共财物犯罪行为与上述罪名竞合时，应当根据"从一重罪处断"原则，按照行为人所触犯罪名中的一个重罪论处。

第三节　盗窃罪侦查监督指引

根据《刑法》第264条规定，盗窃罪是指以非法占有为目的，秘密窃取公私财物，数额较大或者多次盗窃公私财物的行为。根据《刑法》有关规定，其他以盗窃罪定罪处罚的行为还有：（1）盗窃信用卡并使用的；（2）盗窃增值税专用发票或者可以用于骗取出口退税、抵扣税款的其他发票的；（3）以牟利为目的，盗接他人通信线路、复制他人电信码号或者明知是盗接、复制的电信设备、设施而使用的；（4）邮政工作人员私自开拆邮件、电报，盗窃财物的；（5）利用计算机盗窃的；（6）单位有关人员为谋取单位利益组织实施盗窃行为，情节严重的；（7）将电信卡非法充值后使用，造成电信资费损失数额较大的，盗用他人密码上网，造成他人电信资费损失数额较大的。

在办理盗窃罪审查逮捕案件中，应当注意四个方面：一是因盗窃犯罪的基本特点是秘密窃取，故一般直接证据、言词证据较少，而物证、痕迹鉴定、价格鉴定、赃款赃物等间接证据、客观证据较多。如果没有直接证据或犯罪嫌疑人不供述，应当注意通过审查间接、客观证据认定犯罪事实。二是在盗窃犯罪案件中，对普通盗窃罪的数额认定和对行为犯既遂与未遂标准的把握，是审查该类案件的难点。三是涉铁盗窃犯罪流动性较强、作案手段多样，犯罪对象众多、形态各异，更要注意对盗窃行为手段和犯罪对象特殊性的证据审查，以准确定性和适用法律。四是在铁路司法实践中，盗窃案件最为常见多发，逮捕后判处轻刑的案件（指法院一审判处3年以下有期徒刑适用缓刑、拘役、拘役适用缓刑、管制、单处附加刑或免予刑事处罚的案件）占有较大比例。因此，除对事实证据的审查之外，还要特别注意对社会危险性方面的证据审查，以便准确适用逮捕强制措施。

一、逮捕案件的证据审查

对提请批捕的盗窃案件，应当注意从以下方面审查证据：

（一）有证据证明发生了盗窃犯罪事实

1. 证明盗窃案件发生的证据。重点审查：报案登记、受案登记、立案决定书、破案报告、到案经过等材料以及报警人、抓获人、扭送人等证言。

2. 证明公私财物被盗窃的证据。重点审查：（1）起获被盗财物的实物或照片、追赃经过、犯罪工具、扣押物品清单、被盗现场勘查报告等证明发生以非法占有为目的，秘密窃取公私财物行为的证据。（2）证明被害人对被盗物品享有合法所有权以及证明被盗财物性质的书证等证据。（3）证实公私财物被盗事实以及被盗财物属于被害人所有的证人证言、被害人陈述。（4）证明盗窃犯罪事实发生的被害人陈述、证人证言、犯罪嫌疑人供述以及被盗物品未追回，但供证一致的证据等。（5）证明未利用职务便利或工作便利的证据。

3. 证明被盗窃的公私财物数额较大的证据。重点审查：被盗物品价格鉴定意见书是否为实物鉴定，鉴定依据、方法是否科学合理，价格鉴定意见是否符合普遍社会生活经验。对于价格鉴定意见不应当盲目采信，应当进行实体审查，如审查被盗物品的数额与其种类、品牌、性能、新旧程度、功能性和完整性等与被窃物品性状的相关证据；如果证据存在矛盾，应当细致分析；如果矛盾不能排除，则不能够认定。同时，盗窃案件的证据缺陷多数源于公安机关程序性的错误，审查案件中应当注重对侦查活动进行监督。

（二）有证据证明盗窃犯罪事实系犯罪嫌疑人实施的

1. 证明预谋实施盗窃犯罪的证据。有预谋的盗窃犯罪，犯罪预备主要是进行踩点和准备作案工具。因此要注意审查提请批捕卷宗是否有视频录像、周围群众证人证言、同案犯相互辨认的笔录及供述，工具、物品的发票等书证，从来源处提取的同类物及与物证所做的同类鉴定等。

2. 证明犯罪嫌疑人实施盗窃的证据。重点审查：（1）视听资料。显示犯罪嫌疑人在车站、货场、列车内等场所提取的监控录像，直接证实犯罪嫌疑人实施盗窃犯罪的过程，是主要的客观证据。在审查时，注意综合分析判断监控录像的真实性、完整性及是否有充足的辨识性。（2）被害人、目击证人对犯罪嫌疑人、涉案赃物的辨认笔录，注意审查取证程序是否合法。（3）犯罪嫌疑人及同案犯供述及对盗窃地点的辨认笔录。（4）对犯罪嫌疑人的人身及住处的搜查笔录，注意审查取证程序是否合法。（5）对犯罪嫌疑人遗留在盗窃现场、犯罪工具、犯罪对象上的指纹、足迹等鉴定意见，注意审查痕迹物证与现场勘查笔录是否具有对应性。（6）在犯罪嫌疑人身边、住处或其他相关地方发现的赃款赃物及提取笔录，如起获赃物的实物、照片、起赃经过、扣押物品清单等。（7）盗窃现场勘查笔录，注意审查现场勘查笔录的描述与犯罪嫌疑人供述是否互相印证。（8）犯罪嫌疑人及同案犯的供述和辩解，注意审查供述之间是否一致，或是否具有矛盾之处。（9）其他证明实施盗窃犯罪的证据。

3. 证明犯罪嫌疑人销赃的证据。盗窃犯罪是侵财类犯罪，多数都有赃款赃物。特别是铁路货盗犯罪，多数都存在销赃的情况。证明犯罪嫌疑人销赃的证据主要有：犯罪嫌疑人、窝赃人、购赃人对赃物的处置情况（如自用、出售、典当、赠与等）的供述、证言，以及为销赃伪造的发票、收据、机动车驾驶证的相关书证。

（三）有证据证明犯罪嫌疑人具有盗窃的主观故意

1. 证明犯罪起因的证据。主要包括审查犯罪嫌疑人供述和辩解，如作案的动机、目的以及对后果的认知程度、主动程度等。

2. 证明有预谋还是临时起意犯罪的证据。主要审查有无事先通谋策划及具体内容、时间地点等。

3. 证明对盗窃对象的性质、特征是否明知的证据。如果以文物或救灾、抢险、防汛、优抚、扶贫、移民、救济款物为盗窃对象，要注意审查行为人是否明知盗窃对象的特殊性质；盗接他人通信线路、复制他人电信号码或者明知是盗接、复制的电信设备、设施而使用的，要注意审查是否具有牟利目的。此外还要注意审查是否明知被害人是残疾人、孤寡老人或丧失劳动能力的人。

4. 证明共同盗窃犯罪中明知的证据。注意审查共同犯罪人策划、分工的时间、地点、内容以及在分工下各人对应行为的相关证据。

5. 证明非法占有目的的证据。这方面是盗窃案件证据审查的重点。主要包括：犯罪嫌疑人以自己名义将赃物出让、出借、典当等相关书证，受让人、出借人、典当行等人员的证言，以及从上述证人中提取的赃物等。审查中，要对犯罪嫌疑人的辩解格外慎重，注意结合在案的其他证据综合判断犯罪嫌疑人的辩解是否合理。

6. 证明前科劣迹、社会履历等证据。

二、社会危险性条件审查

在我国，盗窃是发案率最高的一类刑事案件，绝大多数盗窃罪的法定刑是 3 年以下有期徒刑、拘役或者管制。就目前铁路盗窃的发案趋势看，扒窃犯罪占有较大比例，而法定刑为 3 年以上 10 年以下有期徒刑、10 年以上有期徒刑和无期徒刑的案件相对较少。因此，对法定刑 10 年以下有期徒刑，且不符合径行逮捕条件的案件，均应当对犯罪嫌疑人的社会危险性进行审查。审查的主要内容：一是犯罪前的表现，如有无前科劣迹等；二是实施犯罪的行为，如作案情节、手段、数额，是否共同犯罪等；三是犯罪后的表现，如有无认罪悔过、自首、立功、积极退赃、主动赔偿等情节；四是有无取保候审的条件，有无监管、帮教条件。

（一）认为具有社会危险性、可能实施新的犯罪的情形

主要包括：

1. 犯罪嫌疑人曾因盗窃、抢夺、诈骗等受过行政处罚，且距最后一次受处罚时间较短的；

2. 犯罪嫌疑人无固定住所、无正当经济来源，以盗窃为生，有吸毒、赌博等恶习的；

3. 犯罪嫌疑人拒不供认犯罪事实，拒绝交代赃款赃物去向，不积极退赃退赔，主观恶性较大的。

4. 可能毁灭、伪造证据，干扰证人作证或者串供的。主要包括：（1）有转移、隐匿、销毁赃物及作案工具等行为的；（2）共同犯罪，有同案犯未归案而存在串供可能的；（3）涉嫌其他犯罪事实尚未查清，可能毁灭、伪造证据的；（4）可能对举报人、控告人实施打击报复，或有企图自杀、逃跑可能的。

（二）可以认为无社会危险性的情形

犯罪嫌疑人犯罪情节较轻，认罪悔罪，并具有下列情形之一的，可以认为无社会危险性：

1. 犯罪嫌疑人系初犯、偶犯的；

2. 犯罪嫌疑人系从犯、胁从犯，主观恶性较小的；

3. 案件中无其他涉案人员在逃，无毁灭、伪造证据、干扰证人作证或者串供可能的；

4. 犯罪嫌疑人有自首、立功表现的；

5. 犯罪嫌疑人积极退赃退赔，被害人谅解的；

6. 犯罪嫌疑人系未成年人或在校学生，日常表现情况较好，无前科劣迹，有监管、帮教条件的；

7. 犯罪嫌疑人有固定居所、固定职业的；

8. 其他可以认为无社会危险性的情形。

三、侦查监督需要注意的问题

（一）对秘密窃取手段的证据审查

盗窃罪"秘密窃取"的特征，决定了证实秘密窃取手段的证据种类中直接证据少、客观性证据较多的特点。在审查判断证实秘密窃取手段的相关证据时，要注意审查在案发现场或犯罪嫌疑人住所、身上、指认处提取的物证，现场勘查笔录、痕迹物证鉴定意见，人身检查笔录、搜查笔录、辨认笔录，案发现场的视听资料等客观性证据；注意通过对共同盗窃犯罪嫌疑人供述与客观性证据进行比对，区分起意、策划、分工、实施、分赃等具体情节。尤其是在犯罪嫌疑人不供述犯罪事实的情况下，要特别注意充分利用关联性证据锁定犯罪嫌疑人，使证据达到确实的程度；同时，也要注意排除证据中可能存在的矛盾和疑点。

（二）对盗窃数额认定的证据审查

盗窃数额的大小，是区分盗窃罪与非罪、罪重与罪轻以及犯罪嫌疑人社会危险性、能否径行逮捕的重要依据。对于数额不大、刚达到构罪标准的价格鉴定意见的审查更为重要。司法实践中还存在被害人夸大被盗财物数额，或被盗财物销赃、损毁所做无实物鉴定及虚拟财产如何进行审查的问题。审查中应当重点注意：

1. 审查盗窃数额是否达到各省、自治区、直辖市高级人民法院、人民检察院确定的本地区执行的具体数额标准。对于在跨地区运行的列车上盗窃的站车交接案件，应当适用接受案件所在地的数额标准。

2. 对于被盗财物被销赃、损毁所做的无实物（种类物比对）鉴定，应当注意审查比对物的价格、财物购买时的发票、收据等合法证明，购置财物的时间、保管情况、日常损耗等情况，结合有关证人证言、犯罪嫌疑人供述及生活常识常理等，综合审查无实物鉴定意见，准确判断认定盗窃数额。

3. 对于非传统意义的财物数额认定。在司法实践中，除实物和金钱可以成为盗窃对象外，还包括一些以非实物形态存在的财物。如网络虚拟财产中可充值的 Q 币、游戏卡点数以及网络运营商提供的具有一定经济价值的电子密码数据等。如果网络运营商有明确定价，则按其定价计算；如果网络运营商没有明确定价，则按网络用户使用时所支付的市场价格计算；如果销赃数额大于网络用户使用时所支付的市场价格，则按销赃数额计算。同时还应当注意，有些实物本身不一定具有经济价值，但因其附含财产属性，同样会成为盗窃对象，如增值税专用发票或用于出口退税、抵扣税款的其他发票，甚至股票账号、密码或商品出口配额等，司法实践中一般按照其牟利数额计算。

（三）扒窃案件的证据审查

办理涉铁扒窃案件，审查证明盗窃的地点系火车站、旅客列车等公共场所的证据，以及犯罪嫌疑人的供述、被害人陈述及相关证人证言证明盗窃的财物系他人随身携带的证据。

（四）对盗窃既遂未遂的证据审查

应当重点从盗窃场所、案发时间以及盗窃对象综合审查被害人陈述及报案人、抓获人证言等相关证据，根据财物的性质、形状、体积大小、被害人对财物占有状态、犯罪嫌疑人窃取样态等综合分析判断财物是否失控，从而正确认定既遂或未遂。

第四节　盗窃罪公诉指引

一、公诉案件的证据审查

（一）关于犯罪主体的证据

盗窃罪是一般主体，且只有自然人才能成为盗窃犯罪的主体，即犯罪嫌疑人、被告人必须是年满 16 周岁，具有刑事责任能力的自然人。具体证据审查，可参考第三章第四节第一部分有关内容，此处不再赘述。

（二）关于主观方面的证据

主观方面包括以下内容：

1. 犯罪嫌疑人、被告人的供述和辩解。着重审查证实：（1）作案动机和目的，对后果的认识程度、主动程度。（2）犯罪是临时起意还是经过了事前策划，策划的具体内容。（3）对行为对象的性质、功用等特征是否存在明确认识。如以珍贵文物、枪支、弹药、爆炸物等特殊物品为盗窃目标，行为人是否明知行为对象的特殊性质，将直接影响此罪与彼罪、罪轻与罪重的区分，应认真审查讯问，慎防客观归罪。（4）对事先通谋、事后销赃的盗窃嫌疑人，应重点讯问查明通谋的具体内容，包括何时开始商议，在何处商议，约定何处交货，成交价格多少等。

对《刑法》第265条规定的盗接他人通信线路、复制他人电信号码或者明知是盗接、复制的电信设备、设施而使用的行为，应当重点讯问行为人是否具有牟利目的，即具有出售、出租、自用、转让等谋取经济利益的目的，无此目的不能成立本罪。

对共同犯罪案件，除讯问上述内容外，还要讯问策划分工的时间、地点、内容以及在策划下各个人相对应的犯罪行为，重点讯问以下内容：（1）事先有无预谋策划，有无事先或事中达成默契，或者曾多次结伙作案的犯罪集团、犯罪团伙成员之间，每次作案前都通过他们之间特定语言、表情、手势等达成默契，形成内容明确的共同盗窃故意；（2）策划过程中有无持不同意见或反对意见者，以及未表示反对或同意意见者要重点讯问其在案发前、案发时、案发后的语言、行为和态度，以便客观考察各犯成员的主观恶性；（3）分赃情况和赃物去向，以此判明各犯罪嫌疑人主观目的；（4）是否明知被害人是残疾人、孤寡老人或丧失劳动能力的人等。

2. 被害人陈述。着重审查证实：被害人与行为人是否认识、平时关系如何，是否与各行为人有过节、纠纷，有无对盗窃行为人进行抓捕等。

3. 在犯罪嫌疑人、被告人的供述和辩解的基础上，为进一步印证或推定行为人的主观故意，还应注意审查收集下列间接证据：（1）行为人事先进行了踩点、选定了作案目标、作案工具的，应当制作相关场所的现场勘查笔录，提取其鞋印、指纹、作案工具等有关物证。（2）行为人有明确的策划时间、地点的，应当收集其到达策划地点的车、船、飞机票、住宿登记等证明。（3）犯罪嫌疑人以个人名义出让、出借、典当赃物的借据、当票等书证，受让人、借入人、典当行人员的证言，以及从上述证人处提取的赃物。（4）犯罪嫌疑人的前科劣迹、社会生活经验、履历方面的证据。

通过上述证据，证明行为人主观上明知系他人所有的财物而秘密窃取，存在直接故意，并且具有非法占有的目的，其中在个别情形下还具有牟利目的。

（三）关于客观方面的证据

客观方面包括以下内容：

1. 犯罪嫌疑人、被告人的供述和辩解。着重审查证实：（1）实施盗窃行为的时间、地点、参与人及现场和周边环境等有关情况。如行为人是否在自然灾害、事故灾害、社会安全事故等突发事件期间、在事件发生地实施盗窃犯罪等。（2）行为人采取何种方法、手段，重点查明是否入户盗窃、是否携带凶器盗窃、是否为扒窃以及具体方法，是铁路的客盗还是货盗等。（3）盗窃作案工具的来源、数量、特征、下落。（4）盗窃的次数，具体详细的犯罪经过。铁路客盗案件，应讯问被害人的身体特征、衣着情况等。（5）窃取财物的形式，是现金、支票、有价证券还是实物，以及实物的特征，包括外部形态、种类、品种、颜色、数量等。（6）共同犯罪的，对起意、策划、分工、实施、配合，以及同案犯各自使用何种作案工具及使用结果等情况应详细讯问，查明每一犯罪嫌疑人在共同犯罪中的地位和作用。（7）赃款赃物的处理情况，如分赃、出售、自用、赠与等。（8）犯罪后表现情况，如是否赔偿了被害人经济损失，其他悔罪情节等。

2. 被害人陈述。审查证实的内容同上。

3. 证人证言。主要包括：

（1）收购、销售被盗物品的证人证言。着重审查证实：①收购、销售赃物时间和地点；②出售赃物的人的面部特征、身高、体态及当时衣着情况等；③被收购、销售赃物的外部形态、种类（品种）、颜色、重量等；④收购、销售赃物的价格以及是否明显低于正常市场价格；⑤被收购、销售的赃物去向；⑥犯罪嫌疑人告知购赃人有关案情的内容等。

（2）抓获人、扭送人证言。着重审查证实：①如何获知犯罪和犯罪嫌疑人情况，以及犯罪嫌疑人被抓获时的身体特征和衣着情况；②抓获犯罪嫌疑人、被告人的时间、地点、过程以及证实犯罪嫌疑人是否有投案、坦白、立功等情节。

（3）现场发现人的证言，证实其何时、何地、如何发现犯罪现场以及犯罪现场的有关情况。

（4）其他知情人的证言。

4. 物证、书证。主要包括：

（1）在案发现场或从犯罪嫌疑人住所、身上、指认处提取的物证，如作案工具、指纹、鞋印、撬痕、烟蒂等。

（2）赃款赃物。

（3）证实盗窃行为的时间、地点、被盗财物特征及去向的证据，如书信、日记、股票、存折、发票、信用卡等。

（4）有关部门证明材料，证实被盗对象、物品的特殊性，如是否是珍贵文物、军用物资或抢险、救灾、救济物资等。

5. 鉴定意见。包括指纹、脚印等痕迹鉴定意见，证实是否是犯罪嫌疑人遗留；文字检鉴定意见，证实是否为犯罪嫌疑人或被害人笔迹。

6. 现场勘查笔录、照片。包括盗窃现场、犯罪工具准备、丢弃的现场、提取物证现场等。

7. 视听资料。包括录音带、录像带、电子数据资料等。

8. 其他证明材料。如：（1）被害人、目击证人辨认犯罪嫌疑人或物证笔录。（2）犯罪嫌疑人和被害人、证人指认盗窃现场、犯罪工具准备、丢弃的现场笔录。（3）搜查笔录、扣押物品清单及照片，证实查获的作案工具及调取的相关物证。（4）接警记录、报案登记、立案决定书及破案经过等书证，证实案件来源、侦破经过以及犯罪嫌疑人是否有自首情节等。

通过上述证据的收集和固定，各类证据能形成统一、完整的证据链条，证明犯罪嫌疑人采用秘密手段，实施了窃取数额较大的公私财物或多次窃取公私财物的行为。

（四）关于犯罪客体的证据

主要包括以下内容：

1. 证明被害人对所盗财物拥有合法权利及该物价值、购买时间的证据，如被害人陈述、证人证言、财物发票等。

2. 证明被盗财物特征的书证、物证、证人证言，如车辆发动机号、车架号的拓印件、行车证、手机入网证明等。

3. 追缴被盗财物的追赃笔录、提取笔录、赃物照片等。

4. 估价鉴定意见。

5. 犯罪嫌疑人、窝赃人、购赃人对赃物处置情况的供述、证言。

通过上述证据，证实犯罪嫌疑人、被告人秘密窃取的行为侵犯了公私财产所有权。

二、审查起诉应当注意的问题

1. 犯罪嫌疑人盗窃机动车辆后，改变车身颜色或者更换车辆发动机，致使提取的赃车与被害人提供的车辆照片、发动机号等不能形成对应关系，影响了证据效力。为此，应当注意审查下列证据，以排除合理怀疑：

（1）讯问犯罪嫌疑人关于改变车身颜色，更换发动机号的时间、地点、经过、原因。

（2）调取提供上述改装服务的相关证人证言以及对犯罪嫌疑人的辨认笔录。

（3）收集上述改装服务的收费凭证等相关书证。

2. 对于偷开他人机动车，导致车辆丢失的；为盗窃其他财物或者为实施其他犯罪，偷开他人机动车作为犯罪工具使用后非法占有该车辆，或者将车辆遗弃导致丢失等情形，应当注意审查证明犯罪嫌疑人偷开机动车的主观故意、实施其他犯罪的相关证据，以及车辆是否丢失的相关证据，以证明犯罪嫌疑人、被告人行为侵犯了被害人的财产所有权。

3. 在办理盗窃案件公诉工作中，当犯罪嫌疑人、被告人一方以"作案时不满十六周岁"为辩解理由时，应当注意审查以下证据：一是医院出生证明；二是户口登记证明；三是了解犯罪嫌疑人出生情况人的证言；四是有关专业机构对犯罪嫌疑人所做的骨龄鉴定。通过审查上述证据，发现并排除其中不真实的内容，证明其真实年龄是否符合盗窃罪的主体要件。

第四章　诈骗罪刑事检察

第一节　诈骗罪理论概述

一、概念及其犯罪构成

诈骗罪是指以非法占有为目的，用虚构事实或隐瞒真相的方法，骗取数额较大的公私财物的行为。我国刑法理论对诈骗罪有狭义和广义之说。1979 年《刑法》只在第 151 条和第 152 条规定了诈骗罪、惯骗罪，此为狭义诈骗罪或普通诈骗罪。1997 年《刑法》为适应经济社会发展和惩治犯罪的需要，除规定普通诈骗罪外，又对金融类诈骗罪、合同诈骗罪等作了专门规定。因此，广义的诈骗罪不仅指传统意义的普通诈骗罪，还包括合同诈骗罪、集资诈骗、贷款诈骗、票据诈骗、金融凭证诈骗、信用证诈骗、信用卡诈骗、有价证券诈骗、保险诈骗等金融类诈骗罪，以及招摇撞骗罪、冒充军人招摇撞骗罪等。本书仅就狭义的或普通诈骗罪刑事检察工作的有关问题简要阐述。

诈骗罪的构成包括以下几个方面：

1. 侵犯的客体是公私财物所有权。诈骗的对象是公私财物。公私财物既可以是有形财物，也可以是无形财物；既包括动产，也包括不动产。换言之，凡是有经济价值或者有实际效用的财物，甚至包括财产性利益都可成为诈骗罪对象。但是，金融机构的贷款不是诈骗罪对象，这是因为《刑法》分则专门规定了"贷款诈骗罪"的特殊条款。

2. 客观方面表现为采用欺骗方法，骗取数额较大公私财物的行为。首先是采用欺骗方法。根据《刑法》规定，"欺骗的方法"可以概括为两种：一是虚构事实，即凭空捏造客观上并不存在的事实；二是隐瞒真相，即蓄意隐瞒客观存在的真实情况。诈骗人通过上述两种方法，致使公私财物的所有人、管理人产生错误认识或信以为真，从而"自愿"将财物交出，而这种"自愿"并非出于财物所有人、管理人的真实意愿。其次是骗取"数额较大"的公私财物。根据《刑法》第 266 条规定，诈骗公私财物数额较大的，才构成犯罪。因此，数额较大是构成诈骗罪客观方面的一个必要条件。根据"两高"司法解释[①]：诈骗公私财物 3000 元至 10000 元以上的，应当认定为数额较大的起点。

3. 诈骗罪是一般主体，即年满 16 周岁并具有刑事责任能力的自然人，均可构成诈骗罪。

4. 诈骗罪的主观方面是直接故意，并且具有非法占有公私财物的目的。

二、犯罪形态

1. 诈骗罪是否存在未遂形态。这个问题在理论上曾有争议。根据 1996 年最高人民法院司法解释[②]："已经着手实行诈骗行为，只是由于行为人意志以外的原因而未获得财物的，是诈骗未遂。诈骗未遂，情节严重的，也应当定罪并依法处罚。"随后，理论争议转为诈骗罪既遂与未遂的区分标准是什么。根据相关立法和司法解释，诈骗罪所侵犯的客体应当是公私财物的所有权以及财产性利益，因此，诈骗罪既遂与未遂的区分，就应当以行为人是否取得对公私财物以及财产性利益的实际控制和支配为限。

2. 诈骗罪的共同犯罪。对共同实施诈骗罪的各犯罪人分别以何数额作为定罪依据，理论上存在分赃数额说、参与数额说、分担数

---

① 参见 2011 年 4 月 8 日最高人民法院、最高人民检察院《关于办理诈骗刑事案件具体应用法律若干问题的解释》（法释〔2011〕7 号）第 1 条。

② 参见 1996 年 12 月 16 日最高人民法院《关于审理诈骗案件具体应用法律的若干问题的解释》（法发〔1996〕32 号）第 1 条。

额说、犯罪总额说等不同观点。我国司法解释采用的是犯罪总额说。根据有关司法解释①："对共同诈骗犯罪，应当以行为人参与共同诈骗的数额认定犯罪数额，并结合行为人在共同犯罪中的地位、作用和非法所得数额等情节依法处罚。"

三、诈骗罪的认定

（一）罪与非罪

区分诈骗罪的罪与非罪，应当注意其与一般民事欺诈行为的界限：民事欺诈是指在民事活动中，隐瞒事实作虚假意思表示，使对方陷入错误认识而做出一定民事行为的意思表示，从而达到发生、变更或消灭一定民事法律关系的不法行为。民事欺诈可以形成一定法律关系，此种法律关系可以是全部无效或部分无效的，而诈骗罪行为不能产生民事法律关系。如果欺诈行为的社会危害性达到一定程度，就有可能构成诈骗罪。

在主观方面，民事欺诈人追求的是通过欺诈行为与对方形成某种民事法律关系，然后通过对方履行民事法律行为而获得利益；而诈骗罪行为人主观上并没有与被骗人形成民事法律关系的意思，直接以骗取他人财物为目的。

在客观方面，民事欺诈人将取得的财物主要用于约定义务的履行或用于其他合法经营活动，有积极履行约定义务行为的，既使客观上未完全履行，一般也认定为民事欺诈。但如果行为人将取得的财物全部或者大部分用于个人挥霍、从事非法活动或者携款潜逃的，则应当认定为诈骗罪。

（二）诈骗罪与其他犯罪的关系

1. 诈骗罪与合同诈骗罪、金融类诈骗罪。除普通诈骗罪外，《刑法》分则各章节分别规定了集资诈骗、贷款诈骗、金融票证诈

---

① 参见 1996 年 12 月 16 日最高人民法院《关于审理诈骗案件具体应用法律的若干问题的解释》（法发〔1996〕32 号）第 1 条。

骗、保险诈骗、合同诈骗等特殊类型的诈骗罪。这些特殊的诈骗犯罪与普通诈骗罪在主观、客观方面均相同，区别主要体现在犯罪主体、诈骗对象和犯罪手段等方面。根据《刑法》有关规定和刑法理论，普通诈骗罪与特殊诈骗罪之间是普通法与特别法的关系，按照特别法优于普通法的原则，对同时符合特殊诈骗和普通诈骗犯罪构成的行为，应当以特殊诈骗罪认定处罚。

2. 诈骗罪与欺盗、欺夺相结合的犯罪。欺盗、欺夺相结合的犯罪，是指行为人以欺诈手段骗取被害人信任，诱使其交出财物后，又以秘密窃取或者公然夺取的手段取得财物的行为。例如，行为人假装购买香烟，趁被害人不注意之际以假烟调换真烟；再如，行为人谎称借打被害人的手机，趁机主不留神之机逃离等。区分诈骗罪与欺盗、欺夺相结合的犯罪，关键要看受骗人在交付财物时是否具有转移所有权或者让渡财物的意思。在欺盗、欺夺相结合的犯罪行为过程中，尽管受骗人实施了交付行为，但此种交付并不具有转移所有权或者让渡财物的意思，不能视为处分行为；欺盗、欺夺人也并非直接根据此种交付行为取得财物，而是借由秘密窃取或者公然夺取的手段取得财物，因此应当认定为盗窃或者抢夺罪。

3. 诈骗罪与招摇撞骗罪。主要是两罪的竞合问题。一般认为，当诈骗的对象是财物时，如果客观方面表现为冒充国家机关工作人员或者警察，就应当按招摇撞骗罪论处；如果诈骗财物的数额特别巨大，根据刑法罪刑相适应原则和法条竞合理论，就应当"从一重罪处断"，即以诈骗罪定罪处罚。[①] 但是，这种观点虽然考虑到了两罪之间法条竞合的处断问题，但并未关照到"特殊法优于一般法"的法条适用原则。具体而言，招摇撞骗罪是以骗取各种非法利益为目的，冒充国家工作人员进行招摇撞骗，是严重损害国家机关威信、公共利益及公民合法权益的行为；然而，招摇撞骗罪的对象不仅包括财物（无数额多少的限制），还包括工作、职务、地位、荣誉等非物质利益，也是严重妨害社会管理秩序的行为。因此，当行为人

---

① 参见曲新久等编：《刑法学》，中国政法大学出版社 2006 年版，第 270 页。

同时满足诈骗罪和招摇撞骗罪的构成要件时，显然不应将诈骗财物的数额作为定罪处罚依据，而应依据"特殊法优于一般法"的法律适用原则定罪处罚。这样认定和处理，本身也是罪刑法定原则的基本要求。需要指出的是，当行为人冒充国家工作人员的目的仅仅是为了骗取公私财物，且骗取财物的数额较大时，其目的行为和结果行为侵犯的是财产权利，其手段行为同时损害了国家机关的威信和正常活动，因此属于牵连犯，应当按照犯罪行为所侵犯的主要客体来确定罪名，并从重处罚。

4. 盗窃记名有价证券后支取财物的行为如何认定。记名有价证券中所记载的财物是一种特殊性质的财物，虽然该财物不是由证券权利人实际占有，但证券权利人在某种程度上控制着该财物；同时，证券中记载的财物又被银行等部门实际管理支配，在这些部门管理权限内发生的责任和损失，自然不能由证券权利人负责。因此，当行为人盗窃了被害人记名的有价证券后，如果还没有实际得到证券中记载的财物，则盗窃行为尚未完成。如果该种有价证券可以即时兑现，并且金融机构约定或按行业惯例，只认凭证不认人，即使行为人冒名顶替的行为本身是诈骗，金融机构并不会因此而将财物交付给他；在这种情形下，一般不能认定为诈骗罪。如果该记名有价证券不能即时兑现，金融机构在支付财物时，有义务查验支取人的身份，则行为人的支取行为不仅仅是先前盗窃行为的继续，同时也是对金融机构的诈骗；金融机构把财物交付给冒名顶替人，不仅仅是因为存折的出现，同时也是受了行为人的诈骗，一般也要在自己的义务范围内承担经济责任。在这种情形下，行为人的冒名支取行为接续先前的盗窃行为构成盗窃罪，同时其冒名支取行为也构成诈骗罪，属于刑法上的牵连犯，应当择一重罪定罪处罚。

5. 骗取他人抛弃财物后予以拾取行为的定性。行为人采取欺诈手段诱使他人产生错误认识从而抛弃财物后加以拾取的，一般不宜认定为盗窃罪，更不应认定为侵占（遗忘物）罪，一般应当认定为诈骗罪。

四、诈骗罪的转化犯

在刑法理论上，所谓转化犯，是指行为人在故意实施一个较轻的基本犯罪过程中或者在非法状态持续过程中，由于行为人实施了特定行为，依照法律规定，使基本犯罪的性质转化为另一种较重的犯罪，并且按照重罪定罪处罚的犯罪状态。我国《刑法》中的转化犯分为两种形式：一是刑法典明文规定的转化犯；二是司法解释中规定的转化犯。

（一）刑法规定的诈骗罪转化犯

诈骗罪转化犯罪包括以下几种情形：

1.《刑法》第 269 条规定："犯盗窃、诈骗、抢夺罪，为窝藏赃物、抗拒抓捕或者毁灭罪证而当场使用暴力或者以暴力相威胁的，依照本法第二百六十三条的规定定罪处罚。"这是诈骗罪转化为抢劫罪的法定情形。

2.《刑法》第 210 条第 2 款规定："使用欺骗手段骗取增值税专用发票或者可以用于骗取出口退税、抵口税款的其他发票的，依照本法第二百六十六条的规定定罪处罚。"行为人明知是假发票而作为真发票出售给别人牟利，行为人实施一个行为，同时触犯两个罪名——出售非法制造的发票罪和诈骗罪，构成了想象竞合犯，应当从一重罪处罚。这是出售非法制造的发票罪转化为诈骗罪的法定情形。

3.《刑法》规定：组织和利用会道门、邪教组织或者利用迷信奸淫妇女、诈骗财物的，分别依照本法第 236 条、第 266 条的规定定罪处罚。这是组织和利用会道门、邪教组织或者利用迷信诈骗财物的行为转化为诈骗罪的法定情形。

（二）司法解释规定的诈骗罪转化犯

包括以下几种情形：

1. 根据最高人民法院司法解释①："以虚假、冒用的身份证件办理入网手续并使用移动电话，造成电信资费损失数额较大的，依照《刑法》第二百六十六条的规定，以诈骗罪定罪处罚。"这是骗取话费转化为诈骗罪的法定情形。

2. 根据最高人民法院司法解释②："使用伪造、变造、盗窃的武装部队车辆号牌，骗免养路费、通行费等各种规费，数额较大的，依照刑法第二百六十六条的规定定罪处罚。"这是由非法生产、买卖军用标志罪与骗免各种规费的违法行为转化为诈骗罪的法定情形。

3. 根据最高人民检察院司法解释："以非法占有为目的，通过伪造证据骗取法院民事裁判占有他人财物的行为所侵害的主要是人民法院正常的审判活动，可以由人民法院依照民事诉讼法的有关规定做出处理，不宜以诈骗罪追究行为人的刑事责任。如果行为人伪造证据时，实施了伪造公司、企业、事业单位、人民团体印章的行为，构成犯罪的，应当依照刑法第280条第2款的规定，以伪造公司、企业、事业单位、人民团体印章罪追究刑事责任；如果行为人有指使他人作伪证行为，构成犯罪的，应当依照刑法第307条第1款的规定，以妨害伪证罪追究刑事责任。"③ 这是诈骗罪转化为伪造公司、企业、事业单位、人民团体印章罪或妨害作证罪的法定情形。但有学者认为，民事审判的重要目的是保护当事人的财产，而这一司法解释完全忽视了诉讼诈骗行为对被害人财产的侵害，也误解了诈骗罪的构造，应当废止。④

---

① 参见 2000 年 4 月 28 日最高人民法院《关于审理扰乱电信市场管理秩序案件具体应用法律若干问题的解释》（法释〔2000〕12 号）第 9 条。

② 参见 2002 年 4 月 8 日最高人民法院《关于审理非法生产、买卖武装部队车辆号牌等刑事案件具体应用法律若干问题的解释》（法释〔2002〕9 号）第 3 条。

③ 参见 2002 年 10 月 24 日最高人民检察院法律政策研究室《关于通过伪造证据骗取法院民事裁判占有他人财物的行为如何适用法律问题的答复》（〔2002〕高检研发第 18 号）。

④ 参见张明楷：《刑法学》，法律出版社 2011 年版，第 895 页。

五、刑事责任

根据《刑法》第 266 条规定："诈骗公私财物，数额较大的，处三年以下有期徒刑、拘役或者管制，并处或者单处罚金；数额巨大或者有其他严重情节的，处三年以上十年以下有期徒刑，并处罚金；数额特别巨大或者有其他特别严重情节的，处十年以上有期徒刑或者无期徒刑，并处罚金或者没收财产。本法另有规定的，依照规定。"关于《刑法》另有规定的情形，已在本节第四部分"诈骗罪的转化犯"中叙述，此处不再赘述。

第二节　诈骗罪涉铁相关问题

一、诈骗罪的表现形式

在现实生活中，由于犯罪对象的多样性和作案手段的复杂性，使具体的诈骗犯罪行为呈现出纷繁而多变的样态。但是万变不离其宗，通过由表及里地深入分析不难发现，各种诈骗行为都有一个共同的表现形式，或称为基本的构成要素。具体包括五个方面：行为人以非法占有为目的实施欺骗行为——对方（受骗人）陷入错误认识——对方基于错误认识而"自愿"处分其财产——行为人或第三者取得财产——被害人受到财产损失。①

在上述诈骗罪的表现形式中，行为人欺骗的方式既可以是积极的语言陈述，也可以是举动上的虚假表示。举动上的虚假表示又可分为明示的与默示的两种。例如，一个无业人员穿上警察制服或者出示记者证的行为，就可能成立诈骗罪中明示的欺骗行为；再如，某行为人在货物买卖合同上签字，就默示了他打算履行该合同。如果行为人明示或默示的内容与事实相反，就属于举动上的欺骗。当

---

① 参见张明楷：《刑法学》，法律出版社 2011 年版，第 889 页；刘明祥：《财产罪比较研究》，中国政法大学出版社 2001 年版，第 208 页。

然，是否存在举动的虚假表示，还需要根据行为过程的各种情况进行综合判断。

不告知真相的不作为，也能构成诈骗罪的欺骗行为。不作为的诈骗，以明知对方已经陷入错误，但不告知事实真相为内容。成立不作为的欺骗，前提必须是事先对方已经陷入错误；只有认识到对方已经陷入错误之后，行为人才产生告知事实真相的法律义务。如行为人已经认识到对方错误地多付给自己钱款，但不声明而收下，这种情况即现实生活中常见的"找钱诈骗"。行为人明知对方多给了钱，有意非法占有的时候就是诈骗罪的着手，将该钱放入钱包就是诈骗既遂。

二、诈骗罪构成中的财产处分与取得

基于错误认识而"自愿"处分财产，是指行为人设法使受害人在认识上产生错觉，以致受害人"自愿"将财物交付给行为人。在诈骗犯罪中，受害人处分财产行为是客观与主观的统一，即除客观上有处分行为之外，还要求主观上有处分意识。处分意识体现了受害人基于错误认识的"自愿"性，包括认识因素和意志因素两个方面。在认识因素方面，受害人应该具有正常的认识能力和认识的可能性；在意志因素方面，受害人必须具有处分财产的自由意志，并且处分行为是基于受害人追求的特定目的。换言之，即使受害人因受骗而产生错误认识，但由于种种原因并未实际交付财物给行为人，则诈骗罪（既遂）不能成立；反之，如果受害人"自愿"交付财产是行为人欺骗的结果，那么这种结果就超出了受害人正常的认识能力和可能性，且显然违背被害人自由意志的真实表达，因此可以成立诈骗罪。

在诈骗犯罪中，行为人取得财产包括两种情况：一是积极财产的增加，如将受骗人的财物转移为行为人所有；二是消极财产的减少，如使受骗人免除或者减少行为人的债务。后者还包括使用欺诈方法，使自己不缴纳应当缴纳的财产（但法律有特别规定的除外），如行为人伪造或者冒用他人铁路工作证、公务免票乘坐高铁，数额

较大的，应当成立诈骗罪。如果行为人采取欺骗手段使第三人取得财产或财产性利益，其诈骗数额或情节达到一定标准，也能构成诈骗罪。

三、铁路领域常见的诈骗犯罪

铁路领域发生的诈骗犯罪，其手法多种多样，并随售票厅、候车室、进站口、列车内等地点及春运、暑运、学生开学等时段不同而变化。比较典型的诈骗手法包括：

1. 冒充诈骗。犯罪分子利用一些旅客急于回家、抱着"试试看"的心态，通过冒充铁路工作人员、车票代售网点或张贴虚假小广告等方式，以代售火车票、帮助办理进站乘车证、转车签证等为由，骗取过往旅客财物。

2. "抛物诈骗"。在车站广场、售票大厅、候车室等一些人员密集、流动大的场所，诈骗团伙分工配合骗取旅客财物。如由一人假装将财物通常为伪造的古董、金银饰品，电子产品等——遗忘，在旁的同伙迅速捡起并以"见者有份"的名义与被害人分享；随后，骗子就会以各种理由表示愿意将财物归被害人，自己吃点亏只要收取一些好处费，诱使贪图小利的旅客"自愿"将自己的钱交给骗子，待受害人发现上当时，骗子们已经逃之夭夭。

3. "丢钱包"诈骗。即在诈骗团伙中，先由一人在火车站附近物色合适的人选，与被害人搭讪套近乎。随后，一名同伙佯装经过此地，不小心从身上掉下一个钱包，并让被害人看到。这时，骗子就会捡起钱包，以商量"一起分钱"为借口，将被害人诱骗至附近偏僻处。这时，丢钱包的"失主"会尾随而至，声称有人看见他们捡到了自己的钱包。这时"捡钱包"的骗子会矢口否认，并主动配合"丢钱包"的同伙让其检查钱包、首饰及银行卡等物。为了证明自己没有捡钱，受害人这时也会把自己的钱包和银行卡交给丢钱包的"失主"检查，而"失主"就会乘机调包，骗取被害人现金、首饰等物品。

4. "代管行李"诈骗。在车站广场或候车室内，通晓多地方言的骗子先用普通话与旅客主动搭讪、拉家常，在探知被害人的籍贯后，自称是被害人的"老乡"并用方言交谈。随后，骗子声称"要上厕所"离开一会儿，并将行李委托给被害人保管。被害人见对方如此信任自己，在一般情况下，就很可能在自己要如厕时也将行李委托给这个"老乡"看管，骗子便趁机将被害人的财物拿走。

5. 冒充"亲友"接站诈骗。春运、暑运期间，学生流、探亲流、民工流交织，往来人员十分密集，一些骗子混杂在出站口的人群中，偷听旅客打电话的内容，然后上前以"受亲戚或朋友委托来接站"身份和旅客套近乎，当着旅客的面，装作和"亲戚和朋友"通话，以"没钱买票"等其他方式骗钱。

6. 冒充列车人员，以"帮忙充电"为名骗取手机。骗子身穿铁路职工制服，在列车上寻找把玩昂贵手机的旅客作为行骗目标，当发现旅客手机没电后，便谎称为其提供免费充电服务，骗取旅客手机。

7. 以铁路招工或帮忙安排铁路工作为名骗取报名费、培训费、"活动费"。这类诈骗的犯罪主体可能是冒充，也可能是真正的铁路职工。

第三节　诈骗罪侦查监督指引

根据《刑法》第 266 条规定，诈骗罪是指以非法占有为目的，采用虚构事实或隐瞒真相的方法，使被害人陷入错误认识并"自愿"处分（交付）自己的财物，骗取数额较大公私财物的行为。在办理诈骗罪审查逮捕案件中，应当注意把握以下几方面：一是审查犯罪嫌疑人是否具有非法占有的故意，应当坚持主客观相一致的原则。二是注意审查犯罪嫌疑人是否实施虚构事实、隐瞒真相的行为。三是注意审查被害人是否因陷入错误认识而"自愿"处分财物，或曰诈骗行为与被害人交付财物之间是否具有因果关系。四是正确界定诈骗罪与民事欺诈之间的关系。

一、逮捕案件的证据审查

（一）有证据证明发生了诈骗犯罪事实

重点审查以下证据：

1. 证明诈骗案件发生的证据。主要包括：报案登记、受案登记、立案决定书及破案经过证明等材料，抓获人、扭送人、现场报案人等证人证言。

2. 证明公私财物被非法占有的证据。主要包括：（1）审查购物发票、产权证明、车辆行驶证等权属证明、银行账目等书证，用以证明被诈骗财物系被害人合法所有。（2）审查搜查笔录、扣押物品清单及照片，查获的赃款、赃物，存取款凭证等客观证据，用以证明财物被他人占有。（3）审查被害人陈述、犯罪嫌疑人供述、证人证言等言词证据和相关书证等客观证据，用以证明财物系被他人非法占有。（4）审查发票、价格鉴定意见、银行账户信息、言词证据等，用以证明诈骗财物数额较大。

（二）有证据证明诈骗行为系犯罪嫌疑人实施

重点审查以下证据：

1. 证明犯罪嫌疑人实施虚构事实、隐瞒真相行为的证据。主要包括：（1）案发现场的监控视频；（2）现场或其他场所提取的物证、书证；（3）录音、电话通话记录、短信、电子邮件、微信、QQ聊天记录等电子数据；（4）现场遗留痕迹和物品的鉴定、犯罪嫌疑人笔迹鉴定、公章或印模鉴定等；（5）被害人陈述、证人证言、犯罪嫌疑人及同案人的供述和辩解、辨认笔录。

2. 证明被害人陷入错误认识并"自愿"交付财物的证据。这方面的证据主要有：被害人陈述、证人证言、犯罪嫌疑人供述等。需要注意的是，骗取无民事行为能力人财物的，通常不认定为诈骗罪。

（三）有证据证明犯罪嫌疑人具有诈骗的主观故意

认定犯罪嫌疑人是否具有诈骗故意，应当坚持主客观相一致的原则，既不能依赖口供，也不能客观归罪。注意审查四个方面证据：

一是犯罪嫌疑人占有财物后是否有逃跑或者故意变更联络方式、住所的行为；二是犯罪嫌疑人是否肆意挥霍或者使用财物进行违法活动；三是犯罪嫌疑人是否有转移资金、隐匿财产及隐匿、销毁账目等逃避返还财物的行为；四是审查犯罪嫌疑人案发前的资产状况，判断其是否有偿还能力。

证明诈骗犯罪嫌疑人的主观故意，有的是根据犯罪嫌疑人供述，有的是根据案件事实之间的关联，总之应当根据已查明的事实进行综合判断。如果有证据证明犯罪嫌疑人不具有非法占有目的，只是由于经营不善或其他意外因素导致财物不能归还的，不能认定为诈骗罪。

在审查认定共同诈骗犯罪中各犯罪嫌疑人的主观故意时，应当注意把握以下三点：一是注意审查各犯罪嫌疑人的供述和辩解，以查明是否存在合谋、分赃及参与实施诈骗行为。二是如有证据证明犯罪嫌疑人虽然参与诈骗，但系受他人蒙蔽、主观上没有非法占有故意的，不应认定为诈骗罪。三是案件中如有指使、教唆他人犯诈骗罪的，应当注意审查各犯罪嫌疑人的供述和辩解，并结合相关通话记录、短信、微信及赃款去向等证据，予以综合判断。

二、社会危险性条件审查

（一）具有社会危险性的情形

根据《刑法》第 266 条规定，诈骗犯罪数额特别巨大或者有其他特别严重情节的，处 10 年以上有期徒刑或者无期徒刑，亦属于《刑事诉讼法》第 79 条规定"应当予以逮捕"的情形。据此，实践中对于具有下列情形之一、可能判处 10 年有期徒刑以上的犯罪嫌疑人，应当认为具有社会危险性：

1. 通过发短信、拨打电话或者利用互联网、广播电视、报纸杂志等发布虚假信息，对不特定多数人实施诈骗的；

2. 诈骗救灾、抢险、防汛、优抚、扶贫、移民、救济、医疗款物的；

3. 以赈灾募捐名义实施诈骗的；

4. 诈骗残疾人、老年人或者丧失劳动能力人的财物的；

5. 造成被害人自杀、精神失常或者其他严重后果的。

（二）无社会危险性的情形

经查犯罪嫌疑人确有认罪、悔罪表现，并具有下列情形之一的，可以认为无社会危险性：

1. 具有法定从宽处罚情节；

2. 案发后全部退赃、退赔的；

3. 没有参与分赃或者获赃较少且不是主犯的；

4. 被害人谅解的；

5. 其他情节轻微、危害不大的。

三、侦查监督需要注意的问题

公安机关提请逮捕的诈骗罪案件，由于证据收集工作处于开始阶段，大量证据还需要在逮捕犯罪嫌疑人后补充完善，在案证据之间也可能存在一些缺失或矛盾。在此种情况下，要注意审查案卷中的证据瑕疵是否足以影响认定罪与非罪、此罪与彼罪；如果没有这种关键性问题，则对有些证据问题可以待批准逮捕后加以解决，但须向公安机关提出补充侦查意见。如果案件证据存在关键性缺失或矛盾，则需要注意去伪存真——从其他证据的内容是否与犯罪嫌疑人供述一致，或是否与已确定的案件事实一致等方面进行分析，同时注意审查证据本身（包括取证程序方面）的问题，综合分析判断确定证据的真伪；在关键性证据瑕疵排除之前，不能作出逮捕决定。

第四节　诈骗罪公诉指引

一、公诉案件的证据审查

在诈骗罪案件公诉中，应当着重审查、收集以下几方面证据：

（一）诈骗罪主体的证据

诈骗罪是一般主体，且只有自然人才能成为本罪的主体，即犯罪嫌疑人、被告人必须是年满 16 周岁，具有刑事责任能力的自然人。具体证据的审查，可参考本书第二章第四节之"二、审查起诉应当注意的问题"的有关内容，此处不再赘述。

（二）诈骗罪主观方面的证据

该类证据证明行为人主观上明知系他人财物而采取虚构事实、隐瞒真相的方法予以骗取，属直接故意，并且具有非法占有目的。具体包括以下内容：

1. 犯罪嫌疑人、被告人的供述和辩解。证实：（1）参与作案的动机、目的，对后果认识程度、主动程度。（2）是临时起意还是经过了事前策划。如有策划，策划的具体内容如何。（3）虚构或隐瞒的事实的详细内容。（4）对事先通谋、事后销赃的诈骗犯罪嫌疑人，应当查明通谋的具体内容，即何时开始商议，在何处商议，约定在哪里交货、成交价格如何等。

对于共同诈骗犯罪案件，要注意审查并讯问同案犯罪嫌疑人策划、分工的时间、地点和内容，以及在策划下各人相对应的犯罪行为，查明并证实：（1）事先有无策划，有无事先或事中达成默契，或曾多次结伙作案的犯罪集团、犯罪团伙成员之间，每次作案前都通过他们之间特定语言、表情、手势等达成默契，形成内容明确的共同诈骗故意；（2）有无持不同或反对意见者，对未表示反对或同意意见者要重点讯问其在案发前、案发时、案发后的语言、行为；（3）分赃情况和赃物去向如何，以此判明各犯罪嫌疑人、被告人的主观目的。

2. 被害人陈述。查明并证实：被害人与行为人是否认识、平时关系如何；是否自愿交出财物；有无对实施诈骗行为人进行抓捕等内容。

3. 为进一步印证或推定诈骗行为人主观故意，还应当注意审查公安机关是否收集了下列间接证据：（1）有明确的策划时间、地点的，应当收集犯罪嫌疑人、被告人到达策划地点的车、船、飞机票、住宿登记等证明；（2）行为人以自己的名义将赃物出让、出借、典当的借据、当票等书证，受让人、借入人、典当行人员等证人证言，以及从上述证人处提取的赃物，可以侧面证明犯罪嫌疑人、被告人具有非法占有他人财物的目的；（3）其他客观证据，如犯罪手段、作案工具、挥霍所骗财物的有关票证等，用于反映行为人主观上非法占有公私财物的目的；（4）收集犯罪嫌疑人、被告人前科劣迹、社会生活经验、履历方面的证据，对证明其诈骗故意具有一定的辅助作用。

（三）诈骗罪客观方面的证据

该类证据证明犯罪嫌疑人、被告人采用虚构事实、隐瞒真相的方法，骗取了数额较大的公私财物。具体包括以下内容：

1. 犯罪嫌疑人、被告人的供述和辩解。查明并证实：（1）实施诈骗行为的时间、地点、参与人及现场和周边环境等；（2）采取何种方法、手段；（3）作案工具的来源、数量、特征、下落；（4）具体、详细的犯罪经过；（5）共同犯罪的分工、配合情况，同案犯各自使用何种作案工具及使用结果，以及在共同犯罪中的地位及作用；（6）被骗财物的形式，是现金、支票、有价证券，还是实物，以及实物的特征、种类和数量等；（7）参与犯罪的行为人和被害人的身体特征，包括面部特征、身高、体态以及当时的衣着情况等详细特征；（8）被害人是否是残疾人、孤寡老人或失去劳动能力的人等；（9）赃款赃物的处理情况，如分赃、出售、自用、赠与等；（10）犯罪后的表现情况，如是否赔偿了被害人经济损失。

2. 被害人陈述。需要审查和证实的内容同上。

3. 证人证言。（1）收购、销售赃物的证人证言。着重证实：收购、销售赃物的时间和地点；出售赃物人的体貌特征、当时衣着情况等；被收购、销售赃物的外部形态，如种类、颜色、重量等；收购、销售赃物的价格情况，如是否明显低于正常市场价格；被收购、销售的赃物去向。（2）抓获人、扭送人的证言。着重证实：如何获知犯罪行为和犯罪人情况，对犯罪人被抓获时的身体特征、衣着情况的描述；抓获犯罪人时间、地点、过程；证实犯罪嫌疑人、被告人是否有投案、坦白、立功等情节。（3）其他知情人证言。

4. 物证、书证。包括：（1）在诈骗案发现场或从犯罪嫌疑人住所、身上、指认处提取的物证，如作案工具、指纹、鞋印等。（2）诈骗的赃款赃物。（3）与案件有关的书信、记事本、日记等，证实行为人实施诈骗的时间、地点及经过等情况。（4）行为人用于欺骗被害人的书证，如合同、收据、借条、广告、海报、通知，公文、印章、介绍信、授权委托书，身份证、工作证等。（5）股票、债券、支票、存折等有价证券，用以证实被骗财物的特征及去向。（6）电信部门提供的电话通信记录、短信息记录等。（7）有关部门出具的证明材料，用以证实被骗物品的特殊性，如是否为军用物资或抢险、救灾、救济物资等。（8）公安、工商等部门出具的证明材料，证实犯罪嫌疑人的虚假身份或相关公司、企业为虚假或假冒。（9）民事赔偿调解协议（笔录）等，佐证犯罪嫌疑人、被告人承认其犯罪行为及其认罪悔罪的态度。

5. 鉴定意见。包括痕迹鉴定、文检鉴定、司法会计鉴定、公章、印模鉴定等。

6. 现场勘查笔录、照片。包括诈骗作案现场，诈骗犯罪工具准备、丢弃的现场、提取物证现场等。

7. 视听资料、电子数据。包括录音带、录像带、电话通话记录、短信、微信等电子数据资料等。

8. 其他证明材料。例如：（1）被害人、目击证人辨认犯罪嫌疑人或物证笔录；（2）犯罪嫌疑人和被害人、证人指认诈骗现场、犯罪工具准备、丢弃的现场笔录；（3）搜查笔录、扣押物品清单及照片，证实查获的作案工具及调取的相关物证；（4）侦查实验笔录、录像；（5）报案登记、立案决定书及破案经过等书证，证实案件来源、侦破经过及犯罪人有无自首情节等。

（四）诈骗罪客体的证据

该类证据主要证明犯罪嫌疑人、被告人的行为侵犯了公私财产所有权。具体包括以下内容：

1. 证明被害人对被骗财物拥有合法权利以及被骗财物的价值、购买时间的证据，如被害人陈述、证人证言、购物发票等；

2. 证明被骗财物特征的书证、物证及证人证言，如被骗财物照片，车辆发动机号、车架号的拓印件、行车证，手机入网证明等；

3. 追缴被骗财物的追赃笔录、提取笔录、赃物照片等；

4. 被骗财物的估价鉴定意见；

5. 犯罪人、窝赃人、购赃人对赃物处置情况的供述、证言等。

二、审查起诉应当注意的问题

（一）关于"从严"的把握

"两高"2011年司法解释①规定了五种酌情从严的情形。实践中注意把握三个方面：

1. 该解释列举的是酌定从严情节，在案件审查起诉时，应当依据宽严相济刑事政策，充分考虑个案具体情况，不可一律从严搞"一刀切"。

2. 该解释将1996年最高人民法院解释②中规定的"曾因诈骗受过刑事处罚的""挥霍诈骗财物，致使诈骗财物无法返还的"等情形取消。因此，在办案中要注意避免因司法惯性而错误适用该项条款。

3. 根据该解释规定，诈骗数额接近"巨大"或"特别巨大"标准，同时具备所列情形的，以"其他严重情节""其他特别严重情节"认定，从而提高了量刑幅度，但是对"数额接近"并无定量标准。因此，在适用时应当结合具体案情和证据加以确定，注重保护被告人合法权利，防止司法随意。

---

① 参见2011年4月8日最高人民法院、最高人民检察院《关于办理诈骗刑事案件具体应用法律若干问题的解释》（法释〔2011〕7号）第2条。

② 参见1996年12月16日最高人民法院《关于审理诈骗案件具体应用法律的若干问题的解释》（法发〔1996〕32号）。

（二）关于"从宽"条件的把握

根据前述 2011 年司法解释，诈骗公私财物虽已达到"数额较大"标准，但具有下列情形之一，且行为人认罪、悔罪的，可以根据《刑法》第 37 条、《刑事诉讼法》第 142 条规定不起诉或者免予刑事处罚：

1. 具有法定从宽处罚情节的；

2. 一审宣判前全部退赃、退赔的；

3. 没有参与分赃或者获赃较少且不是主犯的；

4. 被害人谅解的；

5. 其他情节轻微、危害不大的。

该司法解释还规定：诈骗近亲属的财物，近亲属谅解的，一般可不按犯罪处理；确有追究刑事责任必要的，具体处理也应当酌情从宽。

第五章　抢夺罪刑事检察

第一节　抢夺罪理论概述

一、概念及其犯罪构成

抢夺罪是指以非法占有为目的，当场公然夺取他人数额较大的公私财物的行为。在司法实践中，抢夺罪是一种常见的多发性侵财犯罪，社会危害很大。随着国家经济社会的发展，人们的社会生活发生重大变化，抢夺犯罪也出现许多新形式。"两抢一盗"犯罪历来是我国执法司法部门打击的重点。抢夺罪的犯罪构成要件是：

1. 抢夺罪侵犯的客体是公私财物所有权，犯罪对象是公私财物。这里所说的公私财物，只能是动产或者有形的财物，在客观上具有能被抢走、被移动的特点。不动产及具有经济价值的无体物，如房屋、土地、电力等，不能成为抢夺罪的犯罪对象。抢夺特定财物，如枪支、弹药、爆炸物或公文、证件、印章等，应按《刑法》分则有关规定论处，不构成本罪。

2. 抢夺罪的客观方面，表现为公然夺取公私财物的行为。所谓公然夺取，是指行为人明目张胆、毫无顾忌，当着财物所有人、保管人的面或者在可以使其立即发现的情况下夺取财物。行为人夺取财物时，一般不对人（目标指向为物）使用暴力或以暴力相威胁。

3. 抢夺罪的主体为一般主体，即年满 16 周岁、具有刑事责任能力的自然人，均可以构成本罪。

4. 抢夺罪的主观方面只能是直接故意，并且具有非法占有公私财物的目的。有的人为了戏弄他人而夺走数额较大的财物，而后又把夺走的财物归还失主，在这种情况下，由于行为人不具有非法占有的目的，不构成抢夺罪。同理，有的行为人误认为是自己的财物而予以夺回，或者夺取债务人的财物作抵押，待对方还了债再退还的，均不成立抢夺罪。[①]

二、犯罪形态

抢夺罪的既遂与未遂，应当以行为人是否对数额较大的财物取得了实际控制为标准。由于抢夺罪是以非法占有公私财物为目的的犯罪行为，因此，非法占有这一结果是否发生，乃是认定抢夺罪既遂与否的关键。非法占有在客观上表现为行为人对财物具有现实的和事实上的支配力，亦即"实际控制"。实际控制并不意味着财物只能在行为人自己手中，而是指行为人对财物具有事实的支配力。如果抢夺行为最终未能夺取财物，但具有其他严重情节的，亦应按照抢夺罪未遂认定处理。

三、此罪与彼罪的区分

（一）抢夺罪与盗窃罪

两罪的主要区别：一是客观行为表现不同，盗窃行为人自以为不被财物所有人或保管人发觉，行为具有隐蔽性；而抢夺行为人并不计较是否被财物所有人或保管人发觉，其行为具有公然性。二是抢夺罪行为构成对物的暴力，而盗窃罪则不存在对物使用暴力的情况。如果行为人先是秘密窃取，而在尚未控制财物之前即被受害人发觉，进而公然抢夺的，应当认定为抢夺罪。如果行为人在盗窃既遂之后被发现，当受害人实施追索等自救行为时，尽管行为人公然取走财物，也只能构成盗窃罪。

（二）抢夺罪与抢劫罪

两者区别的关键，是行为人在抢走他人财物过程中是否使用暴力、胁迫的方法，或是否随身携带凶器。如果行为人在实施抢夺行

---

① 参见苏惠渔主编：《刑法学》，中国政法大学出版社 1997 年版，第 654 页。

为时使用了暴力、胁迫方法，或者虽未使用暴力、胁迫方法，但随身带了足以杀伤他人凶器的，应当认定为抢劫罪；如果行为人直接对物使用暴力，并未直接对被害人使用足以压制其反抗的暴力行为，且抢走财物数额较大的，应当认定为抢夺罪。如果行为人在实施抢夺犯罪时，遭遇被害人呼喊、追捕或者为窝藏赃物、毁灭罪证、抗拒逮捕而对被害人实施暴力或以暴力相威胁的，则属于转化型抢劫罪。

四、刑事责任

《刑法》第 267 条第 1 款规定："抢夺公私财物，数额较大的，或者多次抢夺的，处三年以下有期徒刑、拘役或者管制，并处或者单处罚金；数额巨大或者有其他严重情节的，处三年以上十年以下有期徒刑，并处罚金；数额特别巨大或者有其他特别严重情节的，处十年以上有期徒刑或者无期徒刑，并处罚金或者没收财产。"

第二节　抢夺罪涉铁相关问题

一、携带凶器抢夺的认定

根据《刑法》第 267 条第 2 款规定：携带凶器抢夺的，以抢劫罪定罪处罚。携带凶器抢夺，是指行为人随身携带枪支、爆炸物、管制刀具等国家禁止个人携带的器械（性质上的凶器）进行抢夺，或者为实施犯罪而携带其他器械（用法上的凶器）抢夺的行为。认定携带凶器抢夺，应当注意两个问题：

（一）"凶器"的认定

凶器是指本身性质或者用法具有杀伤他人功能的物品。凶器的种类包括：（1）性质上的凶器。如枪支、爆炸物、管制刀具等国家禁止个人携带的器械；刀刃长度在 10 厘米以上，或不满 10 厘米但足以对人身造成伤害的非管制刀具；足以对人身造成伤害的金属或非金属棍棒；其他足以对人身造成伤害的器具等。（2）用法上的凶器。如日常切菜刀，当用于切菜时不是凶器，但用于或准备用于杀伤他人时则是凶器。

对于各种凶器的认定，要根据案件具体情况综合判断。凶器必须是用于杀伤他人的物品，与犯罪工具不是等同概念，仅具有毁坏物品的特性而不具有杀伤他人机能的物品，不属于凶器。例如，行为人为了盗窃财物而携带的用于划破他人衣袋、手提包的刀片就不宜认定为凶器。

（二）"携带凶器"的认定

携带凶器是指行为人用手拿着凶器，或者将凶器置于随身衣物、包裹内，或者将凶器放在触手可及的地方。携带凶器抢夺之所以按照抢劫罪定罪处罚，是因为行为人具有随时使用暴力或以暴力相威胁的可能性。携带凶器抢夺，本身就说明行为人已经做好了随时使用暴力或以暴力相威胁的准备，因此这种行为的社会危害性与抢劫罪相同。携带凶器通常表现为两种情况：一是行为人事先准备好凶器，出门便随身携带，伺机抢夺；二是行为人在抢夺之前在现场或现场附近获得凶器，然后乘机抢夺。携带凶器应当具有随时可能使用或当场能够及时使用的特点，即随时使用的可能性，否则不能认定为携带凶器抢夺。

二、抢夺造成被害人受伤或死亡的认定

1. 在抢夺数额较大财物的过程中，行为人因用力过猛，无意中造成被害人轻伤的，这种情况因过失轻伤不构成犯罪，只能按抢夺罪定罪处罚，而被害人轻伤可作为量刑情节考虑。

2. 抢夺行为人无意中造成被害人重伤或死亡的，属于一个犯罪行为同时触犯两个罪名的情况，应按照想象竞合犯"择一重处断"原则处理。

实践中需要注意的是，由于"两高"司法解释①将"导致他人

---

① 参见最高人民法院、最高人民检察院《关于办理抢夺刑事案件适用法律若干问题的解释》（法释〔2013〕25号）第3条。

重伤"和"导致他人死亡"分别作为抢夺罪的"其他严重情节"和"其他特别严重情节",故亦应将此作为法定量刑情节考虑。

三、涉铁抢夺罪的发案特点

涉铁抢夺罪的客观方面表现为在国有铁路管理区域内公然夺取公私财物的行为。其犯罪对象主要针对过往旅客的挎包、提包、背包等包裹,以及金项链、金耳环等戴在身上的贵重首饰。例如,旅客在出站口被人抢夺戴在耳朵上的金耳环或戴在脖子上的金项链。但有时在被害人高度戒备的情况下,也不影响抢夺罪的成立,例如被害人在车站上厕所时,将挎包放在蹲位隔墙上并高度戒备,犯罪分子趁机抢夺后逃跑。

第三节　抢夺罪侦查监督指引

在办理抢夺罪审查逮捕案件时,需要重点把握好三个问题:一是抢夺案件具有案发突然的特点,被害人和现场证人往往无法看清犯罪嫌疑人相貌,犯罪嫌疑人大多为事后侦查到案,因此,确定抢夺行为是否为被提请批捕的犯罪嫌疑人所为,是案件证据审查的关键。二是抢夺罪行为虽然具有"对物暴力"的特质,但在司法实践中很容易与盗窃罪、诈骗罪相混淆,进而影响到罪与非罪的判断,因此应当综合全案事实证据,重视对相似罪名的比较分析,防止作出错误批准逮捕的决定。三是有关司法解释对特定抢夺(如携带凶器抢夺)行为有犯罪主体年龄的特殊要求,也规定了不作为犯罪处理的特殊情形,在办理审查逮捕案件时需要予以特别关注,避免出现错捕问题。

一、逮捕案件的证据审查

(一) 有证据证明发生了抢夺犯罪事实

此种情况着重审查以下证据:

1. 证明抢夺案件发生的证据。主要包括:证明案发经过的接警单、报案登记、被害人陈述、犯罪嫌疑人供述，抓获人、目击证人、现场报案人的证人证言，以及反映抓获经过的情况说明、工作记录等。通过审查上述证据，证明被害人被抢事实客观存在，立案、破案的过程合乎规律。

抢夺罪在客观方面需要证明的基本事实包括：抢夺案是否确已发生；抢夺发生的时间、地点；实施抢夺的人数及每个人的作用；实施抢夺的手段；是否携带凶器抢夺；被害人是否受伤；抢夺是否完成；涉案物品价值；赃物去向及销赃情况等。这些往往是证明本罪罪与非罪、此罪与彼罪的重点。

2. 证明抢夺危害后果的证据。抢夺罪属于结果犯，根据《刑法》和司法解释规定，抢夺财物数额较大或有其他严重情节的，才能定罪。主要审查以下内容：

（1）证明被抢夺财物情况及数额的证据。包括：搜查、扣押、发还物品清单及物证照片；被害人购物凭证及包装，用以证明被抢夺财物的外观、型号、颜色、数量等特征；物品估价鉴定意见、有关部门出具的证明材料，用以证明被抢夺财物的数额。

（2）证明具有特定情形的证据。根据司法解释规定，一些情节恶劣、社会危害性大、需要从严惩处的抢夺行为，其"数额较大"的标准按照普通情形标准的百分之五十确定，具体包括：①曾因抢劫、抢夺或者聚众哄抢受过刑事处罚的；②一年内曾因抢夺或者哄抢受过行政处罚的；③一年内抢夺三次以上的；④驾驶机动车、非机动车抢夺的；⑤组织、控制未成年人抢夺的；⑥抢夺老年人、未成年人、孕妇、携带婴幼儿的人、残疾人、丧失劳动能力人的财物的；⑦在医院抢夺病人或者其亲友财物的；⑧抢夺救灾、抢险、防汛、优抚、扶贫、移民、救济款物的；⑨自然灾害、事故灾害、社会安全事件等突发事件期间，在事件发生地抢夺的；⑩导致他人轻伤或者精神失常等严重后果的。

在依据上述情形认定抢夺罪时，应当审查是否有相关证据证明，如证明行为人前科劣迹的，不宜仅凭人口信息库中的记录，而应当审查判决书、拘留证等正式司法、行政文书；证明抢夺老幼病残孕等特殊群体的，应当审查是否有民政部门出具的相关证明等。

（3）证明抢夺行为导致他人重伤、自杀、死亡的证据。包括：被害人陈述、证人证言，用以证明受伤及就诊过程；人身检查笔录及伤情照片、验伤通知书、病历、就诊记录等，用以证明受伤的部门、程度、原因等；法医鉴定意见、专家证人证言等证据，用以证明伤情严重程度及死亡原因。审查时需要结合上述证据，核实伤情形成的时间与原因、是否案发后及时就诊，特别注意结果与行为之间的因果关系及紧密程度，排除其他意外因素的介入。

（二）有证据证明抢夺行为是犯罪嫌疑人实施的

审查时应以客观证据为基础，明确犯罪嫌疑人采用抢夺手段占有他人财物的行为特征。重点审查以下几类证据：

1. 现场监控录像。现场监控是记录犯罪嫌疑人实施抢夺行为的最直接的证据，审查时应当注意监控资料收集的全面性，包括犯罪嫌疑人来去路线、抢夺现场、中途停留与藏身处所的监控录像，尽可能地反映行为人从守候、尾随到实施抢夺、逃离现场的全过程。除公安机关街面监控外，还应注意收集和审查沿途单位的监控录像，以充分反映案件系本案犯罪嫌疑人所为以及其取得财物的具体手段。

2. 现场勘查笔录和提取的物证、痕迹等证据。在针对乘客或铁路区域行人持握的手机、拎拷的包袋、佩戴的项链或耳环等配饰实施抢夺时，由于突然实施硬夺甚至与被害人僵持拉拽，往往会造成物品不自然地断裂、拉伸，应注意通过现场勘验、检查和验伤，对残留在现场的部分物品、遗留在被害人体表上的拉拽痕迹予以固定，证明强行夺取的事实。

3. 收缴的被抢夺财物、犯罪工具的实物、照片及搜查、扣押、发还文书。注意审查上述物证、书证对财物被拉拽后特征的反映。如果已被处理发生了形态变化，应当收集参与处理财物人员的证言予以印证。

4. 反映被害人性别、年龄、身体等状况特征的证据。司法实践中，犯罪嫌疑人为便于得手和逃脱，多针对车站广场或售票大厅的女子、老人等群体实施抢夺，审查中应当结合案情，印证其行为特征；对趁被害人身体不适、轻度醉酒等情形导致行动缓慢，当面公然取走财物的特殊抢夺行为，要注意审查相关言词证据，必要时应辅以被害人相关医学证明等第三方证据，印证抢夺行为的具体特征。

（三）有证据证明犯罪嫌疑人具有抢夺的主观故意

抢夺罪属于直接故意犯罪，并以非法占有公私财物为目的。司法实践中，有的犯罪嫌疑人在归案后往往否认有抢夺非法占有财物的故意，因此在审查中应当加强对客观证据的综合审查分析，合理推断其主观心态。一是对主观故意的认定。具体可以从事前有无预谋或者准备行为、事中有无抢夺言语等意思表达、以及事后如何处理赃物这三个方面重点审查。二是对共同犯罪故意的认定。查明共同犯罪的策划、分工的时间、地点、内容以及在策划下各人相对应的犯罪行为和情节，尤其是提供运输帮助、望风掩护和销赃协助等的非实行犯，有无内容明确的共同抢夺故意。三是注意审查犯罪嫌疑人辩解，排除其他可能性。如犯罪嫌疑人辩解其抢夺未得手，特别是尚未着手实施抢夺，而仅有尾随等动作时，则不能排除其有猥亵等侵财以外的故意内容。

二、社会危险性条件审查

根据《刑事诉讼法》第 79 条规定：对于有证据证明有抢夺犯罪事实，可能判处 10 年有期徒刑以上刑罚的案件；或者有证据证明有抢夺犯罪事实，可能判处徒刑以上刑罚，曾经故意犯罪或者身份不明的案件，属于"应当予以逮捕"的情形，无须对犯罪嫌疑人进行社会危险性审查，即可径行批准逮捕。除此之外，司法实践中对于抢夺数额较大、可能判处 3 年以下有期徒刑、拘役或者管制的案件，或者抢夺数额巨大或者有其他严重情节、可能判处 3 年以上 10 年以下有期徒刑的案件，均应对犯罪嫌疑人进行社会危险性审查。

在对抢夺案件进行社会危险性审查时，注意把握以下特点：一是公然夺取行为的社会影响较为恶劣，严重影响社会管理秩序和公民安全感；二是抢夺尤其是"飞车抢夺"极易造成被害人伤亡后果，人身危险性较大；三是多次或连续抢夺作案较为常见，社会危害性较大；四是抢夺多为结伙作案，且共同犯罪人之间往往有同乡、亲戚等较为密切的关系，串供可能性较大，可能给案件侦破造成很大难度；五是抢夺犯罪人大多无固定职业、固定住所及可靠生活来源，且常伴有其他前科劣迹，实施新的犯罪可能性较大。因此，对于具有以上特点的抢夺案件，一般可以认定具有社会危险性。

但是，犯罪嫌疑人罪行较轻，没有其他重大犯罪嫌疑，有认罪、悔罪表现并具有下列情形之一的，可以认为不具有社会危险性：一是初犯、偶犯、预备犯、中止犯；二是共同犯罪中从犯、胁从犯，主观恶性较小的；三是有自首、立功表现的；四是积极退赃、退赔，被害人谅解的；五是未成年人或在校生，平时表现良好，家庭、学校或所在社区以及居民委员会、村民委员会具备监护、帮教条件的。

三、侦查监督需要注意的问题

（一）证明排除他人作案可能性的证据审查

由于抢夺案件发生突然、过程迅速，犯罪嫌疑人大多数系事后通过侦查到案，且多数拒不供述，因此确定案件是否为犯罪嫌疑人所为至关重要。在审查证据时应注意把握以下几点：

1. 从取证规律审查案发经过的真实性。对于案发经过的审查，重点关注报案、到案过程是否真实自然。被害人报案的时间、地点与案发时有明显差别的，受理案件所记录的犯罪嫌疑人体貌特征等情况与抓获时有明显差别的，证明材料中要反映差别的原因及核实的过程。对于侦查人员通过走访调查掌握的人证、物证等关键线索，应结合在卷证据予以审查核实。

2. 审查视听资料的完整性和关联性。对于虽有现场录像但不清晰、不完整的，要注意审查与抢夺行为的关联程度，同时将录像与其他在案证据，尤其是犯罪嫌疑人辩解进行对比分析、相互印证。对于根据案发现场附近录像显示的逃窜轨迹抓获犯罪嫌疑人，但录像所显示线路不具有闭合性，案发后又未补充到案发现场目击证人的证言，被害人无法辨认犯罪嫌疑人，也无法调取到犯罪嫌疑人案发当天的手机行动轨迹基站信息的案件，批捕时应格外慎重。对于犯罪嫌疑人逃离途中衣帽特征发生变化的，应当结合具体案件的时间、地点情况、特征明显程度等仔细审查，综合判断是否能排除有其他类似车辆、类似人员出现的可能。

3. 分析作案现场遗留痕迹的产生原因。对于作案现场遗留的物品、作案车辆、被抢夺财物或其残余部分上发现的犯罪嫌疑人的痕迹，应注意审查分析造成该痕迹遗留的原因，不能据此简单认定犯罪嫌疑人到过作案现场，而应当排除犯罪嫌疑人通过其他途径接触到上述物品的可能性；同时通过对痕迹提取地点、犯罪嫌疑人身份履历及其与被害人的关系、犯罪嫌疑人辩解的合理性等因素证据的综合分析，审慎判定案件是否犯罪嫌疑人所为。

4. 重视审查可能影响辨认真实性的情形。很多抢夺案发生在夜间僻静角落，视线条件有限，有必要通过复核证据了解辨认、指认的过程，排除被害人主观因素。此外，在搜查犯罪嫌疑人住所中，除赃物外，犯罪嫌疑人作案时的衣物、伪装也应一并收集、注明；如果犯罪嫌疑人已丢弃赃物、作案时所穿衣物等，侦查人员应带其指认丢弃现场，审查复核与被害人陈述是否一致。

5. 认真审查犯罪嫌疑人辩解。审查中发现犯罪嫌疑人提出不在场的相关辩解时，应通过收集目击证人证言、调取相关地段视频监控、定位手机移动轨迹等加以查明。对通过技侦手段获取的手机轨迹信息应仔细识别，不能仅仅因为轨迹出现在案发现场附近即作为认定犯罪嫌疑人作案的证据；相反，如手机轨迹显示不能合一，则不能排除他人作案的重大可能，必要时可以采取侦查实验等方式还原现场，达到证明目的。

6. 并案侦查中可能混淆犯罪嫌疑人的情形。抢夺犯罪多为结伙作案或多次作案，一般采用同样的手段作案，有时更换同伙、作案工具，或者更换摩托车号牌、变换作案地点等。为提高取证效率，实践中对此通常并案侦查，审查时要注重运用这一犯罪规律，快速认定犯罪人的作案手法、特征，同时也要注意审查不同案件的区别，避免弄错犯罪嫌疑人。

（二）关于对行为特征不同情形的证据审查

抢夺罪与盗窃、诈骗罪的法律特征差异较大，构罪标准也有明显区别。实践中，由于现场客观环境、犯罪嫌疑人主观心态、具体取财手段、被害人控制范围和防备心理以及财物特征属性等诸多差异，办案人员在认定事实和判断性质时，很容易出现此罪与彼罪的认识分歧，进而影响罪与非罪的判定。实践中应当注意审查如下方面：

1. 审查现有证据指向的行为特征。公然使用强力作用于被抢夺财物，既是抢夺罪的本质特征，也是抢夺罪区别于盗窃罪的关键。在案件审查中需要查明：（1）被抢物品本来的位置以及被害人的控制方式。被害人随身携带或者处于其视线范围内的物品被作案人拿走的，一般应认定为抢夺。（2）犯罪发生时被害人的状态和注意力。如被害人在醉酒、昏睡等神志不清的状态下被人拿走财物，即便当面取走，也应认定为盗窃；但如果当时被害人轻度醉酒，明显感知到犯罪嫌疑人趁其行动反应迟缓而当面取走财物，一般应认定为抢夺。

2. 审查非法改变财物合法占有状态的关键行为。在一般情形下，"乘人不备"是最能反映抢夺案件公然夺取特征的行为方式。当犯罪嫌疑人为非法占有财物，同时使用偷、骗、抢等多个行为时，应当根据行为人取得财物并实际加以控制的关键环节来判断其行为性质。如在铁路管理范围内，行为人以借用财物（如手机）为名骗取财物后，在被害人视线范围内突然携财物逃跑，一般应以抢夺罪论处。

在审查逮捕阶段，要特别注意抢夺、盗窃、诈骗行为的异同点，结合案件事实和证据情况，从客观行为的特征出发，慎重判断犯罪行为的性质，防止因捕后改变定性而导致无法追究刑事责任，影响审查逮捕案件的质量。

（三）对特定抢夺行为主体年龄证据的审查

抢夺行为主体的年龄要求已满 16 周岁，具备刑事责任能力。根据《刑法》及司法解释的规定，转化型抢劫罪的主体要求年满 16 周岁。对于已满 14 周岁未满 16 周岁的人当场使用暴力并造成轻伤害后果的转化型抢劫行为，不负刑事责任。审查逮捕时，要特别注意对特殊行为主体年龄的审查把关，防止错误逮捕。

（四）可不作为犯罪处理情形的审查

"两高"解释①明确了抢夺罪行为可以不起诉或者免予刑事处罚的四种情形：（1）具有法定从宽处罚情节的；（2）没有参与分赃或者获赃较少，且不是主犯的；（3）被害人谅解的；（4）其他情节轻微、危害不大的。

需要注意的是，适用上述规定的前提应当是抢夺公私财物数额较大，但未造成他人轻伤以上伤害，行为人系初犯，认罪、悔罪，退赃、退赔的。在办案实践中，有的侦查人员可能存在不注重收集或未随案移送证明相关情节证据的情况，在案件审查中应当注意收集、甄别；在讯问犯罪嫌疑人、听取诉讼参与人及辩护律师意见、逮捕必要性审查等工作中，也应当予以重视。

第四节 抢夺罪公诉指引

一、公诉案件的证据审查

（一）主体方面的证据

抢夺罪是一般主体，即年满 16 周岁、具有刑事责任能力的自然人可以构成本罪。具体证据的审查，可参考本书第三章第四节之"二"有关内容，此处不再赘述。

---

① 参见 2013 年 11 月 18 日最高人民法院、最高人民检察院《关于办理抢夺刑事案件适用法律若干问题的解释》（法释〔2013〕25 号）第 5 条。

（二）主观方面的证据

主要证明犯罪嫌疑人具有抢夺犯罪的直接故意和非法占有目的。共同犯罪的案件，要证明每一个行为人都明知自己的行为是在共同犯意支配下犯罪行为的组成部分。着重审查并证实以下内容：

1. 犯罪嫌疑人供述和辩解。证实：（1）参与作案的动机与目的，对后果认知程度、主动程度。（2）犯罪起意的过程，有无策划、策划的具体内容。（3）共同犯罪策划、分工的时间、地点、内容，以及在策划下各人相对应的犯罪行为，查明：①犯罪团伙成员之间有无事先预谋策划，有无事先或事中达成默契，或者在每次作案前都通过他们之间特定语言、表情、手势等达成默契，形成内容明确的共同抢夺故意；②有无持不同或反对意见者，对未表示反对或同意者要重点讯问其在案发前后及过程中的语言、行为；③分赃情况和赃物去向，以此判明本案各犯罪嫌疑人的主观目的。（4）抢夺时是否携带凶器，或是否向被害人显露凶器。（5）在抢夺中致人重伤、死亡的，要查明其对抢夺行为的危险性和可能造成伤害结果的认知、主动程度。

2. 审查被害人陈述。证实：（1）其与行为人是否认识、平时关系如何，是否与各行为人有过节、纠纷等。（2）行为人在实施抢夺行为前后和过程中的言行及其所产生的后果，反映其主观故意。（3）有无对抢夺行为人进行抓捕等。（4）行为人是否携带凶器，或是否向被害人显露凶器。

3. 审查现场目击证人及其他知情人证言。证实其在案发现场及案发前后所看见、听到的一切与案件事实相关的情况。

4. 审查行为人非法占有他人财物目的的证据。证实：（1）行为人将赃物出让、出借、出卖、典当的情况，如借据、当票等。（2）相应的受让人、借入人、买受人、典当行人员的证言。（3）从上述证人处提取的赃物。（4）收集行为人犯罪前科，尤其是同类犯罪前科的证据、社会经验、履历方面的证据，可用以证明行为人对犯罪后果的认知程度和控制能力。

（三）客观方面的证据

主要证明行为人实施了公然夺取数额较大公私财物的行为。"公然夺取"有两个特征：一是当着财物所有人、保管人的面或者在被害人可以立即发现的情况下夺取财物；二是乘人不备，突然把财物夺走，但也有在被害人已经觉察而防护能力丧失的情况下（如患病、轻中度醉酒等）把财物夺走。着重审查并证实以下内容：

1. 犯罪嫌疑人供述与辩解。证实：（1）实施抢夺行为的时间、地点、次数、选择对象、参与人。（2）实施抢夺犯罪的方法、手段，如是否利用行驶的机动车辆进行抢夺等。（3）同案人犯各自使用何种作案工具，作案工具的来源、数量、特征、下落。（4）被害人是否当场发觉被抢、是否反抗、能否反抗，如何排除被害人的反抗。（5）具体、详细的犯罪经过。（6）实施抢夺时是否携带凶器，凶器的种类、特征、去向，是否向被害人显露凶器。（7）实施抢夺过程中和行为后，是否为了窝藏赃物、抗拒抓捕或毁灭罪证而当场使用暴力或者以暴力相威胁的过程。（8）共同犯罪的起意、策划、分工、实施等情况，查明每一个犯罪嫌疑人、被告人在共同犯罪中的地位和作用。（9）参与犯罪的行为人和被害人的身体特征，包括面部特征、身高、体态以及当日的衣着情况等详细特征。（10）被害人是否是残疾人、老人、不满14周岁的未成年人等。（11）被抢财物的形式，是现金、支票、有价证券，还是实物，以及实物的特征，包括外部形态、种类（品种）、颜色、数量等。（12）犯罪现场是否有围观群众或者其他见证人。（13）赃款赃物的处理情况。（14）犯罪后的表现情况，如是否有积极抢救被害人的行为，是否赔偿了被害人的经济损失。

2. 被害人陈述。需要审查证实的内容同上。

3. 证人证言。着重审查并证实：（1）现场目击证人证言。证实：①证人与犯罪嫌疑人、被告人和被害人的关系；②案发时间、地点、原因；③抢夺的经过、被抢财物种类、数量、伤势程度等情况；④发生冲突双方情况；⑤在案发现场看见、听到的一切与案件事实相关的情况。（2）收购、销售被抢物品的证人证言。证实：①收购、销售赃物时间、地点；②出售赃物人详细特征，包括面部特征、身高、体态及当时衣着情况等；③被收购、销售赃物的特征，包括外部形态、种类（品种）、颜色、重量等；④收购、销售赃物的价格，及是否明显低于正常市场价格；⑤被收购、销售赃物的去向。（3）抓获人、扭送人证言。证实：①如何获知抢夺犯罪情况，以及对犯罪嫌疑人、被告人被抓获时身体特征、衣着情况等描述；②抓获犯罪人的时间、地点、过程，用以证实犯罪嫌疑人、被告人是否有投案、坦白、立功等情节。（4）现场发现人证言。主要证实其何时、何地、如何发现犯罪现场以及犯罪现场的有关情况。（5）其他直接或间接了解案件情况的知情人证言。

4. 物证、书证。着重审查并证实：（1）作案工具，如机动车辆等。（2）现场遗留痕迹，如指纹、脚印、车痕等。（3）现场遗留的血衣、血迹、毛发等。（4）被抢夺的赃款、赃物。（5）书信、日记等，用以证实行为人实施抢夺行为的时间、地点及经过等情况。（6）电信部门提供的固定电话、移动电话的通话记录、短信息记录等。（7）股票、债券、汇票、本票、支票、存折等有价证券，用以证实被抢财物的特征及去向。（8）有关部门出具的证明材料，用以证实被抢对象、物品的特殊性，如是否军用物资或抢险、救灾、救济物资等。（9）发票、清单及市场价格情况证明。（10）民事赔偿调解协议（笔录）等，用以佐证犯罪嫌疑人、被告人承认其犯罪行为及后果。

5. 鉴定意见。着重审查并证实：（1）法医鉴定意见，用以证明被害人被抢过程中造成的伤害部位、伤害程度、受伤原因等。（2）指纹、脚印、车痕等痕迹鉴定意见，用以证实是否为犯罪嫌疑人、被告人或被害人遗留的。（3）犯罪现场遗留的血型、DNA鉴定意见，用以证实有关血衣、血迹、毛发等是否犯罪嫌疑人、被告人或被害人的。（4）物品估价鉴定意见。

6. 勘验、检查笔录。着重审查并证实：（1）现场勘查笔录、照片，包括抢夺现场、犯罪工具准备、丢弃的现场、提取物证现场等。

（2）人身检查笔录及照片，证实被害人或行为人身体特征、伤情等。（3）尸检笔录及照片，证实死亡时间、受伤部位、死亡原因等。

7. 视听资料、电子数据。包括录音带、录像带、电子数据资料等。

8. 其他证明材料。包括：（1）被害人、目击证人辨认犯罪嫌疑人或物证的笔录。（2）犯罪嫌疑人和被害人、证人指认抢夺现场、犯罪工具准备、丢弃的现场笔录。（3）搜查笔录、扣押物品清单及照片，证实查获的作案工具及调取的相关物证。（4）侦查实验笔录、录像。（5）报案登记、立案决定书及破案经过等书证，证实案件来源、侦破经过以及犯罪嫌疑人是否有自首情节等。

9. 对被害人身体造成损害的其他证据。如病历、诊断书、抢救记录、住院治疗记录等。

此外，还应注意查证行为人是否携带凶器抢夺、飞车抢夺、抢夺致人重伤、死亡等可能影响定罪量刑的其他重要情节。

（四）客体方面的证据

本罪侵犯的客体是公私财物的所有权。犯罪对象是公私财物，只能是动产。抢夺特殊财物如枪支、弹药、爆炸物或公文、证件、印章，应按《刑法》有关规定定罪处罚，不构成本罪。具体证据的审查，可参见本书第四章第四节有关内容，此处不再赘述。

二、审查起诉应当注意的问题

如前所述，"两高"司法解释①对于一些情节轻微的抢夺行为，规定可以不起诉或者免予刑事处罚，充分体现了宽严相济的刑事政策。但是实践中应当注意以下问题：

1. 认定抢夺罪"情节轻微"的前提条件，除行为人认罪、悔罪，退赃、退赔外，还需要具备初犯、且没有造成被害人轻伤以上伤害的情形。

---

① 参见 2013 年 11 月 18 日最高人民法院、最高人民检察院《关于办理抢夺刑事案件适用法律若干问题的解释》（法释〔2013〕25 号）第 5 条。

2. 解释规定"可以不起诉或者免予刑事处罚",针对的是抢夺公私财物已达到"数额较大",即构成抢夺罪的行为。换言之,对于抢夺财物数额达到"数额巨大"以上的行为,不能适用不起诉或者免予刑事处罚。

3. 对于适用不起诉或者免予刑事处罚的行为人,必要时可由有关部门予以行政处罚;如果根据《治安管理处罚法》有关规定应当处罚的,由治安管理部门给予治安处罚。

第六章　聚众哄抢罪刑事检察

第一节　聚众哄抢罪理论概述

一、概念及其犯罪构成

聚众哄抢罪，是指以非法占有为目的，聚集多人公然抢夺公私财物，数额较大或者情节严重的行为。本罪构成包括以下几个要件：

（一）侵犯的客体是公私财产所有权

聚众哄抢罪的对象是动产、有形财物以及不动产上的可移动部分等公私财物，包括处于运输、保管和储存的公私财物，如正在运输中的物资，车站、码头的仓库、货场堆放的货物，建筑施工现场存放的原材料等。动产的范围十分广泛，包括一切可以移动的生产资料和消费资料，如机器设备、牛马、原材料，以及柴米油盐等；不动产上可移动的部分，如房屋上的门窗，果树上结的果实，以及证明不动产产权的文契等，都属于动产范围。由于我国《刑法》未明确规定聚众哄抢罪的对象只限于动产，因此，对于不动产能否成为本罪对象的问题尚存争议。通说认为，哄抢财物意味着财物的所有权转移到哄抢者手中，而不动产是不能通过哄抢方法转移所有权的；在现实生活中，虽不能排除发生以谋取非法利益的动机侵犯不动产的可能性，但在一般情况下，对于哄抢不动产可移动部分财物的行为，应以聚众哄抢罪定罪处罚。

（二）客观方面表现为聚集多人、公然夺取公私财物，数额较大或者情节严重的行为

聚众哄抢是指3人或者3人以上公然抢夺公私财物。其行为特

点有三：一是聚众，即从人数上看，必须是 3 人或者 3 人以上，有时可能是成百上千人。二是公然，即参与哄抢的人当着所有人、保管人、守护人的面把财物抢走。三是一般不使用暴力，参与哄抢的人主要采取哄闹、滋扰等手段抢夺公私财物，类似砸门破窗的暴力行为也是有的，但不是主要的。①

"数额较大或者有其他情节严重"是构成聚众哄抢罪的必要条件；数额不大、情节轻微的，虽然有聚众哄抢行为，亦不构成本罪。

"其他严重情节"通常是指参与哄抢人数较多；哄抢较重要的物资；社会影响很坏；哄抢一般历史文物；哄抢数额不大，但次数较多的；等等。

"其他特别严重情节"，主要是指哄抢重要军事物资；哄抢抢险、救灾、救济、优抚等特定物资；哄抢珍贵出土文物；煽动大规模、大范围哄抢活动，后果严重；由于哄抢行为造成公私财产巨大损失；由于哄抢行为造成大中型企业停产、停业；由于哄抢导致被害人精神失常、自杀的；等等。

（三）本罪为一般犯罪主体，即年满 16 周岁、具有刑事责任能力的自然人

但需要注意是，并非所有参加聚众哄抢的人都可以构成本罪，而只有其中的"首要分子"或者"积极参加的人"才能以本罪处罚。"首要分子"，是指在聚众哄抢中起组织、策划、指挥作用的人员；而"积极参加的人"，一般是指在聚众哄抢中积极参加哄抢行动，起骨干和带头作用，哄抢财物较多的。

（四）本罪主观方面

本罪主观方面表现为直接故意，且具有非法占有公私财物的目的。

---

① 参见高铭暄、马克昌主编：《刑法学》，中国法制出版社 2007 年版，第606 页。

二、此罪与彼罪的区分

（一）聚众哄抢罪与抢劫罪、抢夺罪

首先，侵犯客体不同。本罪和抢夺罪侵犯的客体是公私财物的所有权，但一般不侵犯公民的人身权利；而抢劫罪同时侵犯公私财物所有权和公民的人身权利。其次，犯罪客观方面不同。本罪表现为聚集多人哄抢公私财物，数额较大或者有其他严重情节；而抢劫罪表现为以暴力、胁迫或者其他方法，强行劫取公私财物的行为；抢夺罪则是公然夺取公私财物数额较大的行为。最后，犯罪主体不同。本罪只处罚聚众哄抢犯罪活动的首要分子和积极参加者；而抢劫罪、抢夺罪则是一般犯罪主体。

（二）聚众哄抢罪与聚众扰乱公共秩序罪

两罪的区别主要体现在三个方面：一是侵犯客体不同，前者侵犯的客体是公私财产所有权，后者侵犯的客体是社会公共秩序。二是犯罪对象不同，前者的犯罪对象是公私财产，后者的犯罪对象具有不确定性。三是客观行为表现不同，前者表现为聚众哄抢公私财物，后者表现为聚众扰乱各种公共场所的正常秩序。

三、聚众哄抢罪的刑事责任

根据《刑法》第268条规定：聚众哄抢公私财物，数额较大或者有其他严重情节的，对首要分子和积极参加的，处3年以下有期徒刑、拘役或者管制，并处罚金；数额巨大或者有其他特别严重情节的，处3年以上10年以下有期徒刑，并处罚金。

第二节　聚众哄抢罪涉铁相关问题

一、聚众哄抢罪的立法渊源是《铁路法》

我国1979年《刑法》并未规定聚众哄抢罪。在该刑法实施后，

许多地方开始出现不法分子煽动群众哄抢公私财物的案件，主要表现在哄抢国家、集体的煤炭、林木、水产品、仓库的物资、运输中的货物、铁路器材以及私营企业、个体户、私人承包的财物、产品等。个别地方甚至哄抢成风，危害十分严重。①　为此，国家在1990年9月制定《铁路法》时，针对当时哄抢铁路运输物资犯罪比较严重的情况，规定了"聚众哄抢铁路运输物资罪"。该法第64条规定：聚众哄抢铁路运输物资的，对首要分子和骨干分子应以《刑法》第151条或第152条的规定追究刑事责任。这对于严厉打击哄抢铁路运输物资犯罪活动起到了有力的作用。由于在司法实践中被哄抢的财物并不限于"铁路运输物资"，因此在1997年修订《刑法》时，在总结司法经验的基础上增加了这一罪名，对聚众哄抢公私财物的犯罪行为规定了刑事责任。②

二、聚众哄抢罪与聚众"打砸抢"

聚众哄抢罪的客观方面表现为聚集多人抢夺公私财物，一般不使用暴力手段，即使使用轻微暴力，一般也不针对人身；而聚众"打砸抢"的客观表现是聚集多人打人、砸物、抢东西，属于严重的暴力性破坏行为。前者是一个独立罪名，而后者不是独立的罪名。前者侵犯的是公私财产所有权，而后者侵犯的是社会公共秩序。前者的行为对象是特定的，是行为人事先予以选择的；而后者虽然造成了毁损、抢走财物的后果，但并非行为人事先有所选择，其行为对象具有很大的随机性。

三、聚众哄抢中的抢劫罪认定

聚众哄抢罪行为的性质是一种聚众犯罪，犯罪主体是其中的首要分子和积极参加者。聚众哄抢不是数额犯，对首要分子和积极参加者应当依据聚众哄抢犯罪造成的实际损失数额认定处罚，而个人

---

① 参见赵秉志：《侵犯财产罪研究》，中国法制出版社2000年版，第450页。
② 参见苏惠渔主编：《刑法学》，中国政法大学出版社1997年版，第655页。

实际抢得的财物数额大小并不影响聚众哄抢罪的成立。但是，由于聚众哄抢的过程具有不可控性，因此，不同行为人基于不同犯意实施的不同行为可能会触犯不同的罪名，比如抢劫罪。

在司法实践中，可以根据参与聚众哄抢行为人当场实施暴力、胁迫等行为以及实施的时间、空间等特点，区分构成抢劫罪的两种情形：一是在聚众哄抢过程中，参与行为人直接对现场财物的所有人、保管人、看护人使用暴力、胁迫等手段，强行劫取财物的，这种行为应当认定为抢劫罪。二是在聚众哄抢过程中，财物所有人、保管人、看护人或警察对哄抢人员进行抓捕，哄抢人员为窝藏赃物、抗拒抓捕或者毁灭罪证而当场使用暴力或者以暴力相威胁，情节严重的，应认定为转化型抢劫罪。总之，对于聚众哄抢中的抢劫犯罪，应当根据案件具体情况加以认定，正确运用宽严相济的刑事政策，以严厉打击聚众哄抢犯罪行为特别是聚众哄抢中的抢劫犯罪。

四、聚众哄抢铁路运输物资的刑事责任追究

根据 1993 年最高人民法院司法解释[①]和《铁路法》第 64 条规定，对于聚众哄抢铁路运输物资的首要分子和骨干分子，按照以下原则定罪处罚：

1. 聚众哄抢铁路运输物资的，对首要分子和骨干分子应当以抢夺罪，依照《刑法》第 267 条或者第 268 条的规定追究刑事责任，一般应当从重处罚。犯罪分子如果在哄抢铁路运输物资过程中使用暴力或者以暴力相威胁，或者为窝藏赃物、抗拒逮捕、毁灭罪证而当场使用暴力或者以暴力相威胁的，应当以抢劫罪论处，从重处罚。

2. 上述犯罪的"首要分子"，是指在聚众哄抢铁路运输物资的犯罪中起组织、策划、指挥作用的犯罪分子；"骨干分子"是指在聚众哄抢铁路运输物资的犯罪中，除首要分子之外其他起主要作用的犯罪分子，如带头哄抢铁路运输物资的，哄抢铁路运输物资数量

---

① 参见 1993 年 10 月 11 日最高人民法院《关于执行〈铁路法〉中刑事罚则若干问题的解释》（法发【1993】28 号）第 4 条。

较大的犯罪分子等。

第三节 聚众哄抢罪侦查监督和公诉指引

一、逮捕、起诉案件的证据审查

（一）犯罪主体方面，重点审查身份和前科证据

1. 身份证据。重点审查居民身份证；户口簿、微机户口卡或公安部门出具的户籍证明等；犯罪嫌疑人、被告人的供述；有关人员关于犯罪嫌疑人、被告人情况的证言。

2. 前科证据。重点审查刑事判决书、裁定书；释放证明书、假释证明书；不起诉决定书；行政处罚决定书；其他证明材料。

（二）犯罪主观方面重点审查的证据

1. 犯罪嫌疑人、被告人供述与辩解。

2. 证人证言。包括：（1）被哄抢财物所有人的证言；（2）现场目击者证言；（3）其他知情人证言等。

3. 证明行为人非法占有目的的证据。包括：（1）行为人以自己的名义将赃物出让、出借、出卖、典当的书证；（2）相应的受让人、借入人、买受人、典当行营业人员的证人证言；（3）从上述证人处提取的赃物。

4. 其他证据。如被行为人涂改的发票、账本及提取的其他物证、书证等。

（三）犯罪客观方面重点审查的证据

1. 犯罪嫌疑人的供述与辩解。

2. 财物所有人的证言。

3. 物证、书证。包括：（1）查获的赃款、赃物；（2）有关书信、日记、合同、收据、借条、欠条等；（3）被哄抢财物的账目表等。

4. 鉴定意见。包括：（1）司法会计鉴定意见、审计鉴定意见；

（2）笔迹鉴定意见；（3）价格鉴定意见；（4）指纹、脚印等痕迹鉴定意见。

5. 现场勘查笔录、照片。

6. 视听资料、电子数据。

7. 其他证明材料。包括：（1）目击证人辨认犯罪嫌疑人或物证的笔录；（2）搜查笔录、扣押物品清单及照片；（3）退赃笔录、起赃笔录、收缴笔录；（4）报案登记、立案决定书及破案经过等书证。

二、侦查监督、起诉应当注意的问题

（一）聚众哄抢罪与抢夺、抢劫罪的界限

如前所述，聚众哄抢罪的犯罪手段、犯罪主体与抢夺罪、抢劫罪不同。聚众哄抢罪是聚众公然哄抢公私财物，其犯罪主体只能是首要分子和积极参加者。而抢劫罪是当场使用暴力、胁迫或其他方法当场劫取公私财物，抢夺罪是乘人不备，公然夺取数额较大的公私财物，这二罪是一般犯罪主体，即参加犯罪的所有人员。

（二）聚众哄抢罪与共同抢夺犯罪的界限

聚众哄抢罪与共同抢夺犯罪都未使用暴力，都带有公然性并不顾被害者或他人的阻止，但二者仍然有较大区别。主要表现在：（1）聚众哄抢罪参与作案的人数较多，即必须在3人以上，且往往处于流动状态，人员不确定，其中必然存在首要分子；而共同抢夺犯罪只要二人以上就可构成，并不必须存在首要分子。（2）聚众哄抢罪既可以当着被害人的面实施，也可以在被害人不在场情况下实施哄抢；而共同抢夺犯罪只能是公然进行的，即必须当着被害人或其他人的面实施，或者采取可以使被害人立即发觉的方法实施抢夺。

（三）聚众哄抢罪与聚众扰乱社会秩序、聚众扰乱公共场所秩序、交通秩序罪的界限

聚众哄抢罪是聚集多人、公然哄抢公私财物，其同类客体是公私财物所有权，属于侵犯财产罪。而聚众扰乱社会秩序罪则是指聚众扰乱社会秩序，情节严重，致使工作、生产、营业、教学和科研

无法进行，造成严重损失的行为；聚众扰乱公共场所秩序、交通秩序罪是指聚众扰乱车站、码头、民用航空站、商场、公园、影剧院、运动场或其他公共场所秩序，或者聚众堵塞交通或破坏交通秩序，抗拒、阻碍国家治安管理人员依法执行职务，情节严重的行为。后二罪的同类客体是社会管理秩序，属于妨害社会管理秩序罪。

（四）对于多次实施聚众哄抢行为，每次都不构成犯罪的应如何处理

这种情况的实质是数额犯的罪数形态问题。在刑法上，对于数额犯采取"累计数额"的特别规则。我国《刑法》有4个条款明确规定了对某些数额犯按照累计的数额处罚，涉及的具体罪名分别是：走私普通货物、物品罪；偷税罪；走私、贩卖、运输、制造毒品罪和贪污罪。根据《刑法》规定，多次实施这些行为"未经处理"的，对应缴关税、偷逃税额、毒品数量以及贪污数额，都应当累计计算，并按照累计的数额处罚。"多次"至少是两次。根据"两高"针对贪污罪的司法解释精神，"未经处理"是指未受过刑事处罚，也未受过行政处罚。根据刑事立法一事不再理的原则，受过刑事处罚后不应再做累计计算。而对于受过行政处罚的行为，则要分两种情况：第一种情况是，这种行为在刑法上不构成犯罪，行为人受过行政处罚后即不应再做累计计算。第二种情况是，这种行为本应追究刑事责任，但有关部门或人员却以行政处罚代替刑事处罚，此时即使这种行为受过行政处罚，也应按照累计的数额追究行为人的刑事责任。基于上述，对于多次参与聚众哄抢的一般人员，如果每次哄抢行为均不构成犯罪，依法分别给予行政处罚即可，处罚后不存在累计问题；但对于聚众哄抢的首要分子和积极参加者，则应以多次行为的数额累计计算，达到数额较大标准的，应当以聚众哄抢罪追究刑事责任。

第七章 职务侵占罪刑事检察

第一节 职务侵占罪理论概述

一、概念及其犯罪构成

职务侵占罪是指公司、企业或者其他单位的人员，利用职务上的便利，将本单位财物占为己有，数额较大的行为。职务侵占罪的构成要件是：

（一）本罪侵犯的客体是公司、企业或其他单位的财产所有权

所谓公司、企业，是指依据《公司法》规定成立的有限责任公司或者股份有限公司，以及其他依法设立并以获取经济利益为目的的法人组织。在我国，公司、企业包括以下几类：（1）全民所有制企业；（2）集体所有制企业；（3）混合所有制企业；（4）私营企业；（5）中外合资、合作企业；（6）外资企业；（7）外国公司在我国境内设立的分支机构。所谓其他单位，是指上述公司、企业以外的社会团体、公益事业单位、群众自治性组织，如协会、学校、医院、社团、居委会等。

需要指出的是，在特定条件下，国有资产全额投资的国有企业、事业单位的财产所有权也可以成为本罪侵犯的客体。如在国有企业、事业单位服务的非国家工作人员，利用职务上的便利将本单位财物占为己有且数额较大的，应当按照职务侵占罪定罪处罚；反之，如果是国家工作人员实施前述行为，则应当按照《刑法》第382条第1款贪污罪追究刑事责任。

本罪的犯罪对象是公司、企业或者其他单位的财物。所谓单位

财物，是指单位具有所有权的财物，以及单位临时占有的财物。具体包括：（1）已经在本单位占有、管理之下，并为本单位所有的财物。（2）本单位虽尚未占有、支配但属于本单位所有的债权。（3）本单位依照法律规定和合同约定临时管理、使用或运输的他人财物，如铁路托运的包裹。从财物的性质看，既包括动产，如货币（人民币、外币）、有价证券、债权等；也包括不动产，如厂房等。从财物的形态看，既包括机器、汽车等有形财产，也包括电力、热能、煤气、天然气等无形财产。如铁路建筑段的工作人员，利用职务便利将其管理的职工宿舍或单身宿舍占为己有，侵害的便是有形财产；利用收费的职务便利免费享受铁路提供的电力、煤气、天然气，侵害的则是无形财产。

（二）本罪客观方面表现为利用职务上的便利，将本单位的财物非法占为己有，数额较大的行为

1. 行为人利用了职务上的便利。意指行为人实际拥有的从事某种职务的便利条件，包括主管、管理、经手本单位财物等便利条件。"主管"是指虽然并不具体负责管理、经手本单位财物，但对本单位财物的调拨、安排、使用等具有决定权。主管人员一般是在单位担任一定领导职务的人员，如厂长、经理等。"管理"是指直接负责、保管、看守、使用、处理本单位财物的权力。管理人员一般是指仓库保管员、会计、出纳人员等。"经手"是指本身并不负责对财物的管理，但因为工作需要，对本单位财物具有领取、使用、发出或报销等职权。如企业中的工区长、采购员等。

需要指出的是，利用职务上的便利并不包括与行为人职务无关，但因工作关系熟悉作案环境、凭其身份便于进出单位某些部位、可轻易接近作案目标等因工作关系而形成的方便条件。行为人利用这些方便条件，秘密窃取本单位财物并占为己有的，可按照《刑法》第264条盗窃罪定罪处罚。

2. 将本单位财物非法占为己有。"非法占为己有"是指行为人采用侵吞、盗窃、骗取等非法手段，将本单位财物占为自己所有。

3. 侵占财物的数额较大。"数额较大"是区分职务侵占罪罪与非罪的重要标准。根据最高人民检察院、公安部《关于经济犯罪案件追诉标准的规定》第 75 条的规定：职务侵占案（《刑法》第 271 条第 1 款），公司、企业或者其他单位的人员，利用职务上的便利，将本单位财物非法占为己有，数额在 5000 元至 1 万元的，应予追诉。

（三）本罪是特殊主体，即公司、企业或者其他单位的工作人员

具体包括两类：一是非国有公司、企业或其他单位的非国家工作人员，包括董事、监事、经理、负责人等，他们或拥有特定职务、或从事一定工作，有条件利用职务或工作之便侵占本单位财物，因而构成本罪。二是国家机关、国有公司、企业、事业单位的非国家工作人员，这些人员利用工作之便非法占有本单位财物且数额较大的，也应当按本罪定罪处罚。司法实务中，对于公司、企业或者其他单位中不具有国家工作人员身份的一般职员和工人，如果依法签订合同确立劳动关系，或者虽未签订合同但存在"事实劳动关系"的，如合同工、临时工等，也可以成为本罪主体。

（四）本罪的主观主面

本罪的主观方面是直接故意，并具有将本单位财物非法占为己有的目的。

二、罪与非罪、此罪与彼罪的区分

（一）职务侵占的罪与非罪

行为人利用职务之便侵占财产的数额，是划分本罪罪与非罪的基本标准。由于职务侵占罪的对象具有多样性，加之地区经济发展的不平衡性，司法实践中对于侵占货币、有价证券等可以直接计数的单位财物的，可依照本地区有关"数额较大"的规定处理。对于不能直接计算数额的单位财物，应当按照法定鉴定机构的司法鉴定结果为准。

（二）职务侵占罪与其他犯罪

实践中注意把握以下界限：

1. 职务侵占罪与侵占罪。这两个罪名都是以财物为对象的犯罪，客体都是侵犯他人财物所有权，主观上都具有非法占有的目的，客观方面都具有变合法持有为非法占有的特点。但二者也有明显区别：首先是犯罪主体不同。职务侵占罪的主体只能是公司、企业或其他单位中主管、管理、经手本单位财物的人员，而侵占罪的主体则是替他人保管财物的人，或者是捡到他人遗忘物、埋藏物的人。其次是客观表现不同。职务侵占罪是利用职务上主管、管理、经手本单位财物的便利，行为人只要实施非法占有的行为即可构成犯罪，并不以拒不交出或拒不退还为必要条件；而侵占罪的行为人则无须利用其职务上的便利，并且在实施非法占有的行为后，还必须以"拒不退还或拒不交出"为犯罪成立的必要要件。再次是犯罪对象不同。职务侵占罪的对象只能为公司、企业等单位所有的财物，而侵占罪的对象既包括行为人所代管的他人财物，也包括他人的遗忘物和埋藏物。最后是处理程序不同。职务侵占罪属于公诉案件，而侵占罪则属于自诉案件，只有告诉的才处理。

2. 职务侵占罪与贪污罪。《刑法》第271条第1款规定的职务侵占罪是由贪污罪衍生而来的罪名。两罪的共同点是：主观方面都由故意构成；客观方面都利用了职务便利；行为特征上都表现为利用职务便利侵吞、窃取、骗取或者以其他手段非法占有财物。两罪的区别：首先是犯罪主体不同。职务侵占罪的主体是非国家工作人员，而贪污罪的主体仅限于国家工作人员，这是两者的本质区别。其次是犯罪客体和对象不同。职务侵占罪的客体是侵犯公司、企业或其他单位的财产所有权，犯罪对象是本单位财物。贪污罪则是复杂客体，即同时侵犯公共财产所有权和国家工作人员职务廉洁性，其犯罪对象不仅包括本单位财物，公务活动中接收的礼物未按规定上交也构成贪污罪。最后是二者构成犯罪的数额标准和法定刑不同。

3. 职务侵占罪与盗窃罪。区分职务侵占罪与盗窃罪，既要考察行为人所利用的客观条件，也要考察其窃取行为是否改变了被窃财物的控制状态。换言之，如果行为人利用自己的职务之便，窃取属于自己控制或持有的财物，而该财物的实际控制或持有状态并没有变化，则属于职务侵占；如果行为人并非利用职务便利，而是利用其对工作环境熟悉等条件非法占有本单位财物，并使该财物脱离了他人的占有控制，即应当认定为盗窃。

三、认定职务侵占罪应当注意的问题

（一）因单位拖欠工资而侵占本单位财物的问题

公司、企业或其他单位工作人员因单位拖欠、克扣其工资、奖金等合法收入而与单位发生纠纷，利用职务便利占有本单位财物的行为，在司法实践中并不鲜见。因行为人只是想要回自己应得的利益，并没有刑法意义上"非法占有"的故意，所以不符合职务侵占罪的主观要件，不宜将这种行为认定为职务侵占罪。但是，如果行为人在单位支付相应报酬后，仍然侵占本单位财物且拒不退还的，则说明其具备非法占有目的，可以构成职务侵占罪。

（二）共同犯罪中涉及职务侵占罪的问题

在办理职务侵占罪案件的实践中还存在以下几种情况：一是公司、企业或其他单位的国家工作人员与单位外的人员相勾结，共同侵占本单位财物；二是公司、企业或其他单位的非国家工作人员与单位外的人员相勾结，共同侵占本单位财物；三是公司、企业或其他单位的国家工作人员与非国家工作人员相勾结，共同侵占本单位财物。对这些共同犯罪的情形应该如何认定？为此，最高人民法院作出如下解释①：

1. 行为人与国家工作人员勾结，利用国家工作人员的职务便利，共同侵吞、盗取、骗取或者以其他手段非法占有公共财物的，

---

① 参见 2000 年 6 月 27 日最高人民法院《关于审理贪污、职务侵占案件如何认定共同犯罪几个问题的解释》（法释〔2000〕15 号）。

以贪污罪共犯论处。

2. 行为人与公司、企业或者其他单位的人员勾结，利用公司、企业或者其他单位人员的职务便利，共同将该单位财物非法占为己有，数额较大的，以职务侵占罪论处。

3. 公司、企业或其他单位中，不具有国家工作人员身份的人与国家工作人员勾结，分别利用各自的职务便利，共同将本单位财物非法占为己有的，按照主犯的犯罪性质定罪。

四、刑事责任

根据《刑法》第 271 条规定：公司、企业或者其他单位的人员，利用职务上的便利，将本单位财物非法占为己有，数额较大的，处5 年以下有期徒刑或者拘役；数额巨大的，处 5 年以上有期徒刑，可以并处没收财产。根据最高人民检察院、公安部《关于经济犯罪案件追诉标准的规定》：公司、企业或者其他单位的人员，利用职务上的便利，将本单位财物非法占为己有，数额在 5000 元至 1 万元以上的，应予追诉。

第二节　职务侵占罪涉铁相关问题

一、"非法占为己有"的具体表现

在涉铁职务侵占罪司法实践中，"非法占为己有"既包括行为人将合法持有的单位财物视为己物加以处分、使用或收藏，即变持有为所有，如铁路职工将单位分配给其占有的铁路宿舍谎称为自有，标价出售；也包括行为人先不占有单位财物，但利用职务之便加以骗取、窃取、侵吞或私分，从而转化为自己所有的行为，如铁路货运人员采取匿报品名、少报多运、重复用票、拆票运输、化整为零、以军代民、返空配货、变更终到站或收货人等手法，骗逃、侵占铁路运费。此外，涉铁职务侵占的作案手段还包括：行为人利用掌管财物的便利条件，采用虚构名目、虚列科目等方法侵占铁路单位的财物，如从银行提款不入账或者从掌管的现金中直接提取；在业务往来中卖出单位货物不入账，将货款侵吞；故意不列库存清单，造成货物出入库手续混乱进而侵吞货款；采用伪造、变造本单位票据、账目的方法侵吞；在往来业务中加价吃回扣，侵占单位资金；以虚报、夸大损耗数量的方式侵占等。

二、普通铁路职工侵占单位财产的定性

在国有铁路公司、企业中，普通职工包括两种情形：一是不具备国家工作人员身份的职工；二是具备国家工作人员身份，但不从事公务的职工。前者利用本人劳务上形成的便利条件，非法占有基于劳务关系而持有的单位财产，应当以职务侵占罪定罪处罚，而不构成贪污罪；如果行为人利用的是因工作关系形成的熟悉环境等便利条件，非法窃取本单位财产的，则应以盗窃、侵占等其他犯罪处理。但是，对于后者——国家工作人员侵占单位财物的情形，司法实践中的认定则较为复杂，在此拟通过一则案例加以说明：

某甲系某铁路局的列车行李员，负责掌管托运行李车的专用钥匙。某乙和某丙系某铁路局列车检车员。此3人常年在同一列行李车上值乘。某日，3人在值乘中合谋：由某乙放风，由某甲打开车门，而后由某丙进入行李车厢内寻找并窃取方便携带的旅客行李财物。随后3人作案数起，直到案发，共计窃取财物价值6万余元。

本案中3人均为国有企业工作人员，其工作性质是否"从事公务"，是界定其构成贪污罪还是职务侵占罪的关键。从事公务的人员，是指国家机关及国有公司、企业等单位中具有合法职务，从事组织、领导、监督、管理等职务活动的人员，并不强调其必须具备国家工作人员的身份。因此，在国有公司、企业担负组织、领导、监督、管理等职责的人员（如铁路局局长、工段长、车站站长等）以及具体负责某项工作、对国有资产负有管理、使用、保值、增值等职责的人员（如会计、出纳等），均应属于法律意义上从事公务的人员。而仅具有事务性、生产性、服务性、保管性等劳务技术工种，如铁路售票员、行李员、押运员、保管员、装卸工等，不论其

是否具有国家工作人员身份，只要其从事的工作不具有职权内容，一般不认为是从事公务，也不能认定为刑法意义上的国家工作人员。本案中3人所从事的，实质上是一种服务性劳务工作，而非管理行李车的公务性工作，因此3人的行为应当构成职务侵占罪。

第三节　职务侵占罪侦查监督与公诉指引

根据《刑法》第271条规定，职务侵占罪是指公司、企业或者其他单位的人员，利用职务上的便利，将本单位财物非法占为己有，数额较大的行为。此外，《刑法》和司法解释还规定了两种应当以本罪定罪处罚的情形：一种是保险公司工作人员利用职务上的便利，故意编造未曾发生的保险事故进行虚假理赔，骗取保险金归自己所有的；另一种是村民小组长利用职务上的便利，将村民小组集体财产非法占为己有，数额较大的。

在办理职务侵占罪审查逮捕案件中，主要存在三个问题：一是按照职务侵占案件的证明标准，明确审查逮捕最基本的证据要求。这是保证完整准确认定案件事实的根本。二是结合在案证据正确判断职务侵占案件的核心要件，重点确认犯罪嫌疑人主体身份、职务便利以及非法占有的目的。这是保证准确认定案件性质的基础。三是充分考虑犯罪嫌疑人的社会危险性，重点考察是否认罪悔罪、是否存在妨碍侦查诉讼行为、是否具有自首立功等情节。这是保证准确适用逮捕措施的前提。

一、逮捕案件的证据审查

（一）有证据证明发生了职务侵占犯罪事实

着重审查以下几方面证据：

1. 证明职务侵占犯罪案件发生的证据。主要包括：报案登记、受案登记、立案决定书以及破案经过证明等材料。在此类案件中，权利被侵害单位或单位中的个人更多采用的是实名举报和报案的方式，举报、报案中通常会附有一定的证据材料；对于这些材料，办案人员要注意向公安机关调取，并注意与公安机关侦查取得的相关证据进行比照审查。

2. 证明单位性质的证据。主要包括：被侵害公司、企业营业执照，事业单位法人证书，社会团体法人登记证书等。

3. 证明单位遭受财产损失的证据。主要包括以下几方面：

一是证明财物已经脱离单位控制的证据。对于财物被侵吞的，应当重点审查能够证明现金被支出、领取、转账或者财物被转出的相关书证，包括现金细目账、分类账、库保账、材料账、支取凭条、购销合同等。如果公司、企业股权转移的，应当审查权利变更登记、工商变更登记。对于财物被窃取的，应当重点审查现场勘验检查笔录、现场照片，并结合证人证言核实被窃取财物的具体特征等情况。对于财物被骗取的，应当重点审查相关合同、票据、收据、借条、保险单、保险理赔协议的内容真伪。

实践中需要注意的是，对于发案单位的领导、财务人员、主管人员、经手人员的证言，以及犯罪嫌疑人供述和辩解等，都应当结合上述客观证据进行审查，从而准确认定相关款项、物品的权利属性及其被转移的情况。

二是证明财物价值达到"数额较大"标准的证据。对于未出具审计报告的案件，如果相关账目、单据、支取凭证等书证所载内容明确具体，可以在审查过程中自行计算涉案的现金数额；对于无法通过书证自行计算的，应当要求侦查机关提供审计报告，以确定涉案现金数额。此外，对于涉案的实物，如果在案书证无法确证物品价值的，应当要求侦查机关提供价格鉴定意见；对于有价证券等权利凭证的价值认定，可以参照盗窃罪相关司法解释的规定办理。

需要指出的是，在审查有关审计报告、鉴定意见或评估意见时，除应当审核出具主体的资质、审计或者鉴定依据、程序等事项外，还要审查是否将意见告知犯罪嫌疑人和被害单位；对犯罪嫌疑人提出异议的，应当通过讯问及时听取意见。

（二）有证据证明职务侵占行为是犯罪嫌疑人实施的

着重审查以下几方面证据：

1. 证明犯罪嫌疑人属于公司、企业或者其他单位人员的证据。重点审查劳动合同、任职证明、工资单等原始资料，不能简单地采信单位出具的书面说明。对于因公司改制或其他原因导致犯罪主体身份模糊，或仅有单位书面说明的案件，应当结合单位有关证人证言及犯罪嫌疑人供述与辩解进行审查，明确犯罪嫌疑人的真实身份。对于经单位集体研究或领导同意，从事单位所分配的工作并在单位领取工资、业绩提成等劳动报酬的，可以认定为单位人员；审查时应重点结合言词证据并对照工资表、提成领取凭证等书证进行判断。

2. 证明犯罪嫌疑人利用职务便利的证据。"利用职务便利"体现了职务侵占罪的本质特征，也是判定罪与非罪的重要条件；在本罪证据链条上，证明行为人是否利用职务便利是一个非常重要的环节。主要包括：

（1）证明职务内容的证据。重点审查：单位制定的工作规章、岗位职责规范以及犯罪嫌疑人与单位签订的劳动合同、任职证明等书证，以证实犯罪嫌疑人基于其职务对本单位财物具有主管、管理或者经手的职责。对于犯罪嫌疑人职责不明，或者实际承担的职责与单位内部规定不一致的，要通过审查犯罪嫌疑人实际履行职务情况的书证，如签订的合同、签批的单据等，同时结合发案单位及关联单位的证人证言、犯罪嫌疑人供述进行综合判断。

（2）证明犯罪嫌疑人利用职务便利的证据。重点审查：犯罪嫌疑人审批、决定、同意财物流转的签批件、签订的合同、报销的发票、领取现金或者票据的存根、收取款物的收条、签收的入库单或者出库单等书证。对于上述书证中犯罪嫌疑人的签字，应当进行笔迹鉴定，以确定同一性。

（3）证明犯罪嫌疑人侵占财物的证据。除审查证明犯罪嫌疑人利用职务便利的证据外，对于行为人通过窃取方式侵占财物的，还应当审查指纹、足迹或 DNA 遗留物的提取情况，以及同一性比对鉴定意见。对于涉案款物已经被起获的，还应当审查扣押清单、起赃经过、赃物照片，以确认其物理特征、数量、记载内容与单位被侵占的财物是否具有同一性。如果涉案款物已经被挥霍、出卖、转让的案件，要注意审查相关消费记录、出售或转让证明等书证；对于无法调取书证的，则需要结合犯罪嫌疑人供述与辩解以及经办人、接受人或者其他知情人证言进行审查，以证实赃款赃物的去向。

总之，在证明犯罪嫌疑人实施职务侵占行为时，既要重视言词证据串联案件事实的作用，也要坚持实物证据的核心证明作用；对于言词证据与实物证据存在矛盾的，应当审慎采信言词证据。

（三）有证据证明犯罪嫌疑人具有职务侵占的主观故意

着重审查以下几个方面：

1. 职务侵占犯罪故意的认定。审查的核心在于确认犯罪嫌疑人对单位财物具有非法占有的目的。除应重视犯罪嫌疑人供述与辩解外，更要重视根据犯罪嫌疑人的客观行为，分析判断其主观故意的内容。具体包括两个方面：一是看手段行为的隐蔽性。在侵吞、骗取型职务侵占案件中，犯罪嫌疑人为了掩盖罪行，往往会采取较为隐蔽的手段，如伪造单据、涂改账目、使用虚假的发票、收据平账等。二是看侵占财物后的表现，如是否携带款物潜逃、具有归还能力而拒不归还、将款物挥霍或者进行违法犯罪活动等。

2. 共同犯罪故意的认定。在二人以上共同实施职务侵占犯罪案件中，犯罪嫌疑人供述以及对同案犯的指证，无疑有利于证明共同故意的存在。但由于言词证据具有主观性和不稳定性，因此还需要结合在案的客观证据——如犯意联络短信、通话记录以及在明显违反单位规章制度的情况下审核同意的签批件等——加以佐证，进一步作出审查判断。

二、社会危险性条件审查

根据《刑法》第271条规定，职务侵占罪的法定刑幅度分为"五年以下有期徒刑"和"五年以上有期徒刑"两个档次。因此，在司法实践中，除存在可能判处 10 年以上有期徒刑、曾经故意犯罪、身份不明这三种可以径行逮捕的情形外，对于其他职务侵占罪案件，均应当结合以下几点来判断犯罪嫌疑人的社会危险性：（1）犯罪嫌疑人是否认罪悔罪或者积极退赃、赔偿损失；（2）案件事实是否已经查清，重要证据是否已经调取，有无需要继续核查的其他涉嫌犯罪线索；（3）在共同犯罪中是否与同案犯罪嫌疑人建立攻守同盟，能否如实供述其他同案犯罪嫌疑人的行为；（4）是否存在干扰证人作证或者毁灭伪造实物证据等妨碍侦查的行为；（5）是否属于长期潜逃后被抓获归案；（6）是否具有自首、立功、从犯、预备、未遂、中止等法定从轻、减轻、免除处罚情节。

除上述情形外，对于社会危险性的判断还应当结合犯罪的手段、数额、次数以及被害单位的过错程度等多方面因素综合考量，审慎适用逮捕措施。

三、侦查监督需要注意的问题

（一）注重结合证据准确认定犯罪嫌疑人身份

首先是国有公司、企业委派到非国有公司、企业或其他单位工作人员的身份认定问题。重点审查委派单位的任命决定、审批文件、会议纪要，犯罪嫌疑人任职证明、干部履历表等；如果证明犯罪嫌疑人系从事组织、领导、监督、管理职责的人员，则应认定为"国家工作人员"，而不能构成职务侵占罪。其次是受公司、企业或者其他单位委托经手、管理单位财物人员的身份认定问题。重点审查双方就委托事项达成的书面协议、犯罪嫌疑人因委托事项在单位任职的证明等书证，以及单位主管人员就委托事项出具的证言；如果证明委托事项真实存在，且犯罪嫌疑人与单位形成了隶属关系，则可以认定为职务侵占罪主体。

（二）注重结合证据准确判断职务便利

利用职务便利是职务侵占罪客观构成要件的核心。在审查判断证据时，应当根据犯罪嫌疑人任职证明、单位的岗位职责规定，并结合证人证言、犯罪嫌疑人供述与辩解等进行综合判断。如果证明犯罪嫌疑人基于其工作职责而合法持有本单位财物的，则具备利用职务便利；如果证明犯罪嫌疑人在实施犯罪时只是利用了熟悉单位环境、易于接触单位财物等方便条件的，则不属于利用职务便利。

（三）注重结合证据准确判断非法占有的目的

对于犯罪嫌疑人提出与本单位存在经济纠纷等辩解时，审查中要注意结合客观证据，如工资单、单位关于业务提成的规定、双方签订的劳动合同、犯罪嫌疑人从事业务活动的证明等书证，对犯罪嫌疑人辩解进行核实。对于犯罪嫌疑人供述不稳定的案件，认定犯罪时要更加慎重、稳妥，针对讯问笔录及同步录音录像中的疑点，有重点地开展讯问和证据复核工作；最终仍无法排除其辩解疑点的，不能认定为犯罪。

（四）注重结合证据准确判断"本单位财物"的范围

《刑法》第 91 条第 2 款规定："在国家机关、国有公司、企业、集体企业和人民团体管理、使用或者运输中的私人财产，以公共财产论。"据此立法精神，在非国有公司、企业和其他单位管理、使用或运输中的私人财产，也可以成为职务侵占罪的犯罪对象。对这方面审查的重点包括：有关租赁、保管协议等证明财物由被害单位实际管理、使用或运输的书证，财物所有人、单位有关人员证言等。

（五）注重对电子证据的审查

对犯罪嫌疑人利用网络、电脑实施职务侵占的案件，因为作案手段与传统方式不同，证据审查的重点也有所不同，应当特别关注对电子证据的核实。需要指出的是，在调取网络、电脑应用程序、聊天记录、电子邮件等电子证据时，应当依法制作提取记录，交由犯罪嫌疑人或者其他见证人予以确认，以证明提取证据的过程合法有效。

四、公诉案件的证据审查

在办理职务侵占罪公诉案件中，应当着重审查、收集以下几方面证据：

（一）主体方面的证据

职务侵占罪是特殊主体，包括公司、企业、社会团体及其他单位（含国有独资及国有控股、参股公司企业，人民团体）的非国家工作人员，以及从事法定公务以外工作的村（居）委会、村民小组等基层组织人员。相关证据主要包括：

1. 公司、企业、事业单位的营业执照等相关证明材料。

2. 证明犯罪对象系本单位财物的证明材料。

3. 公司、企业、事业单位工作人员的身份证明。

（二）主观方面的证据

主要证明行为人具有侵占本单位财物的直接故意。共同犯罪的，每个行为人都应明知自己的行为是在共同犯意支配下的犯罪行为的组成部分。多人多次实施本罪的，应当注意查明是否存在个别行为人在某一具体犯罪中无共同犯意的情况。尤其是共同实施本罪后个别行为人携款潜逃的，应当查明是否具有共同故意。着重审查、收集以下内容：

1. 犯罪嫌疑人、被告人供述与辩解。着重查明：（1）作案的动机、目的，以及对后果的认知程度、主动程度。（2）犯罪起意的过程，以及有无策划、策划的具体内容。（3）共同犯罪策划、分工的时间、地点、内容。着重查明：①在共同策划下各个人相对应的犯罪行为。②事先有无预谋策划，事先或事中是否达成默契；特别是多次共同作案的，应查明每次作案前是否通过特定语言、表情或手势等达成默契，形成内容明确的共同侵占故意。③共犯之间有无持不同意见或反对意见者，或者未表示反对或同意意见者；重点讯问其在案发前、案发时及案发后的语言、行为。④查明各人分赃、赃物去向及是否携款潜逃等情况，以此判明各犯罪嫌疑人的主观目的。

2. 证人证言。主要包括：（1）行为人所在单位的财务、主管或经手人员证言，证实发现犯罪的经过、犯罪手段，以及行为人对侵占行为的隐瞒、欺骗等情况，从而反映其主观故意。（2）其他知情人证言，侧面证实行为人主观上非法占有的目的。

3. 证明行为人具有非法占有目的的其他证据。主要包括：（1）行为人以自己名义将赃物出让、出借、出卖、典当的书证，如借据、当票等。（2）相应的受让人、借入人、买受人、典当行人员的证言。（3）从上述证人处提取的赃物。

4. 其他证据。包括：（1）提取的物证、书证，如被行为人涂改的发票、账本等。（2）有关犯罪人前科劣迹、社会经验、工作履历等证据，此类证据对证明行为人对犯罪后果的认知程度和控制能力起到一定的证明作用。

（三）客观方面的证据

主要证明行为人利用在公司、企业或者其他单位担任职务所形成的便利条件，将其主管、管理、经手的本单位的财产非法占为己有。着重审查、收集以下证据：

1. 犯罪嫌疑人、被告人供述与辩解。主要查明：（1）实施职务侵占行为的时间、地点。（2）实施职务侵占行为的参与人、经手人。（3）实施职务侵占行为的方法、手段，如是侵吞、窃取、骗取、扣留、私分、隐瞒，还是涂改账目、收入不记账、用假发票平账等。（4）实施职务侵占行为的次数、数额。（5）作案工具的来源、数量、特征、下落。（6）被侵占财物的来源，如是本单位账内财物，还是账外小金库财物。（7）被占财物的形式，如是现金、支票、有价证券还是实物，实物的特征如外部形态、种类、数量等。（8）详细具体的犯罪经过，特别是利用职务便利的过程。（9）共同犯罪起意、策划、分工、实施等情况，查明每个行为人在共犯中的地位和作用。（10）职务侵占行为是否被发现以及何时、如何被发现，行为人如何排除本单位领导、同事的怀疑。（11）赃款赃物的去向或用途，是用于储蓄、消费、经营等活动还是用于赌博、走私等非法活动。（12）被侵占财物的归还情况，案发前是否归还，何时、如何归还，是全部归还还是部分归还，是归还原物还是折抵成人民币，是主动归还还是被迫缴等。

2. 被害单位领导、财务人员、主管人员、经手人员等证人证言。主要查明单位财物被侵吞、窃取、骗取等情况。具体包括：（1）被害单位与行为人的关系，与指控犯罪相关的经济往来等；（2）行为人职责范围，及其在犯罪过程中履行职务和利用职务便利的情况，如签字报销、签订合同、收受款物等。（3）被侵占款物支出的手段、名义、特征。（4）款物被侵占的时间、数量。（5）单位对被侵占财物的财务记账、平账情况。（6）发现犯罪的经过。（7）行为人如何对侵占行为进行隐瞒、欺骗、辩解。（8）其他相关问题。

3. 物证、书证。主要查明：（1）被侵占的赃款、赃物，包括现金、物品等一般财物及股票、债券、存折等有价证券，以及行为人用侵占款项购买的其他物品等，用以证实被侵占财物特征及去向。（2）通过窃取、侵吞等方式侵占单位财物的犯罪现场的指纹、脚印等。（3）与案件有关的书信、日记等，用以证实行为人实施侵占行为的时间、地点及经过等情况。（4）与案件有关的合同、收据、借条、欠条等。（5）行为人用于骗取保险金的保险单、保险理赔协议等。（6）被侵占单位的现金账、分类账、库保账、备品账、材料账等。（7）被侵占单位的无形财物，如设计图纸、计算机软件等科技研究成果，专利、商标等知识产权证书、申请书等。（8）证明被侵占的款物属于单位所有或管理、使用的书证，如土地使用证书、合同书，付款方的支出凭单、银行票据，铁路、公路或航空运输的承运单、提货单等。（9）行为人签字或骗取签字，冒领单位财物的字据、假发票等票据。（10）本单位出具的证明材料，包括职务范围、职责内容、操作规程等，用以证实行为人具有主管、管理、经手单位财物的职务便利。如聘任书、任命文件、会议记录；劳动合同、聘任合同；相关财物支出、收入管理规定、操作流程等。（11）行为人承诺还款的协议、欠条等，用以佐证犯罪嫌疑人、被告人承认其犯罪行为及后果。

4. 鉴定意见。主要包括：（1）司法会计鉴定意见、审计鉴定意见，用以证实侵占款物的次数、手段、价格等。（2）笔迹鉴定意见，用以证明行为人侵占单位财物的签字笔迹、印鉴等。（3）价格鉴定意见，用以证实被侵占物品的价值。（4）指纹、脚印等痕迹鉴定意见，证实是否行为人所遗留的。

5. 现场勘查笔录、照片。主要包括：行为人实施窃取、侵吞单位财物的现场；准备或丢弃犯罪工具的现场；办案人员提取物证的现场等。

6. 视听资料、电子数据。主要包括：录音带、录像带、电子介质资料等。

7. 其他证明材料。主要包括：（1）目击证人辨认犯罪嫌疑人或物证的笔录。（2）犯罪嫌疑人、被告人和证人指认现场笔录。（3）搜查笔录、扣押物品清单及照片，证实查获的作案工具及相关物证。（4）退赃笔录、起赃笔录。（5）报案登记、立案决定书及破案经过等书证，用以证实案件来源、侦破经过以及犯罪人有无自首情节等。

（四）犯罪客体的证据

本罪侵害的客体是公司、企业或其他单位财物的所有权。在公司、企业或者其他单位管理、使用或运输中的私人财产也视为上述单位的财产。这方面主要通过物证、书证、证人证言等证据，综合证明单位财产的性质和被侵占财产的数量、价值等。

第八章　挪用资金罪刑事检察

第一节　挪用资金罪理论概述

一、概念及其犯罪构成

挪用资金罪，是指公司、企业或者其他单位的工作人员，利用职务上的便利，挪用本单位资金归个人使用或者借贷给他人，数额较大、超过 3 个月未还的，或者虽未超过 3 个月，但数额较大、进行营利活动的，或者进行非法活动的行为。本罪名早期渊源于 1995 年全国人大常委会《关于惩治违反公司法的犯罪的决定》第 11 条规定的"公司、企业人员挪用单位资金罪"。1997 年第八届全国人大第五次会议修订《刑法》时，将本罪行为纳入第 272 条，并确定罪名为挪用资金罪。本罪具有如下构成特征：

（一）客体方面

侵犯的客体是公司、企业或者其他单位财产权，具体侵犯的是单位对财产的占有、使用和收益权。犯罪对象仅限于行为人所属单位的资金，主要是单位所有或者实际控制、使用的货币形态的财产，包括人民币、外币等货币以及股票、支票、国库券、债券、外汇券等有价证券。行为人挪用本单位资金归个人使用或者借贷给他人，致使单位失去对资金的控制和支配，必然会影响单位的正常生产经营活动，侵害公司、企业及其股东、债权人的合法利益，因而具有较大的社会危害性。

（二）客观方面

客观方面表现为利用职务上的便利，挪用本单位资金归个人使用或者借贷给他人的行为。本罪行为有两个基本特征,即"挪用"和"利用职务之便"。其一,挪用行为直接表现为未经批准或许可,违反国家法律、法规或者本单位规章制度,擅自动用单位资金归本人或他人使用,但准备日后退还。其二,利用职务之便主要是指利用本人在职务上主管、管理或经手本单位资金的方便条件,也包括利用在本人职权范围内,并非本人直接经手、管理本单位资金的便利条件。

实践中如何理解《刑法》第272条"挪用单位资金归个人使用或者借贷给他人使用"的规定?最高人民法院对此作了进一步解释[①]:"公司、企业或者其他单位的非国家工作人员,利用职务上的便利,挪用本单位资金归本人或者其他自然人使用,或者挪用人以个人名义将挪用的资金借给其他自然人和单位,构成犯罪的,应当依照刑法第二百七十二条第一款的规定定罪处罚。"可见,该条中所说的"他人",既包括自然人,也包括单位。

关于挪用资金罪的表现形式,《刑法》第272条规定了以下三种情形:

1. 挪用本单位资金,进行非法活动的。非法活动是指国家法律禁止的一切活动,包括一般违法行为和犯罪行为,如非法经营、走私、吸贩毒、倒卖车船票、赌博、嫖娼、行贿、贩卖淫秽物品等。由于《刑法》第272条对此种情形并没有规定挪用数额和挪用时间的限制,因此在这种情形下,不论挪用数额的大小,也不论挪用时间是否超过3个月以及是否退还,只要行为人挪用本单位资金进行非法活动,就构成挪用资金罪。根据最高人民检察院、公安部有关司法解释[②]:对"挪用本单位资金5000元至2万元以上,进行非法活动的",应予追诉。司法实践中,行为人利用挪用本单位资金进行

---

① 参见2000年6月30日最高人民法院《关于如何理解刑法第272条规定的"挪用单位资金归个人使用或借贷给他人"问题的批复》(法释〔2000〕22号)。

② 参见2001年4月18日最高人民检察院、公安部《关于经济犯罪案件追诉标准的规定》(公发〔2001〕11号)第76条。

非法活动，又构成其他犯罪的，应当实行数罪并罚。

2. 挪用本单位资金，数额较大，进行营利活动的。营利活动是指挪用本单位资金进行经营或者其他谋取利润的行为，如经商、投资、炒股等。构成这种类型的挪用资金罪，必须达到"数额较大"，但并没有挪用时间、是否归还的要求。根据前述规定①，数额较大是指 1 万元至 3 万元以上。未达此数额标准的，一般应作为违反财经纪律处理。

3. 挪用单位资金，数额较大，超过 3 个月未还的。此项所说的挪用，是指将本单位资金用于本人或他人生活开支等其他方面，如购房、买车、旅游观光、偿还私人债务等。构成超期未还型挪用资金罪必须符合两个条件：一是挪用资金数额较大。根据前述规定②，挪用资金 1 万元至 3 万元以上的为数额较大。二是挪用资金超过 3 个月未还。"未还"是指超过 3 个月，在案发前（即被司法机关、主管部门或者有关单位发现前）尚未归还。如果挪用期限未超过 3 个月，或者超过 3 个月但在案发前自动归还的，不构成本罪，应当由单位作违反财经纪律处理；挪用期限超过 3 个月未归还，或者在 3 个月后至案发前全部归还的，仍应认定本罪，但可酌情从轻、减轻或免除处罚。

（三）主体方面

本罪的主体是特殊主体，即公司、企业或者其他单位中从事一定管理性职务的人员。在公司、企业中单纯从事劳务活动的人员，不能成为本罪的主体；公司、企业或者其他单位本身，亦不能成为本罪的主体。挪用资金罪的主体，具体包括两种不同身份的自然人：一是公司、企业人员，如各类股份有限公司、有限责任公司的董事、监事、经理、部门负责人、普通职工。二是其他单位人员，如各类

---

① 参见 2001 年 4 月 18 日最高人民检察院、公安部《关于经济犯罪案件追诉标准的规定》（公发〔2001〕11 号）第 76 条。

② 参见 2001 年 4 月 18 日最高人民检察院、公安部《关于经济犯罪案件追诉标准的规定》（公发〔2001〕11 号）第 76 条。

集体企业、私营企业、外商独资企业工作人员；各类国有公司、企业，中外合资、合作公司、企业的非国家工作人员。

需要注意的是：根据《刑法》第271条第2款，在上述公司、企业或其他单位从事公务的国家工作人员，或者国有单位委派到非国有单位从事公务的国家工作人员，利用职务之便挪用本单位财物的，应当以挪用公款罪论处。

（四）主观方面

本罪的主观方面是直接故意，且具有非法使用单位资金的目的。换言之，即行为人明知是单位资金而非法挪作他用，目的是暂时取得本单位资金的使用权，准备以后归还。挪用资金犯罪的动机多种多样，如还债、挥霍、赌博等。行为人挪用资金后携款潜逃的，表明行为人不打算日后归还，主观上具有永久占有单位资金的意图，不能认定为本罪，而应认定为职务侵占罪。

二、犯罪形态

如同其他故意犯罪一样，挪用资金罪也有既遂与未遂两种形态。在实践中准确区分和把握本罪既遂与未遂，对于正确适用法律和宽严相济形势政策具有重要意义。从"挪用"一词可见，本罪是由"挪"和"用"两种行为结合而成的。"挪"就是行为人利用职务上的便利，将本单位资金转移到本人或者他人控制之下；而"用"就是行为人将其控制下的单位资金，用于本人或者他人的某种需要。"挪"是前提，而"用"是目的。但是，就本罪而言，并不是行为人实现了"用"的目的才构成既遂。因为，挪用资金罪的客体是单位对资金的占有权和使用权，只要行为人已经将单位资金转移到本人或者他人的控制之下，该单位便失去对资金的实际控制，标志着该单位的占有权、使用权已经遭到侵犯；至于行为人是否使用该资金，对此并没有实际影响。因此，理论通说和司法实践均认为，挪用资金罪应当以行为人或者他人对资金的实际控制为既遂的标准；而对于行为人已经着手实施、因为其意志以外的原因而没有能够控制资金的情形，只能够成挪用资金罪的未遂。

（一）挪用资金罪未遂形态认定

如上所述，行为人意图挪用单位资金进行营利或者非法活动，并且已经着手实施"挪"的行为，但由于被单位同事及时发现等行为人意志以外的原因，该资金尚未完全脱离单位控制，致使行为人没有将资金置于其个人掌控之下，因而构成挪用资金罪的未遂。

实践中需要注意的是，当行为人挪用数额较大的资金用于营利或者非法活动之外的其他个人用途时，不存在犯罪未遂的问题。因为《刑法》规定这种情况必须达到"三个月"的期限才能构成犯罪，否则不构成犯罪；挪用资金超过3个月未归还的，即使行为人放着不用，也应当构成犯罪既遂。

（二）挪用资金罪既遂形态认定

在实践中，应当结合具体案件准确把握"用"的三种情形：一是行为人将数额较大的单位资金挪至个人掌控后，意图用于营利或者非法活动之外的生活开支，或者具体目的不明，超过3个月未还的，应认定为既遂。二是行为人将数额较大的单位资金挪至个人掌控后，有足够证据证明其意图用于营利或者非法活动的，应认定为既遂。三是行为人将数额较大的单位资金挪至个人掌控后，超过3个月未还，虽无足够证据证明其意图用于营利或者非法活动，也应认定为既遂；但对这种情形，在认定犯罪情节和适用刑罚时，可按"就轻不就重"原则处理。

（三）挪用资金不构成犯罪的情形

实践中注意把握两点：一是行为人将单位资金挪至个人掌控后，未达到数额较大的标准，现有证据亦无法证明其用于营利或者非法活动的，不应认定为犯罪。二是行为人将数额较大的单位资金挪至个人掌控后，意图用于营利或者非法活动之外的生活开支，但在3个月内即已归还的，不应认定为犯罪。

三、罪与非罪、此罪与彼罪的区分

（一）挪用资金的罪与非罪

在司法实践中，挪用单位资金的行为可能构成犯罪，也可能仅仅是违法行为。可以从两个方面区分：一是看数额。对于挪用资金"数额较大，超过三个月未还的"，或者"虽未超过三个月，但数额较大、进行营利活动的"情形，是否达到"数额较大"，是区分一般挪用行为和挪用资金罪的重要标准。但需要注意把握的是，对于挪用资金"进行非法活动的"情形，《刑法》并未规定数额要求；但如果挪用数额较小，情节显著轻微、危害不大的，也不宜按犯罪处理。二是看时间。对于挪用资金"数额较大、超过三个月未还的"情况，是否"超过三个月"，是区分一般挪用行为和挪用资金罪的重要标准。对于挪用资金"虽未超过三个月，但数额较大、进行营利活动的"或者"进行非法活动的"情形，《刑法》上并无时间要求；但如果挪用时间很短，情节显著轻微、危害不大的，也不宜按犯罪处理。

（二）挪用资金罪与其他犯罪

1. 挪用资金罪与挪用公款罪。两罪在客观方面和主观方面具有相同或近似之处。如客观方面都表现为利用职务便利挪用单位资金的行为，主观方面都具有挪用单位资金的故意，犯罪对象也可能都是公司、企业或者其他单位的资金。但两罪的重要区别是：（1）侵犯的客体不同。挪用资金罪侵犯的客体是公司、企业或者其他单位的资金使用权；而挪用公款侵犯的客体是公共财产的占有权、使用权、收益权以及国家工作人员职务行为的廉洁性。（2）犯罪对象不同。挪用资金罪的对象是公司、企业或者其他单位的资金，其中既包括国有或者集体所有的资金，也包括公民个人所有、外商所有的资金；而挪用公款罪的对象仅限于"公款"即公共财产，包括国有财产和国家投资、参股的单位财产。（3）犯罪主体不同。挪用资金罪的主体是公司、企业或者其他单位的工作人员，不包括国家工作人员；而挪用公款罪的主体仅限于国家工作人员以及其他依照法律从事公务的人员。

2. 挪用资金罪与职务侵占罪。两罪都是公司、企业或者其他单位内部人员，利用职务便利，侵犯本单位财产的行为。主要区别在于：（1）犯罪客体和对象不同。挪用资金罪的客体只是侵犯单位财产的占有权、使用权，没有侵犯单位财产的处分权，而职务侵占罪则是侵犯单位财产的整体所有权；挪用资金罪的对象是本单位的资金，而职务侵占罪的对象除了资金之外，还包括单位其他具有经济价值的有形和无形财物。（2）客观方面不同。对于挪用资金罪的构成，《刑法》第272条第1款针对不同情况作了较为详细的规定，不同类型的挪用行为有不同的定罪标准；而对于职务侵占罪，《刑法》第271条第1款只是作出概括性规定，并以数额较大为定罪标准。（3）主观方面不同。挪用资金罪的目的是非法取得单位资金的使用权，准备用后归还，不存在非法占有的目的；而职务侵占罪的目的是非法取得单位财物的所有权，以非法占有为目的。

实践中需要注意的是，如果行为人挪用本单位资金后，企图永久占为己有而不准备归还，或者在客观上有能力归还而不归还的，属于转化犯，应当以职务侵占罪定罪处罚。

四、刑事责任

《刑法》第272条规定，犯挪用资金罪的，处3年以下有期徒刑或者拘役；挪用资金数额巨大的，或者数额较大不退还的，处3年以上10年以下有期徒刑。实践中需要注意的是，"不退还"是指因客观原因在一审宣判前不能退还的情况，例如，因天灾人祸或从事非法活动被没收，而无力退还。如果行为人有能力退还而携款潜逃的，应当以职务侵占罪论处。

第二节　挪用资金罪涉铁相关问题

一、如何理解"归个人使用"

根据《刑法》第 272 条第 1 款和有关司法解释①，挪用资金罪中的"归个人使用"包括三种情形：一是行为人将本单位资金供本人、亲友或者其他自然人使用；二是行为人以个人名义将本单位资金供其他单位使用；三是行为人个人决定以单位名义将本单位资金供其他单位使用，谋取个人利益。概言之，无论行为人挪用资金提供给何人（或何单位）使用，本质上都是出于谋取私利的目的，都是行为人谋取个人利益的手段。正确认识和把握这一点，对于办案中准确收集和运用证据，充分揭示犯罪动机目的，具有重要意义。

二、受委托管理、经营国有铁路财产人员

根据最高人民法院解释②：对于受国家机关、国有公司、企业、事业单位、人民团体委托，管理、经营国有财产的非国家工作人员，利用职务上的便利挪用国有资金归个人使用，构成犯罪的，应当以挪用资金罪定罪处罚。据此，在办理受国有铁路委托管理、经营国有铁路财产的非国家工作人员挪用资金案件时，应当按挪用资金罪定罪处罚。

三、挪用尚未注册成立的公司资金

实践中有一个比较棘手的问题是，行为人挪用尚未成立的公司

---

①　参见 2010 年 5 月 7 日最高人民检察院、公安部《关于公安机关管辖的刑事案件立案追诉标准的规定（二）》（公通字〔2010〕23 号）第 85 条。

②　参见 2000 年 2 月 16 日最高人民法院《关于受委托管理、经营国有财产人员挪用国有资金行为如何定罪问题的批复》（法释〔2000〕5 号）。

资金是否可以构成挪用资金罪？根据最高人民检察院司法解释①：筹建公司的工作人员在公司登记注册前，利用职务上的便利，挪用准备设立公司在银行开设的临时账户上的资金，归个人使用或者借贷给他人，数额较大，超过 3 个月未还的，或者虽未超过 3 个月，但数额较大、进行营利活动的，或者进行非法活动的，应当按照挪用资金罪定罪处罚。

四、挪用资金罪的期限和数额计算

在司法实践中，对于挪用资金的期限和数额计算问题，可以区分以下情况加以认定。

1. 对于行为人采取"拆东墙，补西墙"的手法，反复挪用资金归个人使用或者借贷给他人，用后笔资金填补前笔资金的空白，但未用于营利活动或者非法活动的，其犯罪数额应以最后未归还的实际数额计算；其挪用资金的期限从第一次挪用日算起，连续累计挪用的时间。

2. 行为人反复挪用资金归个人使用或者借贷给他人，如多次利用本公司资金炒股，炒完即还。对于这种情形，原则上应当将多次挪用的数额累加计算；但对挪用的期限只能按每次挪用的时间分别计算，其中如有未超过 3 个月的，不应累加挪用数额。

3. 对于行为人多次挪用资金进行营利活动或者非法活动的，其社会危害性主要表现在挪用数额上，因此应当以挪用数额累加的方法来计算，并据此认定是否构成犯罪。但是，对于多次挪用资金的数额确实较小，或者尚未进行营利活动或非法活动的，不应认定为犯罪。

4. 对于行为人同时实施《刑法》第 272 条规定的两种情形以上挪用资金行为的，不同情形的挪用数额不能相加。如果各种情形的行为均构成犯罪，应当按其中主要的挪用情形定罪，其余的情形可

---

① 参见 2000 年 10 月 9 日最高人民检察院《关于挪用尚未注册成立公司资金的行为适用法律问题的批复》（高检发研字〔2000〕19 号）。

作为量刑情节；如果只有一种情形的行为构成犯罪，则应以该种情形定罪，其余情形作为量刑情节考虑。

第三节　挪用资金罪侦查监督指引

根据《刑法》第 272 条规定，挪用资金罪是指非国有公司、企业或者其他单位的工作人员，利用职务上的便利，挪用本单位资金归个人使用或者借贷给他人，数额较大、超过 3 个月未还的，或者虽未超过 3 个月，但数额较大、进行营利活动的，或者进行非法活动的行为。在办理挪用资金罪审查逮捕案件时，注意把握四个重点问题：一是从"挪用本单位资金归个人使用""数额较大"和"进行营利活动"等入手，着重审查客观方面证据。二是围绕"非法使用单位资金的目的"，着重审查主观方面证据。三是注意"对挪用给他人和单位""单位资金与私款混同"以及"个人决定、单位决定、为了单位利益"等问题的证据审查。四是把握好挪用资金犯罪嫌疑人是否具有较大社会危险性的情形。

一、逮捕案件的证据审查

（一）有证据证明发生了挪用资金犯罪事实

着重审查以下内容：

1. 证明挪用资金案件发生的证据。主要包括：报案登记、受案登记、立案决定书、破案经过证明、审计报告等。

2. 证明挪用资金归个人使用或者借贷给他人的证据。主要包括：银行转账记录、借款协议、借条，会计、出纳等人的证言，资金使用人的证言，犯罪嫌疑人的供述等。

上述证据呈现以下情况之一，一般可以认定为借款给自然人：（1）借条上借款人是自然人签名；（2）没有借条，会记账上登记的项目为借款给自然人、转账到个人账户。

上述证据呈现以下情况之一，一般可以认定为"以个人名义"

将资金供其他单位使用：（1）资金先打到出借人个人账户或者其他账户，再转到借款人账户的；（2）借款协议、借条上的出借人是个人；（3）借款人的证言证实是与出借方个人之间的借款；（4）还款行为是用现金或转账给个人；（5）犯罪嫌疑人供述承认是以个人名义借款的。

3. 证明挪用资金使用情况的证据。（1）进行"非法活动"的证据。主要包括：资金流向的会计凭证、账目、银行交易记录等；资金使用人证言、相关人员证言（如经手人、知情人）；资金被用于赌博、走私的证据，如被司法机关、行政机关确认为非法活动的书证等；犯罪嫌疑人供述等。（2）证明"数额较大、进行营利活动"的证据。主要包括：银行往来账目、单位会计凭证等表明资金流向的证据；表明挪用资金存入银行，进行股票、房屋买卖等营利活动的证据；犯罪嫌疑人供述、知情人的证言等。（3）证明"数额较大、超过三个月未还"等证据。主要包括：资金所有单位的会计凭证、还款凭证；财务人员等知情人的证言；证明资金未能归还原因的证据等。

在司法实践中，需要特别注意对"数额较大、超过三个月未还"的证据审查。有的犯罪嫌疑人边挪边还，用后挪的资金还前挪的资金，因此需要具体甄别每一笔挪用资金的时间，不能笼统地以挪用的起始时间至最后的还款时间计算。同时，对具体挪用数额的计算也需要细致审查。

4. 证明挪用的是单位资金的证据。主要包括：资金转入情况、资金记账凭证等证明资金来源的书证；有关资金的银行凭证、会计资料；物品来源及清单；财务人员证言；等等。

5. 证明挪用资金的数额达到法定立案追诉标准的证据。主要包括：会计资料、银行凭证；司法会计鉴定；犯罪嫌疑人供述、证人证言等。

（二）有证据证明挪用资金行为是犯罪嫌疑人实施的

着重审查四方面内容：第一，是物证、书证。如查获的赃款；

会计账目资料、单位财务账簿、银行账单等。第二，是鉴定意见，如审计报告等。第三，是犯罪嫌疑人供述和辩解，同案犯的供述。第四，是证人证言，如单位负责人、财务人员、主管人员、经手人员的证言等。

（三）有证据证明行为人主体身份和利用职务便利

着重审查以下内容：

1. 证明行为人系非国有公司、企业或者其他单位工作人员的证据。包括个人履历表、工作简历；劳动合同、任命书；有关职责范围、分工情况的会议记录、内部规章；等等。

2. 证明行为人"利用职务上的便利"的证据。主要包括：（1）证明犯罪嫌疑人具有相应职务的证据，如单位人事部门或者本单位的任职文件、人事档案、职工登记表、合同、会议记录等；（2）单位的工作规章、岗位职责、纪律规范等；（3）有关言词证据，如犯罪嫌疑人的供述与辩解、证人证言等。

在挪用资金案件审查逮捕环节，应当重点审查犯罪主体方面的证据。特别是涉及职务犯罪与非职务犯罪的区别及侦查管辖权问题时，应当要求侦查部门提供相应的证据材料。如果发现侦查部门存在违法管辖的问题，应当依法提出纠正意见。

（四）有证据证明行为人挪用资金的主观故意

主要通过审查犯罪嫌疑人的供述来呈现。但是也要结合反映其行为的客观证据，以及反映资金流向的会计凭证、银行账户往来、相关证人证言予以综合判断。特别是在犯罪嫌疑人对主观犯意不予供认或作出辩解的情形下，更要综合分析全案的主观证据，合理推定犯罪嫌疑人作案时的主观心态。

二、社会危险性条件审查

根据《刑事诉讼法》第79条规定，在决定对挪用资金犯罪嫌疑人是否需要批准逮捕时，应当通过审查相关证据材料，如劳动合同、工作证明、户籍信息、房屋产权证、租房合同、有无党纪政纪处分等，以全面评估、准确判断犯罪嫌疑人是否存在社会危险性的各种情形。

（一）社会危险较大的情形

司法实践中，对于具有下列情形之一的犯罪嫌疑人，可以认为具有较大社会危险性，应当予以逮捕：

1. 犯罪嫌疑人多次、长期挪用资金，且有犯罪前科或党纪、政纪处分记录，挪用的资金用于个人挥霍或赌博、吸毒等非法活动，可以反映出犯罪嫌疑人有不良生活习性，具有再次犯罪的社会危险性。

2. 证明犯罪的证据还需要进一步收集、固定，同案犯尚未归案，犯罪嫌疑人对挪用资金行为及资金去向等不如实供述，或者供述与客观证据的差异较大、需要进一步核实的，可以认为犯罪嫌疑人具有干扰证人作证或者串供、毁灭、伪造证据的社会危险性。

3. 挪用资金的数额巨大、案发后尚未归还，可能被判处有期徒刑以上刑罚，或者曾经故意犯罪或身份不明的，可以认为犯罪嫌疑人具有逃跑、自杀的社会危险性。

（二）社会危险性较小的情形

司法实践中，对于具有下列情形之一的犯罪嫌疑人，可以认为社会危险性不大，适用取保候审强制措施：

1. 犯罪嫌疑人涉嫌的罪行较轻，能够如实供述，认罪态度较好；

2. 能够及时归还或部分归还所挪用资金的；

3. 虽然挪用资金数额巨大，但是犯罪嫌疑人属于从犯、胁从犯，并且全案证据已经收集、固定，犯罪嫌疑人没有串供、毁灭证据倾向的；

4. 犯罪嫌疑人确系为了解决治病、孩子上学缴费等家庭生活困难，一念之差而挪用一次资金，案发后能认罪、真诚悔罪的。

对社会危险性条件的审查判断，切忌僵硬、教条，要充分考虑全案证据及各种案外因素，既要考虑存在社会危险性的情形，也要考虑无社会危险性的情形，综合加以审查研判，正确适用逮捕强制措施。

三、侦查监督需要注意的问题

（一）注意"挪用给个人还是单位"的问题

在证据审查中，要结合相关借条、合同、账目记录、资金转账记录等书证以及供述、证言等，综合判断行为人借款给单位还是给个人。判断的标准是："谁使用，谁受益"。如果是单位使用资金且使用资金是为了该单位利益，就应当判断是借款给单位。例如，一个公司虽有几位股东，但实际股东只有一人（其余人都是挂名），相当于一人公司的，一般应当认定为单位；但是，公司的成立就是为了接收公款、规避责任而没有任何经营活动的除外。

（二）注意"资金混同"的问题

实践中，有的行为人奉命将本单位资金存到个人账户上，而后予以动用，其账户内同时还有个人的资金进出。在这种情况下，审查判断行为人使用的是单位资金还是私人资金就成为难题。厘清这个问题的合理方法应当是：把行为人个人的资金收入在其使用的资金里全部扣除，其余部分才能认定为挪用资金犯罪数额；特别是在认定挪用资金的"三个月"期限时，由于犯罪嫌疑人账户余额与收支时间不断变化、关系复杂，审查判断证据时需要格外慎重。

（三）注意"个人决定、单位决定"等问题

对于经单位领导集体研究决定将单位资金给个人使用，或者单位负责人为了单位利益，决定将单位资金给个人使用的，不以挪用资金罪处罚。实践中判断"由谁决定"的证据，首先看审批程序，如资金审批报告、审批签字等；其次看有无会议纪要、讨论记录等书证；再次看相关人员证言、犯罪嫌疑人供述与辩解等，根据上述证据作出实质性判断。最后还要注意审查单位有无实际利益的书证、物证，如借款合同或借条上对利息、折扣等单位收益的约定，可以证明存在单位利益。同时结合犯罪嫌疑人辩解、证人证言以及单位内部规章、治理结构等书证材料，综合分析判断是否为了单位利益。

第四节　挪用资金罪公诉指引

一、公诉案件的证据审查

如前所述，挪用资金罪是指触犯《刑法》第 272 条规定，公司、企业或者其他单位工作人员，利用职务便利，挪用本单位资金归个人使用或者借贷给他人，数额较大、超过 3 个月未还的，或者虽未超过 3 个月，但数额较大、进行营利活动的，或者进行非法活动的行为。在办理挪用资金罪公诉案件中，应当着重审查、收集以下几方面证据：

（一）主体方面的证据

挪用资金罪是特殊主体，包括公司、企业、社会团体及其他单位（含国有独资及国有控股、参股公司企业，人民团体）中非国家工作人员，以及从事法定公务以外工作的村（居）委会、村民小组等基层组织人员。具体证据审查，可参考本书第七章第三节第四部分有关内容。

（二）主观方面的证据

主要证明：行为人明知是单位资金而故意挪作私用，并通过挪用而获得个人利益的主观心态。对于共同犯罪的，还需要证明每个行为人（特别是被挪用资金使用人）都明知自己的行为是共同犯意支配下犯罪行为的组成部分。着重审查、收集以下证据：

1. 犯罪嫌疑人、被告人供述和辩解。证实：（1）作案动机与目的，对后果的认知程度、主动程度。（2）如何起意，有无策划及策划的具体内容等。（3）共同犯罪的，应证实策划、分工的时间、地点和内容，以及在策划下各个人相对应的犯罪行为。

实践中需要注意的是，为准确认定行为人是否属于共同犯罪，还应当查明每一名共犯成员是否具有共同挪用资金的故意。主要包括：（1）各人之间有无事先预谋策划，有无事先或事中达成默契；或者在多次共同挪用人之间，每次挪用之前是否都形成了内容明确的共同故意。（2）各人之间有无持不同或反对意见者，或者未表示反对或同意意见者，重点讯问各人在案发前、案发时及案发后的语言和行为。（3）各人分赃情况和赃物去向，以此来判明每一名共犯成员的主观目的。

2. 证人证言。主要包括：（1）犯罪嫌疑人所在单位的财务人员、主管人员和经手人员的证言，用以证实发现犯罪的经过、犯罪的手段，以及犯罪嫌疑人对挪用行为隐瞒、欺骗的情况，从而反映其主观故意。（2）被挪用资金使用人的证言，用以证实犯罪嫌疑人利用职务便利为其提供资金使用，并意图通过非法提供本单位资金而获得个人利益的事实。（3）其他知情人证言，用以从侧面证实犯罪嫌疑人非法占有的主观目的。

3. 用以证明行为人挪用目的的其他证据。主要包括：（1）行为人以自己的名义将单位资金出借给他人的书证，如借据、借条、合同、收据等。（2）收集行为人犯罪前科的证据，及其工作履历、社会经验等方面证据，此类证据对证明行为人对其犯罪后果的认知程度和控制能力可以起到一定的证明作用。

（三）客观方面的证据

主要证实：行为人利用职务上管理单位财物的便利条件，实施了擅自挪用本单位资金归个人使用，进行非法活动，或者挪用单位资金数额较大、进行营利活动，或者挪用单位资金数额较大、超过3个月未还的行为。实践中应当注意：挪用资金"未还"，仅指行为人客观上不能归还，而不是主观上不想归还；如果行为人主观上不想归还，则应以职务侵占罪论处。着重审查、收集以下证据：

1. 犯罪嫌疑人供述和辩解。主要证实行为人明知违反资金管理、使用规章制度，将本单位资金擅自挪用的事实。具体包括以下几个要素：（1）实施挪用的时间、地点。（2）实施挪用的参与人、经手人。（3）实施挪用的方法、手段。（4）实施挪用的次数、数额，以及是否达到数额较大、巨大的标准。（5）被挪用资金的特征，如现金面值、支票等有价证券的编号、数量等。（6）被挪用财物的来源，是本单位账内资金，还是小金库。（7）被挪用资金借给他人使用的情况，用以证实挪用人与使用人的关系，以及是否因出借被挪用资金而获得利益，如财物、账外回扣、手续费等。（8）详细的犯罪经过，特别是利用职务便利的具体过程。（9）共同犯罪的起意、策划、分工、实施等情况，查明每个犯罪嫌疑人在共同犯罪中的地位和作用。（10）挪用行为何时、如何被发现，行为人如何掩盖、排除同事的怀疑。（11）挪用资金的去向、用途，注意区分是用于非法活动、营利活动，还是个人一般使用。特别是将挪用资金借给他人使用的，要查明行为人是否明知使用人的真实用途，从而确认行为人挪用本单位资金的类型。（12）挪用款在案发前是否归还，何时、如何归还，是全部归还还是部分归还，是主动归还还是被迫缴还。对于案发后"未归还"的案件，要注意审查、收集还款能力的证据，以判断行为人是否不想归还，依法确定犯罪性质。

2. 证人证言。主要证实挪用、使用资金等相关事实。具体包括：

（1）使用人证言。用以证实：①使用人与行为人的关系；②是否因使用被挪用资金而给行为人利益、好处，如财物、账外回扣、手续费等；③是否教唆、指使行为人挪用本单位资金；④使用被挪用资金的时间、数量、来源、具体用途；⑤行为人是否明知其使用本单位资金的用途，从而确认行为人挪用本单位资金的类型；⑥使用被挪用资金是否打算归还、是否归还及归还的时间、数额，证实其目的只是使用，而非占有。

（2）财务人员、主管人员、经平人员等证言。主要证实单位资金被挪用的情况。具体包括：①其与行为人的关系，与指控犯罪相关的经济往来等；②行为人的职责范围，以及在犯罪过程中履行职务和利用职务便利的情况；③资金被挪用的时间、数量；④资金被挪用的手段、理由、借口、名义及经过；⑤被挪用资金的来源；⑥单位对被挪用资金的财务汇账、银行记录情况；⑦发现犯罪的经过；⑧行为人如何对其挪用行为进行隐瞒、欺骗、辩解；⑨是否归还及归还的时间、数量。

3. 物证、书证。主要包括以下内容：

（1）查获的赃款、行为人用挪用款项购买的物品等。

（2）书信、日记等，用以证实挪用行为的时间、地点及经过等情况。

（3）合同、收据、借条、欠条。

（4）股票、债券、汇票、本票、支票等有价证券。

（5）相关的账册、记账凭证、支票、本票、汇票存根等，用以证实挪用资金的手法、数额、归还时间等。

（6）被害单位关于相应款物支出的财务记账、银行记录等。

（7）证明被挪用资金属于单位所有或管理、使用的书证，如合同书、付款方支出凭单、银行票据等。

（8）查获的银行存单、存折、股票资金账户、参股证等凭证，用以证实犯罪嫌疑人挪用资金是否用于营利活动。

（9）有关部门出具的证明，用以证实被挪用资金是否用于非法活动。

（10）相关购物发票、偿还债务的借据等，用以证实被挪用资金是否归个人使用的情形。

（11）被害单位证明材料，用以证实行为人是否具有主管、管理或经手单位资金的职务便利，包括其职务范围、职责内容、操作规程等。具体包括：①委任书、聘任书、任命文件、会议记录；②劳动合同、聘任合同；③相关财物的支出、收入管理规定、操作流程。

（12）使用人企业的营业执照等，用以证实被挪用资金是否归个人使用。

（13）行为人或使用人承诺还款的协议、欠条等，用以佐证犯罪嫌疑人承认其犯罪行为及后果等情况。

4. 鉴定意见。主要包括以下内容：

（1）司法会计鉴定意见、审计鉴定意见，用以证实挪用资金的次数、手段及数额等情况。

（2）笔迹鉴定，用以证明犯罪嫌疑人挪用资金的签字笔迹、印鉴等。

5. 现场勘查笔录、照片。包括提取物证的现场等。

6. 视听资料、电子数据。包括录音带、录像带、电子介质资料等。

7. 其他证明材料。主要包括以下内容：（1）目击证人辨认犯罪嫌疑人或物证的笔录。（2）犯罪嫌疑人、被告人和证人指认现场笔录。（3）搜查笔录、扣押物品清单及照片，证实查获的作案工具及调取的相关物证。（4）退赃笔录、起赃笔录、收缴笔录。（5）报案登记、立案决定书及破案经过等书证，证实案件来源、侦破经过以及犯罪嫌疑人是否有自首情节等。

（四）犯罪客体方面的证据

挪用资金罪侵害的客体是公司、企业或其他单位资金的使用权；在公司、企业或者其他单位管理、使用或运输中的私人资金，也视为上述单位资金。在这方面，主要通过审查在案的物证、书证及其他言词证据等，综合证明单位资金的性质和被挪用资金数量。

二、审查起诉应当注意的问题

主要是挪用人与使用人共谋的问题。依据相关司法解释，使用人只有在指使或参与策划的情况下，才以挪用资金罪共犯论处。因此，认定此种情况下的共谋，应以"主动表示"为前提，即使用人积极主动地指使或与挪用人共同策划取得挪用资金。行为人没有主动指使或共同策划行为，只是明知是挪用资金而使用的，一般不能成为挪用资金罪共犯。对此，应当通过审查挪用人供述和辩解、使用人证言、单位财务人员以及其他知情人证言、物证、书证等，综合认定使用人是否"主动表示"的情节。

第九章　挪用特定款物罪刑事检察

第一节　挪用特定款物罪理论概述

一、概念及其犯罪构成

挪用特定款物罪，是指违反国家财经管理制度，将专用于救灾、抢险、防汛、优抚、扶贫、移民、救济款物挪作他用，情节严重，致使国家和人民群众利益遭受重大损害的行为。挪用特定款物罪的构成特征是：

（一）客体方面

本罪侵犯的是复杂客体，既侵犯公共财物的所有权，又侵犯国家关于特定款物专用的财经管理制度。根据《刑法》第 273 条规定，本罪的犯罪对象只限于国家用于救灾、抢险、防汛、优抚、扶贫、移民和救济等七项特定款物。此七项款物的来源，既包括国家预算安排的拨款和临时调拨的物资，也包括各种组织机构和各方人士支援、捐献的特定款物。另外，根据最高人民检察院司法解释①，失业保险基金和下岗职工基本生活保障基金亦属于特定款物（救济款物）的范畴，对于挪用这两种款物，情节严重，给国家和人民利益造成重大损害的行为，应当按照本罪定罪处罚。

（二）客观方面

本罪客观方面表现为挪用七项特定款物，情节严重，致使国家

---

①　参见最高人民检察院 2003 年 1 月 28 日《关于挪用失业保险基金和下岗职工基本生活保障资金的行为适用法律问题的批复》（高检发释字〔2003〕1 号）。

和人民群众利益遭受重大损害的行为。"挪用"是指行为人不经合法批准，擅自将管理、经手、使用的七项特定款物调拨、使用于其他方面，改变了七项特定款物的既定用途。如用于修建楼堂馆所、炒作股票或房地产、购置单位用车或支付公务接待等行为。如果行为人挪用特定款物为个人使用的，不构成本罪，而应以挪用公款罪从重处罚。"情节严重"，是指挪用特定款物数额巨大；挪用次数多；挪用手段恶劣；对挪用特定款物大肆挥霍浪费等情形。"情节严重"还要求致使国家和人民群众利益遭受重大损害的结果，才能构成本罪。

需要指出的是，本罪所说的"重大损害"一般是指：（1）挪用特定款物造成抗洪、抗旱、抗震、防汛等工作的重大困难和损失；（2）直接侵害群众生活利益或者妨害恢复生产自救；（3）直接导致灾情扩大；（4）造成群众逃荒、疾病、死亡等后果。

（三）主体方面

本罪是特殊主体，包括掌管、支配、使用特定款物直接负责的主管人员和其他直接责任人员。一般是国家机关工作人员、事业单位工作人员、社会团体工作人员以及国家机关、事业单位、社会团体委托经手、管理特定款物的人员。

（四）主观方面

本罪在主观方面表现为直接故意，即行为人明知是七项特定款物，故意违反国家财经管理制度而擅自挪作他用。过失不能构成本罪。

二、罪与非罪、此罪与彼罪的区分

（一）挪用特定款物罪与非罪

构成挪用特定款物罪，应该同时具备"情节严重"和"致使国家和人民群众利益遭受重大损害"两个条件，缺一不可。换言之，如果挪用特定款物"情节严重"，但未造成重大损害的，或者造成重大损害，但并非"情节严重"的，都不构成本罪。

（二）挪用特定款物罪与其他犯罪

1. 挪用特定款物罪与挪用公款罪。两罪在客观方面都表现为"挪用"行为，在主观方面都是直接故意。两者的区别是：（1）犯罪主体不完全相同。挪用公款罪的主体只能是国家工作人员及其他"以国家工作人员论"的人员；而挪用特定款物罪的主体是经手、管理特定款物的工作人员，其中包括但不一定是国家工作人员。（2）侵犯的客体和对象不同。挪用特定款物罪侵犯的客体是公共财物所有权以及国家关于特定款物专用的财经管理制度，犯罪对象是上述七项特定款物；而挪用公款罪侵犯的客体是国家工作人员职务行为的廉洁性和公共财产的占有、使用和收益权，犯罪对象是公款。（3）犯罪目的不同。挪用特定款物罪行为人的目的是单位使用而挪用，如将特定款物用于单位改建楼堂馆所等用途；而挪用公款罪行为人的目的则是为个人使用，或者为他人进行非法活动或营利活动而挪用。

2. 挪用特定款物罪与贪污罪。两罪的共同点是，都侵犯了公共财产的所有权。但主要区别是：（1）犯罪主体不完全相同。挪用特定款物罪的主体是经手、管理特定款物的工作人员，其中包括但不一定是国家工作人员。而贪污罪的主体只能是国家工作人员及其他"以国家工作人员论"的人员。（2）犯罪客体不完全相同。挪用特定款物罪侵犯的客体是公共财物所有权以及国家关于特定款物专用的财经管理制度；而贪污罪侵犯的客体是国家工作人员职务行为的廉洁性和公共财产所有权。（3）犯罪对象不同。挪用特定款物罪的犯罪对象是七项特定款物；而贪污罪的对象则是除此外的各种公共财物。（4）犯罪行为的手段不同。挪用特定款物罪的手段是非法挪用，而贪污罪则是利用职务之便侵吞、窃取、骗取或者以其他手段非法占有公共财物。

3. 挪用特定款物罪与诈骗罪。实践中，对两罪的区别一般比较容易界定；但是对采取欺骗手段获取特定款物的行为，就需要根据具体情况准确定性。根据实际案例，骗取特定款物行为大体有两种情况：一种是行为人本不属于优抚对象、救济对象、救灾的对象，但以编造虚假事实、隐瞒事实真相的方法，骗取国家优抚、救济、救灾等款物；这种情况构成犯罪的，应当以诈骗罪处罚。另一种是行为人夸大、谎报灾情及其他属于优抚、救济范围的事实，骗取国家给予较多的优抚、救济、救灾款项；其骗取的款项如果被挪作其他用途，情节严重的，可以挪用特定款物罪论处。

三、刑事责任

根据《刑法》第 273 条规定：犯挪用特定款物罪的，对直接责任人员处 3 年以下有期徒刑或者拘役；情节特别严重的，处 3 年以上 7 年以下有期徒刑。关于本罪的立案追诉标准，最高人民检察院、公安部作出如下规定：① （1）挪用特定款物数额在 5 千元以上的；（2）造成国家和人民群众直接经济损失数额在 5 万元以上的；（3）虽未达到上述数额标准，但多次挪用特定款物的，或者造成人民群众的生产、生活严重困难的；（4）严重损害国家声誉，或者造成恶劣社会影响的；（5）其他致使国家和人民群众利益遭受重大损害的情形。

第二节　挪用特定款物罪相关问题

一、"特定款物"的内涵

挪用特定款物罪中的"特定款物"，主要指国家及各级地方政府通过预算安排拨付或者临时调拨，专门用于地方救灾、抢险、防汛、优抚、扶贫、移民、救济的款项或物资，也包括各类民间组织机构、各界人士捐献、援助并指定用于上述特定用途的款项或物资。其中："救灾款物"是指专项用于遭受重大自然灾害地区的救济资

---

① 参见 2010 年 5 月 7 日最高人民检察院、公安部《关于公安机关管辖的刑事案件立案追诉标准的规定（二）》（公通字〔2010〕23 号）第 86 条。

金或物资;"扶贫款物"是指专项用于特殊贫困地区、贫困对象的帮扶资金或物资;"抢险款物"是指专项用于特定地方因遭遇自然灾害而出现危险情形、需要紧急抢救的资金或物资;"防汛款物"是指专项用于特定地方防治河流、汛潮灾难的资金或物资;"优抚款物"是指专项用于各级地方优待、抚恤特定对象的资金或物资;"救济款物"是指专项用于各级地方组织开展经常性社会救济活动的资金或物资;"移民款物"是指专项用于各级地方组织开展移民搬迁、生活安置的资金或物资。

二、挪用特定款物罪的情节

如前所述,"情节严重"和"致使国家和人民群众利益遭受重大损害"是构成挪用特定款物罪的两个必要条件,缺一不可。其中,"重大损害"一般指严重影响当时当地救灾、抢险、防汛、优抚、扶贫、移民、救济等工作,直接导致民政对象人身伤亡、房屋倒塌、财产损失、牲畜伤亡以及大面积粮田病虫害,或者导致抢险、救灾等工作不能及时进行而引发的其他直接物质损失。所谓"情节严重",主要是指具有以下情节:(1)挪用的抚恤事业费系残废抚恤费、烈军属生活补助费。(2)挪用的救济费系孤老残幼社会救济费、无生活来源的归侨、外侨及其他人员的生活困难补助费、儿童福利院经费。(3)挪用的救灾款是自然灾害救灾款。(4)挪用的救灾物资系食品、药品、医疗器械、生活等必需品。(5)挪用的特定款物数额巨大。(6)多次挪用特定款物或其他公款,屡教不改。(7)挪用特定款物用于挥霍浪费和高消费性开支。(8)挪用国(境)外援助款物的,等等。

第三节　挪用特定款物罪侦查监督指引

一、逮捕案件的证据审查

（一）对特定款物的审查

重点审查挪用的款物是否具有救灾、抢险、防汛、优抚、扶贫、救济款物的性质。应当注意的是：失业保险基金和下岗职工基本生活保障资金，以及用于预防、控制突发疫情等救灾、救济款物属于本罪的犯罪对象。

（二）认定案件事实方面的证据

着重审查以下内容：

1. 证明发生挪用特定款物犯罪行为的证据。主要包括：（1）被挪用特定款物的实物或照片。（2）犯罪工具、现场勘验、检查笔录等。（3）行为人申请特定款物的文件、手续，划拨款物的票据、账册、记账凭证、支票、本票、汇票存根等。（4）对伪造、涂改的单据、购物发票、银行账户、存单、存折等技术鉴定。（5）造成重大损失。

2. 证明挪用特定款物的价值（5 千元以上）、造成直接经济损失数额（5 万元以上），或者造成人民群众生产生活严重困难的鉴定意见、有关证明材料等证据。

3. 犯罪嫌疑人供述与辩解、被害人陈述、证人证言以及能够证明犯罪嫌疑人实施挪用特定款物罪的其他证据。

二、社会危险性条件审查

在办理挪用特定款物罪案件司法实践中，审查决定犯罪嫌疑人是否需要批准逮捕，应当依法进行社会危险性审查。主要把握好以下几个方面：

1. 审查证明犯罪嫌疑人是否有前科，是否惯犯、累犯以及是否负案在逃等证据，判断其是否有可能实施新的犯罪的社会危险性。

2. 审查本案是否有证据证明或者有迹象表明，犯罪嫌疑人在案发前或案发后积极策划、组织或者预备实施危害国家安全、公共安全或者社会秩序的犯罪行为，判断其是否存在相关危害的现实危险。

3. 审查证明犯罪嫌疑人及同案犯是否到案等证据，判断其是否具有毁灭证据、伪造证据、干扰证人作证或者串供等社会危险性。

4. 审查本案是否有证据证明或者有迹象表明，犯罪嫌疑人对被害人、举报人、控告人实施诬告、陷害，威胁、恐吓等行为，判断其是否存在危害相关人身权利、民主权利的社会危险性。

5. 审查本案是否有证据证明或者有迹象表明，犯罪嫌疑人具有企图自杀或者逃跑的社会危险性。

第四节　挪用特定款物罪公诉指引

一、公诉案件的证据审查

挪用特定款物罪，是指触犯《刑法》第 273 条之规定，挪用救灾、抢险、防汛、优抚、扶贫、移民、救济款物，情节严重，致使国家和人民利益遭受重大损害的行为。在本罪案件公诉中，着重审查以下几方面证据：

（一）主体方面的证据

行为人所在单位的营业执照等相关证明材料；证明行为人具体工作职责的证据材料；证明直接责任人员工作职务（即主管、经营、经手特定款物）的证据材料；行为人户籍材料等。

（二）主观方面的证据

1. 犯罪嫌疑人、被告人供述与辩解。查明并证实：（1）作案动机、目的，对后果的认知程度、主动程度；（2）如何起意，有无策划以及策划的具体内容；（3）共同犯罪策划、分工的时间、地点和内容等，以及在策划下各人相对应的犯罪行为、地位和作用。

2. 证人证言。主要包括：（1）行为人所在单位财务人员、主管人员、经手人员的证言，用以证实发现犯罪的经过、犯罪手段，以及犯罪嫌疑人对挪用行为隐瞒、欺骗情况，佐证其主观故意。（2）七项特定款物的接收人或接收单位负责人证言。（3）知情人证言，用以佐证犯罪嫌疑人主观上明知是七项特定款物而故意挪作他用。

3. 证明行为人主观目的的其他证据。主要包括：（1）行为人以自己的名义将七项特定款物挪作他用的书证，如借据、收条等。（2）行为人犯罪前科的证据，尤其是同类犯罪前科，以及工作履历、社会经验等方面的证据。

（三）客观方面的证据

1. 犯罪嫌疑人、被告人供述与辩解。

2. 证人证言。如被挪用特定款物的接收人或接收单位负责人证言；行为人所在单位财务人员、主管人员、经手人员等证人证言。

3. 物证、书证。包括：（1）查获的七项特定款物清单、照片；（2）与案件相关的书信、日记等；（3）有关合同、收据、借条、欠条等；（4）与被挪用款物相关的股票、债券、汇票、本票、支票等；（5）相关单位的账册、记账凭证、支票、本票、汇票存根等；（6）行为人所在单位关于被挪用款物支出的财务记账、银行记录等；（7）查获的银行存单、存折、股票资金账户、参股证等凭证；（8）使用人（单位）的营业执照或有关企业性质的证明；（9）行为人或使用人承诺还款的协议、欠条等。

4. 鉴定意见。如司法会计鉴定意见、审计鉴定意见；笔迹鉴定等。

5. 现场勘查笔录、照片。包括提取物证的现场等。

6. 视听资料、电子数据。包括录音带、录像带、电子介质资料等。

7. 其他证明材料。包括：（1）目击证人对犯罪嫌疑人或物证的辨认笔录；（2）犯罪嫌疑人、被告人和证人指认现场笔录；（3）搜查笔录、扣押物品清单及照片；（4）退赃笔录、起赃笔录、收缴笔录；（5）报案登记、立案决定及破案经过等书证。

二、审查起诉应当注意的问题

（一）关于挪用特定款物罪与挪用资金罪

两罪主要区别是：（1）犯罪主体不同。挪用特定款物罪主体是主管、经营、经手特定款物的工作人员，包括国家工作人员、集体经济组织工作人员及其他经手、管理特定款物的人员；挪用资金罪只能由公司、企业或者其他单位的非国家工作人员构成。（2）犯罪对象不同。挪用特定款物罪的对象仅限于法律规定的七项特定款物；挪用资金罪的对象是公司、企业或其他单位的资金。（3）使用人不同。挪用特定款物罪的使用人是负有管理、支配特定款物职能或责任的单位本身；挪用资金罪的使用人既包括行为人，也包括特定条件下的单位。（4）挪用款物的用途不同。挪用特定款物罪是单位将特定款物用于其他方面，本质上是"特定款物公用"；挪用资金罪是个人将单位资金用于"非法活动""营利活动"或者其他用途，本质上是"单位资金私用"。（5）成立犯罪的条件不同。挪用特定款物要求达到"情节严重，致使国家和人民利益遭受重大损失"才构成犯罪；而对不同类型的挪用资金行为，《刑法》规定了不同的成立条件。

（二）挪用特定款物罪与挪用公款罪

两罪主要区别是：（1）犯罪主体不同。挪用特定款物罪主体是主管、经营、经手特定款物的工作人员，包括国家工作人员、集体经济组织工作人员及其他经手、管理特定款物的人员；而挪用公款罪只能由国家工作人员构成。（2）犯罪对象不同。挪用特定款物罪的对象仅限于法律规定的七项特定款物，而挪用公款罪的对象是公共财产。（3）使用人不同。挪用特定款物罪的使用人是负有管理、支配特定款物职能或责任的单位本身，而挪用公款罪的使用人既包括行为人本身，也包括特定条件下的单位。（4）挪用款物的用途不同。挪用特定款物罪是单位将特定款物用于其他方面，本质上是

"特定款物公用"；挪用公款罪则是个人将单位资金用于"非法活动""营利活动"或者其他用途，本质上是"公款私用"。（5）成立犯罪的条件不同。挪用特定款物要求达到"情节严重，致使国家和人民利益遭受重大损失"才构成犯罪；而对不同类型的挪用公款行为，《刑法》规定了不同的成立条件。

第十章　敲诈勒索罪刑事检察

第一节　敲诈勒索罪理论概述

一、概念及其犯罪构成

敲诈勒索罪是指以非法占有为目的，以威胁或者要挟的方法，强行索取公私财物，数额较大或者多次敲诈勒索的行为。本罪的构成特征是：

（一）客体方面

本罪侵犯的是复杂客体，其中主要客体是公私财产所有权，次要客体是他人的人身权利或者其他权益。这是由敲诈勒索罪特定的犯罪方法所决定的，也是敲诈勒索罪有别于盗窃罪、诈骗罪的显著特点。本罪的对象是各种公私财物，包括动产和不动产，生产资料和生活资料，有形财产和无形财产，实践中以敲诈勒索钱财的案件居多。有学者主张，本罪的对象除财物外，也可以是"财产性利益"。例如，行为人采取威胁或者要挟的方法强迫他人为自己提供无偿劳务。因为与采取勒索方法迫使他人交付具有经济利益的财物的行为相比较，这两种行为并没有本质区别。但通说认为，鉴于《刑法》对此并无明文规定，从贯彻罪刑法定的原则考虑，"财产性利益"能否成为敲诈勒索罪的对象，仍有待理论进一步研究，但目前不能在司法实践中应用。

（二）客观方面

客观方面表现为以威胁或要挟的方法，向公私财物所有人、持有人强行索取财物的行为。威胁和要挟都是能够引起被害人心理恐惧的精神强制方法。二者没有本质区别，但内涵略有不同。"威胁"是指可以用任何侵害他人的方法相恐吓，"要挟"通常指抓住他人的把柄，如揭露违法犯罪、生活作风等问题相恐吓。威胁或要挟是手段，强索财物是目的。威胁或要挟的方式可以多种多样，如可以是对被害人直接使用，也可以通过第三者转达或用电话、短信等方式发出；可以是明示，也可以是暗示。行为人采用何种威胁或要挟的方式，不影响本罪的构成；被害人是否因威胁或要挟而产生恐惧并被迫交付财物，也不影响本罪的构成。

实践中需要注意的是：敲诈勒索罪中的威胁，是建立在行为人事实上或扬言对被害人带来危害的基础之上。如年轻的彪形大汉对老弱病残等不具有身体优势的人，以声称动用暴力进行恫吓来勒索钱财，即为典型的威胁手段。威胁一般直接表现为语言上的暴力威胁或肢体力量的暗示，如声称将对被害人或其亲友实施暴力，或将毁坏被害人人格、名誉，将毁坏被害人贵重器物等；但是，这种威胁并不存在实际的暴力行为，如果行为人对被害人或其亲友施加暴力行为，使被害人产生恐惧而不敢反抗，不得已按照行为人要求处分自己财产的，则行为人构成抢劫罪。在特殊情况下，敲诈勒索还表现为以被害人的弱点或隐私相要挟，强迫被害人答应自己的要求，不得已而处分自己的财产。这种要挟是建立在被害人对自身隐私或行为缺陷的潜在危险性担忧的基础之上，因此，行为人利用被害人的何种隐私或缺陷（无论是道德行为、违法行为还是犯罪行为）敲诈勒索，并不影响本罪的构成。

（三）主体方面

本罪为一般主体，即年满 16 周岁、具有刑事责任能力的自然人均可构成本罪。

（四）主观方面

本罪主观方面是直接故意，并以非法占有公私财物为目的。实践中需要注意的是：如果行为人不是为了非法占有公私财物，而是为了追回自己的合法债务，以"将要向法院控告"相威胁，迫使债务人尽快还债的，不能构成敲诈勒索罪。

二、犯罪形态

关于这个问题，刑法理论界认识不甚统一。主要有以下观点：一是认为敲诈勒索罪是行为犯，只要行为人实施了以威胁或者要挟的方法迫使被害人交付财物的行为，则不管被害人心理上是否产生恐惧、行为上是否交付财物，即可构成犯罪既遂。甚至有观点认为，本罪不存在未遂形态。二是认为只要行为人出于敲诈勒索的目的，实施了足以使他人产生恐惧的威胁、要挟行为，即使没有如愿非法占有财物，也构成本罪既遂。三是认为只要行为人实施了敲诈勒索行为，又到约定地点提取了索要的财物，即使没有非法占有该财物（如拿到可兑现支票，但尚未取得现金），同样可以构成本罪既遂。四是认为敲诈勒索行为必须达到预期目的，即必须实际非法占有公私财物，才构成既遂；如果由于行为人意志以外的原因而未能取得财物，则构成犯罪未遂。

主流观点一般认为，敲诈勒索罪侵犯的客体是公私财产所有权，归入侵犯财产类犯罪，故应以是否实际取得财物作为既遂与未遂的界限。[①] 行为人使用威胁或要挟手段，使被害人心理上产生恐惧，非法取得被害人财物的，属于犯罪既遂；如果被害人并未产生恐惧，因而未交出财物，或者虽然产生恐惧但未交出财物的，应属犯罪未遂。如果行为人在被害人未交出财物的情况下，将威胁内容付诸实施，当场使用暴力并抢走财物的，则应认定为抢劫罪。

三、此罪与彼罪的区分

（一）敲诈勒索罪与抢劫罪

两罪共同之处是：侵犯的都是复杂客体且内容相同；在行为方面，都可以用威胁的方法实施；在主观方面，行为人都具有非法占

---

① 参见高铭暄、马克昌主编：《刑法学》，中国法制出版社 2007 年版，第 617 页。

有公私财物的目的。

两罪的区别主要表现在客观方面。一是行为方法不同。敲诈勒索的行为方法仅限于威胁和要挟，可以当着被害人的面实施，也可以通过第三者实施；而抢劫罪的行为方法既包括暴力威胁，也包括其他强制手段，一般是当着被害人的面直接实施。二是行为内容不同。敲诈勒索罪"威胁或要挟"的内容，既包括使用暴力、毁坏财物，也包括揭发隐私、栽赃陷害等；而抢劫罪的行为内容只能是以暴力相威胁。三是行为实施的时空点不同。敲诈勒索罪既可以扬言当场实施，也可以扬言在将来某个时间实施；而抢劫罪只能在当场、当时实施。四是取得非法利益的时间点不同。敲诈勒索罪既可以当场取得，也可以在实施威胁或要挟之后的一段时间内取得；而抢劫罪是在实施暴力或威胁之后，当场取得财物。五是索取财物的形态和数额要求不同。敲诈勒索罪索取的财物，既包括动产也包括不动产，且构成犯罪要求"数额较大"；而抢劫罪索取的财物只能是动产，且对构成犯罪没有数额要求。

（二）敲诈勒索罪与招摇撞骗罪

两罪区别：一是侵犯的客体不同。敲诈勒索罪的客体是公私财物所有权和公民人身权利以及其他权益；而招摇撞骗罪的客体是国家机关的威信及其正常活动。二是客观方面不同。敲诈勒索罪表现为威胁或要挟；而招摇撞骗罪表现为欺骗。三是被害人交出财物时的心理状态不同。敲诈勒索罪造成被害人精神上的恐惧，被迫交出其财物；而招摇撞骗罪是被害人在受骗后，"自愿"交出其财物。四是获取利益的范围不同。敲诈勒索罪获取的利益仅限于财物，而招摇撞骗罪获取的利益既包括财物或财产性利益，也包括非财产性利益，如某种职称或职务，政治待遇或荣誉称号等。五是成立犯罪的标准不同。敲诈勒索罪要求"数额较大"的，才构成犯罪；而招摇撞骗罪并不要求行为人骗得财物数额多少，只要行为人实施了冒充国家机关工作人员或人民警察招摇撞骗的行为，原则上便构成犯罪。

实践中应当注意的是：行为人实施冒充人民警察或者海关、工商、税务等国家机关工作人员敲诈他人钱财行为的，属于法条竞合的情况，应当按照刑法理论上处理法条竞合犯的原则来解决定罪与量刑问题。换言之，如果行为人冒充并敲诈钱财的数额较大或者巨大，应当以敲诈勒索定罪处罚，并将其招摇撞骗行为作为量刑情节考虑；如果行为人冒充并敲诈钱财的数额较小，则应以招摇撞骗定罪处罚。

（三）敲诈勒索罪与诈骗罪

两罪的犯罪主体都是一般主体，犯罪主观方面都是直接故意，且以非法占有为目的。两罪的根本区别在于，犯罪客体和客观方面不同。在客体方面，敲诈勒索罪侵犯的是复杂客体，即公私财产所有权和公民人身权利或其他利益；而诈骗罪侵犯的是单一客体，即公私财产的所有权。在客观方面，敲诈勒索罪表现为以威胁或要挟的方法，迫使被害人因恐惧而被迫交付财物；诈骗罪则表现为以虚构事实或隐瞒真相的方法，使被害人受蒙蔽而"自愿地"交付财物。

实践中应当注意的是：在敲诈勒索案件中，有的案件可能包含欺诈的因素，但并非构成本罪的要件。例如，某甲给某乙的父亲写信，谎称某乙打他的事实，具有一定欺骗性；但是，某甲并不是靠欺骗的方法来蒙蔽某乙的家长，使其自愿交付2万元，而是以扬言"要杀乙"相威胁，企图迫使某乙的家长交付2万元。因此，对某甲的行为应定为敲诈勒索罪。

四、刑事责任

根据《刑法》第274条规定：敲诈勒索公私财物，数额较大或者多次敲诈勒索的，处3年以下有期徒刑、拘役或者管制，并处或者单处罚金；数额巨大或者有其他严重情节的，处3年以上10年以下有期徒刑，并处罚金；数额特别巨大或者有其他特别严重情节的，处10年以上有期徒刑，并处罚金。

根据"两高"司法解释规定①：敲诈勒索公私财物，价值在 2 千元至 5 千元以上、3 万元至 10 万元以上、30 万元至 50 万元以上的，应当分别认定为《刑法》第 274 条规定的"数额较大""数额巨大""数额特别巨大"。各省、自治区、直辖市高级人民法院、人民检察院可以根据本地区经济发展状况和社会治安状况，在前款规定的数额幅度内，共同研究确定本地区执行的具体数额标准，报最高人民法院、最高人民检察院批准。

第二节　敲诈勒索罪涉铁相关问题

一、敲诈勒索行为是否包括暴力手段

根据刑法理论通说，敲诈勒索罪的客观行为不应当包括暴力手段。主要理由有二：其一，如果敲诈勒索罪与抢劫罪的客观方面都包括暴力手段，那么对于实践中判定该暴力行为是使被害人产生恐惧心理而交出财物，还是抑制了被害人反抗而劫到财物，就难以取得客观证据。其二，暴力行为对每个被害人可能产生的影响并不相同。对有的被害人来说，轻微暴力就足以使其丧失反抗能力，而对于有的被害人来说，严重的暴力可能仅使其产生微小恐惧。换言之，同一个行为人对不同被害人使用相同的暴力，对被害人产生的影响可能完全不同，从而构成不同的犯罪；同一个行为人对不同被害人使用不同的暴力，对被害人产生的影响可能完全相同，从而构成相同的犯罪。这将可能导致罪刑不均衡的结果。

二、"威胁"或"要挟"的特点

如前所述，敲诈勒索罪与某些罪名具有相同或近似特征，正确认识本罪客观方面"威胁"或"要挟"的特点，对准确定性和适用

---

① 参见 2013 年 4 月 23 日最高人民法院、最高人民检察院《关于办理敲诈勒索刑事案件适用法律若干问题的解释》（法释〔2013〕10 号）第 1 条。

法律具有重要意义。实践中注意把握以下几点：

1. 行为人以将要实施的侵害行为对被害人进行恐吓。例如，扬言将要杀害、伤害、揭发隐私、毁灭财物等。本罪只能以作为方式实施，不可能以不作为方式实施。在司法实践中，对行为人通过制造、散播迷信谣言，引起他人恐慌，又乘机以"帮助驱鬼消灾"为名骗取群众财物的，或者对落水、迷失等陷于困境人的紧急求助，以"不给钱就不救助"作为条件等情况，都不能认定为敲诈勒索罪。

2. 行为人扬言将要危害的对象比较宽泛。可以是公私财物所有人或管理人，也可以是与他们有利害关系的其他人。例如，财物所有人或管理人的亲属等。

3. 行为人威胁或要挟的方式多种多样。可以用口头或其他方式当面表示，也可以通过电话、书信等表示；可以由行为人亲自发出，也可以委托第三者转达；可以明示，也可以暗示；等等，均不影响本罪构成。

4. 行为人威胁或要挟将要实施的侵害行为有多种。可以是当场能够实现的，如扬言使用暴力杀害、伤害等；也可能是需要等待将来某个时间点才能实现的，如扬言要揭发其隐私、违法犯罪行为等。例如，某甲在乘坐火车时为补办卧铺票，给列车员某乙200元好处费，事后某甲以投诉相要挟，向某乙勒索5000元。再如，某丙是铁路客运段领导某丁的司机，知道某丁有贪污受贿等犯罪问题，遂以揭发相要挟，向某丁勒索3万元。在这两个案例中，某甲和某丙分别要检举某乙和某丁的违法犯罪事实，原本是合法行为；但如果他们以非法占有为目的，以此要挟对方财物，就可能构成敲诈勒索罪。

实践中需要注意的是：行为人威胁将要实施危害行为，并非意味着他在发出威胁之时不实施任何危害行为。例如，行为人以将要对被害人实施伤害行为相威胁，但是在发出威胁的同时也伴随轻微的殴打行为；或者威胁将要实施杀害行为，但在发出威胁时实施了伤害行为。此种当场实施较轻的加害行为、同时威胁将来实施较重加害行为的方式，可能会影响到行为人实际触犯的罪名和具体适用法律的数额标准，应当结合具体案件情况予以判断。

在一般情况下，被害人的隐私或者行为缺陷与敲诈勒索行为本身并没有直接关系，通常是被害人的违法犯罪行为发生在前，行为人掌握该信息并实施敲诈勒索的行为在后。但是在特殊情况下，有的敲诈勒索罪案件是行为人通过设计"做局"、诱骗被害人实施违法行为，然后当场抓获、借机敲诈勒索。例如，某火车站公安派出所保安员，不认真履行职责，故意将一批铁路专用物品堆放到辖区内容易丢失的位置，引诱他人盗窃，或者故意委托他人将铁路专用物品卖给废品收购站，待他人盗窃得手或者收购完成后，他再以派出所保安人员的名义进行盘查要挟，敲诈勒索盗窃分子或废品收购人。

第三节　敲诈勒索罪侦查监督指引

在办理敲诈勒索案件时，需要注意三点：一是重视审查客观证据。尤其是犯罪嫌疑人隐藏在幕后、不与被害人直接接触的案件，更要加强对客观证据的审查。如恐吓信件、银行账单明细等书证，通话、短信记录等电子证据，准确锁定犯罪嫌疑人和犯罪行为。二是重视审查非法占有目的的证据。敲诈勒索犯罪嫌疑人往往会对自己的主观目的有所辩解，如辩称双方存在债权债务、婚恋纠纷等。审查时要注意综合全案证据，认真分析犯罪嫌疑人辩解是否合理，准确认定其是否具有非法占有的目的。这是认定本罪能否成立的重要前提。三是注意审查（可能实施的）暴力程度和取财地点的证据。敲诈勒索罪与其他犯罪在作案手法上有所交叉，因此要注意审查犯罪嫌疑人有无当场实施暴力、使用的工具、伤情鉴定、被害人何时何地交付财物及其当时的心理状况等证据，以准确认定犯罪性质及其危害程度。这是办理本罪审查逮捕案件的关键环节。

一、逮捕案件的证据审查

（一）有证据证明发生了敲诈勒索犯罪事实

着重审查以下证据：

1. 证明敲诈勒索案件发生的证据。主要包括：报案、受案登记，立案决定书及破案经过证明等材料；抓获人、扭送人、报案人的陈述和证言。

2. 证明被害人因受到威胁、要挟而产生恐惧心理的证据。最直接的证据是被害人陈述及其家人、同事、朋友等证人证言，但这些主观证据必须要有客观证据与之相互印证。重点审查证实：

（1）被害人担心某种危害事实发生而产生恐惧心理。如害怕自己的隐私被揭露、受到暴力侵害或者其他危害结果。相关证据有：信件、电子邮件、通信聊天记录或录音录像等客观证据；犯罪嫌疑人供述、被害人陈述、证人证言等言词证据。

（2）被害人因身体遭到侵害而产生恐惧心理。在敲诈勒索案件中，不排除被害人被暴力侵害的情况。应当通过病历、身体检查笔录、鉴定意见等证据来判断暴力侵害的程度，以及是否足以使被害人感到恐惧。当然，也不能简单以暴力程度的轻重作为判断被害人心理状态的标准。对一些使用轻微暴力的情况，还需要结合现场勘验笔录等相关证据，综合判断被害人在该环境中是否会因此而感到恐惧。

3. 证明被害人因恐惧而交付财物的证据。根据不同情况，主要审查以下几方面证据：

（1）现金交付的。主要审查言词证据，应当结合视频监控等证据，证实现金交付的时间、地点、参与人员以及现金的来源、面额、数额、捆扎、包装等细节。

（2）转账交付的。主要审查银行卡交易明细、对账单，结合银行工作人员证言、视频监控等证据，证实转账交付的时间、地点和金额，转入账户及资金流向情况，是否转入犯罪嫌疑人控制的账户，以及取款人的情况等。

（3）实物交付的。一是注意审查涉案物品权属关系。包括购买物品凭证、发票、保险单，或者为该物品设立质押、担保等物权的合同等。二是注意审查物品价值，包括购物发票等有效价格证明。对于物品价格鉴定意见，要注意审查鉴定的依据是否为实物；如果实物已灭失，是否有发票等作为鉴定依据。

（4）交付财产性利益的。注意审查相关支付凭证、有价证券、有价票证等原件是否已经扣押，有无鉴定意见证实该财产性利益在案发当时的价值。

（二）有证据证明敲诈勒索行为是犯罪嫌疑人实施的

着重审查以下证据：

1. 证明犯罪嫌疑人实施了威胁或要挟行为的证据。司法实践中，威胁或要挟的方式主要有以下两种：

（1）对被害人制造强大心理压力。通常表现为曝光隐私、举报违法、散布谣言、毁坏商业信誉甚至以领导权势相威胁等。如果恐吓以口头方式当面进行的，一般客观证据较少，必须认真审查犯罪嫌疑人供述和辩解、被害人陈述及证人证言等言词证据；审查时要注意核实细节，排除非法取证。如果恐吓是通过某种媒介进行的，则需要通过审查电话、短信记录及电子邮件、聊天记录、往来信件等电子证据和书证，证明被害人因受到恐吓而造成了心理压力。

（2）对被害人以实施暴力相威胁。通常表现为扬言对被害人或者其亲友实施殴打等威胁行为。应当通过审查相关监控视频、录音及被害人伤情鉴定等客观证据，查明是否存在暴力行为、时间地点等情况；通过审查犯罪嫌疑人供述和辩解、被害人陈述、证人证言等言词证据，查明犯罪嫌疑人实施（或扬言实施）暴力的具体过程。在审查视听资料时，要注意结合在案言词证据、辨认笔录等证据，准确认定该敲诈勒索行为系犯罪嫌疑人所为。必要时，可以进行血迹、毛发、脚印、声纹等鉴定。

2. 证明犯罪嫌疑人向被害人索要财物的证据。根据不同情况，主要审查以下几方面：

（1）当面索要财物的。除审查言词证据是否能够印证外，还必须严格审查辨认笔录，确保辨认笔录合法、客观、真实。犯罪嫌疑人与被害人对勒索金额表述不一致的，应当与证人证言、实际交付数额等相互印证，对犯罪数额作出准确认定；经审查确实无法查清的，可以就低认定。

（2）通过媒介索要财物的。审查信件、字条等书证，应结合笔迹鉴定意见分析判断；审查手机短信、聊天记录、电话清单等电子证据，应结合电信公司出具的电话号码登记信息及电话使用情况分析判断；审查网络电子邮件、信件等，应结合有关 IP 地址、发件地址及其他邮件内容分析判断；审查电话录音、视频录像等视听资料，应结合被害人陈述、证人证言及辨认笔录等分析判断。通过上述方式，准确认定犯罪嫌疑人和具体犯罪行为。

（3）关于敲诈数额提出者。对于敲诈数额由被害人主动提出，且刚到起刑点的案件，需要认真审查案发经过、公安机关侦破情况，对被害人陈述与犯罪嫌疑人供述进行复核印证，查实敲诈行为与索要财物的具体情况，谨慎把握入罪门槛。

（三）有证据证明敲诈勒索的主观故意

在犯罪嫌疑人与被害人没有任何交集的情况下，判断其非法占有目的相对容易。但在实践中，犯罪嫌疑人往往提出各种辩解，如与被害人存在债权债务或者婚恋、家庭、邻里纠纷等，可能会影响对非法占有目的的认定，需要引起重视、慎重把握。着重审查以下内容：

1. 审查双方是否存在债权债务关系的证据。主要包括：（1）借条、欠条、资金往来等证明债权债务的证据。（2）有关判决、裁定等证明双方之间有合法债权债务的证据。（3）劳动合同、单资单等证据，证明双方之间是否可能存在劳动纠纷。

2. 审查双方是否存在婚恋、家庭、邻里矛盾或消费纠纷的证据。主要包括：（1）犯罪嫌疑人供述、被害人陈述、中立的证人证言等，查实双方之间的身份关系，如是家庭成员、恋人、邻居还是陌生人，是否有矛盾纠纷及其具体情况和历史渊源等。（2）审查有关消费记录、购物发票、网络聊天内容、实物证据等，查实双方是否存在消费关系、合同纠纷或其他经济往来。

二、社会危险性条件审查

根据《刑事诉讼法》第 79 条规定的精神，对有证据证明有敲诈勒索犯罪事实，数额巨大、情节严重的，以及可能判处徒刑以上刑罚、曾经故意犯罪或身份不明的犯罪嫌疑人，应当径行逮捕。在其他情况下，应当结合案件具体情况进行犯罪嫌疑人社会危险性审查，以决定是否需要批准逮捕。

（一）可以依法批准逮捕的情形

在司法实践中，对具有下列情形之一的犯罪嫌疑人，一般认为具有社会危险性，可以依法批准逮捕：

1. 为实施严重违法犯罪活动而敲诈勒索他人的；

2. 多次敲诈勒索他人，或一次敲诈勒索多人，情节恶劣的；

3. 使用殴打、侮辱、虐待等暴力向被害人索财，情节恶劣的；

4. 对未成年人、残疾人、老年人或者丧失劳动能力人敲诈勒索的；

5. 以实施放火、爆炸、投毒等危害公共安全犯罪或者故意杀人、绑架等严重侵犯公民人身权利犯罪相威胁敲诈勒索的；

6. 在集贸、农贸、水产等各类市场内敲诈勒索，称霸一方，欺压群众的；

7. 利用或者冒充国家机关工作人员、军人、新闻工作者等特殊身份敲诈勒索的。

（二）可以不逮捕的情形

对敲诈勒索情节较轻，且具有下列情形之一的犯罪嫌疑人，一般认为不具有社会危险性，可以不逮捕，或适用取保候审强制措施：

1. 因家庭、民间纠纷而引发的敲诈勒索，当事人双方已和解的；

2. 被害人对敲诈勒索的发生存在过错的；

3. 属于从犯，没有参与分赃或者获赃较少的；

4. 被胁迫参加犯罪及在共同犯罪中起次要作用的；

5. 系未成年人或在校学生，平时表现一贯良好，具有认罪、悔罪表现，其家庭、学校或所在社区以及居民委员会、村民委员会具有监护、帮教条件的；

6. 具有其他法定从宽情节的。

三、侦查监督需要注意的问题

（一）对书证、电子证据等客观证据的审查

实践中，有的敲诈勒索案件发生在陌生人之间，有的是熟人作案但与被害人也不正面接触，作案人及其手段的隐蔽性较强，物证较少而书证、电子证据较多，有时被害人难以辨认犯罪嫌疑人。有的犯罪嫌疑人往往通过电话、信件、短信、微信等联系被害人一方，甚至采取语言伪装、笔迹变化、异地邮寄等方式；这些书证和电子证据具有较强的证明力，因此，恢复相关电子数据、调取和鉴定相关书证等工作十分重要，审查时需要特别注意。

（二）对主观故意的证据审查

行为人有无"非法占有"目的，直接关系敲诈勒索罪与非罪的认定。犯罪嫌疑人常以"事出有因"为由进行辩解，是非认定的空间较大。在审查证据时，要看行为人提出的"原因"是否合理，有些"原因"看似合理，但却是无端制造出来的。如行为人自带苍蝇去饭店吃饭而后向店方"索赔"的行为，就属于敲诈勒索性质；但如果是行为人在发现苍蝇后向店方"敲竹杠"，因客观上确实事出有因，也无法证明其"非法占有"的主观目的，因此不容易把握，需要仔细辨别。实践中注意把握以下问题：

1. 犯罪嫌疑人以"索要正当债务"辩解的。注意审查双方是否存在正当债务的书证、电子证据、证人证言等证据。如果的确存在合法债务，就需要进一步查明该债务与索要金额之间是否有差距。一般来说，对于正当债务的部分不能认定为非法占有的数额；但对于超出债务金额的部分，可以认定为非法占有的数额。

2. 犯罪嫌疑人以"索要自己的财物"辩解的。注意审查财物的

权属证明等书证、被害人陈述与证人证言等言词证据。对确有证据证明行为人以索要自己的财物为目的，或者财物归属确有争议的，不宜认定行为人具有非法占有的目的。

3. 犯罪嫌疑人以"存在纠纷"辩解的。如辩解双方有感情纠葛、民事侵权纠纷等。对此，需要审查行为人索要财物是否有法律依据的书证、被害人陈述、证人证言等证据，如果诉求有正当理由、合法依据，只是双方在数额上未能达成一致的，一般不宜认定行为人有非法占有的目的。

4. 共犯参与者对主观明知有辩解的。在敲诈勒索共同犯罪案件中，部分犯罪嫌疑人有时声称自己"不知道事情的来龙去脉"，或以为自己索取的是"合法债务"，自己没有非法占有的目的。对此，一是注意审查该犯罪嫌疑人具体参与行为和参与程度的证据，包括被害人陈述、同案犯供述等，查明其是仅仅参与了部分行为还是从头策划、指挥。二是注意审查该犯罪嫌疑人与主犯及被害人关系的言词证据，查明其是否可能知道完整案情。三是注意审查同案犯及被害人是否有明确指证，综合判断其主观明知的情况。如果无法认定行为人具有非法占有的目的，则不成立敲诈勒索罪；但是，如果行为人在参与索要财物的过程中涉嫌非法拘禁、故意伤害等犯罪的，应当综合全案加以认定。

（三）对"被害人产生恐惧心理"的证据审查

被害人基于"恐惧心理"而被迫交付财物，是鉴别敲诈勒索罪与其他侵财犯罪的重要标志，也可能关系到罪与非罪的认定。实践中需要细致分析、准确把握以下问题：

1. 对于既有欺骗行为又有勒索行为的，应当着重审查被害人主要是基于被骗，还是内心受到胁迫而交付财产，从而区分诈骗罪和敲诈勒索罪。

2. 对于冒用国家机关工作人员身份勒索财物的，除查明行为人是否假冒国家工作人员的身份外，还需要结合被害人陈述或现场证人证言，判断上述假冒行为是否为被害人所察觉，被害人是"自愿"交出财物,还是因为精神上的恐惧而被迫交出财物。

3. 对于利用职务便利勒索财物的,除着重审查犯罪嫌疑人身份、职责的证据外,还需要从被害人陈述中判断其交付财物的真正原因。如果被害人是因为害怕自身或重要关系人的生命、健康、财产、名誉等权利受到损害而被迫交付财物,则可能涉嫌敲诈勒索罪。如果被害人只是想利用犯罪嫌疑人的职务为自己谋利,或者害怕被"穿小鞋",则不能认定为敲诈勒索罪。

4. 对于以"绑架被害人亲友"相要挟的,着重审查被"绑架"人证言及相关物证,查明犯罪嫌疑人是否确有绑架人质行为。如果行为人只是编造绑架事实,欺骗并迫使被害人交付财物的,应当认定为敲诈勒索罪;反之,则应当认定为绑架罪。

(四) 对使用暴力取得财物案件的证据审查

这个问题,既涉及案件性质是敲诈勒索还是抢劫,也关系到罪与非罪的认定。在证据审查中,可从以下两点来把握:

1. 关于暴力程度的证据。在敲诈勒索罪的客观要件中,并不排斥以暴力或者暴力相威胁的行为。但需要注意的是,抢劫罪的暴力需要达到足以抑制被害人反抗的程度,而对敲诈勒索罪则无此要求。对于暴力程度,可以通过以下方式判断:一是通过对病历、伤情检查笔录和鉴定意见的审查,查明被害人伤痕的位置、形态及损伤等情况;通过提取相关物证及勘验笔录等,查明犯罪嫌疑人是否使用工具,该工具的大小、形态、杀伤力等情况。二是可以通过现场勘验笔录、监控录像等证据查实案发现场情况,结合案发当时的时空、被害人性别、年龄等,综合判断犯罪嫌疑人在该环境中的暴力行为是否足以压制被害人反抗,或者仅仅是轻微暴力迫使产生恐惧心理;若是后者,则应认定为敲诈勒索罪。

2. 关于取财地点的证据。对于行为人虽然使用严重暴力,但劫取财物的时间在暴力行为结束之后的,应当认定为敲诈勒索罪。司法实践中,当场实施的暴力胁迫行为往往在多个地点持续进行,因此应当注意,这个"当场"并不同于现实生活中的"当场",不能理解为某一个现场。办案中需要结合犯罪嫌疑人实施暴力胁迫行为的时空跨度、行进路线、所处环境以及双方力量对比变化等情况，综合判断被害人是否一直处于暴力威胁控制之下，是否符合"当场"的特征。

第四节　敲诈勒索罪公诉指引

一、公诉案件的证据审查

在办理敲诈勒索罪公诉案件中，应当重点审查、收集以下证据：

（一）犯罪主体的证据

本罪为一般犯罪主体，即年满 16 周岁、具有刑事责任能力的自然人实施敲诈勒索行为的，均可以构成本罪。具体证据审查可参考本书第三章第四节第一部分的有关内容，此处不再赘述。

（二）主观方面的证据

主要证明行为人非法强索、占有公私财物的目的。共同犯罪的案件，查明每个行为人都明知自己的行为是在共同犯意支配下犯罪行为的组成部分。着重审查、收集以下内容：

1. 犯罪嫌疑人、被告人供述和辩解。主要证实：作案动机、目的；犯罪起意的过程，有无策划及具体内容等。

实践中应当注意：对于敲诈勒索共同犯罪的案件，应当查明策划、分工的时间、地点、内容以及每个人相对应的犯罪行为。具体包括：（1）事先有无预谋策划，有无事先或事中达成默契，是否多次结伙作案、团伙成员之间在每次作案前都通过特定语言等方式形成内容明确的共同故意。（2）共犯成员之间有无持不同意见或反对意见者，或者未表示反对或同意意见者，重点讯问其在案发前后的语言、行为，考察其当时的主观态度。（3）共犯成员的分赃情况及赃物去向，判明每个人的主观目的。

2. 被害人陈述。主要证实：（1）其与行为人关系如何，是否与行为人之间有过节、纠纷等。（2）行为人实施敲诈行为前后及过程中的言行及其所产生的后果，反映其主观故意。

3. 证人证言。包括目击证人、其他知情人证言，证实在现场或案发前后所看见、听到的一切与案件事实相关的情况。

4. 证明"非法占有他人财物"的其他证据。主要包括：（1）行为人以自己名义将赃款赃物出让、出借、出卖、典当的书证，如借据、当票等。（2）相应的受让人、借用人、买受人、典当行人员的证言。（3）从上述证人处提取的赃款赃物。（4）行为人前科劣迹、社会经验、工作履历等方面的证据，从侧面证明其对犯罪后果的认知程度、控制能力等。

在审查认定敲诈勒索罪的主观故意时，应当注意排除行为人为追回自己的合法债务而对债务人采用带有一定威胁成分的语言或其他手段，由于不具有非法强索、占有他人财物的目的，故不能构成本罪。

（三）客观方面的证据

主要证明行为人对被害人实施威胁或要挟的手段，强行索取数额较大财物的行为。威胁或要挟，主要是通过精神强制使被害人产生恐惧心理，而后向被害人索取财物。威胁或要挟是手段，强索财物是目的。一般来说，行为人威胁或要挟的内容不具有当场性，通常是扬言在以后某个时间付诸实施；而行为人取得财物的时间，可以是当场，也可以是在其规定的期限内。着重审查、收集以下证据：

1. 犯罪嫌疑人、被告人供述与辩解。主要证实：（1）实施敲诈行为的时间、地点及参与人等。（2）实施犯罪过程中的手段，是威胁还是要挟，以及具体内容。（3）同案犯各自使用何种作案工具，作案工具的来源、数量、特征及下落等。（4）被害人是否反抗、能否反抗，如何排除被害人反抗等。（5）具体的犯罪经过。（6）共同犯罪的起意、策划、分工、实施等情况，查明每个案犯在共同犯罪中的地位和作用。（7）犯罪行为人（或被害人）的长相、身高、体态、衣着情况等详细特征。（8）被敲诈财物的特征，包括外部形态、种类、颜色、数量等。（9）是否有目击者或其他见证人。（10）是否获得财物及赃款赃物处理情况，如是自用、出借还是出售、典当等。（11）犯罪后表现情况，如是否积极退赃、赔偿经济损失等。

2. 被害人陈述。需证实的内容同上。

3. 证人证言。具体包括：（1）现场目击证人证言。主要证实：①证人与案犯、被害人的关系；②案发时间、地点及原因；③敲诈勒索的经过、被敲诈财物的种类、数量等情况；④在案发现场看见、听到的一切与案件事实相关的情况。（2）收购、销售被敲诈物品的证人证言。主要证实：①收购、销售赃物的时间、地点；②出售赃物的人的详细特征，包括面部特征、身高、体态以及当时的衣着情况等；③赃物的特征，包括外部形态、种类、颜色、重量等；④收购、销售赃物的价格，以及是否明显低于市场价格；⑤被收购、销售的赃物的去向。（3）现场发现人、抓获人、扭送人等证言。主要证实：①如何获知犯罪行为和犯罪嫌疑人情况；②对犯罪嫌疑人被抓获时的身体特征、衣着等情况描述；③抓获犯罪嫌疑人的时间、地点和过程，证实其是否有投案、坦白、立功等情节。（4）其他知情人证言。

4. 物证、书证。具体包括：（1）作案工具，如刀枪、绳索等。（2）现场遗留的物证或痕迹，如血衣、血迹、毛发、烟头，或指纹、脚印等。（3）赃款赃物，包括现金、物品及股票、债券、存折等有价证券。（4）与案件有关的书信、日记等，用以证实行为人敲诈的时间、地点及经过等情况。（5）行为人用以敲诈的合同、收据、借条、欠条等。（6）电信部门提供的（固定、移动）电话通话记录、短信息汇录等。（7）民事赔偿调解协议、有关笔录等，用以佐证犯罪嫌疑人承认其犯罪行为及后果等情况。

5. 鉴定意见。具体包括：（1）指纹、脚印等痕迹鉴定意见，证实是否为犯罪嫌疑人或被害人所遗留。（2）文检鉴定意见，证实是否为犯罪嫌疑人或被害人的笔迹、印鉴等。（3）与案件有关的血型、DNA 鉴定意见，证实现场遗留的血衣、血迹、毛发等是否为犯罪嫌疑人或被害人的。（4）被勒索财物的估价鉴定意见。

6. 现场勘查笔录、照片。包括敲诈勒索的现场、犯罪工具准备、丢弃的现场、提取物证的现场等。

7. 视听资料、电子数据。包括电话录音、录像等，证实敲诈的内容、被强索财物的数量等情况。

8. 其他证明材料。主要包括：（1）被害人、目击证人对犯罪嫌疑人或有关物证的辨认笔录。（2）犯罪嫌疑人或被害人、证人指认现场的笔录。（3）搜查笔录、扣押物品清单及照片，用以证实查获的作案工具及相关物证。（4）退赃笔录、起赃笔录、收缴笔录。（5）报案登记、立案决定书、破案经过等书证材料，用以证实案件来源、犯罪嫌疑人是否有自首情节等情况。

9. 对被害人身体造成损害的其他证据。主要包括：（1）有关病历、诊断书、抢救记录、住院治疗记录等。（2）有关精神病鉴定意见。（3）有关被害人自杀、自残的证据，如被害人陈述、证人证言、抢救记录等。（4）有关被害人在被敲诈前后的身体健康状况、后遗症、精神状态等证言。

（四）犯罪客体的证据

敲诈勒索罪侵犯的是复杂客体，既侵犯公私财产的所有权，又侵犯被害人人身权利或其他权益；犯罪对象包括动产和不动产，有形物和无形物。在本罪案件审查起诉环节，应当注意通过犯罪嫌疑人供述与辩解、被害人陈述、证人证言以及书证、物证等，综合加以证明。

二、审查起诉应当注意的问题

（一）敲诈勒索罪与抢劫罪

两罪有许多相似之处：侵犯的客体均为复杂客体，犯罪主体均为一般主体，主观方面都以非法占有为目的。两罪的主要区别在于客观方面，如具体行为是否为当场实施暴力或以暴力相威胁，威胁的内容是否为当场取财等。实践中，应着重收集证明上述内容的证据，主要包括犯罪嫌疑人供述与辩解、被害人陈述、证人证言、物证（如作案工具、被索取的财物等）以及书证（如信件）等，综合加以认定。

（二）敲诈勒索罪与非法拘禁罪

两罪在侵犯客体、主观目的和行为方式等方面均有所不同。为了准确区分两罪，实践中应当重点审查、收集以下证据：犯罪嫌疑人供述与辩解、被害人陈述、证人证言、书证（如欠条、借据、合同等）、物证（如作案工具等），以及视听资料、电子数据等。

（三）对敲诈勒索"严重情节"的把握

根据"两高"司法解释①：敲诈勒索公私财物，具有下列情形之一的，"数额较大"的标准可以按照本解释规定标准的百分之五十确定：

1. 曾因敲诈勒索受过刑事处罚的；

2. 一年内曾因敲诈勒索受过行政处罚的；

3. 对未成年人、残疾人、老年人或者丧失劳动能力人敲诈勒索的；

4. 以将要实施放火、爆炸等危害公共安全犯罪或者故意杀人、绑架等严重侵犯公民人身权利犯罪相威胁敲诈勒索的；

5. 以黑恶势力名义敲诈勒索的；

6. 利用或者冒充国家机关工作人员、军人、新闻工作者等特殊身份敲诈勒索的；

7. 造成其他严重后果的。

"两高"司法解释还规定②：敲诈勒索公私财物，具有上述第 3 项至第 7 项情形之一，数额达到本解释第 1 条规定的"数额巨大""数额特别巨大"百分之八十，可以分别认定为敲诈勒索罪的"其他严重情节""其他特别严重情节"。

对于上述情形，应当重点审查、收集造成相关严重后果的书证、物证及言词证据等，综合加以认定。

---

① 参见 2013 年 4 月 23 日最高人民法院、最高人民检察院《关于办理敲诈勒索刑事案件适用法律若干问题的解释》（法释〔2013〕10 号）第 2 条。

② 参见 2013 年 4 月 23 日最高人民法院、最高人民检察院《关于办理敲诈勒索刑事案件适用法律若干问题的解释》（法释〔2013〕10 号）第 2 条。

第十一章　故意毁坏财物罪刑事检察

第一节　故意毁坏财物罪理论概述

一、概念及其犯罪构成

故意毁坏财物罪，是指故意非法地毁灭或者损坏公私财物，数额较大或者有其他严重情节的行为。本罪具有如下构成特征：

（一）侵犯的客体是公私财物的所有权

犯罪对象是国家、集体、企事业单位或者个人所有的任何有形财物，包括动产和不动产。但是，破坏某些特定的公私财物，因其侵犯的是《刑法》保护的其他客体，则不能以故意毁坏财物罪论处。例如，故意毁坏使用中的交通设备、交通工具以及电力、煤气等易燃易爆设备，危害公共安全的，应当以危害公共安全罪中的有关犯罪论处；故意毁坏机器设备、残害耕畜破坏生产经营的，应当以破坏生产经营罪论处。

（二）客观方面表现为实施了毁灭或者损坏公私财物的行为

毁灭，是指行为人用焚烧、腐蚀、污染、摔砸等各种非法方法，致使公私财物的经济价值和使用价值全部丧失。损坏，是指行为人使用破坏性手段，致使公私财物部分丧失经济价值和使用价值。需要指出的是，毁坏公私财物的行为方式多种多样。如果行为人采用放火、决水、爆炸等危险方法毁坏公私财物，危害不特定人身或财产安全的，应当以危害公共安全罪中的有关犯罪处理。

故意毁坏公私财物的行为，必须达到数额较大或有其他严重情节的，才构成犯罪。根据最高人民检察院、公安部有关规定①：故意毁坏公私财物，造成公私财物损失 5000 元以上的，应予立案追诉。在司法实践中，"情节严重"是指毁灭或损坏重要物品，损失严重的；毁坏手段特别恶劣的；毁坏急需物品，引起严重后果的；行为动机卑鄙的；毁坏财物嫁祸于人的；等等。

（三）本罪主体是一般犯罪主体

即凡达到刑事责任年龄、且具备刑事责任能力的自然人，均可以构成本罪。

（四）本罪主观方面是故意，包括直接故意和间接故意

行为人的目的是将公私财物故意毁坏，而不是将公私财物非法占为己有。行为人毁坏财物的动机多种多样，一般出于报复、忌妒、泄愤、陷害他人等动机。过失毁坏公私财物的，不构成本罪。

二、罪与非罪、此罪与彼罪的区分

（一）故意毁坏财物罪与非罪

如前所述，故意毁坏公私财物行为需达到数额较大或情节严重的，才构成犯罪。因此，是否数额较大或情节严重，是判定本罪罪与非罪的重要标志。故意毁坏公私财物数额较小、情节较轻的，属一般违法行为。所谓情节严重，一般是指毁灭或损坏重要物品损失严重的；毁灭或损坏公私财物的手段特别恶劣的；出于嫁祸于人的动机；等等。

（二）本罪与其他犯罪

本罪与破坏交通工具、破坏交通设备、破坏易燃易爆设备、破坏通讯设备等危害公共安全犯罪，以及破坏社会主义经济秩序罪中的破坏生产经营罪，主要区别在于犯罪客体。后者破坏的是特定财产，侵犯的是《刑法》规定的特定客体，应分别按刑法分则的有关

---

① 参见最高人民检察院、公安部《关于公安机关管辖的刑事案件立案追诉标准的规定（一）》（公通字〔2008〕36 号）第 33 条。

规定定罪处罚。

三、刑事责任

根据《刑法》第 275 条规定：故意毁坏公私财物，数额较大或者有其他严重情节的，处 3 年以下有期徒刑、拘役或者罚金；数额巨大或者有其他特别严重情节的，处 3 年以上 7 年以下有期徒刑。

第二节　故意毁坏财物罪相关问题

一、关于对"毁坏"的理解

关于毁坏的含义，刑法理论界有多种学说。有观点认为，"这里的'毁坏'是指通过改变公私财物自然形态的方式，来消灭财物的形体或减少财物的价值（效用）"。① 还有观点认为，"毁坏公私财物，指毁坏或损坏两种情况。毁坏是指把财物完全破坏掉，使其完全失去价值和使用价值，损坏是指把财物部分毁坏，丧失部分使用价值和价值"。② 目前通说认为，"毁坏不限于从物理上变更或者消灭财物的形体，而是包括丧失或者减少财物的效用的一切行为"。③ 换言之，只有实施了使他人财物永久地失去其效用的行为，方能视为故意毁坏财物罪的"毁坏"行为。具体来说，如果行为造成了财物实质上的破坏（包括拆卸、部分毁坏或整体毁灭），使之永久性地完全失去效用或部分失去效用，这自然可以构成毁坏财物罪；虽然没有对财物本身造成破坏，但却使之永久地脱离他人的占有，或者尽管所有者仍占有该物，但已不可能发挥其原有效用的，也可以构成毁坏财物罪。例如，甲某在旅客列车上向其他乘客展示炫耀自己收藏的珍贵字画，乙某由于忌妒，故意将墨汁泼洒在甲某的字画

---

① 陈明华主编：《刑法学》，中国政法大学出版社 1999 年版，第 623 页。

② 严军兴等主编：《新刑法通释》，光明日报出版社 1997 年版，第 419 页。

③ 张明楷：《刑法学》（第四版），法律出版社 2011 年版，第 911 页。

上，将该字画的内容覆盖、无法恢复原状。这种行为就属于故意"毁坏"财物的行为。

二、故意毁坏财物罪的牵连犯

根据刑法理论，行为人为实施某种犯罪（即本罪），而方法行为或结果行为又触犯其他罪名（即他罪）的犯罪形态，是牵连犯。在办理故意毁坏财物罪案件中，这种情况比较常见。例如：为盗窃他人车中的财物，故意砸碎车窗玻璃、毁坏车门；为实施敲诈勒索，故意毁坏被害人的汽车以威胁或恐吓被害人等。对于各种牵连犯罪的情形，应当根据具体案件情况区别处理：

1. 行为人的本罪（如盗窃）行为成立犯罪，但毁坏财物的手段行为不构成犯罪的，应以本罪论处，将其毁坏财物的行为作为酌定量刑情节。

2. 行为人的本罪行为不构成犯罪，但毁坏财物的手段行为构成犯罪的，应以故意毁坏财物罪论处。例如，甲某为盗窃价值 300 元的铁路电缆防护管，用斧头砍下防护管的同时也砍断了价值 3 万元的光缆线，造成长距离的光缆报废及区间通信中断、列车停运。根据"两高"司法解释①："盗窃未构成犯罪，但损毁财物构成其他犯罪的，以其他犯罪定罪处罚。"甲某的本罪行为是盗窃，因数额较小不构成盗窃罪；但其作案的手段行为造成国有铁路数额较大的财产损失，因此应当以故意毁坏财物罪认定。

3. 行为人的本罪行为和毁坏财物的手段行为均已构成犯罪，应成立牵连犯，并适用"择一重罪"的原则处罚。

实践中需要注意的是：行为人在实施某种犯罪行为之后，为破坏现场或毁灭证据又实施了毁坏财物的行为，如果其故意毁坏财物的行为构成犯罪，这种情况下应当成立数罪，即以前罪和故意毁坏财物罪数罪并罚。

---

① 参见 2013 年 3 月 8 日最高人民法院、最高人民检察院《关于审理盗窃案件具体应用法律若干问题的解释》第 11 条。

第三节　故意毁坏财物罪侦查监督指引

一、逮捕案件的证据审查

根据《刑法》第 275 条规定，故意毁坏财物罪是指故意毁坏公私财物，数额较大或者有其他严重情节的行为。这是本罪的一般表现形式。此外，根据《刑法》和司法解释规定，具有下列情形的，也可能以本罪处罚：（1）故意破坏正在使用的公共电信设施尚未危害公共安全，或者故意毁坏尚未投入使用的公用电信设施的。（2）采用破坏性手段盗窃公私财物的。（3）实施盗窃犯罪后，为掩盖罪行或者报复等，故意毁坏其他财物的。（4）盗窃行为未构成犯罪，但损毁财物构成其他犯罪的。（5）因进行营利性生产，违反森林管理法规，毁坏林木，影响林木正常生长或致使林木死亡，情节严重的。

在办理故意毁坏财物罪审查逮捕案件中，需要注意把握四个问题：一是重视客观证据对案件事实的证明作用，这是审查证据的重点。二是综合审查在案证据，明确共同犯罪中每个案犯的主观故意、具体行为及其作用，这是确定各人刑事责任的基础。三是查明犯罪嫌疑人的主观动机和危害后果，这是准确适用法律的基础。四是审查判断犯罪嫌疑人的社会危险性，这是正确适用逮捕措施的基础。具体而言，着重审查以下几方面内容：

（一）有证据证明发生了故意毁坏财物犯罪事实

1. 证明故意毁坏财物案件发生的证据。重点包括：报案登记材料、受案登记表、立案决定书、破案经过证明等材料，抓获人、扭送人、现场报案人的证言等。

2. 证明发生毁坏财物结果的证据。重点包括：物证、书证、鉴定意见及现场勘查笔录、照片等，用以证实案发现场的具体情况，以及被毁坏财物的种类、数量和毁坏程度等情况。

3. 证明被毁坏财物达到数额较大标准或者情节严重的证据。除言词证据外，审查重点还包括：鉴定意见、购物发票、维修清单、现场监控视频等，用以证实财物的价值、被毁坏的次数、参与犯罪的人数等情况。

（二）有证据证明毁坏财物行为是犯罪嫌疑人实施的

这方面的证据，除犯罪嫌疑人供述与辩解、被害人陈述、证人证言外，还需要结合以下客观证据进行审查：

1. 证明犯罪嫌疑人实施毁坏财物行为的证据。主要包括：被毁坏的财物以及犯罪工具的实物或照片，现场勘验检查笔录、监控视频等。

需要注意的是，对于采取焚烧、水淹、炸毁等方式毁坏财物的，应当结合现场勘验笔录、照片，考察现场周边情况，判断是否可能危及公共安全。

2. 证明三人以上实施毁坏财物行为的证据。审查重点是犯罪嫌疑人进行犯意联络的短信、微信、通话记录等客观证据。当缺少客观证据佐证时，应当对言词证据的取证程序以及犯罪嫌疑人纠集的过程进行深入审查，仔细核对言词证据之间有无明显矛盾；如果有关重要情节等不一致，不应作出不利于犯罪嫌疑人的判断。

（三）有证据证明犯罪嫌疑人有毁坏财物的主观故意

着重审查：行为人与被害人是否存在矛盾纠纷；是临时起意还是事先预谋；对犯罪后果的认知程度；参与共同犯罪行为的主动程度；实施本罪过程中的言行等方面。同时应对照被毁坏财物的实物或照片、现场勘验笔录、监控视频等客观证据，综合判断犯罪嫌疑人的主观故意。审查中需要注意以下两点：

1. 犯罪动机、目的会在一定程度影响行为的性质。因此，审查时应当结合反映案件背景、具体犯罪行为的证据，核实双方是否存在矛盾纠纷、毁坏财物的具体情况等，由此准确判断行为人的动机、目的。如果证据反映出行为人在犯罪对象的选择上具有随意性，毁坏财物行为具有连续性、无因性，则需要考虑其是否具有无事生非、发泄情绪等寻衅滋事的犯罪动机。

2. 审慎认定共同犯罪故意的内容。特别在只有犯罪嫌疑人供述证明存在共同故意的案件中，要注重对预谋策划、达成默契等细节过程的审查，同时结合反映客观行为的其他证据进行综合分析，做出准确判断。

二、社会危险性条件审查

根据《刑法》第 275 条规定：故意毁坏财物罪的法定刑为 3 年以下有期徒刑、拘役或者罚金；数额巨大或者有其他特别严重情节的处 3 年以上 7 年以下有期徒刑。因此在考虑是否适用逮捕措施时，除犯罪嫌疑人曾经故意犯罪或者身份不明的案件以外，都应当进行社会危险性审查判断。根据故意毁坏财物罪的特点，实践中主要从以下几方面考察犯罪嫌疑人的社会危险性：（1）看案件起因。判断行为人是临时起意，还是预谋的打击报复。（2）看被害人过错程度。判断被害人一方是否存在过错及过错大小。（3）看犯罪嫌疑人的态度。判断其是否认罪、悔罪，是否积极赔偿，是否得到被害人一方的谅解。（4）看犯罪嫌疑人基本情况。判断其是否未成年人或者老年人，是否具备取保候审的条件。（5）看有无妨碍侦查和诉讼活动正常进行的情形。如是否存在恐吓、威胁行为，或者干扰他人作证行为等。（6）看案件的情节和后果。判断犯罪行为的社会影响是否较大，作案手段是否恶劣，是否具有从轻、减轻或者从重处罚的情节等。

在办理本罪审查逮捕案件中，容易出现对专门性鉴定意见不作审查即片面采信的问题。然而，鉴定意见作为认定案件事实的核心证据之一，一旦出现偏差，很可能直接影响罪与非罪的正确判断。因此必须按照相关法律和司法解释，综合本案其他证据对鉴定意见的客观性作出审查判断，防止发生错案。

三、侦查监督需要注意的问题

（一）关于对物品价值的证据审查

1. 对鉴定意见的审查。具体要求是：（1）注重审查被鉴定物品与涉案物品是否具有同一性；现场扣押、封存手续是否合法；被鉴定物品是否得到妥善保管；鉴定依据是否客观等，确保鉴定意见客观准确。（2）注重审查犯罪嫌疑人或被害人是否对鉴定意见提出异议。对于提出异议的，可以通过讯问或询问的方式，了解核实其提出异议的依据。如果认为其异议可能成立的，在未能排除的情况下，暂不能将该鉴定意见作为定案依据。

2. 电力、煤气等无体物价值书面说明。该类证据审查重点包括：出具的主体是否为有权机关；说明是否加盖公章；说明结论是否有相应依据等。对于直接作出结论性意见的说明，一般不宜采信。

（二）共同犯罪具体责任的证据审查

在区分共同犯罪案件各犯罪嫌疑人的具体责任时，审查重点包括：审查言词证据、现场监控视频等，明确各人在共同犯罪中的行为及作用；通过审查短信、微信、通话记录和辨认笔录，确认共同犯罪的组织策划纠集者。

（三）"纠集三人以上公然毁坏公私财物"案件的证据审查

这是一种较为特殊的犯罪形式，实践中并不常见。在审查认定时，要将"纠集"行为和"公然性"这两个核心条件作为审查重点。对于"纠集"行为，审查重点与证明共同故意的要求基本一致。而对于"公然性"的审查，主要是通过审查现场勘验检查笔录、监控视频等，确认发案时间、地点以及周边环境。在缺少上述客观证据时，要注重结合犯罪嫌疑人供述与辩解、被害人陈述、证人证言的有关内容进行核对研判。

（四）对犯罪对象的证据审查

在审查案件时需要注意的是，遗弃物不能成为故意毁坏财物罪的犯罪对象。判断被毁坏的财物是否属于遗弃物，特别是当犯罪嫌疑人辩解认为"是"而被害人否认时，应当结合现场勘验笔录、物证照片、证人证言等证据，审查被毁坏财物的存放地点、表面特征，并综合考虑一般公众的认知标准作出准确判断。确实难以判断是否系遗弃物时，原则上应当作出有利于犯罪嫌疑人的认定。

对于毁坏具有特殊属性物品的案件，应当重点审查有关单位或者部门就物品权属、用途和使用情况出具的书面说明，准确判断该物品是否属于"正在使用中"的电力、电信、通信等设备、设施，或者是否属于界碑、界桩、珍贵文物等特殊物品，从而按照《刑法》分则的有关规定准确判断行为性质。

第四节　故意毁坏财物罪公诉指引

一、公诉案件的证据审查

故意毁坏财物罪，是指触犯《刑法》第 275 条规定，故意毁灭或者损坏公私财物，数额较大或者情节严重的行为。在审查公诉中应当着重审查以下证据：

（一）犯罪主体的证据

故意毁坏财物罪是一般主体，即年满 16 周岁且具有刑事责任能力的自然人，均可以构成本罪。具体证据审查可参考本书第三章第四节第一部分的有关内容，此处不再赘述。

（二）主观方面的证据

主要证明行为人直接故意的内容——不是为非法占有财物，而是故意将财物毁坏——这也是侵犯财产罪中毁弃型犯罪与攫取型犯罪的根本区别。共同实施本罪的，需证明每个行为人都明知自己的行为是在共同犯意支配下犯罪行为的组成部分。具体审查以下内容：

1. 犯罪嫌疑人、被告人供述和辩解。主要证实：行为人参与作案的动机和目的，对后果的认知程度、主动程度；犯罪起意的过程，有无策划及策划的具体内容等。

在司法实践中，对于故意毁坏财物的共同犯罪案件，应当注意审查各行为人参与策划、分工的时间、地点、内容及其具体犯罪行为，并查明：（1）各行为人有无事先预谋策划，或有无达成默契；（2）各行为人有无持不同意见或反对意见者，或者未表示反对或同意者，重点讯问其在案发过程中的言行，考察其主观态度。

2. 被害人陈述。证实：（1）被害人与各行为人之间的关系如何，是否有过节、纠纷等；（2）各行为人在实施本罪过程中的言行及产生的后果，从而反映其主观故意。

3. 证人证言。包括：（1）目击证人证言，证实在案发现场所看见、听到的一切与案件事实相关的情况；（2）其他知情人的证言。

4. 其他证据。主要包括：（1）犯罪场所的证据，如现场勘查笔录、证人证言、辨认笔录等，从侧面证明行为人明知作案对象的基本情况。（2）有关行为人犯罪前科、工作履历、社会经验等方面的证据，从侧面证明其对犯罪后果认知程度和控制能力。

（三）客观方面的证据

主要证明行为人实施了毁灭、损坏数额较大的公私财物，或者有其他严重情节的行为。毁灭是指使物品全部丧失其价值或使用价值。损坏是指使物品部分丧失其价值或使用价值。行为人使用放火、决水、投毒、爆炸等危险方法破坏公私财物，危害公共安全的，应当按照牵连犯理论从一重罪论处。着重审查、收集以下证据：

1. 犯罪嫌疑人、被告人的供述与辩解。证实：（1）实施毁坏财物行为的时间、地点、参与人等。（2）在实施犯罪过程中采用的方法、手段等。（3）同案犯各自使用作案工具的情况，如来源、数量、特征、下落等。（4）被毁坏财物所有人、管理人等是否当场发现、反抗或阻止等。（5）共同犯罪的起意、策划、分工、实施等情况，查明每个人在其中的地位和作用。（6）参与犯罪的行为人或被害人的身体特征，如面部特征、身高、体态及当时的衣着等。（7）被毁坏财物的特征，如外部形态、种类、颜色、数量等。（8）犯罪现场是否有围观群众或其他见证人。（9）实施犯罪后的表现情况，如是否赔偿了被害人的经济损失等。

2. 被害人陈述。需审查证实的内容同上。

3. 证人证言。主要包括：（1）目击证人证言。证实：①与犯罪嫌疑人、被害人的关系；②案发时间、地点、原因；③毁坏财物经过、被毁坏财物种类、数量等情况；④发生冲突双方的情况；⑤在案发现场看见、听到的一切与案件事实相关的情况。（2）抓获人、扭送人证言。证实：①如何获知犯罪的情况，犯罪嫌疑人被抓获时身体特征、衣着等情况描述；②抓获犯罪嫌疑人的时间、地点、过程等情况，并证实其是否有投案、坦白、立功等情节。（3）现场发现人证言。证实其何时、何地、如何发现犯罪现场，以及犯罪现场的有关情况。（4）其他知情人证言。

4. 物证、书证。主要包括：（1）作案工具，如刀枪、棍棒等。（2）现场遗留的痕迹物证，如指纹、脚印、血迹、毛发、烟头等。（3）有关书信、日记等，证实行为人实施犯罪行为的时间、地点及经过等情况。（4）电信部门提供的（固定、移动）通话记录、短信息记录等。（5）民事赔偿协议、笔录等，用以佐证犯罪嫌疑人承认其犯罪行为及后果。

5. 鉴定意见。主要包括：（1）被毁坏财物估价鉴定。（2）犯罪现场痕迹鉴定，如现场遗留的指纹、脚印等。（3）有关书信等文字鉴定。

6. 现场勘查笔录、照片。包括毁坏财物现场、犯罪工具丢弃现场、提取物证现场等。

7. 视听资料、电子数据。包括录音带、录像带等。

8. 其他证明材料。主要包括：（1）被害人、目击证人辨认犯罪嫌疑人或物证的笔录。（2）犯罪嫌疑人、被害人、证人指认现场笔录。（3）案件搜查笔录、扣押物品清单及相关物证照片等。（4）报案登记、立案决定书及破案经过等书证，用以证实案件来源及犯罪嫌疑人是否有自首情节等。（5）对被害单位生产经营造成损失的证据，如财务账目、税务证明、证人证言等。

司法实践中需要注意：故意毁坏公私财物的行为，必须达到数额较大或者有其他严重情节的，才能构成犯罪。所谓情节严重，是指毁坏重要物品损失严重或者毁坏手段特别恶劣的；毁坏急需物品，引起严重后果的；犯罪动机卑鄙或者企图嫁祸于人的；等等。所谓情节特别严重，是指毁坏财物导致被害人精神失常的；破坏生产、经营设备设施，造成停产、停业，或造成重大经济损失的；破坏公私财物手段极其恶劣的；等等。

（四）犯罪客体方面的证据

本罪侵犯的客体是公私财物所有权。犯罪对象包括生产资料、生活资料，动产或不动产等各种有形的公私财物。查明这方面事实，主要通过物证、书证、现场勘查笔录、证人证言、被害人陈述、犯罪嫌疑人供述等，综合加以认定。

实践中需要注意的是：行为人故意毁坏某些特定公私财物，危害其他犯罪客体的，应按《刑法》有关规定处理。例如：破坏交通工具、交通设备、易燃易爆设备、广播电视、电信设施等危害公共安全的，等等。

二、审查起诉应当注意的问题

在司法实践中，对于使用放火、爆炸、投放危险物质等危险方法，故意毁坏某一特定公私财物的，应当按照危害公共安全罪的有关罪名定罪处罚。区分两罪的关键是，判断该行为是否足以危害公共安全，引起不特定多数人伤亡或公私财产重大损失。因此，在审查起诉中要特别注意：一是查明行为人实施放火、爆炸、投放危险物质等行为的真实目的；二是查明行为人对其行为本身以及引起不特定多数人身、财产危害后果的认知程度、心理态度。重点审查犯罪嫌疑人供述和辩解、被害人陈述、证人证言，并结合现场勘查笔录、音像资料及有关鉴定意见等证据，综合分析作出判断。

第十二章　破坏生产经营罪刑事检察

第一节　破坏生产经营罪理论概述

一、概念及其犯罪构成

破坏生产经营罪是指以泄愤报复或者其他个人目的，毁坏机器设备、残害牲畜或者以其他方法破坏生产经营的行为。本罪具有如下构成特征：

（一）客体方面

侵犯的是复杂客体，即公私财产所有权和国家、集体或者个人生产经营的正常秩序。"生产经营"客观上表现为人支配物的行为状态。就其种类而言，包括工、农、林、牧、副、渔业及其相关的建筑、运输、商业等生产经营活动。就其所有制性质而言，包括国有、集体、个体、合资、外资等公司企业的生产、经营活动。就生产经营的流程而言，包括生产、流通、交换、分配各个环节中的各种正常经营活动。我国刑法理论通说认为，破坏生产经营罪所侵害的公私财产所有权，既包括生产、经营设备的所有权，也应包括生产、经营所带来的经济利益。本罪的犯罪对象，是与生产经营正常活动有直接联系的财物，一般是正在使用中的各种设备和用具。破坏闲置不用的设备、用具，或者非生产、经营性的设备、用具，均不能成为本罪侵犯的对象。[①]

----

① 参见高铭暄、马克昌主编：《刑法学》，中国法制出版社 2007 年版，第 618 页。

（二）客观方面

客观方面表现为毁坏机器设备、残害耕畜或者以其他方法破坏生产经营的行为。破坏生产经营的方式方法多种多样，因而《刑法》在列举两种常见的方法之后，又用"其他方法"涵盖了其他的破坏行为。例如，切断铁路电源或供电线路、信号电缆；破坏列车调度指挥系统；毁坏铁路建设的重要设计图纸；等等。破坏生产经营的方式可以表现为积极作为，如砍砸、焚烧等；也可以表现为消极的不作为，如负责铁路搬道岔、看锅炉的工人明知有故障而不排除等。无论采取何种行为方式，其破坏的对象都必须与生产、经营活动直接相关；反之，如果毁坏闲置不用或备用的机器设备、残害已经丧失畜役力的耕畜，则不构成本罪。

（三）主体方面

本罪是一般主体，即年满 16 周岁、具有刑事责任能力的自然人，均可成为本罪主体。

（四）主观方面

主观方面为直接故意，并具有泄愤报复或其他个人目的。"泄愤报复"是指出于个人恩怨或忌妒、私欲、愤恨等原因而产生的报复情绪。"其他个人目的"则多种多样，如有的为垄断经营、打击竞争对手；有的为怠工或停工；有的以本村自来水管道被铁路桥施工车辆损坏为由，阻挠桥墩浇注，致使孔桩报废；等等。

二、此罪与彼罪的区分

（一）破坏生产经营罪与故意毁坏财物罪

两罪的相同点是：同属侵财性犯罪，均为一般犯罪主体，主观方面均为故意。在客观方面，行为人通过毁坏机器设备、残害耕畜等方法破坏生产经营的同时，也必然会毁坏公私财物。两罪的区别有以下三点：

1. 主观目的不同。本罪是行为人通过破坏生产经营，达到泄愤报复或其他非法目的。毁坏机器设备、残害耕畜等行为虽然会造成公私财物的毁坏，但这只是行为人为达到泄愤报复等目的而采取的手段。而故意毁坏财物罪的目的则是将公私财物加以毁坏，使其部分或全部丧失经济价值或使用价值。

2. 侵害对象不同。本罪侵害的对象是特定的财物，即与生产、经营活动直接相关且已投入使用的机器设备，以及正在服役期间的牲畜等。而故意毁坏财物罪的侵害对象包括各种公私财物，动产或不动产。

3. 犯罪客体有所不同。本罪侵害的客体主要是国有、集体以及个人生产经营的正常活动；而故意毁坏财物罪的客体是公私财物的所有权。

（二）破坏生产经营罪与破坏交通工具罪、破坏交通设施罪、破坏电力设备罪和破坏易燃易爆设备罪

区分本罪与上述破坏型犯罪的标准，主要是犯罪客体。破坏生产、经营中的上述工具、设备，危害生产经营的，是破坏生产经营罪；破坏上述用于公共生活的工具、设备，危害公共安全的，应当分别按照破坏交通工具罪、破坏交通设施罪、破坏电力设备罪和破坏易燃易爆设备罪定罪处罚。

（三）破坏生产经营罪与危害公共安全犯罪

实践中应当注意的是：对于行为人使用放火、爆炸等危险方法，意图破坏生产经营，结果却严重危害公共安全的案件，应当按照危害公共安全罪中的有关罪名定罪处罚。区分两者的关键是，该放火、爆炸等行为是否足以危害公共安全，即引起不特定多数人伤亡或公私财产重大损失。

三、刑事责任

根据《刑法》第 276 条规定：由于泄愤报复或者其他个人目的，毁坏机器设备、残害耕畜或者以其他方法破坏生产经营的，处 3 年以下有期徒刑、拘役或者管制；情节严重的，处 3 年以上 7 年以下

有期徒刑。

第二节　破坏生产经营罪涉铁相关问题

一、破坏生产经营罪的"其他方法"

如前所述,《刑法》第 276 条基于本罪的复杂性,在列举"毁坏机器设备"和"残害耕畜"两种行为方式之后,还规定了"其他方法"实施本罪的各种可能性。根据刑法理论,在解释这种例示法规定时,应当遵循"同类规则",即对"其他方法"做出与例示的要素性质相同的解释。① 本罪法条所作的两种例示性规定,其本意是指用毁坏生产资料的手段破坏生产经营;根据"同类规则"理解,"其他方法"即应当包括除示例情形之外的其他各种类似的破坏生产经营手段。在司法实践中,其他方法包括利用暴力、胁迫、恫吓、危险物等损害他人意思自由的方法破坏生产经营的行为,如纠集村民将正在施工的铁路工程周围强行围挡起来,致使长时间无法施工;围攻、殴打铁路货场运货司机,妨害其驾驶叉车吊装货物;在旅馆、饭店内放置毒蛇等凶猛动物,致使入住客人受到惊吓或伤亡、无法正常经营;等等。

实践中需要注意的是:对于利用计算机技术破坏生产经营的行为,可能会产生数罪形态的认定问题。例如,陈某系某铁路局"12306"售票网站的后台管理员,因工作失误被本单位辞退而产生报复心理。某日,陈某邀约铁路系统外的人员李某并合谋破坏该铁路局网络售票系统,随后两人设计编写破坏性程序病毒,对该"12306"网站进行恶意攻击,导致网络售票系统瘫痪,造成直接经济损失 20 万元。《刑法》第 285 条第 2 款规定:"违反国家规定,侵入前款规定以外的计算机信息系统或者采用其他技术手段,获取该

---

① 参见张明楷:《刑法分则的解释原理》,中国人民大学出版社 2004 年版,第 28 页。

计算机信息系统中存储、处理或者传输的数据，或者对该计算机信息系统实施非法控制，情节严重的，处三年以下有期徒刑或者拘役，并处或者单处罚金……"显然，陈某、李某二人实施了一个犯罪行为，但同时触犯非法侵入计算机信息系统和破坏生产经营两个罪名，属于刑法上的想象竞合犯，应当择一重罪论处。

二、对"生产经营"的理解和把握

如前所述，本罪中的生产经营，是指一切生产、流通、交换、分配环节中的正常生产和经营活动。从理论上讲，凡是生产经营活动必须蕴含一定的经济利益，亦即该活动的成效能够用经济价值来衡量。本罪的法益是生产经营活动中的经济利益，如果该活动不蕴含经济价值，就无法计算破坏活动给被害方所造成的经济损失，也就难以认定本罪。但是，这并不代表生产经营活动必须以营利或者盈利为目的，才能受到本罪法条的保护。相反，只要相关活动符合生产经营的基本特征，就应当认定为生产经营活动，即使该活动的收益小于成本，甚至是为公益事业的目的，也应当认定为生产经营活动。

第三节　破坏生产经营罪侦查监督指引

一、逮捕案件的证据审查

根据破坏生产经营罪的特点，在办理审查逮捕案件中，需要注意以下重点问题：一是重视客观证据对事实的证明作用，这是审查的重点。二是综合审查在案证据，查明共同犯罪各嫌疑人的主观故意和具体行为与作用，这是确定个人责任的基础。三是结合证据认定主观动机、犯罪对象和危害后果，这是准确适用法律的基础。四是结合犯罪嫌疑人具体情况判断其社会危险性，这是正确适用逮捕措施的基础。着重审查以下几方面证据：

1. 证明发生了破坏生产经营犯罪事实的证据。主要包括：报案登记材料、受案登记表、立案决定书以及破案经过等证明材料；抓获人、扭送人、现场报案人的证言等。

2. 证明发生破坏生产经营结果的证据。主要包括：物证、书证、鉴定意见、现场勘查笔录及照片等，用以证明案发现场的具体情况、被破坏财物的种类、数量、毁坏情况，以及给生产经营者造成直接和间接损失等情况。

3. 证明破坏生产经营"情节严重"的证据。除言词证据外，审查重点还包括：鉴定意见、购物发票、维修清单、现场监控视频等，用以证实破坏生产经营行为的次数、参与犯罪的人数等情况。

4. 证明犯罪嫌疑人实施破坏生产经营行为的证据。主要包括：被毁坏财物、犯罪工具的实物或者照片；现场勘查笔录、现场监控视频等。需要注意的是：对于采取焚烧、水淹、炸毁等"其他方法"破坏生产经营的案件，应当重点结合现场勘查笔录、监控视频和照片等，考察现场周边情况，判断是否可能危及公共安全。

5. 证明破坏生产经营共同犯罪的证据。主要包括：各犯罪嫌疑人之间进行犯意联络的短信、微信、通话记录等客观证据。需要注意的是：当案件缺少客观证据佐证时，应当对言词证据的取证程序、证明收集过程等情况进行深入审查核对；如果言词证据存在明显矛盾或者细节内容不一致时，不应作出不利于犯罪嫌疑人的判断。

6. 证明犯罪嫌疑人主观故意的证据。注意把握两个方面：一是结合犯罪嫌疑人供述与反映案件背景、具体行为等客观证据，核实双方是否存在矛盾纠纷，行为人是否出于泄愤报复或其他个人目的，是临时起意还是事先预谋，行为人的主动程度以及对后果的认知程度等情况。一般来说，只要行为人无正当理由，即可认定为"出于个人目的"。二是在共同犯罪案件中，如果仅有犯罪嫌疑人供述证明存在共同故意的，应当注意对预谋策划等细节过程的审查，并结合反映客观行为的其他证据进行综合分析、审慎认定。

二、社会危险性条件审查

本罪法定刑为 3 年以下有期徒刑、拘役或者管制；情节严重的，处 3 年以上 7 年以下有期徒刑。因此，在考虑是否适用逮捕措施时，除犯罪嫌疑人曾经故意犯罪或者身份不明的，均应当对其社会危险性作出审查判断。实践中，重点考察以下几方面：

1. 考察犯罪嫌疑人有无前科，是否惯犯、累犯、负案在逃等，判断其是否具有实施新犯罪的社会危险性。

2. 考察犯罪嫌疑人在案发前后是否存在积极策划、组织或者预备实施危害国家安全、公共安全或者社会秩序的犯罪行为，判断其是否具有危害国家安全、公共安全或者社会秩序的现实危险。

3. 考察本案其他同案犯是否到案等情况，判断犯罪嫌疑人是否具有毁灭证据、伪造证据、干扰证人作证或者串供等社会危险性。

4. 考察犯罪嫌疑人有无对被害人、举报人、控告人诬告、陷害、威胁、恐吓等行为，判断其是否具有实施打击报复的社会危险性。

5. 考察犯罪嫌疑人有无投案自首、认罪悔过、检举揭发等表现，或者是否具有企图自杀、逃跑的可能性，判断适用取保候审强制措施是否足以防止发生社会危险性。

第四节　破坏生产经营罪公诉指引

一、公诉案件的证据审查

在办理破坏生产经营罪公诉案件中，应当着重审查以下几方面证据：

（一）主体方面的证据

本罪是一般犯罪主体，即年满 16 周岁且具有刑事责任能力的自然人，均可以构成本罪。具体证据审查，可参考本书第三章第四节第一部分的有关内容，此处不再赘述。

（二）主观方面的证据

注意结合客观证据进行审查。主要证明行为人具有破坏生产经营的直接故意，及其泄愤报复或其他个人目的。对共同犯罪的案件，应当查明每个犯罪嫌疑人的行为是在共同犯意支配下的组成部分。所谓泄愤报复，主要指由于忌妒、私欲、奸情等个人利益得不到满足或者对领导、工作不满等原因而产生的报复情绪。所谓其他个人目的，主要指为逃避劳动、谋求私利或者其他非法利益等目的。着重审查、收集以下证据：

1. 犯罪嫌疑人、被告人供述和辩解。主要证实：（1）参与作案的动机和目的，行为的主动程度以及对犯罪后果的认知程度。（2）犯罪起意过程，有无预谋策划及其具体内容。

对于共同犯罪的案件，应当注意审查策划、分工的时间、地点、内容以及在策划下每个人相对应的犯罪行为。重点查明：（1）事先有无预谋策划，有无事先或事中达成默契。（2）有无持不同意见或反对意见者，以及未表示反对或同意意见者，重点讯问其在案发前后、过程中的语言和行为，以此考察其主观态度。

2. 被害人陈述。主要证实：（1）其与行为人之间的关系如何，是否有过节、纠纷等。（2）行为人在作案前后和过程中的言行及其产生的后果，反映其主观故意。

3. 证人证言。主要包括：（1）目击证人证言，证实在案发现场看见、听到的一切与案件事实相关的情况。（2）其他知情人证言。

4. 其他证据。包括：（1）准备犯罪工具或踩点场所的证据，如现场勘查笔录、相应证人证言、辨认笔录等，进一步佐证行为人已按策划内容做了充分准备、主观上具有犯罪故意等情况。（2）收集行为人犯罪前科、工作履历及社会经验等方面的证据，用以佐证其对犯罪后果的认知程度和控制能力等。

（三）客观方面的证据

主要证明行为人实施了毁坏机器设备、残害耕畜或者以其他方法破坏生产经营的行为。"其他方法"是指其他与毁坏机器设备、残害耕畜相类似的破坏生产经营的方法，如切断电源或供料线、毁坏设计图纸、毁坏种子或者禾苗、破坏农业水利设施等。着重审查

以下内容:

1. 犯罪嫌疑人供述与辩解。着重证实:(1)实施本罪时间、地点、参与人及具体经过。(2)实施本罪的方法、手段。(3)同案犯各自使用的作案工具及其来源、数量、特征、下落等。(4)犯罪行为是否被当场发现,被害人是否反抗及如何排除反抗等。(5)共同犯罪的起意、策划、分工、实施等情况,查明每个行为人的地位和作用。(6)犯罪嫌疑人、被害人长相、身高、体态及当时衣着等详细特征。(7)被破坏的生产工具等财物的特征,包括外部形态、种类、颜色、数量等。(8)犯罪现场是否有围观群众或其他见证人。(9)犯罪后表现情况,如是否赔偿被害人经济损失等。

2. 被害人陈述。需审查证实的内容同上。

3. 证人证言。主要包括:(1)目击证人证言。着重证实:①与犯罪嫌疑人、被告人或被害人之间的关系;②案发时间、地点及原因;③破坏财物的经过、被破坏财物的种类、数量等情况;④发生冲突双方的情况;⑤在案发现场所看见、听到的一切与案件事实相关的情况。(2)抓获人、扭送人证言。着重证实:①如何获知犯罪等情况,对犯罪嫌疑人被抓获时的身体特征、衣着情况的描述;②抓获犯罪嫌疑人的时间、地点及过程,证实其是否具有投案、坦白、立功等情节。(3)现场发现人证言,证实其何时、何地、如何发现犯罪现场以及犯罪现场的有关情况;(4)其他知情人证言。

4. 物证、书证。主要包括:(1)作案工具,如刀枪、棍棒等。(2)现场遗留的指纹、脚印、血迹、毛发、烟头等。(3)有关书信、日记等,证实破坏行为的时间、地点及经过等情况。(4)有关通话记录、短信记录等。(5)民事赔偿调解协议(笔录)等,可以佐证犯罪嫌疑人承认的犯罪行为及后果。

5. 鉴定意见。主要包括:(1)指纹、脚印等痕迹鉴定意见,证实是否为犯罪嫌疑人或被害人遗留的。(2)血型、DNA鉴定意见,证实行为人身体、衣物或者现场遗留的血迹、毛发等情况。(3)被破坏生产资料的估价鉴定意见等。

6. 现场勘查笔录、照片。包括破坏行为的现场，犯罪工具准备、丢弃的现场，提取物证的现场等。

7. 视听资料、电子数据。如录像带、录音带等。

8. 其他证明材料。主要包括：（1）被害人、目击证人辨认犯罪嫌疑人或物证笔录。（2）犯罪嫌疑人、被告人或被害人、证人指认现场笔录。（3）搜查笔录、扣押物品清单及照片，证实查获的作案工具及相关物证。（4）公安机关的报案登记、立案决定书及破案经过等书证材料，用以证实案件来源、侦破经过以及犯罪嫌疑人有无自首情节等。（5）对生产经营造成损失的证据，如被害单位账目、税务机关证明、证人证言等。

（四）客体方面的证据

本罪是复杂客体，既侵犯公私财产所有权，又侵犯国家、集体或者个人生产经营的正常秩序。犯罪对象必须是与生产经营活动有直接联系的财物，一般是正在使用的各种设备和用具。闲置不用的设备、用具或者是非生产、经营性的设备、用具，不能成为本罪的犯罪对象。审查中应当注意收集物证、书证、现场勘查笔录、证人证言、被害人陈述、犯罪嫌疑人供述和辩解等证据，综合加以认定。

中篇　侵犯财产案件法律监督实务

第十三章　侵犯财产案件审查逮捕

第一节　审查逮捕概述

审查逮捕，是指检察机关对公安机关和自行侦查的刑事案件，需要对犯罪嫌疑人实施逮捕时，由人民检察院侦查监督部门就案件的事实、证据以及是否应当逮捕进行审查，并报请检察长或检察委员会批准或决定的诉讼活动。其任务是，保证准确有力地打击犯罪，防止错捕无辜，保障公民合法权利。

审查逮捕分为审查批准逮捕和审查决定逮捕。其中，公安机关立案侦查的刑事案件需要对犯罪嫌疑人逮捕时，应当提请人民检察院侦查监督部门审查，并报请检察长或检察委员会批准；检察机关自行立案侦查的案件或者公安机关移送起诉的案件，认为符合逮捕条件的，应当提请侦查监督部门审查，由检察长或检察委员会决定。我国《宪法》第37条第2款规定："任何公民，非经人民检察院批准或者决定或者人民法院决定，并由公安机关执行，不受逮捕。"《刑事诉讼法》和《人民检察院组织法》也都对此作出具体规定。①可见，审查批准逮捕和审查决定逮捕是检察机关的一项重要职权，是宪法和法律赋予检察机关的法律监督职能的重要体现。

逮捕是我国《刑事诉讼法》规定的最为严厉的强制措施。检察机关必须严格依照法定条件审查批准或决定逮捕犯罪嫌疑人。只有符合法定条件的犯罪嫌疑人，才能批准或者决定逮捕；对于不符合

---

① 参见2012年3月14日修正的《刑事诉讼法》第3条、第59条、第132条和《人民检察院组织法》第12条。

逮捕条件的犯罪嫌疑人，不能随意批准或者决定逮捕。《刑事诉讼法》第79条规定：对有证据证明有犯罪事实，可能判处徒刑以上刑罚的犯罪嫌疑人、被告人，采取取保候审尚不足以防止发生社会危险性，而有逮捕必要的，应即依法逮捕。这一规定明确了逮捕犯罪嫌疑人的基本条件：一是必须有证据证明有犯罪事实；二是可能判处徒刑以上刑罚；三是采取取保候审、监视居住等方法，尚不足以防止发生社会危险性，而有逮捕必要。三个条件必须同时具备，缺一不可。

第二节　批准逮捕案件审查

一、形式审查

对公安机关提请批捕案件进行形式审查，是检察机关受理审查批捕案件的基础工作，也是办理批捕案件的必经程序。主要包括以下两个方面：

（一）受理案件前的基础审查

对于公安机关提请批准逮捕犯罪嫌疑人的案件，检察机关侦查监督部门首先应当审查所移送的案卷材料和证据是否齐全，合法有效的法律文书、法律手续是否齐备。实践中主要审查以下十二项内容：《提请批准逮捕意见书》是否一式三份；犯罪嫌疑人被采取强制措施的种类及相应的法律文书；提请批准逮捕意见书认定的犯罪事实是否有相应的证据证明，有关证据是否随案移送；罪嫌疑人供述、被害人陈述、证人证言等相关言词证据是否随案移送；扣押物证、书证的，是否随案移送扣押物品清单及物证、书证的刑事摄像照片；已将赃款赃物退还失主的，是否有失主领取赃款赃物的凭据；对犯罪嫌疑人住所或有关涉案场所进行过搜查的，是否有搜查证和搜查记录；已让犯罪嫌疑人或被害人进行辨认的，是否有辨认记录；已做精神病鉴定的，是否有司法鉴定意见；有被害人死亡的，是否有被害人的尸检报告；已做侦查实验的，是否有侦查实验记录；实行同步录音录像的，是否随案移送录音录像资料。如果发现提请批捕的案件未按法律规定移送有关案卷和证据材料的，可以将案件退回公安机关或者要求公安机关补充移送。

（二）受理案件后的程序审查

在受理案件后，检察机关侦查监督部门首先应当对法定时限的问题进行审查，即审查判断公安机关报捕的时间在程序上是否合法。对犯罪嫌疑人已经被刑事拘留的案件，应当审查相关法律文书是否符合形式要件，如法律文书的文号是否规范、是否加盖决定机关的印章、法律文书的决定时间是否记录在案等；对延长刑事拘留羁押时限的案件，审查有无相关决定的法律文书等。对于全案卷宗，主要审查案卷材料是否齐备，包括相关法律文书、证据材料等是否随案移送，如破案或立案表、犯罪嫌疑人户口摘抄、法律文书送达、司法鉴定文书、换押表、犯罪嫌疑人供述和辩解、证人证言、视听资料、勘验检查笔录、搜查笔录、物证照片或复印件，以及其他相关书证的原件或复印件等。

二、实质审查

对于公安机关提请批准逮捕案件的实质性审查，主要包括对案件证据和涉嫌犯罪事实两个方面。其中，对涉嫌犯罪事实的审查判断是以对证据审查判断为基础的，有了对证据的准确判定，才有对事实的正确认定。对证据的审查判断，是检察机关办案人员对公安机关在刑事案件侦查中收集的各种证据进行分析、鉴别，审查其合法性、真实性，与案件事实之间有无直接或间接联系及其对案件事实的证明力大小，进而就案件事实作出相应判断的活动。

（一）审查判断证据的原则

刑事案件证据是形式与内容的统一。在办理审查逮捕案件中，对证据材料的审查判断必须坚持全面、合法的原则。所谓全面，就是要求办案人员既要审查证明犯罪嫌疑人、被告人符合逮捕条件的有罪证据，又要审查犯罪嫌疑人、被告人不符合逮捕条件或者无罪的证据。所谓合法，就是要求办案人员严格依照《刑事诉讼法》和《人民检察院刑事诉讼规则（试行）》（以下简称《诉讼规则》）等有关规定，既要审查侦查机关收集证据的形式和程序是否合法，又要审查逮捕案件证据内容的合法性。

（二）审查逮捕案件的证据特点

根据《刑事诉讼法》第 60 条规定，逮捕的条件之一是"有证据证明有犯罪事实"。因此，审查逮捕阶段的证据往往具有如下特点：一是证据尚不充分。由于逮捕只是为了保障刑事诉讼活动顺利进行的一种强制措施，而不是对案件的最终处理；因此在审查逮捕阶段，能够充分证明案件全部犯罪事实、据以定罪量刑的证据尚不充分，或尚未形成完整的证明体系。二是证据的证明力较弱。在审查逮捕阶段，由于侦查机关报捕的时间紧，或者对报捕案件缺乏必要的质量把关，因此所收集的证据往往在数量、质量或周延性等方面有所欠缺，可能导致随案移送证据的证明力不足。三是部分证据不够稳定。特别是在"供证一对一"的案件中，由于犯罪嫌疑人畏罪心理，或者一些证人出于祖护包庇、怕得罪人等心理，往往作出否认事实、避重就轻或者其他虚假供述、陈述，可能导致后续诉讼环节存在变数；这种言词证据较之物证等其他客观证据的稳定性要差，甚至直接影响对案件事实和犯罪性质的认定。四是证据的最低限度性。现行《刑事诉讼法》对审查逮捕案件的证据条件不再强调必须查清主要犯罪事实或全部犯罪事实，但要求必须在"有证据证明有犯罪事实"的最低限度之内。如果案件中某个证据的证明力不能满足这一最低限度，那么对犯罪嫌疑人就不能作出批准逮捕的决定；否则就可能造成错捕，侵犯被逮捕人人身权利的后果。

（三）审查逮捕案件的证明标准

在案件审查逮捕阶段，证据的证明标准一般低于公诉、审判阶段的要求。根据《诉讼规则》规定，审查逮捕案件的证据证明标准，只需同时具备三种情形：一是有证据证明发生了犯罪事实；二是有证据证明犯罪事实是犯罪嫌疑人实施的；三是证明犯罪嫌疑人实施犯罪行为的证据已有查证属实的。① 其中，"犯罪事实"可以是犯罪嫌疑人实施的单一犯罪行为的事实，也可以是数个犯罪行为中任何一个行为的事实。由于审查逮捕阶段相关证据尚未收集完全，要对所有的证据作出实质真实的判断，几乎是不可能的。因此，办案人员应当做到：在案证据的收集程序合法；被采纳的证据在内容上不存在明显瑕疵；被采纳的证据并不是孤证，即证据之间可以相互印证；证据之间的矛盾能够得到合理排除。

（四）审查判断证据的步骤

在案件审查逮捕阶段，对相关证据材料进行审查、判断，必须坚持实事求是、具体情况具体分析的原则，力戒主观片面，更不能作有罪推定。实践中大体分为三个步骤：

首先是对证据收集程序的审查判断。即根据证据的性质，对侦查机关收集证据的程序是否合法性进行分析鉴别，判断其是否符合《刑事诉讼法》有关规定，法律手续是否完备等。对那些明显虚假、毫无价值或不具有证明力的证据材料，经过审查即可筛除；对违反法律规定取得的非法证据，要坚决予以排除。实践中应当注意：（1）在审查犯罪嫌疑人供述、证人证言等言词证据时，主要审查取证程序是否合法。如首次讯（询）问的时间是否晚于破案时间；（询）问是否由两名侦查人员进行；是否存在某名侦查人员同时在两个不同地点进行讯（询）问的情况；讯（询）问的起止时间是否记载规范、完整；每次讯（询）问时间是否超过法定的最长时间；每份讯（询）问笔录是否都有犯罪嫌疑人或证人签字及手印；修改过的笔录是否在各处均按有犯罪嫌疑人或证人手印；等等。（2）对鉴定意见的审查，主要从制作是否规范上进行。如是否有两名鉴定人员的签名；是否盖有有权机关的印章等。（3）视听资料是通过录音、录像、照相方法记录的声音、图像及电子计算机储存的信息资料的总称。视听资料证据分为两类：一类是与案件发生同步记录下

---

① 参见 2012 年 10 月 16 日最高人民检察院《人民检察院刑事诉讼规则（试行）》第 139 条第 2 款。

来的原始视听资料；另一类是案发后摄制的场所照片、讯问犯罪嫌疑人的录音、录像等再生视听资料。在审查视听资料时，需要分别判明其收集的程序是否合法。对于前者，要注意辨别该视听资料的时间是否为案发当时；对于后者，要注意辨别犯罪嫌疑人是否在录音、录像上签字认可，侦查机关移送的视听资料是否有完整的封条等。（4）对于搜查及勘验、检查笔录，主要审查侦查机关在制作笔录时是否按照《刑事诉讼法》相关规定进行，如搜查或勘验、检查时，笔录上是否记载在场见证的第三人；搜查笔录上记载的时间是否在搜查证签发时间之后，等等。

其次是对证据内容的审查判断。其中，就单个证据而言，主要审查判断每一个证据材料本身是否真实可靠、有无证明力，如该证据材料是否存在被逼供、诱供、逼证或故意编造、篡改的情况等。实践中需要注意的是，由于对单个证据的审查可能存在片面性，因此还应当在此基础上对案件中能够证明同一事实的两个或两个以上的证据材料进行分析比对，以判断其内容反映的案件事实是否客观、一致。例如，可以对同一案件的犯罪嫌疑人、被害人或证人等就同一事实所作的多次供述（陈述）分析比对，审查其内容是否吻合、有无重大矛盾，由此判断是否符合客观实际。

最后是对全案证据的审查判断。在做好前两步工作的基础上，还需要对在案的所有证据材料进一步综合分析，查明各个证据、各类证据之间能否相互印证，能否还原出较为客观的案件事实；综合对全案所有证据的判断，得出案件证据是否达到足以逮捕的证明标准的结论，并据此作出批准或不批准逮捕的决定。实践中应当注意三个方面：（1）审查判定所办案件的管辖权。根据《刑事诉讼法》规定，我国刑事案件一般实行犯罪地管辖的原则。对于单人、单次作案的案件，应当审查判定其作案的地点或者犯罪结果发生地是否属于本院管辖。对于单人、多次作案的案件，如果犯罪行为涉及多个犯罪地点的，应当按照主要犯罪地的原则判定是否属于本院管辖。对于共同犯罪的案件，如果只有一次共同犯罪的，应当依照犯罪行为发生地的原则，判定其是否属于本院管辖。对于多次实施共同犯罪，而犯罪行为发生地或犯罪结果发生地在不同地方的案件，应当按照主要犯罪地的原则判定其是否属于本院管辖，或者按照主要犯罪地兼顾主犯的犯罪实施地的原则判定是否属于本院管辖。（2）审查判定犯罪嫌疑人的行为是否构成犯罪。首先要判定涉案行为是否系犯罪嫌疑人所为。特别是非现场抓获的犯罪嫌疑人，要注意查明被提请逮捕的犯罪嫌疑人是否为真正的作案者，有无张冠李戴的可能等情况，以防止错捕现象发生。此外，在确定涉案行为系犯罪嫌疑人所为的基础上，应当对其涉嫌犯罪的具体罪名及其犯罪构成各个要件进行综合评判。如果达到《刑法》或相关司法解释规定的最低入罪标准，就可以判定犯罪嫌疑人的行为构成犯罪；反之则不构成犯罪。（3）审查判定对犯罪涉嫌人是否有逮捕必要。这是案件承办人根据全案事实和证据，在审查犯罪嫌疑人社会危险性的基础上，综合考虑后续的刑事诉讼程序能否顺利进行等因素，对犯罪嫌疑人作出是否采取逮捕强制措施决定的一种认知活动。

第三节　审查逮捕的实践把握

审查逮捕案件的证据审查判断，最终目的是解决是否对犯罪嫌疑人采取逮捕措施的问题。因此，必须结合实际情况，紧紧围绕法律和司法解释确定的逮捕条件①，全面审查、准确判断相关证据材料。

一、审查判断犯罪构成要件

（一）审查判断行为人的主体资格

首先审查刑事责任年龄。《刑法》第 17 条规定的完全刑事责任年龄是年满 16 周岁，相对刑事责任年龄是年满 14 周岁。但后者只对故意杀人、故意伤害致人重伤或者死亡、强奸、抢劫、贩卖毒品、

---

① 参见《刑事诉讼法》第 79 条和《人民检察院刑事诉讼规则（试行）》第 139 条规定。

放火、爆炸、投毒等八大重罪承担刑事责任，而前者广泛适用于《刑法》规定的所有罪名。实践中，要注意从多角度审查判断犯罪嫌疑人的真实年龄，尤其加强对"边缘年龄"的审查，以免出现错案。其次审查《刑法》对涉案罪名或行为人的年龄、身份有无特殊要求。如是否为已满75周岁的老年人、是否为不能辨认或者不能控制自己行为的精神病人、是否为又聋又哑的人或盲人等。对能够证实犯罪嫌疑人特殊身份的证据材料要仔细辨明真伪。最后审查有无不适宜羁押的情况。如根据犯罪嫌疑人的言行、思维状况，判定其是否可能患有精神疾病；通过对犯罪嫌疑人特别是女性身体状况的审查，判断其是否存在不适宜羁押的严重疾病或者正在怀孕、哺乳自己的婴儿等。基于上述证据审查，当犯罪嫌疑人达到相应的刑事责任年龄、具有刑事责任能力、亦无不适宜羁押的特殊情形时，即可以判断其符合逮捕对主体方面的证据要求。

（二）审查判断主观方面的证据

我国《刑法》对于侵财犯罪各项罪名主观方面的规定，必须是故意才能构成犯罪，同时还规定了相应的目的要件。如合同诈骗罪，规定必须"以非法占有为目的"；否则行为人虽有主观故意，并不以非法占有为目的的，亦不能构成该罪。在办理侵财犯罪审查批捕案件中，应当十分注意对"主观明知"的证据审查。特别是共同犯罪案件，要求各犯罪嫌疑人必须具有共同的犯罪故意，即各共同犯罪人对其行为的性质存在共同认识，并且希望危害结果的发生。尤其要注意，对于一些有多人参与的侵财犯罪案件，应当查明各行为人在策划、预备、实行、帮助犯罪中的分工、地位和作用，同时查明有无事先通谋的情况；对于未参与事先通谋的犯罪嫌疑人，不构成共同犯罪，可根据其各自的行为依法单独定罪。

（三）审查判断客观方面的证据

侵财犯罪嫌疑人承担刑事责任的主要依据，是在客观上实施了盗窃、抢劫、诈骗、抢夺、侵占等侵犯公私财产权的行为，并且造成危害结果。因此，对侵财犯罪客观方面证据的审查判断，乃是办理审查逮捕案件的重中之重。实践中应当注意：首先要查明犯罪行为是否是犯罪嫌疑人所为。可以从犯罪嫌疑人有无作案时间、有无实施犯罪的能力等方面进行审查。其次是针对案件涉及的不同罪名，查明犯罪行为是否达到《刑法》或司法解释规定的入罪要求，并根据在案证据作出具体判断。如职务侵占、挪用资金罪等，必须达到"数额较大"的才能构成犯罪，否则就不构成该罪。最后是查明涉案犯罪行为与危害结果是否存在刑法上的因果关系。如果涉案行为不是危害结果的直接原因，或者与危害结果之间仅仅有事实上的关系，就不能要求行为人承担刑事责任。

（四）审查判断客体方面的证据

犯罪客体是揭示犯罪行为社会危害性的本质特征。在刑法理论上，按照犯罪侵犯社会关系范围的大小，将犯罪客体分为一般客体、同类客体和直接客体三个层次，它们之间是一般与特殊、共性与个性的关系。任何犯罪都必须同时具备一般客体、同类客体和直接客体。在分析某一危害行为时，首先要看该行为是否侵犯了《刑法》所保护的一般客体；如果侵犯了一般客体，即说明该行为是具有严重社会危害性的犯罪行为；反之则不是犯罪。其次要进一步分析该行为所侵犯的同类客体，或者说要确定行为人犯了哪一类犯罪。最后是确定该行为侵犯的直接客体，或者说根据《刑法》有关条款规定，认定该行为所触犯的具体罪名。

经过上述审查判断，只有确定所办案件同时具备了某项犯罪构成的四个要件，并且符合《刑事诉讼法》规定的逮捕条件，才能对犯罪嫌疑人作出逮捕决定；否则，缺少其中任何一个要件，都不能批准逮捕。

二、审查判断犯罪的严重程度

犯罪行为是否达到"可能判处徒刑以上刑罚"的程度，是《刑事诉讼法》第 79 条规定捕与不捕的重要法律尺度。据此，在审查公安机关提请批捕的案件时，应当根据涉案行为和《刑法》有关规定，正确理解和把握这个条件。换言之，如果犯罪嫌疑人只可能被判处管制、拘役或者独立适用附加刑的，不应当批准或者决定逮捕；如果可能判处徒刑以上刑罚，但根据其犯罪情节和悔罪表现，符合缓刑条件的，一般也不宜批准或者决定逮捕。

《刑事诉讼法》把"可能判处徒刑以上刑罚"规定为逮捕的重要条件，是与罪刑相适应的刑法原则相一致的。根据《刑法》第5条规定，对犯罪人处以刑罚的轻重，应当与其所犯罪行和刑事责任大小相适应。同样，决定对犯罪嫌疑人采取何种强制措施，也应当与其犯罪行为和可能被判处的刑罚轻重相当。逮捕是限制人身自由最为严厉的一种强制措施。如果被逮捕的犯罪嫌疑人被判处有期徒刑以上的刑罚，对其执行逮捕的羁押期限将会按日折抵刑期；如果不可能判处徒刑以上刑罚，那么在诉讼中便没有必要采取最为严厉的逮捕羁押措施，否则将导致损害人身权利的严重后果。

实践中，需要正确把握《刑事诉讼法》第79条规定，对犯罪嫌疑人可能判处徒刑以上刑罚，而不是必定判处徒刑以上刑罚。所谓可能，是指在案件审查批捕阶段，由检察机关依据在案证据所认定的犯罪事实依法作出的一种不确定的判断；至于在案件审判阶段可能出现的事实、证据变化以及犯罪嫌疑人是否存在立功、自首等从轻或减轻处罚等情节，则难以预料。因此，在审查批准逮捕时，难免出现预判的刑期与法院实际判决结果不一致的情况；在一般情况下，办案中出现这种情况是正常的，不能由此便认为检察机关批准逮捕的决定错误。

三、审查判断是否有逮捕必要

所谓有逮捕必要，是指犯罪嫌疑人的社会危险性较大，采取取保候审、监视居住尚不足以防止发生社会危险性的情形。换言之，如果犯罪嫌疑人的社会危险性不大，或者采取取保候审、监视居住足以防止发生社会危险性的，便没有必要对其采取最为严厉的逮捕措施；反之，如果犯罪嫌疑人的社会危险性较大，或者采取取保候审、监视居住尚不足以防止发生社会危险性的，就有必要适用逮捕措施加以隔绝，消除其发生社会危险性的客观条件。①

《刑事诉讼法》的有关规定符合我国一贯倡导的少捕政策，体现了保障公民人身自由的立法精神。在司法实践中，正确理解和把握"有逮捕必要"的内涵应当注意以下几个方面：

（一）判断犯罪嫌疑人有无逮捕必要，应当综合考虑全案情况

主要考虑犯罪行为的性质，犯罪嫌疑人可能发生的社会危险性，犯罪结果造成社会危害的严重程度，以及犯罪嫌疑人主观恶性大小等。

（二）基于铁路的特殊性，应全面考虑各种因素

基于铁路领域侵财犯罪案件跨地域、流动性的特点，在办理审查逮捕案件时，应当全面理解和充分考虑犯罪嫌疑人社会危险性中包含的各种因素。如畏罪逃跑、串供、毁灭、伪造罪证、干扰证人作证等妨碍刑事诉讼顺利进行的危险因素，以及继续实施其他危害社会犯罪行为的危险因素等。因为对犯罪嫌疑人各种社会危险性因素的把握，在很大程度上制约着办案人员对逮捕必要性的正确判断。

（三）基于《刑诉规则》的规定，应把握的情形

根据《刑诉规则》规定，在办理审查逮捕案件中判断犯罪嫌疑人有无逮捕的必要，应当把握以下情形之一：（1）可能实施新的犯罪行为，即犯罪嫌疑人多次作案、连续作案、流窜作案，其主观恶性、犯罪习性表明其很可能实施新的犯罪，以及有一定证据证明犯罪嫌疑人已经开始策划、预备实施犯罪的；（2）可能毁灭、伪造、转移、隐匿证据，干扰证人作证或者串供，即有一定证据证明或者有迹象表明犯罪嫌疑人在归案前或者归案后已经着手实施或者企图实施毁灭、伪造、转移、隐匿证据，干扰证人作证或者串供行为的；（3）有一定证据证明或者有迹象表明犯罪嫌疑人可能对被害人、举报人、控告人实施打击报复的；（4）企图自杀或者逃跑的，即犯罪嫌疑人归案前或者归案后曾经自杀，或者有一定证据证明或者有迹

---

① 参见 2012 年 3 月 14 日修正的《刑事诉讼法》第 69 条、第 75 条和第 79 条。

象表明犯罪嫌疑人企图自杀或者逃跑的；（5）犯罪嫌疑人居无定所、流窜作案、异地作案，不具备取保候审、监视居住条件的；（6）对犯罪嫌疑人不羁押可能有碍本案或其他案件侦查，或者可能发生其他社会危险性的。①

第四节　非法证据的处理

非法证据，是指办案单位或者人员违反法定权限、程序或者在其他非正常情况下取得的证据材料。主要包括两种类型：一类是证据材料的内容虚假，另一类是获取证据的程序违法。在司法实践中，对于内容虚假的非法证据应当坚决予以排除；对于内容真实但取证程序或法律手续有瑕疵的证据材料，检察人员应当及时与侦查机关交换意见，限期要求侦查机关重新合法取证。如果侦查机关在时限内未重新合法取证，检察机关可以依法排除该非法证据，以"证据不足"为由不批准逮捕，并建议侦查机关及时对犯罪嫌疑人改变强制措施；待侦查机关将有关非法证据转化为合法证据后，检察机关可以在后续的审查批捕程序中加以使用。坚决防止文过饰非、放宽标准的现象，给案件的后续侦查、起诉和审判留下隐患。

---

① 参见 2012 年 10 月 6 日《人民检察院刑事诉讼规则（试行）》第 139 条第 1 款。

第十四章　侵犯财产案件审查起诉

审查起诉，是人民检察院依法对公安机关或者自行侦查终结的案件进行审查，并决定是否对犯罪嫌疑人提起公诉、不起诉的诉讼活动。审查起诉的主要内容是：对移送审查的案件全面审查并依法作出提起公诉或不起诉的决定；依法监督和纠正侦查活动中的违法情况；对被害人、犯罪嫌疑人的申诉进行复查；对公安机关认为检察机关作出的不起诉决定有错误而请求复议、复核的案件，依法进行复议、复核。

第一节　审查起诉案件的受理

受理案件是审查起诉办案程序开始的重要阶段。根据《人民检察院刑事诉讼规则（试行）》规定：人民检察院对于移送审查起诉的案件，应当指定检察人员办理，并全面审阅案卷材料。①

一、审查确定案件管辖权

根据有关司法解释规定：各级人民检察院提起公诉，应当与人民法院审判管辖相适应。这是检察机关受理审查起诉案件应当把握的一个基本原则。具体内容包括：（1）认为不属于本院管辖的案件，应当在 5 日以内经由案件管理部门移送有管辖权的人民检察院，同时通知移送起诉的公安机关。（2）认为属于上级人民法院管辖的第一审案件的，应当写出审查报告，连同案卷材料报送上一级人民

---

① 参见 2012 年 10 月 16 日《人民检察院刑事诉讼规则（试行）》第 360 条。

检察院，同时通知移送审查起诉的公安机关。（3）认为属于同级其他人民法院管辖的第一审案件的，应当写出审查报告，连同案卷材料移送有管辖权的人民检察院，或者报送共同的上级人民检察院指定管辖，同时通知移送审查起诉的公安机关。（4）认为属于下级人民检察院管辖的案件，可以交由下级人民检察院审查，由下级人民检察院向同级人民法院提起公诉，同时通知移送审查起诉的公安机关。（5）对于一人犯数罪、共同犯罪和其他需要并案审理的案件，只要其中一人或者一罪属于上级人民检察院管辖的，应将全案移送上级人民检察院审查起诉。（6）对于需要依照《刑事诉讼法》的规定指定审判管辖的案件，应当在侦查机关移送审查起诉前，协商同级法院办理指定管辖的有关事宜。①

二、初步审查案卷材料

1. 形式审查。主要包括：公安机关移送起诉意见书以及案卷材料是否齐备；案卷装订、移送是否符合有关规定和规范要求；诉讼文书、技术性鉴定材料是否单独成卷；案件的所有证据是否一并随案移送，有关实物证据与物品清单是否相符；不宜随案移送的证据是否附有证据清单、照片或者其他证明文件；犯罪嫌疑人是否在案以及采取强制措施的情况。

2. 内容审查。主要包括：与移送案件有关的财物及其孳息等是否查封、扣押、冻结并妥善保管，清单是否齐备；对被害人合法财产的返还和对违禁品或者不宜长期保存的物品处理是否妥当，移送的证明文件是否完备；有无遗漏罪行和其他应当追究刑事责任的人；对于国家财产、集体财产遭受损失的，是否需要由检察机关提起附带民事诉讼；等等。②

3. 受案登记。经审查认为符合受理条件的案件，应当填写受理审查起诉登记表。对移送的起诉意见书及其他材料不符合有关规定

---

① 参见 2012 年 10 月 16 日《人民检察院刑事诉讼规则（试行）》第 362 条。
② 参见 2012 年 10 月 16 日《人民检察院刑事诉讼规则（试行）》第 363 条。

或者有遗漏的，应当要求公安机关按照要求制作后移送，或者在3日内补送。对于犯罪嫌疑人在逃的案件，应当要求公安机关采取必要措施，保证犯罪嫌疑人到案后另案移送审查起诉，对在案犯罪嫌疑人的审查起诉应当照常进行。

第二节　审查起诉案件的证据审查

一、证据的客观真实性审查

审查起诉案件的证据材料本身存在是否客观真实的问题。如果据以定案的证据都是真实可靠的，许多冤假错案就不会产生；反之，如果办案人员对证据的真实性出现误判，就可能采信虚假证据，造成对案件事实的错误认定，最终导致冤假错案。因此，证据必须经过查证属实，才能作为定案的根据；而查证属实的应有之义，就是证据符合客观事实，具有真实性。实践中，对审查起诉案件的证据审查包括以下内容：

（一）言词证据的客观真实性审查

言词证据包括证人证言、被害人陈述和犯罪嫌疑人（被告人）供述和辩解三种。这类主观性证据，在刑事证据体系中较之物证、书证、鉴定意见、视听资料等客观证据，往往具有不稳定性，有时甚至真假掺半、不可全信。因此在审查起诉中，对言词证据的客观真实性进行审查尤为重要。就证人证言而言，由于证人记忆的偏差或者受表达能力所限，其证言往往不能百分之百反映客观真实情况；加之实践中普遍存在的证人翻证问题，更需要通过审查，准确判断原证与翻证之间何者为真。就被害人陈述而言，由于其权益、身体或心理等方面受到犯罪行为侵害，作证时往往受自身立场、情绪偏激等影响，不能客观准确地反映受损害情况。就犯罪嫌疑人供述和辩解而言，由于收到趋利避害等心理影响，其口供内容的不稳定、反复性表现得更为明显。

在审查言词证据的客观真实性时应当注意四点：一要审查犯罪

嫌疑人供述或者被害人陈述的自身合理性。如果言词证据本身不符合常理，陈述者又无法作出合理解释的，那么言词证据的客观真实性就存疑。二要审查口供、陈述或证言与其他证据之间是否有矛盾，能否相互印证。一般而言，能够得到较多其他证据支撑的证据，客观真实性较强；相反，与其他证据存在诸多矛盾又无法合理解释的言词证据，真实性往往值得怀疑。三要高度重视口供取得合法性的审查。无数经验教训表明，通过刑讯逼供或者以威胁、引诱、欺骗及其他非法方法得来的口供，虚假的可能性极大；因此，我国《刑事诉讼法》规定了口供自愿性原则，不得强迫任何人自证其罪。[1]四要严格执行并灵活运用《刑事诉讼法》规定的口供补强规则。对被告人的口供，必须得到其他证据的印证和支撑才能采信；只有被告人供述，没有其他证据的，不能认定被告人有罪和处以刑罚。[2]有关司法解释对口供补强规则在办案实践中的具体运用也做出了明确规定。[3]办案实践中经常出现翻供现象，即犯罪嫌疑人、被告人的供述前后不一，互相矛盾。在这种情况下，判断翻供与原供之间真实性的重要方法，就是要注意寻找翻供或原供提及的一些细节中是否存在补强证据可以得到印证，一般而言，能够得到印证的内容较为可靠，而无法得到印证的部分往往不具有真实性。

（二）实物证据的客观真实性审查

刑事证据中的实物证据包括物证、书证、视听资料和电子数据四种。审查起诉中，一要注意实物证据有无被篡改、伪造的痕迹或可能性，同时注意实物证据自身是否存在矛盾。例如，有关书证的前后内容是否存在矛盾、有无被修改的痕迹或可能；视听资料是否存在剪辑的痕迹、前后是否一致、连续等。二要注意审查实物证据与勘验、检查笔录或提取、扣押笔录记载的内容是否一致，确保实

---

[1] 参见 2012 年 3 月 14 日修正的《刑事诉讼法》第 50 条。

[2] 参见 2012 年 3 月 14 日修正的《刑事诉讼法》第 53 条。

[3] 参见 2010 年 6 月 13 日 "两院三部" 联合印发的《关于办理死刑案件审查判断证据若干问题的规定》（法发〔2010〕20 号）第 34 条等。

物证据是由侦查人员通过合法侦查活动所提取，避免所提取的实物证据被"张冠李戴"。三要注意结合言词证据进行审查，判断言词证据的描述与实物证据是否一致、能否作出合理解释并加以排除。四要注意审查实物证据的来源及其提取、保存的经过，确保实物证据与案件的关联性和真实性。如果发现蹊跷，就应当从证据之间的细微处着手进行复核，破解其中矛盾点，还原证据的真实性；如果通过审查仍无法判断证据的真伪时，就应当注意挖掘供述中的蛛丝马迹，力求获取再生证据或继续补充调查，通过延伸证据或其他旁证来检验口供的真伪。

二、证据的合法性审查

排除非法证据的前提是发现问题，而发现非法取证问题的重要来源就是当事人。被刑讯逼供的犯罪嫌疑人以及受到暴力、威胁取证的证人、被害人，通常对司法调查中是否存在非法取证问题最有发言权，辩护人、诉讼代理人对申请排除非法证据也最有积极性。因此在审查起诉中，对一些诉讼当事人请求排除非法证据的，应当高度重视、认真调查核实。具体审查重点包括：

1. 注意审查案件侦破经过，分析判断侦查机关确定犯罪嫌疑人是否充分合理。如果侦查思路一开始就出现错误，就很可能会抓错犯罪嫌疑人；如果抓错了人，加之一些侦查人员急功近利，就难以避免后续侦查中出现刑讯逼供等违法行为。

2. 注意审查技术侦查措施是否合法规范。《刑事诉讼法》规定，技术侦查措施必须严格按照批准的措施种类、适用对象和期限执行。[①] 对技术侦查措施的使用缺乏有效监督和制约，很容易侵犯公民隐私权；未按照法律规定和履行审批手续使用技术侦查措施调查取证，不但取证程序违法、有关证据不能作为定案依据，而且应当承担相应的法律责任。

3. 注意审查犯罪嫌疑人是否在法定时限内移送看守所。根据

---

① 参见 2012 年 3 月 14 日修正的《刑事诉讼法》第 150 条等规定。

《刑事诉讼法》规定，对犯罪嫌疑人拘留、逮捕后，应当立即送看守所羁押，至迟不得超过 24 小时；① 如果没有将犯罪嫌疑人及时送交看守所羁押，在决定羁押 24 小时之后获取的口供就属于违法取证。

4. 注意审查异地押送犯罪嫌疑人的时间是否合理。如果路途押送的时间过长，办案人员又不能作出合理解释，就不能排除在此期间对犯罪嫌疑人实施刑讯逼供或其他违法取证行为的可能性。

5. 注意审查将犯罪嫌疑人带出看守所进行辨认、指认等取证程序是否合法，时间是否合理。

6. 注意审查有关讯问（询问）笔录是否全部移送。一般而言，侦查过程中制作的讯问（询问）笔录应当全部随案移送。如果讯问是在看守所进行的，提押证上应当记明提押、还押时间；如果提押证显示有侦查人员某次提讯的记录，而案卷中却没有随附相关讯问笔录，就需要认真查明此次讯问是否制作讯问笔录等情况。

7. 注意审查讯问笔录的形式是否合法，录音录像资料是否完整。讯问笔录应当经过犯罪嫌疑人核对无误后签字确认，方能成为有效的证据材料；否则即为无效证据材料，应当予以排除。如果侦查机关只选择移送部分时段的、经过剪辑的或者其他不完整的同步录音录像资料，当犯罪嫌疑人恰恰提出在这些录音录像之外侦查人员有刑讯逼供的行为时，应当要求侦查机关对此作出合理的解释。

8. 注意审查犯罪嫌疑人供述、被害人陈述以及证人证言的内容与其智力、心理、文化水平等是否相符。如果发现某些言词证据的内容与当事人的智力、心理或文化水平明显不符的，就可能存在办案人员指供、诱供等违法取证的嫌疑，需要认真审查甄别，必要时应当重新核实相关证据。

三、证据的关联性审查

证据关联性审查的前提是，相关证据必须是合法取得的、具备

---

① 参见 2012 年 3 月 14 日修正的《刑事诉讼法》第 83 条、第 91 条等规定。

证据能力的证据。使用刑讯逼供等非法手段所获取的证据，本身不具备证据能力，更谈不上证明力的大小，因此不能作为审查判断的对象。证据的关联性审查对于确保案件物证、书证的真实性具有重要意义，因为物证、书证属于客观证据，一旦与案件中的其他证据建立了关联性，就具有极强的证明力，往往能够准确锁定犯罪嫌疑人或犯罪事实。在办案实践中，证据关联性审查的一个重要方面就是：充分注意相关物证、书证等客观证据所蕴含的意义、透露的信息，进而作出审慎、合理地解释和分析，由此判断或强化证据的证明力。在建立证据之间的关联性时需要进行适当的解释，但既不能过度解释，刻意建立证据之间的关联性；也不能解释不足，对存在一定关联性的证据链条，通过任意解释弃之不用。

第三节　办案中常见的问题

一、关于"孤证不能定案"

由于铁路运输系统站点多、线路长、相对封闭等特点，在涉铁侵财犯罪办案实践中经常出现证据缺失或取证困难等问题。但是，"孤证不能定案"仍然是检察机关审查起诉工作必须坚守的底线。[①]所谓孤证不能定案，指的是某一案件事实，如果只有被告人的口供或者其他孤立证据予以证明时，该案件事实就未能达到"证据确实、充分"的证明标准，因而不能认定被告人有罪。这里的案件事实，既包括全案事实，也包括部分案件事实。这里的孤证，一般指没有其他证据加以印证的直接证据，如被告人口供、证人证言、被害人陈述等；同时也包括没有形成完整、闭合的证据锁链的各种间接证据，如物证、书证、鉴定意见、勘验、检查笔录等。通常而言，某一案件事实只有一个孤立证据或者信息来源能够证明的，其真实可靠性比较差，就如同两点之间只能形成一条直线，而通过一个点可

---

① 参见 2012 年 3 月 14 日修正的《刑事诉讼法》第 53 条第 1 款。

以画出无数条直线一样。同理，如果案件事实只依据某个孤立的证据来认定，就很可能忽略本身客观存在、可能影响案件事实或定性的诸多证据因素，造成司法误判的重大隐患。检察机关长期以来的司法实践证明，某一案件犯罪事实的发生，客观上必然会留下诸多的证据或线索；如果只有一个孤证（如口供）而没有其他证据支撑，办案人员就无法排除合理怀疑、难以形成内心确信；一旦该孤证的内容不真实，整个案件的基础就会因此崩塌，轻则案件无法办理、浪费司法资源，重则放纵犯罪或侵犯公民权利。兹事体大，不可不察！

二、关于"就低认定"

在刑事司法过程中，人们对事实真相的探求往往受到诸多主客观条件限制，所发现的只能是"无限接近于事实"的真相，似乎永远无法恢复案件事实的原貌。办案人员只能依据证据来认定案件的事实，而这些事实充其量只是"已知"的事实；由于案件证据自然消失、人为毁灭、时空条件或知识局限等原因，有时他们穷尽各种侦查方法，仍然会遇到许多无法查清或者待查存疑等"未知"的事实。在这种情形下，刑事司法工作所依据的一个重要原则就是——疑点利益归于被告人，即人们俗称的"就低认定"原则。

根据《刑事诉讼法》规定，"犯罪事实清楚，证据确实、充分"是认定被告人有罪所必须达到的证明标准；未能达到这个标准的，不能随意对被告人作出有罪判决。因此，在某一案件中的某个事实不清或者尚存疑点的情况下，就不能认为"事实清楚"，更不能以尚未完全查明的事实作为认定被告人有罪和处以刑罚的依据。就低认定，就是司法实践中适用"疑点利益归于被告人"原则的通俗说法。[①] 其内涵包括两个层面：其一是指检察官或法官对于犯罪数额、重罪与轻罪等可能影响案件定罪、量刑的实体法事实存在疑问时，从有利于被告人的考虑出发，按照就低认定的原则起诉或判决；其

---

① 参见 2012 年 3 月 14 日修正的《刑事诉讼法》第 53 条、第 54 条等规定。

二是指检察官或法官在审理案件中，对两个具有包含关系的同类事实之间就低选择认定的过程。换言之，当案件不能确定某个构成"较大"事实的要件而确定构成"较小"事实的要件完备时，就只能就低认定后者而排除前者。例如，某检察人员在审查起诉一起团伙盗窃铁路运输物资案件时，发现证明被告人李某是否具有完全刑事责任能力的证据之间相互矛盾，据此将案件退回补充侦查。公安机关穷尽各种方法，仍无法排除这一矛盾；检察机关只能认定"被告人不具备完全刑事责任能力"，并据此提起公诉。经法院审理，确认检察机关指控的"事实"成立，对被告人作出减轻处罚的判决。又如，一起团伙盗窃旅客财物案件，有两名被告人对盗窃数额的说法与被害人不一致。被告人张某供述的盗窃数额较高，而被害人范某称其失窃的数额较少；被告人刘某供述的盗窃数额较少，而被害人吴某称其失窃的数额较高。在反复调查仍不能确定何者为真的情况下，办案人员只能采取"就低认定"的办法，即采信其中盗窃数额较少的说法，作出有利于被告人的认定。

需要指出的是，适用就低认定是有一定限度的；不分具体情况过度地适用，就可能造成事实认定的偏差。首先，就低认定只适用于实体法上的事实，而与案件中具体适用实体法律无关。这是因为，在案件事实已经查清的前提下，如何评价被告人行为，是对有关实体法适用或解释的问题，而不属于案件事实认定的问题。因此，在具体案件中适用实体法时，不能一味地"就低"作出有利于被告人的解释，而只能根据《刑法》或司法解释对被告人行为做出客观评价；即使作出不利于被告人的定罪处罚，也不违背"疑点利益归于被告人"原则。其次，就低认定必须对全案证据进行评价之后才能适用，而不能只对单个或者部分证据进行判断，就提前或者分别"就低认定"。这是因为，仅就案件中单个或部分证据进行判断，难以完全排除案件事实中的各种可能性，在这种情况下作出"疑点利益归于被告人"的裁断，势必难以避免案件处理上的偏差。换言之，只有在综合全案证据审查判断之后，仍然存在"疑点事实"时，才能适用"疑点利益归于被告人"原则，作出有利于被告人的事实认定。例如，在一起盗窃案件审查起诉中，被告人丁某交代其伙同被告人江某到被害人周某家中盗窃，窃得金项链一条、金耳环一副；被告人江某交代其伙同被告人丁某，在被害人周某家中窃得金项链一条和现金1500元；而被害人周某报案称，其家中被窃金项链一条、金耳环一副和现金2000余元。在认定本案盗窃犯罪事实时，办案人员并不是根据二被告人口供简单地选择最低的（金项链一条）认定，而是综合全案证据，选择其中可以印证的部分加以认定，即以被害人声称失窃的金项链一条、金耳环一副和现金1500元定罪起诉，并在法庭审理中得到确认。

第四节　审查起诉报告的制作

在办理侵财犯罪等刑事案件中，审查起诉报告并不是对外公开的法律文书，但却是检察机关对案件作出起诉、不起诉决定以及出庭支持公诉的基础性工作。因此，制作一份高质量的审查起诉报告，对于检察机关依法公正处理刑事案件、充分履行法律监督职责具有重要意义。在制作审查起诉报告时，应当把握好以下几方面。

一、犯罪嫌疑人基本情况

首先，应当叙明犯罪嫌疑人在案时的身份以及其变化情况。有些身份可能对定罪量刑产生一定影响，应当尽可能全面叙明，不能只根据户籍证明简单描述。其次，应将调查获得的身份信息与预审卷进行比对，不能盲目照搬预审卷记载的身份信息。特别是审查14周岁、16周岁等可能影响定罪量刑的"临界年龄"时，更要认真核对查明。最后，要根据审查的情况对同案犯罪嫌疑人进行合理排序，不能简单照搬侦查机关移送案件时的排序。一般排序原则是：按照主从关系，主犯在前、从犯在后排序；按照共同犯罪的地位和作用，由大到小排序；涉及多个罪名时，按照先重罪名、后轻罪名排序；涉及单位犯罪时，按照先单位主体、后自然人的顺序排列。

二、犯罪嫌疑人前科情况

一般包括曾受到行政处罚和刑事处罚两种情况。对于行政处罚的前科，应当叙明受处罚的时间、原因、种类、决定机关等；同时说明该前科对定罪量刑有何种影响。对于刑事处罚的前科情况，应当叙明受处罚的时间、原因、种类和决定机关等；构成累犯的，还要叙明刑罚执行完毕或者假释、赦免的时间。行政处罚与刑事处罚并存时，应当按照先行政、后刑事的顺序叙写。

三、采取强制措施情况

重点阐明两项内容：一是强制措施的适用是否正确。如犯罪嫌疑人有无不适合逮捕羁押的情形，是否符合取保候审的条件等。二是强制措施的执行是否超期。如批准逮捕后是否在 24 小时以内向犯罪嫌疑人宣布；逮捕后超过两个月移送审查起诉的，是否办理过延期羁押手续等。

四、案件发现及侦破经过

重点解决两个问题：一是叙明侦查机关的侦查期限是否合法。二是侦查中采取留置、盘查、传唤或拘传等措施的时间、程序是否符合法律规定。由于刑期计算是从被告人人身自由受到限制之日开始的，因此，审查中不能仅仅依赖侦查机关的破案报告、抓获经过或情况说明等材料，还应当综合全案证据进行分析判断，逐步揭示案件侦破的经过。犯罪嫌疑人的到案经过关系到对诸多量刑情节的认定，如是否自首、立功，是否主动退赔赃款赃物等；但由于侦查程序封闭，有时只能看到结果，很难发现其中非法取证等问题。因此，重视审查发案及破案经过，有利于把握案件证据体系构建的脉络，通过对取证时间、地点及顺序等细节审查，有效防范证据隐患，提升证据把关的质量和效果。

五、赃款赃证物移送情况

赃款赃物等证据是否随案移送，可能对案件的处理产生重要影响，因此应当在审查报告的分析意见或有关问题说明的部分单独加以说明。这样不仅可以避免因赃物灭失、损毁或被挪用而失去证明价值，也可以使审查报告在结构上前后呼应，互为提示。

六、经依法审查认定的事实

在综合分析全案证据后，应当根据采信的证据对案件事实进行客观、全面、准确的表述。需要注意的是：（1）对于一案多起犯罪事实的案件，可根据不同情况，按照先单位后自然人犯罪、先共同后单独犯罪、先重罪后轻罪，或者按照犯罪行为发生时间等合理顺序进行表述，做到层次清晰，突出逻辑性。（2）对于供证矛盾的案件，应当对有关犯罪事实及其证据部分做详细摘录，在全面分析相关证据、深入论证定性及定罪等问题的基础上，提出认定意见。（3）对涉案人员多、作案时间长、次数多且案情复杂的案件，可采用表格或统计方法，对有关事实和证据进行整合摘抄，以提高工作效率。（4）充分采信合法证据，力求排除非法证据。审查报告中认定的每一起犯罪事实，或者同一犯罪事实中的每个环节，都必须有相应的证据支持。（5）对于审查认定的犯罪事实，应当表述准确完整，逻辑严谨。一般按照案件事实发生的先后顺序撰写，避免采用倒叙、插叙或夹叙夹议等修辞方式；叙述较为复杂的案件事实，应当对某些重要背景或环节作必要说明。（6）叙写案件事实要有确定性。应当是承办人对全案证据梳理、甄别和判断后作出的总结性概括，并且是通过证据证实、客观存在的事实。

七、做好证据摘录，奠定分析基础

1. 证据摘录要详略得当。对适用简易程序、证据清楚稳定的案件，摘录可以简约，只需分别注明犯罪嫌疑人供述的时间、地点、讯问人、所在侦查卷宗页码并概括其主要内容即可。对于疑难、复杂案件特别是犯罪嫌疑人拒供、翻供或口供反复的案件，证据摘录要尽可能详细。这样有利于办案人员通过审查口供与证言之间所反映出的案情细节，有效揭示犯罪嫌疑人翻供内容的虚假性，排除侦查人员逼供、诱供的可能性。

2. 确保摘录证据的证明力。在每项证据摘录之后，除应当说明证据来源等事项外，还需要对该证据的合法性、真实性和关联性等进行说明。例如，在摘抄证人证言时，应当在证人身份中注明其与犯罪嫌疑人、被害人的关系，以利于办案人员正确评价证人证言的可信度和证明力。

3. 确保摘录证据逻辑严密。对于同类型的证据，应当按照证明力的大小由强到弱排列，或者按照取证时间排列，以便使案件的起始、发展过程有一个清晰脉络，各证据之间层层递进、彼此印证，形成完整的证据体系。对案情简单的案件，可采取"一事一证"方式即在每一起犯罪事实后面写明主要的证据。对于同一起犯罪事实的各类证据，其基本排列模式是：先客观性证据即物证、书证、勘验或者检查笔录、鉴定意见、视听资料等，后主观性证据即证人证言、被害人陈述、同案人供述、犯罪嫌疑人供述和辩解等，以客观证据为基石构建证据体系。

4. 根据具体案件情况，多种方式列举证据。例如，针对一案多罪名的案件，可按照一罪一证方式列举；针对一人多事或者多人多事的案件，可采取表格方式列举；针对职务犯罪案件或者犯罪嫌疑人对某一犯罪构成要件翻供的案件，可按照犯罪构成四要件分别列举；针对自首、立功等量刑情节有争议的案件，可以分别列举定罪与量刑的相关证据；针对有预谋的犯罪案件，可按照实施犯罪的诸阶段分别列举证据；等等。

八、提出分析、处理意见

这是审查报告的精华与核心，可以反映承办人对案件证据、法律政策理解和运用的能力水平。首先，在证据分析方面要从合法性、真实性与关联性入手，找出证据之间的矛盾点，并对排除非法证据、采信证据的依据予以说明；在此基础上进一步确定是否有犯罪行为发生，犯罪行为是否为犯罪嫌疑人所为。其次，在定性分析方面要紧扣犯罪构成要件，从法理和证据两方面对犯罪嫌疑人行为是否够罪、构成何罪等问题进行充分论证。最后，在量刑分析方面要依照《刑法》和司法解释有关规定，对犯罪嫌疑人行为的性质、法定情节和酌定情节等方面作出分析认定，并提出相应的量刑建议。此外还需把握以下要求：

1. 定性分析与证据分析并重。正确定性是案件审查起诉的核心，但前提必须是证据材料真实有效，并形成完整的证据链；只有在对证据材料充分分析的基础上，有效排除非法证据并确定证据的证明力之后，方可对案件进行定性分析。

2. 论述犯罪构成既要全面，又要有所侧重。办案实践中往往存在两种倾向：或主次不分、面面俱到、不得要领；或专注于个别要件，对其他要件的论述浅尝辄止甚至忽略，导致审查起诉报告的分析意见苍白无力或捉襟见肘，使案件公诉质量效果大打折扣。

3. 法规运用与分析论述并重。即把法律法规的适用充分融入具体案件的分析当中，提升或强化论述观点的说服力；而不是将法条简单罗列、与案件证据形成"两张皮"，让审阅人自行判断。

4. 分析意见明确、适当。即在充分分析的基础上，对犯罪嫌疑人是否够罪、构成何罪等问题提出明确意见；同时对有争议的案件说明不同观点的理由和依据，提出倾向性意见。分析意见应当围绕证据和法律规定进行，论述要清晰而完整，既不能过于简单、忽略应当分析的问题，也不能过于复杂、在次要问题上着墨过多。

5. 行文用语严谨、规范。案件分析是一个主观判断的过程，但审查报告作为司法工作文书，应当体现中立的态度；办案人应当根据证据和法律论述案件，而不能融入个人情绪，或者使用煽情的语言。

6. 量刑情节不能遗漏。除法定情节外，对于一些酌定情节，如认罪态度好坏、赃款是否退赔、是否初犯、被害人有无过错等，均应当在审查报告中作出评价。

第五节　起诉书的制作

起诉书是人民检察院依照法定程序并代表国家向人民法院对被告人提起公诉的法律文书。针对侵犯财产罪案件的特点和法律文书制式要求，在制作起诉书时，应当重视并把握好以下几个部分：

一、被告人基本情况

这部分是确定案件被告人身份特征的重要内容。根据起诉书样本格式规定，主要包括：姓名、性别、出生年月日、民族、身份证号码、文化程度、职业或者工作单位及职务、住址、曾受行政处罚、刑事处罚以及因本案被采取强制措施等情况。

1. 姓名。应当写清被告人在户口簿、身份证等法定文件中使用的正式姓名。如果被告人有曾用名或者与案件有关的化名、绰号等，应当用括号注明，与犯罪无关的其他名字不写。被告人是聋哑人或盲人的，应当在姓名之后用括号注明。对于符合起诉条件但不讲真实姓名的被告人，根据《刑事诉讼法》第158条规定，可以按其自报的姓名向法院起诉。被告人是外国人的，应在其中文译名后面用括号注明外文姓名。

2. 出生日期。应当写明被告人公历出生的年月日。具体出生日期查不清楚的，应当以公历计算的周岁写明年龄。案件涉及已满14周岁不满18周岁的被告人时，必须准确写明其出生年月日。

3. 文化程度。主要写明被告人所受过的正规教育程度。对于中途辍学或肄业人员的文化程度，以户籍为准；户籍没有记载的，可根据本人供述表述为"小学""初中""高中"等；不识字的表述为"文盲"。

4. 职业或者工作单位及职务。应当写明被告人被采取强制措施前所在工作单位的名称及职务；被告人无工作单位的，只写职业名称；从事农业生产者写"务农"，从事个体经营的写"个体经营"；被告人待业或者从事临时性工作，没有固定职业的，写"无业"。

5. 住址。一般情况下，应当写户籍所在地。户籍所在地与经常居住地不一致的，写经常居住地，并注明户籍所在地；流窜犯等户籍所在地或经常居住地不明的，写其暂住地。

6. 前科情况。被告人受到的行政处罚，如果与定罪量刑有关，需要写明，否则不写；被告人受到的刑事处罚，应当写明。在叙写刑事处罚前科时，应当写明受处罚的时间、原因、种类、决定处罚的机关、处罚的内容、释放时间等有关情况。

7. 对本案被告人采取强制措施的情况。一般应当写明采取强制措施的原因、种类、批准或者决定处罚的机关名称和时间，执行机关的名称和时间等。如果被告人被采取过多种强制措施的，应当按照强制措施执行的时间顺序，一一写明。

二、犯罪事实

叙写时，应当根据个案情况，按照被告人实施犯罪的时间、地点、起因、经过、手段、动机、目的、危害后果以及案发后表现等与定罪量刑有关的基本要素，围绕《刑法》规定的犯罪构成要件叙写清楚。常用的表述方法有：

1. 按照犯罪事实发生的时间顺序表述。通常用于表述一人一次犯罪、多人一次犯罪、一人数次犯罪触犯同一罪名，或者多人在同一时段连续作案触犯数个罪名的案件事实，来龙去脉、前因后果具有连贯性。例如，黄某抢劫杀人案起诉书中的表述：2013年2月3日上午9时许，被告人黄某在某市大山火车站候车时与杨某相遇；在二人闲聊中，黄某得知杨某上城里为其儿子置办结婚用品，遂起图财之心。当日下午2时左右，黄某以"城里有熟人能帮买到便宜东西"为名，将杨某骗到市郊被告人丁某家，并与丁某合谋抢劫杨某钱财之事。当晚9时许，黄某与丁某将杨某骗至室外一鱼塘附近，趁杨某无备之机，丁某朝杨某后脑勺猛击一拳，致杨某踉跄倒地；黄某迅即上前跨坐于杨某腰部，双手紧紧扼住杨某的颈部，丁某按住其挣扎的双手，致使杨某窒息死亡。尔后，两被告人将杨某随身携带的410元人民币分赃，将被害人的尸体抛入鱼塘之中，仓惶逃离现场。

2. 突出主罪、重罪与主犯的表述方法。通常用于表述一人或多人犯数罪案件，或者有主、从犯之分的共同犯罪案件事实。这种写法要求把主罪、重罪事实和关键情节或者主犯的地位、作用、罪责，放在突出位置进行先叙详叙；而把次罪、轻罪的事实或者从犯的地位、作用、罪责，放在次要或适当位置后叙、简叙。例如，田某等3人抢劫、敲诈勒索、盗窃案起诉书的表述：2016年7月13日晚9时许，被告人田某、刘某和胡某3人去某歌舞厅消费，当行至铁路广场时，田某提出拦截汽车抢钱之事，刘某、胡某当即表示同意。当晚9时半左右，被害人漆某驾驶出租车正在路边等待拉客，田某即指使胡某拦住该车；刘某拉开驾驶室门，田某、刘某两人就向漆某要钱，刘某抓住漆某的手；田某拔出水果刀，一手持刀对准漆某脸部进行威胁，一手在漆某的上衣口袋里搜劫现金160元。作案后，刘某、胡某各分得赃款40元，其余赃款由田某所得。

3. 按顺序标列罪名表述。这种表述方法，可以使多次触犯的罪名和相关事实提纲挈领、条理清晰地呈现出来。叙述时，可在每个罪名的前面列上一个小标题并用序码标出，以示相对的独立。有的案件被告人触犯数个罪名，每个罪名又涉及多次、多地连续犯罪，表述时可以在单独标出的罪名之下，再分序或分段按时间顺序分别表述，可以收到简洁醒目、繁而有序表述效果。应当注意的是，就某一案件事实表述的层次上讲，还是应当采用以时间为顺序，突出主罪、重罪和主犯的表述方法。

4. 综合归纳表述方法。通常用于表述单人或多人多次犯罪、触犯同一罪名，犯罪性质、作案手段和情节大致相似的案件事实。这种写法应当注意分类、依序，避免冗繁、重复。所谓分类，是指对犯罪事实按照同一范围和标准分类，相关概念、属种关系不能含混。例如，某盗窃案件的被告人既在外地作案，又在本地作案，既盗窃各种有价证券，又盗窃工业生产用品和生活用品，还盗窃家禽家畜。在叙述犯罪事实时，就可以按照空间顺序（如先外地、后本地）或时间顺序（如由远及近或由近及远），或者对所盗物品（如现金及有价证券、工业产品、生活用品、禽畜种属等）进行分类表述，使之层次井然。所谓依序，是指按照犯罪事实的要素顺序表述。如某盗窃案件事实的要素顺序是：作案的时间、工具、手段、地点，被盗单位或个人，被盗的款物、数额，赃款赃物的去向，罪责或追赃情节等。盗窃数额一般按照"先大后小"递降顺序写，用以突出被告人的主观恶性和危害程度；也可以按照"由小至大"递升顺序写，用以说明犯罪行为和社会危害性由小至大的演进过程。

5. 多种写法并用。共同犯罪或集团性的犯罪案件，各被告人有时罪行交错、情节各异、罪责不一，触犯的法条也不尽相同。对于这类复杂案件事实，可采用多种方法叙述。一是事实与罪责分述。即先概括写明主要共同犯罪事实（按综合归纳法），尔后按主犯、从犯的顺序，分别叙述各被告人在共同犯罪中的地位、作用及其罪责。有的被告人在参与共同犯罪的同时，还单独实施某个犯罪行为，可以在叙述其共同犯罪事实之后再单独加以叙述。二是犯罪事实与罪责合一。即在分别叙述各被告人犯罪事实的同时体现其罪责。

总之，对起诉书的"犯罪事实"部分如何表述为好，不能拘泥于某一种方法，而应当根据案件的不同性质、特点和繁简程度而确定。叙写犯罪事实的基本要求是：

1. 尊重客观事实，揭示案件真相。这里的事实、真相是指建立在案件全部证据基础之上的"法律真实"，是办案人员对案件经过全面审查、判断并排除非法证据、疑点证据后所认定的犯罪事实。犯罪事实中的每一句话都要有证据的支持，切不可由办案人想当然地推理、揣测，否则将会埋下冤假错案的重大隐患。

2. 用语准确，褒贬得当。起诉书是检察机关终结审查起诉程序、启动刑事审判程序、具有法律效力的重要司法文书。在起诉书描述犯罪事实和对犯罪行为进行评价或谴责时，应当正确地使用法言法语，避免使用带有侮辱、仇恨、煽动或贬损性词语，以保障指控权威性、公正性。

3. 逻辑清晰，叙述规范。如起诉书上下文在提到同一个人或事物时，使用"其""之""该"等代词所传递的逻辑关系，务必清晰准确；对犯罪事实部分的描述既要全面周延，也要详略得当，同时注意规范性。

三、证据的列举

证据是构成起诉书内容的重要组成部分，是检察机关依法认定和指控犯罪事实的重要依据。因此，在起诉书阐述有关犯罪事实之后，应当概括列举相关证据，必要时需要进行适当论证。

四、起诉根据和理由

概括说明被告人的行为特征，依法认定被告人构成犯罪、需要追究刑事责任并作出起诉决定的结论意见，属于主观见解的范畴。主要内容包括：

1. 以事实部分为根据，依法确定具体罪名。认定被告人行为触犯《刑法》应当具体到某条、某款，并与其犯罪性质一一对应。触犯多个罪名的，按由重到轻的顺序排列；共同犯罪的案件，应当分别写明各被告人应承担的罪责；认定罪名与公安机关不一致的，应当在此部分写明。确定罪名时应当注意：不可使用类罪名代替具体罪名；分清此罪与彼罪界限，防止错定犯罪性质；坚持罪名法定原则，严格按照《刑法》或相关司法解释，规范确定起诉书指控的罪名。

2. 依法论证犯罪情节，提出宽严相济的处罚意见。需要注意：起诉书提出这种倾向性意见一定要明确，如"可以从轻处罚"或者"可以减轻处罚"，二者只能选其一，不能含糊地写为"可以从轻或减轻处罚"等。一案中有多名被告人的，犯罪情节各异，应当分别加以论证。

3. 明确起诉决定的法律依据。即根据《刑事诉讼法》第172条之规定，对本案被告人提起公诉，送交法院审判、依法惩处。如案件有附带民事诉讼的，也应当依法交代清楚。①

---

① 参见2012年3月14日修正的《刑事诉讼法》第99条、第102条等规定。

第六节　支持公诉

侵财犯罪案件涉及多个罪名,复杂、难易程度差别较大,做好出庭支持公诉也要因案而异。实践中应当从以下几方面入手。

一、做好庭前准备

第一,要吃透案情,做到心中有数,根据案件事实和证据,找出薄弱环节、预测辩论焦点,并针对被告人、辩护人可能提出的问题拟写答辩提纲。第二,要认真准备公诉词,对证据中存在的问题做必要的补充完善,全面充分地论证犯罪。第三,预先熟悉案件涉及的法律规定,并对有关犯罪构成理论胸有成竹。第四,及时应变,根据法庭调查情况和被告人、辩护人的意向,及时修改、调整答辩内容,做好辩论的心理准备。

二、把握讯问重点

在当庭讯问被告人时,应当结合其供述与辩解的情况,紧紧围绕指控的犯罪事实,合理掌握讯问的范围、重点、层次和节奏,有条不紊地展开。对于被告人认罪、事实比较清楚的犯罪问题,可以抓住其中主要情节,简略讯问。对于一些与定罪量刑关系不大的枝节问题,可以略问或不问。对被告人、辩护人有异议的重要事实、情节或定性意见等问题,应当着重从被告人作案时的主观心理状态、具体行为过程等方面详细讯问。对于被告人避重就轻、推脱罪责的问题,应当从其实施犯罪的时间、地点、造成的后果等方面进行讯问。对被告人对在案证据提出异议的,应当注意从证据形成的细节上进行讯问。

三、科学地出示证据

出示证据的方式和效果,是检验公诉人掌握和运用证据能力的重要标志。一次好的出庭公诉,并不是将案件证据不分主次地宣读完毕就万事大吉；这样做，不仅难以发挥证据应有的证明效力，而且会引起认定事实混乱，干扰法庭调查的有效进行。一个优秀的公诉人，应当精通证据理论，熟练驾驭、调配各类证据，力求使之形成一个相互支撑的证据体系，并完整呈现到法庭上，从而达到揭露和证明犯罪的目的。

四、做好法庭质证，巩固举证效力

所谓质证，是指控辩双方对出示证据的客观性、合法性、关联性进行分析评价的过程。主要包括两个方面：一是公诉人应对辩护人的质证。需要注意的是：对辩护人的质疑无碍公诉证据效力的，可作扼要表态，不去过多纠缠；辩护人的质疑似是而非、可能模糊公诉证据效力的，应当针锋相对、据证力驳；对辩护人的质疑既无法当庭否定，又可能影响公诉证据效力或者直接关系到被告人定罪量刑的，应当建议法庭延期审理，随后及时补充侦查。实践中，有的被告人当庭推翻其以前的有罪供述，辩称是办案人员刑讯逼供、随意编造或者自己没有看笔录，企图否定公诉证据的效力；应对时，公诉人应当结合被告人原供述，从证据"三性"入手分析答辩，使被告人的虚假辩解不具可信性。二是应对辩护人提出的新证据。实践中，必须抓住证据的"三性"深入质证，揭示辩护证据的收集程序是否合法、有关内容是否客观真实、与待证事实之间是否存在关联性等问题。

五、恰当答辩与灵活应变

法庭辩论，是指控辩双方在法庭调查的基础上，就有关案件犯罪事实、证据材料、认定罪名、罪责轻重等问题进行论证、辩驳，为法庭正确适用法律和定罪量刑提供依据。在法庭辩论中，公诉人应当结合案件事实，从证据和法律两方面入手，有力驳斥被告人辩解的不真实、不合理性；同时针对辩护人提出的罪与非罪、此罪与彼罪以及量刑情节等问题进行答辩，做到观点鲜明、突出重点，全力争取法官采信。实践中，有的公诉人在答辩时过于"服帖"，被对方的问题牵着鼻子走，既缺乏灵活性，还容易引发新的争议。例如，当辩护人追问"某某同案人为何不追究"时，公诉人不应就"该追究还是不该追究"作实质性表态；因为此类问题非经法定程序，公诉人无权代表检察机关在法庭上表态；即使必须回应，也只能从程序层面作一些说明。

第十五章　侵犯财产案件立案监督

第一节　立案监督概述

　　立案监督，是指检察机关和人民群众依法对刑事立案活动进行监视、督促或者审核的诉讼活动，是《刑事诉讼法》赋予检察机关的一项重要法律监督职能，对于促进规范、公正执法具有重要作用。最高人民检察院、公安部曾专门下发通知，就加强和规范刑事立案监督作出规定。①

　　立案监督有广义与狭义之分。狭义是指检察机关对公安机关立案活动进行的监督；其广义还包括其他单位和个人对公检法机关立案活动进行的监督。《刑事诉讼法》第110条规定：人民法院、人民检察院或者公安机关决定不立案时，应将不立案的原因通知控告人。控告人如果不服，可以申请复议。第111条又规定：人民检察院认为公安机关对应当立案侦查的案件而不立案侦查的，或者被害人认为公安机关对应当立案侦查的案件而不立案侦查，向人民检察院提出的，人民检察院应当要求公安机关说明不立案的理由。人民检察院认为公安机关不立案理由不能成立的，应当通知公安机关立案，公安机关接到通知后应当立案。由此可见，法律规定的立案监督，包括控告人的监督和检察机关的监督两种形式。

---

　　① 参见2010年7月26日最高人民检察院、公安部《关于刑事立案监督有关问题的规定（试行）》。

第二节 立案监督线索来源

立案监督的线索来源，是法律规定的控告人和人民检察院对立案活动实施监督的基本路径。由于控告人和检察机关的地位和性质不同，因此二者对立案监督的程序也不相同。

一、控告人的控告

根据《刑事诉讼法》规定，控告人有权对刑事立案活动申请复议，因此，申请复议是检察机关立案监督线索的重要来源之一。《刑事诉讼法》第111条规定：被害人认为公安机关对应当立案侦查的案件而不立案侦查，向人民检察院提出的，人民检察院应当要求公安机关说明不立案的理由；人民检察院认为公安机关不立案的理由不能成立的，应当通知公安机关立案，公安机关接到通知后应当立案。因此，控告人控告也是检察机关立案监督线索的重要来源。

二、人民检察院依职权发现

（一）积极的发现

即在检察机关办理审查批捕和审查起诉案件，受理公民、组织的报案、举报以及进行调查研究时，发现公安机关对应当立案侦查的案件而不立案侦查的，由侦查监督部门审查；侦查监督部门经过调查、核实有关证据材料，认为需要公安机关说明不立案理由的，经检察长批准，应当要求公安机关在7日内书面说明不立案理由。经检察机关侦查监督部门审查，认为公安机关不立案的理由不能成立，经检察长或者检察委员会讨论决定，应当通知公安机关立案。公安机关在收到检察机关《要求说明不立案理由通知书》后，应当在7日内将说明情况书面答复检察机关；检察机关认为公安机关不立案理由不能成立，应当向公安机关发出《通知立案书》，公安机关应当在《通知立案书》发出后15日内决定立案，并将立案决定书送达检察机关。

（二）消极的发现

即公安机关对应当立案侦查的案件作出不立案决定，被害人不服，要求检察机关追究行为人刑事责任的，由检察机关控告申诉部门受理，不得以任何理由予以拒绝。检察机关根据事实和法律进行必要的调查后，认为需要公安机关说明不立案理由的，应当将案件移送侦查监督部门办理。如果检察机关认为公安机关说明的不立案理由不能成立，应当通知公安机关立案侦查，操作方式和时间与前一种情况相同。如果检察机关审查公安机关说明不立案的理由，认为确实不符合法律规定的立案条件的，应当由控告申诉部门在 10 日以内将不立案的理由和根据告知被害人，并做好解释和说服工作。

三、立案监督线索的审查

根据《刑诉规则》有关规定，立案监督主要由人民检察院的侦查监督部门负责。实践中，检察机关对于公安机关应当立案侦查而不立案侦查的线索进行审查后，应当根据不同情况分别作出处理：

1. 认为没有犯罪事实发生，或者犯罪情节显著轻微不需要追究刑事责任，或者具有其他依法不追究刑事责任情形的，应当及时答复投诉人或者行政执法机关。

2. 认为不属于被投诉的公安机关管辖的，应当将有管辖权的机关告知投诉人或者行政执法机关，并建议向该机关控告或者移送。

3. 被投诉的公安机关尚未作出不予立案决定的，移送公安机关处理。

4. 认为有犯罪事实需要追究刑事责任，属于被投诉的公安机关管辖，且公安机关已作出不立案决定的，经检察长批准，应当要求公安机关书面说明不立案理由。

5. 人民检察院经审查，有证据证明公安机关可能存在违法动用刑事手段插手民事、经济纠纷，或者办案人员利用立案实施报复陷害、敲诈勒索以及谋取其他非法利益等违法立案情形，且已采取刑事拘留等强制措施或者搜查、扣押、冻结等强制性侦查措施，尚未提请批准逮捕或者移送审查起诉的，经检察长批准，应当要求公安机关书面说明立案理由。

第三节　立案监督的主要程序

按照《刑事诉讼法》和《诉讼规则》有关规定，检察机关实施立案监督的主要程序是：

一、要求公安机关说明不立案或者立案理由

检察机关应当制作《要求说明不立案理由通知书》或者《要求说明立案理由通知书》，及时送达公安机关。公安机关应当在收到通知书的7日以内作出书面说明，客观反映不立案或者立案的情况、依据和理由，连同有关证据材料（复印件）回复检察机关。公安机关主动立案或者撤销案件的，应当将《立案决定书》或者《撤销案件决定书》（复印件）及时送达检察机关。

二、通知公安机关立案或者撤销案件

检察机关经调查核实，认为公安机关不立案或者立案理由不成立的，经检察长或者检察委员会决定，应当制作《通知立案书》或者《通知撤销案件书》，说明依据和理由，连同证据材料移送公安机关。公安机关应当在收到《通知立案书》后15日以内决定立案；对《通知撤销案件书》没有异议的，应当立即撤销案件，并将《立案决定书》或者《撤销案件决定书》复印件及时送达人民检察院。

三、对立案监督案件复议、复核

公安机关认为检察机关撤销案件决定有错误的，应当在5日以内经县级以上公安机关负责人批准，要求同级检察机关复议；检察机关应当重新审查，在收到《要求复议意见书》和案卷材料后7日以内作出是否变更的决定，并通知公安机关。

公安机关不接受人民检察院复议决定的，应当在 5 日以内经县级以上公安机关负责人批准，提请上一级人民检察院复核。上级人民检察院应当在收到《提请复核意见书》和案卷材料后 15 日以内作出是否变更的决定，通知下级人民检察院和公安机关执行。

四、对立案监督线索的调查

检察机关对立案监督线索进行调查核实，可以询问有关办案人员和案件当事人，查阅、复印公安机关刑事受案、立案、破案等登记表册和立案、不立案、撤销案件、治安处罚、劳动教养等法律文书及案卷材料，公安机关应当配合。

第四节 铁路站车交接案件的立案监督

《刑事诉讼法》对立案活动监督的专门规定，使检察机关的刑事立案监督工作有了明确的法律依据，对于切实加强和完善检察机关的法律监督职能，有力打击和惩罚犯罪，切实维护国家和人民利益，保证国家法律的统一、正确实施发挥了不可或缺的重要作用。但是在实践中，刑事立案阶段违反程序办案的问题仍然很多。主要表现是：不按照地域管辖、级别管辖和职能管辖的规定，基于部门利益和地方保护主义，随意立案，争夺管辖权；或者违反《刑事诉讼法》规定，以侦代立，先侦后立，未经立案程序便对当事人采取或变相采取羁押、搜查措施。一些侦查干警不能正确对待检察机关行使立案监督权，配合协作消极甚至抵触。具体表现为：不予说明不立案理由；迟延说明不立案理由；通知立案而不立案；迟延立案；立而不侦或侦而不结；等等。

对铁路领域侵财案件的立案监督，是铁路检察机关特有的法律监督职能。特别是列车上发生的客盗案件，因列车的快速流动性，往往使案件的行为地、结果地以及移交地跨越几个铁路管辖区。根据"两院一部"有关司法解释："列车上发生的刑事案件，由负责该车乘务的乘警队所属的铁路公安机关立案，列车乘警应及时收集案件证据，填写有关法律文书。对于已经查获犯罪嫌疑人的，列车乘警应对犯罪嫌疑人认真盘查，制作盘查笔录。对被害人、证人要进行询问，制作询问笔录，或者由被害人、证人书写被害经过、证言。取证结束后，列车乘警应当将犯罪嫌疑人及盘查笔录、被害人、证人的证明材料以及其他与案件有关证件一并移交前方停车站铁路公安机关。"① 这类已经查获犯罪嫌疑人并由负责该列车乘务的乘警队所属的铁路公安机关立案侦查后移交前方停车站铁路公安机关进一步侦查的案件，就是"站车交接案件"。

站车交接案件的立案侦查与后期侦查取证由不同的公安机关办理，给检察机关的依法监督增加了难度和风险。因此，破解站车交接案件立案监督的"瓶颈"，是铁路检察机关必须高度重视的问题。目前各地铁路检察机关在实践中已经形成了一些较好的做法。

一、落实检警联席会议制度

加强与铁路公安机关办理站车交接案件的协调沟通，督促铁路公安机关在每个季度末向对应的铁路检察院书面通报站车交接案件的发案、立破案、提请批捕、撤案和其他情况。有的铁路检察院于每季度末向对应的公安机关通报站车交接案件审查逮捕、立案监督和侦查活动监督情况，特别是通报执法不规范案件的监督情况，实现办案信息共享与对称交流。有的铁路检察院对于有关案件登记台账、办案记录、交站手续等原始资料，由侦查监督部门指定专人到公安机关查阅。有的铁路检察院在审查站车交接案件时，重点审查"有报案登记而未立案""有交站记录无回执"和"有旅客报案而未予登记"的案件。有的铁路检察院对站车交接案件工作中的困难和问题及时沟通，通过每季度末检警联席会议协调解决。

---

① 参见 2001 年 8 月 23 日最高人民法院、最高人民检察院、公安部《关于旅客列车上发生的刑事案件管辖问题的通知》（公通字〔2001〕70 号）。

二、建立横向信息通报机制

有的铁路检察院与铁路公安处建立了站车交接案件监督工作台账，进行专项统计，对站车交接案件实行"一事一表"登记和电脑化管理。有的铁路检察院秉持"全路一盘棋"理念，坚持于每季度末将本地公安处乘警队移交给其他公安处各车站派出所的案件数量、案件事实和证据材料等情况分别通报给管辖地的铁路检察机关，对方再反馈这些站车交接案件的处理情况，从而形成铁路检察系统整体应对有案不立、有罪不究、以罚代刑等问题格局。

第五节　涉铁侵财案件立案监督的主要路径

近些年来，铁路检察机关在站车交接立案监督方面取得了长足进步，但是对其他侵财案件的立案监督仍有较大发展空间，尤其是在发挥内部整体合力上还有新的路径有待挖掘。

一、加强内合外联，拓宽立案监督渠道

主要在三个方面进行有益探索。一是充分发挥侦查监督部门的监督主体作用，注意在审阅案卷、核实证据、提讯犯罪嫌疑人、询问证人等环节发现监督线索。二是进一步加强侦查监督部门与控申、反贪、反渎、公诉和监所检察等部门的联动配合，把立案监督寓于各有关职能部门的业务工作当中，发现线索及时移送侦监部门，形成齐抓共管的格局。三是依托行政执法与刑事司法衔接工作平台，主动加强与地方部门沟通，建立资源共享、信息互动的信息网络和工作联系制度，及时发现立案监督线索。

二、加强分类监督，提高立案监督水平

主要是对立案监督案例进行整理归纳，及时总结各类监督案件的工作规律和工作方法，有效指导立案监督工作实践。对侵财类案件，注意发现是否有窝藏、转移、运输赃物等犯罪行为；对聚众侵

财类案件，注意发现是否有幕后指挥或提供作案工具等犯罪行为没有被立案侦查等情况；对提供犯罪场所类案件，注意发现是否有帮助犯罪案件的线索；重点审查"在逃""另案处理"类案件，防止个别人员"钻空子"逃避法律制裁。

三、加强撤案监督，扩大立案监督广度

在审查逮捕和审查起诉工作中，积极探索撤案监督的方法和途径，形成立案监督与撤案监督并举的局面。对于法律规定不追究刑事责任、免予追究刑事责任、应予撤案但公安机关未予撤销等案件线索，一经发现立即进行调查核实，及时发出《通知撤销案件书》予以纠正。

四、加强动态管理，确保立案监督实效

主要是建立专人跟进制度、健全登记备案制度，多管齐下，确保立案监督效果。始终坚持将"立得起、诉得出、判得了"作为立案监督的标准，严格把好案件质量关。加强与公安机关的后续沟通，及时了解立案监督案件侦查进度。完善案件的登记管理制度，细化立案监督案件动态登记，对监督案件实行独立登记，准确记录监督案件的案由、承办情况和侦查进度等，动态掌握和跟进案件办理进展，以利开展侦查监督。

第十六章　侵犯财产案件侦查监督

公民的人身权利受法律保护，侦查机关（部门）对刑事犯罪案件的侦查活动必须依法进行。侦查活动失去法律监督，往往会造成冤假错案。因此，加强对侦查活动的检察监督，对于保证侦查活动正确、合法进行并顺利完成刑事诉讼任务，具有重要意义。

第一节　侦查监督概述

侦查监督是指人民检察院依法对侦查机关的侦查活动是否合法进行的监督。根据《刑事诉讼法》规定，侦查机关包括除公安机关外，同样在某种情况下行使侦查权的国家安全机关、监狱、军队保卫部门以及人民检察院的侦查部门。

根据《人民检察院刑事诉讼规则（试行）》规定，检察机关监督公安机关侦查活动，主要是发现和纠正以下违法行为：（1）采用刑讯逼供以及其他方法收集犯罪嫌疑人供述的；（2）采用暴力、威胁等非法方法收集证人证言、被害人陈述，或者阻止证人作证、指使他人作伪证的；（3）伪造、隐匿、销毁、调换、私自涂改证据或者帮助当事人毁灭、伪造证据的；（4）徇私舞弊，放纵、包庇犯罪分子的；（5）故意制造冤假错案的；（6）在侦查活动中利用职务之便谋取非法利益的；（7）非法拘禁他人或者以其他方法非法剥夺他人人身自由的；（8）非法搜查他人身体、住宅，或者非法侵入他人住宅的；（9）非法采取技术侦查措施的；（10）在侦查过程中不应当撤案而撤案的；（11）对与案件无关的财物采取查封、扣押、冻结措施，或者应当解除查封、扣押、冻结不解除的；（12）贪污、挪用、私分、调换、违反规定使用查封、扣押、冻结的财物及其孳息的；（13）应当退还取保候审保证金不退还的；（14）违反《刑事诉讼法》关于决定、执行、变更、撤销强制措施规定的；（15）侦查人员应当回避而不回避的；（16）应当依法告知犯罪嫌疑人诉讼权利而不告知，影响犯罪嫌疑人行使诉讼权利的；（17）阻碍当事人、辩护人、诉讼代理人依法刑事诉讼权利的；（18）讯问犯罪嫌疑人没有依法录音或者录像的；（19）对犯罪嫌疑人拘留、逮捕、指定居所监视居住后依法应当通知家属而未通知的；（20）违反羁押和办案期限规定的；（21）在侦查中有其他违反刑事诉讼法有关规定的行为的。[①]

根据《人民检察院刑事诉讼规则（试行）》规定，检察机关主要通过以下途径收集侦查监督案件线索：（1）人民检察院通过审查逮捕、审查起诉，发现公安机关的侦查活动存在违法情况的，应当提出意见，通知公安机关纠正。构成犯罪的，移送有关部门依法追究刑事责任。人民检察院发现侦查中违反法律规定的羁押和办案期限规定的，也应当依法提出纠正意见。（2）人民检察院根据案件需要，通过派员参加公安机关对于重大案件的讨论和其他侦查活动，若发现公安机关在侦查活动中的违法行为，应当及时通知公安机关予以纠正。（3）人民检察院通过接受诉讼参与人对侦查机关或侦查人员侵犯诉讼权利和人身权利的行为提出的控告，行使侦查监督权。[②]

第二节　侦查监督的主要程序

根据《刑事诉讼法》和《人民检察院刑事诉讼规则（试行）》有关规定，检察机关主要通过以下程序履行法定的侦查监督职能：

---

① 参见 2012 年 10 月 16 日最高人民检察院《人民检察院刑事诉讼规则（试行）》第 565 条、第 566 条。

② 参见 2012 年 10 月 16 日最高人民检察院《人民检察院刑事诉讼规则（试行）》第 567 条、第 568 条、第 573 条和第 574 条等规定。

一、审查

人民检察院通过审查公安机关执行人民检察院批准或不批准逮捕决定的情况，以及释放被逮捕的犯罪嫌疑人或者变更逮捕措施的情况，履行侦查监督职能。

二、提出纠正意见

人民检察院发现公安机关或者公安人员在侦查或者决定、执行、变更、撤销强制措施等活动中有违法行为的，应当及时提出纠正意见。对于情节较轻的违法行为，由检察人员以口头方式向侦查人员或者公安机关负责人提出纠正，并及时向本部门负责人汇报；必要的时候，由部门负责人提出。对于情节较重的违法行为，应当报请检察长批准后，向公安机关发出纠正违法通知书。

三、监督落实

检察机关发出纠正违法通知书的，应当根据公安机关的回复监督落实情况；没有回复的，应当督促公安机关回复。检察机关提出的纠正意见不被接受的，应当向上一级检察院报告，并抄报上一级公安机关。上级检察院认为下级检察院意见正确的，应当通知同级公安机关督促下级公安机关纠正；上级检察院认为下级检察院纠正违法的意见错误的，应当通知下级检察院撤销发出的纠正违法通知书，并通知同级公安机关。

四、立案侦查

检察机关发现侦查人员的违法行为情节严重，构成犯罪的，应当立案侦查；对于不属于检察机关管辖的，应当移送有管辖权的机关处理。

五、依法处理

检察机关侦查监督、审查起诉部门对本院侦查部门侦查或者决定、执行、变更、撤销强制措施等活动中的违法行为，应当根据情节分别处理。情节较轻的，可以直接向侦查部门提出纠正意见；情节较重或者需要追究刑事责任的，应当报告检察长决定。

第三节　侦查监督的定位

侦查监督是《宪法》和法律赋予检察机关的一项重要法律监督职能，是中国特色社会主义检察制度的重要标志之一。检察机关侦查监督的重要地位主要体现在以下四个方面：

一、从法律依据看

侦查监督的法律地位较高。其中批准逮捕和决定逮捕，是诸项检察职能中唯一由《宪法》直接赋予的职能。《宪法》第 37 条第 2 款明确规定："任何公民，非经人民检察院批准或者决定或者人民法院决定，并由公安机关执行，不受逮捕。"可见，侦查监督充分体现了国家对于公民人身自由权利的特殊保护。

二、从职能构成看

侦查监督是检察机关法律监督职能的重要组成部分。如果说诉讼监督是检察机关基本职能的话，那么侦查监督与审判监督、刑罚执行与监管场所监督就构成了它的基本内容。从这个意义上说，侦查监督是检察机关的核心业务之一。

三、从诉讼环节看

侦查监督处在检察机关打击犯罪和诉讼监督的前沿。侦查监督部门是刑事诉讼"第一关"的把关人，也是防止冤假错案"第一道防线"的坚守人。第一关把好了，侦查活动就能沿着法治轨道前行，侦查职能就能得到正确行使，起诉、审判就有了良好基础；第一关没有发挥好作用，就会给后续的起诉、审判留下隐患，甚至出现冤假错案，司法公正就难以有效维护。

四、从职能功效看

侦查监督是检察机关服务平安中国、法治中国建设的重要方面。侦查监督工作开展得如何，发挥职能作用的成效如何，直接关系到刑事诉讼活动能否顺利进行，关系到国家司法权威和公信力，关系到社会和谐稳定、公平正义和人民群众的幸福安康。

第四节 侦查监督的主要问题

一、公安侦查环节的主要问题

（一）使用强制措施不规范

这一问题主要表现在：（1）刑事拘留存在超范围、超时限。（2）执行取保候审措施不规范。刑拘后取保的多，直接取保的少；以"财产保"的多，以"人保"的少；没收保证金的多，退还保证金的少。有的将取保候审作为一种处罚措施，以保代放，一保了之；个别案件取保后既没有进行讯问，也没有继续侦查的记录。（3）监视居住不规范。有的将监视居住放在宾馆或公安机关招待所，并收取一定的费用；有的甚至将监视居住的对象放在行政拘留所、留置室，变相羁押。（4）违规变更强制措施。有的公安机关对已批捕的犯罪嫌疑人变更为取保，却不按规定通知批准逮捕的检察院，直到案件起诉的环节，检察院才发现嫌疑人早已变更强制措施，不知去向。（5）滥用留置手段变相羁押。《警察法》对留置权作了严格限制，即留置时间不得超过24小时。在特殊情况下，经县级以上公安机关批准，可以延长至48小时，但在实际执行中，有的公安机关存在随意扩大留置范围、延长留置时间的倾向，甚至把留置作为一种处罚手段。

（二）违法取证现象突出

这一现象主要表现在：（1）一人提审现象仍占有一定的比例；

（2）刑讯逼供、劝供、骗供、诱供等违法办案情况依然不同程度存在；（3）非法搜查、扣押物品现象比较严重；（4）采取威胁、引诱等方法获取证人证言、被害人陈述等现象仍时有发生。

（三）降格处理问题比较突出

这一问题比较典型的如以治安处罚代替刑罚，或以经济处罚代替刑罚等。

二、检察监督环节的主要问题

以铁路检察机关为例，主要表现有：（1）一些干警对侦查监督职能认识不够、落实不到位。有的干警"重配合轻监督""重打击轻保护"，有的干警对侦查监督存有顾虑和畏难情绪，或因碍于情面、怕得罪同行而不愿监督。（2）侦查监督的视野范围过窄，难以杜绝侦查活动中的违法违规现象。如对侦查机关采取限制或者剥夺公民人身自由、财产或者其他权利的专门调查工作或强制性侦查行为，除办理审查逮捕外，其他均由其自行决定和实施，缺乏有效的外部监督。（3）侦查监督方式单一，致使对侦查活动中的违法行为查证难、认定难。如有的检察机关只通过审查批捕、审查起诉的案卷材料或群众反映来发现侦查中的违法情况，获知违法线索的渠道不畅，查实和认定更加困难，大大削弱了侦查监督的效果。（4）监督手段有限，监督力度较弱，缺乏保障机制。如对于公安机关违法侦查的行为，检察机关一般只能提出纠正意见；但对于拒不纠正的，却没有相应的机制保证，影响了侦查监督功能的充分发挥。

第五节　完善侦查监督的主要路径

一、切实转变执法观念

对于发生在铁路的侵犯财产案件，由于运输物资和人员流动性大，存在"取证难"的现实问题，导致实践中不同程度地存在刑讯逼供、暴力取证现象，成为损害司法公正的突出问题。为此，铁路检察机关应当结合实际，自觉履行侦查监督职责，进一步加大对侦查活动中刑讯逼供、暴力取证等违法行为的查处力度；进一步健全调查、纠正违法办案的程序和方式。特别要注意通过审查案卷材料、讯问犯罪嫌疑人、接受控告举报等渠道，发现刑讯逼供、暴力取证的违法办案线索。按照有关规定的要求，对于有疑点的案件、犯罪嫌疑人要求讯问的案件、侦查活动可能违法的案件以及犯罪嫌疑人为未成年人、聋哑盲人等特殊案件，必须讯问犯罪嫌疑人。对犯罪嫌疑人提出受到过刑讯逼供的，应当立即认真核查；对于经调查发现有刑讯逼供、暴力取证等违法行为的，应当及时提出纠正意见。对于刑讯逼供、暴力取证行为涉嫌犯罪的，应当及时立案侦查。另外，针对许多刑讯逼供行为发生在公安派出所的现象，检察机关应充分发挥法律监督作用，积极探索建立对公安派出所的监督机制，促进公安派出所规范执法行为，严防刑讯逼供、暴力取证等违法行为发生。

二、严格执行非法证据排除规则

按照"两高三部"有关改革文件要求，进一步完善非法证据排除制度，明确证据合法性调查程序，细化有关证据采信规则，明确证明标准的具体要求，健全非法证据审查程序和诉讼当事人的救济途径等。[1] 在审查逮捕、审查起诉工作中，发现侦查机关以刑讯逼供等非法方法收集的犯罪嫌疑人供述、被害人陈述以及证人证言，都应当依法予以排除，不能作为指控犯罪的根据。

三、探索审查批捕案件跟踪监督机制

对于已经批捕的案件，要实行跟踪监督，及时掌握侦查机关是否变更强制措施、撤销案件或移送审查起诉等情况；发现存在违法

---

① 参见 2016 年 9 月 13 日最高人民法院、最高人民检察院、公安部、国家安全部、司法部《关于推进以审判为中心的刑事诉讼改革的意见》（法发〔2016〕18 号）。

情形的，及时依照有关规定和程序予以解决处理。对于负案在逃的犯罪嫌疑人，要定期与侦查机关交换信息，督促侦查机关加大抓捕力度。对另案处理以及检察机关退回补充侦查后自行处理的案件，要了解处理的具体情况，加强监督的力度，防止发生执法不严和司法腐败。对作出不批捕决定的案件，要监督执行机关及时释放被拘留的人或者变更强制措施；对证据不足不予批捕的，要跟踪公安机关的补查情况，督促及时重新提请批准逮捕。

第十七章 侵犯财产案件刑事审判监督

对刑事审判等诉讼活动实行法律监督，是《宪法》和法律赋予人民检察院的重要职责，是中国特色社会主义检察制度的重要内容，是人民检察院法律监督性质和职能的具体体现。全面加强人民检察院对刑事审判活动的法律监督，促进司法公正，对于维护社会主义法制的统一，维护社会公平正义，促进社会和谐稳定具有重要意义。

第一节 刑事审判监督概述

刑事审判监督，是指人民检察院依法对人民法院的刑事审判活动是否合法以及刑事判决、裁定是否正确进行的法律监督。刑事审判监督的手段，一是依法提出抗诉，包括二审程序的抗诉和审判监督程序的抗诉；二是依法对刑事审判活动中的违法情况提出纠正意见。

对刑事审判活动实行监督，是检察机关参与刑事诉讼全过程监督的一个主要环节；刑事审判监督工作是否到位，直接关系到案件的质量，关系当事人的切身利益，关系司法公正和政法机关在人民群众中的形象。在全面依法治国的新形势下，检察机关认真研究刑事审判监督中的问题，积极探索刑事审判监督途径和方法，既是正确行使检察权的需要，也是深化检察改革的需要，更是广大人民群众的期盼。

刑事审判监督作为刑事诉讼全程监督的重要阶段，与侦查监督具有同等重要的意义。一起刑事案件的裁判过程和结果是否公正，都离不开有效的检察监督；一旦失去有效的检察监督，就必然导致司法不公、执法不严甚至出现冤假错案。《刑事诉讼法》明确规定："人民检察院依法对刑事诉讼实行法律监督。"这就为检察机关的刑事审判监督工作提供了法律依据。检察机关必须始终把强化法律监督、维护公平正义作为永恒工作主题，充分认识自己所担负的责任。社会需要和谐稳定，人民要求司法公正；而要达到这个终极目标，加强对刑事审判活动的全程监督，正是解决司法不公，防止和减少涉法涉诉案件的最佳途径。因此，检察机关必须充分认识审判监督的重要性，理直气壮地履行监督职能，坚决依法追究徇私枉法、枉法裁判等行为，促使法院公正裁判，让人民群众在每一起司法案件中感受到公平正义。

第二节　刑事审判监督的内容

　　人民检察院的刑事审判监督，从诉讼程序上看，既包括对一审审判活动的监督，也包括对二审、再审以及死刑复核的监督；从案件性质上看，既包括对刑事公诉案件审判活动的监督，也包括对刑事自诉和附带民事诉讼案件审判活动的监督；从审判方式上看，既包括对庭上审判活动的监督，也包括对庭下审判活动的监督；从审判内容看，既包括对法院审理案件过程的监督，也包括对法院作出裁判结论的监督。具体而言，一是对审判活动进行监督。例如，法庭组成是否合法，有无应当回避而没有回避的情况；审判过程是否按照法定程序进行；是否充分保障诉讼当事人、参与人合法权利；案件审理中作出的决定是否正确合法；是否存在徇私舞弊、枉法裁判情况等。对于审判活动中的违法情况，人民检察院有权提出纠正意见；对徇私舞弊、枉法裁判构成犯罪的，有权依法追究其刑事责任。① 二是对裁判结果进行监督。例如，检察机关认为法院一审刑事判决或裁定确有错误的，应当按照上诉程序提起抗诉；认为已经发

---

　　①　参见 2012 年 10 月 16 日最高人民检察院《人民检察院刑事诉讼规则（试行）》第 576 条、第 577 条。

生法律效力的判决或裁定确有错误的，应按照审判监督程序提起抗诉等。①

第三节 刑事审判监督的方式

根据《刑事诉讼法》和有关司法解释，检察机关刑事审判监督主要方式是，通过出席法庭、检察长列席审判委员会、审查判决和裁定等途径，发现法院审理案件的程序不合法或者判决、裁定有错误的案件；提起抗诉、发出纠正违法通知书等方式予以纠正；对于已经生效的判决裁定的监督，主要是通过提起再审抗诉进行监督。

一、提起抗诉

按照《刑事诉讼法》和《人民检察院刑事诉讼规则（试行）》规定，人民检察院依法对人民法院未生效的判决、裁定是否正确实行监督，对一审法院确有错误的判决、裁定依法提出抗诉。实践中，案件承办人在审查法院未生效判决、裁定之后，认为存在以下情形之一的，应当提出抗诉：（1）认定事实不清、证据不足的；（2）有确实、充分证据证明有罪而判无罪，或者无罪判有罪的；（3）重罪轻判，轻罪重判，适用刑罚明显不当的；（4）认定罪名不正确，一罪判数罪、数罪判一罪，影响量刑或者造成严重社会影响的；（5）免除刑事处罚或者适用缓刑、禁止令、限制减刑错误的；（6）人民法院在审理过程中严重违反法律规定的诉讼程序的。

二、纠正违法通知书

按照《刑事诉讼法》和《人民检察院刑事诉讼规则（试行）》规定，人民检察院在审判活动监督中，如果发现人民法院或者审判人员审理案件违反法定的诉讼程序，应当向人民法院提出纠正意见。实践中，对于有下列情形之一的，应当发出纠正违法通知书：（1）人

---

① 参见 2012 年 3 月 14 日修正的《刑事诉讼法》第 24 条、第 217 条等规定。

民法院对刑事案件的受理违反管辖规定的；（2）人民法院审理案件违反法定审理和送达期限的；（3）法庭组成人员不符合法律规定，或者违反规定应当回避而不回避的；（4）法庭审理案件违反法定程序的；（5）侵犯当事人和其他诉讼参与人的诉讼权利和其他合法权利的；（6）法庭审理时对有关程序问题所作的决定违反法律规定的；（7）二审法院违反法律规定裁定发回重审的；（8）故意毁弃、篡改、隐匿、伪造、偷换证据或者其他诉讼材料，或者依据未经法定程序调查、质证的证据定案的；（9）依法应当调查收集相关证据而不收集的；（10）徇私枉法，故意违背事实和法律作枉法裁判的；（11）收受、索取当事人及其近亲属或者其委托的律师等人财物或者其他利益的；（12）违反法律规定采取强制措施或者采取强制措施法定期限届满，不予释放、解除或者变更的；（13）应当退还取保候审保证金不退还的；（14）对与案件无关的财物采取查封、扣押、冻结措施，或者应当解除查封、扣押、冻结不解除的；（15）贪污、挪用、私分、调换、违反规定使用查封、扣押、冻结的财物及其孳息的；（16）其他违反法律规定的审理程序的行为。

三、检察长列席审判委员会监督

按照《刑事诉讼法》和《人民检察院刑事诉讼规则（试行）》规定，人民检察院的检察长可以列席人民法院的审判委员会会议，对审判委员会讨论的个案议题发表意见，依法履行法律监督职责。检察长列席法院的审判委员会，一般是重大复杂疑难案件或者审判活动可能存在影响司法公正的情形。

四、再审抗诉

按照《刑事诉讼法》和《人民检察院刑事诉讼规则（试行）》规定，最高人民检察院对各级人民法院已经发生法律效力的判决、裁定，上级人民检察院对下级人民法院已经发生法律效力的判决、裁定，如果发现确有错误，有权按照审判监督程序向同级法院提出抗诉。具体而言，检察机关认为已经发生法律效力的判决、裁定确有错误，具有下列情形之一的，应当按照审判监督程序向人民法院提出抗诉：（1）有新的证据证明原判决、裁定认定的事实确有错误，可能影响定罪量刑的；（2）据以定罪量刑的证据不确实、不充分的；（3）据以定罪量刑的证据依法应当予以排除的；（4）据以定罪量刑的主要证据之间存在矛盾的；（5）原判决、裁定的主要事实依据被依法变更或者撤销的；（6）认定罪名错误且明显影响量刑的；（7）违反法律关于追诉时效期限的规定的；（8）量刑明显不当的；（9）违反法律规定的诉讼程序，可能影响公正审判的；（10）审判人员在审理案件时有贪污受贿，徇私舞弊，枉法裁判行为的。

五、其他监督方式

随着我国司法制度改革的不断深入，一些检察院和法院解放思想、与时俱进，正在对刑事审判监督的方式进行积极探索，有的地方已经付诸实践，取得较好的法律效果和社会效果。主要包括：

1. 量刑建议。这种监督形式是检察机关对法院刑事审判活动进行实体监督的前移，它通常在审查起诉阶段提出，直接作用于法庭审判。量刑建议是检察机关在综合犯罪构成及情节等情况后，针对被告人应在什么幅度内判处何种刑罚向审判机关提出的公诉意见。因此，量刑建议属于预防性监督，对于维护司法公正、防止审判权的滥用具有重要意义。

2. 再审检察建议。早在 2002 年，最高人民法院下发《全国审判监督工作座谈会关于当前审判工作若干问题的纪要》，其中第 17 条规定：对于人民检察院就个案提出的检察建议书，如果符合再审立案条件的，法院可依职权启动再审程序。按照这一司法解释，检察机关认为审判机关的生效裁判在实体上或者程序上确有错误的，可以依法提起再审抗诉，也可以选择提出再审检察建议。近年来，各级检察机关从理论和实践两方面积极探索刑事再审检察建议的可行性，并且取得明显成效，相信在不久的将来，再审检察建议将会成为检察机关刑事审判监督的一种重要方式。

第四节 刑事审判监督中的问题

近年来，检察机关的审判监督工作取得较大进步，但是仍然存在诸多影响监督质量的问题。主要表现在两个方面：

一、监督主体——检察机关方面

第一是思想认识上仍有障碍。对于判决畸轻或畸重的案件，一些检察机关和办案人员习惯于口头与法院交换意见，即使意见不被采纳也不予深究，未能严格依法履行法律赋予的监督职责。第二是对抗诉范围把握不准。在实体方面，只侧重对有罪判无罪、重罪轻判的监督，对无罪判有罪、轻罪重判的监督重视不够；在程序方面，往往忽略对审判程序的抗诉、法官违反庭审程序判决、裁定的抗诉、被害人请求的抗诉以及附带民事诉讼部分判决、裁定错误的抗诉。最后是抗诉业务水平不高，抗诉的随意性大，效果差。第三是抗诉出庭工作不力。对于抗诉案件的标准、抗诉案件的出庭程序以及抗诉案件举证方法等，依法依规操作的能力不强；对庭上可能出现的情况预见性不够，庭上应变能力差，影响了抗诉效果。

二、监督对象——审判机关方面

首先是少数法院或审判人员不能正确对待抗诉工作，想法设法阻止检察机关提出抗诉意见，甚至有的通过领导干预，妨碍检察机关在法定时限内提出抗诉。其次是少数上级法院不适当地介入下级法院审判活动，或者下级法院违反程序向上级法院提前请示，导致两审终审制形同虚设。最后是有的抗诉案件，二审法院即使发现一审判决确有错误，也出于维护"法院权威"等考虑，该改判的不改判。

第五节　改进审判监督的主要路径

在检察机关司法实践中，以办理侵财类刑事案件居多；抓住这类案件审判监督这个"牛鼻子"，对于尽快补齐法律监督工作"短板"具有重要意义。为此，办案人员应当着力强化以下几个方面：

一、熟悉掌握相关法律法规

这是提升刑事审判监督办案能力的基础性工作。在办案中，办案人面对内容庞杂的法律条款、司法解释和烦琐严密的司法程序，只有加以熟练运用，才能做到成竹在胸底气足、监督有力不疏漏。特别是，要在熟悉检察机关《人民检察院刑事诉讼规则（试行）》的同时，重点掌握最高人民法院的司法解释，才能做到以子之矛、攻子之盾，更好地把握监督的重点和难点，取得良好的监督效果。

二、高度重视裁判文书审查

刑事裁判文书是审判人员代表法院对案件作出的终结性认定。裁判文书中有关案件性质、犯罪情节、适用法律等是否表述准确，事关司法公正和国家法律的权威，因此必须耐心、细致地审查。对刑事裁判文书的审查，包括实体审和程序审、事实审和法律审、定性审和量刑审三个方面。通过对照审查、重点审查和全面审查"三递进"的审查方法，着重对法院刑事裁判文书中认定事实、适用法律、采信证据、量刑处罚和审判程序等五个方面的内容进行审查。审查中，应当注意审核裁判文书中的重要时间节点，防止出现超期羁押；注意审核裁判文书的标题、首部、正文、尾部以及附项等，确保公诉案件质量经得起检验。

三、严肃履行出庭监督责任

出庭监督是指检察人员在出席法庭审理案件过程中，对审判活动是否合法的监督。出庭监督具有直观性、现实性和当场性，便于及时发现和纠正审判活动中的违法行为。无论是出席一审、二审还是再审法庭，办案人员都应当敏捷、果断，发现问题及时依法纠正。例如，法庭审理是否违反管辖、回避、期限等法定程序，是否侵犯当事人、诉讼参与人的诉讼权利和其他合法权利，法庭质证的证据是否符合"三性"条件；适用简易程序审理的案件，审判人员有无核实被告人是否自愿认罪及其可能导致的法律后果；未成年人犯罪案件，是否委托或指派律师为其提供辩护等。

四、高度重视侧面监督，以实现全方位监督

刑事审判活动有大量工作需要在庭外进行，因此侧面监督就成为检察机关发现和纠正违反办案程序问题的重要途径。侧面监督工作贯穿于案件提起公诉到法院审结以及交付执行的全过程。内容包括：法院的立案工作是否依法进行；庭前是否告知权利义务；送达文书、通知、传唤等是否符合程序规定；采取或变更强制措施是否合法；自诉案件、不派员出庭案件及调查讯问等活动有无违法情形；延期审理或恢复审理的理由、时间等是否合法；赃款赃物是否依法处理；是否依法保障诉讼参与人的合法权益等。

五、进一步拓宽监督渠道，形成全方位监督体系

履行好监督职责，平时注意通过报刊、杂志、网络等渠道，及时收集媒体披露的有关情况；关注人民法院简报、刊物及网上公开的刑事裁判法律文书；注意从受理有关单位、个人的控告、申诉、检举中寻找问题；重视调查人大代表、政协委员及上级检察院发现的问题；重点查阅不派员出庭案件、自诉或附带民事诉讼等案卷材料和庭审笔录，从中发现违反法定程序的案件线索；积极构建公诉部门与控申、监所、侦监部门一体化工作配合机制，及时发现违法线索；积极从受理被害人及其法定代理人的抗诉请求中找出抗诉线索。

第十八章　侵犯财产案件执行监督

修改后的《刑事诉讼法》进一步完善了刑事执行法律监督制度，并赋予检察机关对指定居所监视居住执行监督、刑罚变更执行同步监督、社区矫正执行监督、强制医疗执行监督以及羁押必要性审查等新的监督职能。党的十八届三中、四中全会突出强调人权司法保障、加强对司法活动的监督，并明确要求：完善刑罚执行制度，统一刑罚执行体制；严格规范减刑、假释、保外就医程序，强化监督制度；完善对违法犯罪行为的惩治和矫正法律，健全社区矫正制度；完善对限制人身自由司法措施和侦查手段的司法监督。刑事执行监督已经成为检察机关一项十分重要的工作。

第一节　刑事执行监督概述

一、刑事执行监督的概念

刑事执行监督又称刑罚执行监督，是指检察机关对已经发生法律效力的刑事判决、裁定是否正确执行以及刑罚执行机关的执行活动是否合法，依照法律规定进行的监督。刑事裁判执行监督既是刑事执行法律制度的重要组成部分，也是检察机关实施刑事诉讼法律监督的重要内容之一，对于确保刑罚正确执行，切实保障人权、维护司法公正具有重要意义。

二、刑事执行监督的内容

根据最高人民检察院有关规定，刑事执行检察监督部门的主要职责包括以下内容：（1）对人民法院、公安机关和监狱、看守所、社区矫正机构等执行机关执行刑罚活动和人民法院执行没收违法所得及其他涉案财产的活动是否合法实行监督；（2）对减刑、假释、暂予监外执行的提请、审理、裁定、决定、执行活动是否合法实行监督；（3）对监管被刑事拘留、逮捕和指定居所监视居住的犯罪嫌疑人、被告人的活动是否合法实行监督；（4）对犯罪嫌疑人、被告人的羁押期限是否合法实行监督；（5）对被逮捕后的犯罪嫌疑人、被告人进行羁押必要性审查；（6）对强制医疗执行活动是否合法实行监督；（7）对刑事执行机关的监管活动是否合法实行监督；（8）查办和预防刑事执行活动中的职务犯罪；（9）对罪犯又犯罪案件审查逮捕、审查起诉、出庭公诉，对罪犯又犯罪案件的立案、侦查、审判活动是否合法实行监督；（10）受理刑事被执行人及其法定代理人、近亲属、辩护人、诉讼代理人的控告、举报和申诉；（11）其他事项。①

第二节　刑事执行监督的特点

与检察机关侦查监督、公诉、控申、民行等部门参与诉讼监督的方式相比，刑事执行检察部门参与诉讼监督的方式具有以下特点：

一、监督手段的多样性

主要包括：（1）通过依法纠正和预防超期羁押案件，对刑罚变更执行、监外执行和监管等重点环节进行监督，可采取依法出具检察建议书、纠正违法通知书等形式实现监督目的。（2）通过依法办理刑事执行检察部门管辖的控申案件、交办案件进行监督，采取重新调查取证、复核等形式来履行监督职能。（3）通过预防和查办刑罚执行和监管活动中的职务犯罪案件来履行法律监督职能。

考虑到刑罚监管场所的封闭性及其在押人员犯罪的特殊性，有

---

① 参见 2015 年 12 月 4 日最高人民检察院《关于全面加强和规范刑事执行检察工作的决定》第 5 项。

关司法解释同时赋予刑事执行检察部门诉讼监督和执法办案两种职能，可以在同一部门内实现以监督促办案、以办案促监督的有机结合。① 刑事执行检察部门主要查办在刑罚执行和监管活动中的职务犯罪案件，同时把查办职务犯罪案件与监管场所执法监督有机结合起来，通过开展预防职务犯罪警示教育等活动，促使监管民警深刻认识职务犯罪的危害性，提高在刑罚执行中遵纪守法、规范执法的意识，增强刑罚执行监督工作实效。

二、监督环节的宽泛性

一是监督时间上的宽泛性。从刑事诉讼启动后的侦查、审查起诉羁押期限和羁押期间侦查活动，到羁押期间的监管活动、刑罚执行监督、监外执行监督等各个诉讼环节，刑事执行检察部门均可依法全程参与。二是监督对象多元化。主要体现在两个方面：对内制约本院职务犯罪侦查、审查起诉等业务部门，对外包括监督公安、法院、监狱、社区矫正等机关。三是监督内容的广泛性。刑事执行检察部门的工作既有合法性监督，又有合理性监督，重点包括纠正和预防超期羁押、对刑罚变更执行的监督、对监外执行活动的监督、纠正和预防违法监管活动等四个方面。

三、监督内容专业性

一是监督知识专业。刑事执行诉讼监督是依据各种刑事法律法规开展的专门性监督活动。这些监督事项所涉及的法律多、司法解释多、工作规范多、法律理论知识多，同时需要丰富的刑事检察实务经验，综合涉猎经济、社会和心理学等知识门类。二是监督领域专业。由于刑事执行监督主要针对侦查羁押期限、羁押期间的侦查、监管活动以及刑罚执行监督案件进行的，往往诉讼环节较多、社会影响较大，并且涉及公检法司等多个职能部门和专业司法领域。

---

① 参见 2012 年 10 月 16 日最高人民检察院《人民检察院刑事诉讼规则（试行）》第 169 条。

四、监督方式的同步性和非独立性

检察机关派驻刑罚监管场所履行监督职能的部门和人员，依法拥有对监管场所日常巡查、视频监控、超期预警、参与评审、事前提出审查意见等措施和手段，并且具有实行"纠防并举"的职能优势和工作便利；通过落实事前、事中预防与事后监督相结合的各种措施，有利于实现对诉讼活动违法问题的源头治理。

同时，刑事执行检察部门的监督结果并不具有独立性，即其监督行为并不会直接导致被监督行为的改变，而只是引起一个特定的程序，需要得到有关单位或部门的积极配合，才能使监督措施得到落实。

第三节　刑事执行监督中的问题

依法履行诉讼监督职能是检察机关的重要职责。就刑事执行检察部门参与诉讼监督的现状看，总体上是好的，但仍然存在一些问题，在一定程度上制约着这项职能发挥。具体表现在以下几个方面：

一、立法上有待完善

我国现行法律确立了检察机关的刑事诉讼监督权，但对履行职权的具体方式、途径、手段、保障等操作性规定和监督的法律效力、被监督者不纠正的法律后果等救济性规定仍不够完善，在一定程度上影响了刑事执行检察部门参与监督的积极性，监督效果不尽如人意。

二、监督手段运用不充分

主要表现是：发送纠正违法通知书、检察建议等法律监督文书制作不规范、不统一，有的以检察院名义发出，有的以派驻检察室名义发出；有的文书是检察长、部门领导（主办检察官）和办案人员三级审批，有的则是二级审批；实践中还存在检察建议与其他司法文书混用的现象。同时,刑事执行检察监督的权威性不够,还没有达到让被监督方心悦诚服的效果,监督的建议性、引导性色彩较浓。由于监督措施缺乏实质性的强制力,往往使一些被监督者在默认监督的前提下依然我行我素,不肯接受监督或者不及时纠正违法办案的情形。

三、纠错型监督多,预防型监督少

部分刑事执行检察部门和办案人员的监督理念滞后,认为检察机关的诉讼监督主要是针对个案的事后纠错,往往造成监督者与被监督者观点对立、情绪抵触,影响了监督的效率和效果。目前实践中普遍存在这样一种思想倾向,即认为办理纠错型案件是成绩,能够反映检察监督的力度,并且有硬性考核指标;而开展预防型监督不仅难度更大,而且没有硬性考核指标,有关工作绩效也看不见、摸不着,因此做与不做一个样,做多做少一个样。

四、个案监督多,预防调查少

通过个案监督依法维护被监管人合法权益、维护案件的程序与实体公正,是刑事执行检察部门开展诉讼监督的基本形式。个案监督具有针对性强、时效性强、监督效果易考量的优势,有利于解决个案执法中的具体问题。但是,重复性的个案监督也容易引起监督者与被监督者关系紧张,影响监督的效果。如有的检察机关针对同一被监督单位的同一事项,在短时间或者按人头反复发出纠正违法通知书或检察建议书,造成被监督方的抵触情绪。为最大限度地防范和减少刑事执行环节的违规违法问题,刑事执行检察部门应当主动作为,有计划地组织开展专项预防调查活动;并把预防调查作为一项常规监督措施,与个案监督措施结合起来,确保刑事执行检察监督的整体效果。

第四节　强化刑事执行监督的方法与途径

一、多方联动，增强监督合力

首先要进一步丰富工作内涵，落实预防性监督措施。刑事执行检察部门要主动与侦查、侦监、公诉、控申、案管等部门加强配合，建立沟通顺畅、信息共享、协调有力的工作机制，形成合力推动刑事执行监督工作的格局。其次要进一步完善与外部的协调配合。建立健全与公安、法院、司法等机关的联席会议、情况通报、信息共享等制度，为刑事执行监督营造良好的外部环境。坚持各部门分工负责、互相配合、互相制约，做到既要敢于监督、善于监督，又要理性监督、规范监督，同时自觉接受相关部门的监督制约。与此同时，还应当积极引入社会力量配合检察机关的监督工作，将检察监督与有关部门的内部纠错机制结合起来，形成共同预防诉讼违法行为的工作合力。

二、多措并举，拓宽被监管人申诉、控告和检举的渠道

充分发挥派驻检察室的平台作用，不断延伸诉讼监督的触角，坚决查处群众反映强烈的执法不严、司法不公、违法不究等违法线索。刑事执行检察人员要增强监督维权意识，通过多种渠道维护被监管人合法权益，使被监管人知道如何维权、怎样维权。例如，在监管场所内适当设置检察信箱，使被监管人及其代理人能够自由、方便而无顾虑地控告、申诉或举报；在监管场所适当设置检察官接待室，主动或者应约接待被监管人及其代理人、近亲属等；坚持每周一次或者在"亲属会见日"接待被监管人家属；定期开展"检察官接待日""检察长接待日"等活动；开设"法律讲堂"，加强法制宣传，提高被监管人自我保护意识，鼓励被监管人举报、控告，确保被监管人投诉渠道畅通；并及时对具体线索进行分析评估，以确定是否启动法律监督调查机制。

三、创新思路，灵活运用各种监督手段

一是将事中、事后监督与事先监督相结合。通过提前介入等方式，将监督关口前移，强化对诉讼过程的监督，做到随时参与、实时监督、及时纠正。二是将个案监督与预防调查相结合。在纠正具体违法活动的同时，总结分析侦查、审判和刑罚执行机关执法不当的共性问题，帮助建立健全内控制度机制，促进严格、公正、文明执法。三是将刚性监督与柔性监督相结合。一方面把查办司法不公背后的职务犯罪作为增强监督实效的重要措施，切实做到有腐必反、有案必查、有罪必纠。另一方面深入相关单位开展职务犯罪预防工作，加强教育、制度、监督并重的"三位一体"的惩防体系建设，切实做到警钟长鸣、防微杜渐。四是将日常监督与专项监督相结合，在加强日常监督的同时，注意梳理诉讼活动中的突出问题，适时开展专项监督，增强监督实效。

第五节　财产刑执行监督的主要路径

财产刑执行监督是检察机关法律监督职能的重要组成部分，对于维护法律权威、促进公平正义具有十分重要的意义。近年来，各地检察机关按照最高人民检察院工作部署，积极探索财产刑执行检察监督工作，成为强化刑罚执行监督的一个亮点。实践中主要通过以下途径加强监督工作：

一、建立财产刑执行法律文书移送备案机制

有的检察机关主动加强与同级法院沟通对接，要求法院在刑事判决生效后的 7 日内，将判处财产刑案件的执行通知书副本连同判决书副本交检察院备案；法院执行局收到财产刑执行案件后，将《执行告知书》副本于 7 日内移送检察院备案。有的检察机关刑事执行检察部门建立了财产刑执行监督工作台账，及时反馈相关信息，有效实现判决、执行与检察监督的无缝衔接。

二、明确有关部门在财产刑执行方面的职责

有的检察机关与当地公安、法院和司法行政机关积极会商制定有关文件，落实财产刑执行监督方面协作配合的工作措施，并依法对未执行或未全部执行的财产刑案件进行调查，及时了解未执行的原因，并建立相应的财产刑执行检察监督台账；一旦发现有可供执行的财产，及时建议并督促法院予以执行。对刑满释放、安置帮教、社区矫正人员，发现未履行财产刑且有财产刑执行条件的，通过司法行政机关督促其履行财产刑义务；对拒不履行的，检察机关及时建议同级法院予以执行。

三、强化检察机关内部联动

首先是执检部门与案管部门联动，及时收集涉及财产刑的刑事判决书，做到心中有数。其次是刑检部门与职侦部门联动，借助职侦部门熟悉职务犯罪嫌疑人财产状况的优势，在案件判决后发还罪犯暂扣的财物时，及时监督法院扣划财产刑的部分。最后是执检部门与侦监、公诉部门联动，在审查批捕、审查起诉时，对犯罪嫌疑人的财产清单进行备案，并于案件判决后提供给刑事执行检察部门，由后者有针对性地监督财产刑执行工作。

下篇　侵犯财产罪典型案例

第十九章　抢劫罪典型案例

案例一　张某抢劫案
——抢劫与寻衅滋事的区分

一、基本案情

犯罪嫌疑人张某，男，19岁，个体户。侦查证实：2011年9月某日晚24时许，张某饮酒后回家，途经汤阴火车站候车室门口，看见夏某某（男，31岁，无业）躺在候车室门前台阶上睡觉，遂上前将其踢醒并索要钱财。夏某某不给，二人发生争吵。张某便拿起夏某某随身携带的塑料袋（内有夹克衫一件、解放鞋一双，价值31元）向候车室走去。夏某某追赶张某进入候车室，并向车站公安人员报案，称张某抢了自己的东西。公安人员遂将张某抓获。

二、审查过程

本案经郑州铁路公安机关侦查终结后，以张某涉嫌抢劫罪提请郑州铁路运输检察院批准逮捕。检察机关审查认定的事实与公安机关一致，但是对张某的行为能否构成犯罪、其行为属于采取暴力方式的抢劫犯罪还是寻衅滋事违法行为，存在较大争议。

第一种意见认为，犯罪嫌疑人张某将被害人夏某某踢醒后，向夏某某索要钱财。在夏某某不给也不按要求跟张某离开的情况下，张某向夏某某胸部殴打一拳，并将夏某某携带财物的塑料袋抢走。张某采取暴力殴打的方式，当场劫取他人钱财，其行为已涉嫌抢劫罪。

第二种意见认为，犯罪嫌疑人张某酒后返回租住房，途经火车站候车室门口时，出于滋事的心理，无故将夏某某踢醒并索要钱财。二人发生争吵后，张某将夏某某手中的塑料袋拿走进入候车室，夏某某跟随张某进入候车室。本案有两名现场目击证人，但均未看见张某拳打夏某某胸部的动作。因此，张某的行为应属于一般寻衅滋事的性质，不构成犯罪。

三、分析意见

在本案审查逮捕阶段，检察机关持第二种意见。具体分析如下：

1. 从主观方面看，抢劫罪以非法占有公私财物为目的，行为人的犯罪动机多种多样；寻衅滋事罪是行为人出于"耍威风"等不正常心理动机，故意破坏社会秩序。本案证据表明：张某在汤阴火车站家属院的租房内做生意。案发当天，张某帮助朋友收完玉米后，一同饮酒至深夜，张某喝多了，被朋友送回汤阴火车站；在返回租住房途中经过候车室时，张某看见夏某某一个人在候车室的门前台阶上睡觉，遂将夏某某踢醒，并索要钱财。在夏某某拒不给钱的情况下，两人发生争吵。为迫使夏某某跟他走，张某遂将夏某某身边的塑料袋拿走。由此可见，张某拿走夏某某塑料袋的动机，是为了满足其"耍威风"的精神刺激，而不是为了非法占有他人财物。

2. 从客观方面看，抢劫罪表现为以暴力、胁迫或者其他方法，当场强行劫取公私财物的行为；寻衅滋事罪表现之一为强拿硬要或者任意损毁、占用公私财物，情节严重的行为。所谓"暴力"，是指对财物所有者、管理人实施暴力侵袭或者其他强制力，使之处于不能或不敢反抗的状态。本案中，张某将夏某某踢醒的行为，只是为了将夏某某弄醒以便索要钱财，不应认定为实施了暴力方法。所谓"胁迫"，是指行为人以当场使用暴力相威胁，对被害人实行精神强制，使之产生恐惧，不敢反抗。本案中，张某只是将夏某某的塑料袋拿走，这一行为并不符合抢劫罪有关"胁迫"方法的内涵与特征，因此也不应认定张某实施了胁迫方法。换言之，如果把张某拿走夏某某塑料袋的行为认定为胁迫方法，就不能再将同一行为认定为"当场强行劫取财物"。这种将张某的同一个行为既认定为犯罪手段，又认定为犯罪结果的观点明显不当。从本案查明的事实看，汤阴火车站候车室门前是来往人员较多的地方，张某在醉酒的状态下，独自一人公然对一个30岁左右的成年人胁迫、抢劫，夏某某完全有条件，也有能力进行反抗或者呼救，然而夏某某既未反抗也未呼救，反而跟着张某向候车室走去。如果张某是为了强行劫取夏某某财物，为什么要走向工作人员和旅客更多的候车室呢？他为什么不趁夏某某睡觉之机秘密窃取，又何必自找麻烦将夏某某踢醒呢？这显然都有悖常理。可见，张某的主要目的并不是想强行劫取财物，只是想通过"强拿硬要"的方式来"耍威风"。这正符合《刑法》第293条寻衅滋事的行为特征——即无事生非、蛮不讲理，通过强拿硬要或者任意损毁、占用公私财物的方式来开心取乐、获得精神刺激。

3. 从犯罪客体看，抢劫罪侵犯的是公私财物的所有权以及公民的人身权利；寻衅滋事罪主要侵犯的是公共秩序——包括公共场所秩序和人们在社会生活中应当遵守的共同规则。寻衅滋事罪多发生在火车站、广场、影剧院等人群比较密集的公共场所，常常会给公民的人身、人格或者公私财产造成严重损害。本案中，张某就是在酒醉后回家途中经过火车站候车室时对被害人实施的上述行为，张某的行为虽然给夏某某的财产造成一定损害，但是从本质上或者主要方面看，危害的是社会公共秩序，侵犯的对象也是不特定的。

4. 根据《刑法》第293条规定，以强拿硬要公私财物等方法寻衅滋事，情节严重的才构成犯罪。所谓情节严重，一般是指强拿硬要或者任意损毁价值较大的公私财物的；经常或多次强拿硬要或多次损毁、占用公私财物的；造成公民人身伤害或者公私财物严重损失的；等等。本案中，张某强拿硬要夏某某放在身边的塑料袋，内装价值31元的衣服一件、鞋子一双，显然达不到情节严重的程度，因此不构成寻衅滋事罪。

四、处理结果

郑州铁路运输检察院审查认为：本案犯罪嫌疑人张某的行为属于寻衅滋事行为，但情节显著轻微，不构成犯罪，依法作出不批准逮捕决定。案件退回铁路公安机关，建议依照《行政处罚法》对张某作出处罚。

五、案件点评

在铁路车站广场、候车室等人群密集的公共场所公然抢劫、寻衅滋事的违法犯罪行为，对旅客人身、财产安全以及社会治安管理秩序危害极大，依法及时查处此类案件，对于维护平安铁路和谐稳定、增强人民群众安全感和司法机关公信力具有重要意义。因此，无论大案还是小案，也无论犯罪还是一般违法案件，铁路公安、检察机关都应当一视同仁地高度重视。办案中既要维护被害人合法权益，也要注意保障犯罪嫌疑人的合法权利，准确认定案件性质和罪与非罪界限，依法作出公正处理。本案在无法认定犯罪嫌疑人张某是否用暴力殴打被害人的情况下，检察人员将判断案件性质和罪与非罪界限的焦点集中在两个关键问题上，即张某将夏某某踢醒是否属于暴力、威胁手段？张某强行拿走夏某某塑料袋是寻衅滋事还是抢劫结果？通过全面细致地分析，他们得出的结论以及作出的不批准逮捕决定是正确的。

作者：郑州铁路运输检察院　田晓峰

案例二　徐某某等人抢劫案

——转化型抢劫罪的认定

一、基本案情

被告人徐某某，男，1972年2月19日出生，无业，陕西省宝鸡市人。

本案由安康铁路公安机关侦查终结，移送检察机关审查起诉。安康铁路运输检察院审查认定：1997年10月20日下午，被告人徐某某伙同李某某（已判刑）、"高老五""龙龙""苗苗"（均另案处理）等5人预谋到旅客列车上盗窃。次日凌晨，徐某某、李某某、"龙龙"3人上车行窃，另两人负责在车下接应。徐某某在盗窃旅客现金3700元后，正在翻窗逃跑时被列车乘警抓住。李某某见状迅速抱住乘警的腰部，"高老五"在车下用酒瓶朝该乘警身上砸了一下。徐某某趁机挣脱乘警，跳窗逃跑。2011年7月8日，被告人徐某某经过网上通缉被抓获归案。

二、证据情况

2011年10月11日，安康铁路运输检察院以涉嫌抢劫罪对徐某某提起公诉。起诉认定本案犯罪事实的主要证据有：

1. 被害人夏某某陈述。证实案发当日他乘638次列车去西安，凌晨4时左右发现西服左侧口袋里的3700元现金被盗，便立即向列车乘警报案。

2. 同案犯李某某供述。证实案发当日他和被告人徐某某、"龙龙"登上638次列车行窃；徐某某盗得现金后，在翻窗逃跑时被乘警抓住；他就抱住抓捕人员的腰，车下同伙"高老五"用酒瓶砸乘警，致使徐某某挣脱抓捕携赃款逃离。

3. 安康铁路公安处乘警出具证明。证实他在 638 次列车上抓捕携赃款逃跑的徐某某时，被李某某抱住腰部，车下同伙"高老五"用酒瓶砸，致使被告人徐某某逃脱。

4. 证人罗某某、李某的证言。证实被告人徐某某偷钱后，在从列车车窗往下跳时被乘警抓住，此时车上一名同伙抱住乘警的腰，车下还有一人用酒瓶砸在乘警的背部，致使偷钱的人挣脱逃走。

5. 另有安康铁路公安处乘警大队出具的被告人到案情况说明，辨认笔录，扣押物品清单，失主领条等证据。

三、法院裁判结果及理由

2011 年 11 月 8 日，安康铁路运输法院对本案开庭审理，确认检察机关指控的犯罪事实及有关证据。法院认为：被告人徐某某以非法占有为目的，在旅客列车上窃取他人钱财数额较大，被发现后，为抗拒抓捕，伙同同案犯"高老五"、李某某当场使用暴力。徐某某为抗拒抓捕而挣脱逃跑，与两名同案犯当场使用暴力的行为在主客观上具有一致性，其行为已构成抢劫罪（共犯）。徐某某在共同犯罪中起次要作用，系从犯，应当减轻处罚；且归案后认罪态度较好，有退赃情节，可酌情从轻处罚。依法判处徐某某有期徒刑 5 年，并处罚金人民币 7000 元。

四、法律适用问题解析

本案适用法律的难点在于：共同盗窃犯罪被发现后，为抗拒抓捕，部分犯罪嫌疑人当场使用暴力，可以转化为抢劫罪；但对于其他未实施暴力的犯罪嫌疑人，是否可以全部转化为抢劫罪？

《刑法》第 269 条规定："犯盗窃、诈骗、抢夺罪，为窝藏赃物、抗拒抓捕或者毁灭罪证而当场使用暴力或者以暴力相威胁的，依照本法第二百六十三条的规定定罪处罚。"该条是对转化型抢劫的规定。转化型抢劫与一般抢劫的主体、客体要件一致，但客观方面、主观方面有所不同。在客观方面，转化型抢劫行为人实施盗窃、诈骗、抢夺等犯罪在先，为窝藏赃物、抗拒抓捕或毁灭罪证而当场实施暴力或者以暴力相威胁在后；在主观方面，转化型抢劫行为人以窝藏赃物、抗拒抓捕或者毁灭罪证为目的，其非法占有财物的目的已包含在先前的盗窃、诈骗、抢夺行为之中。在司法实践中，当转化型抢劫为一人时，一般不存在适用法律的争议；但对于共同盗窃、诈骗、抢夺案件的部分行为人当场实施暴力或威胁行为的情况，能否对所有参与作案的成员均按照转化型抢劫定罪处罚，就需要对各行为人主客观方面的一致性做具体分析。

首先，看共犯成员在主观方面是否具有共同转化的目的，重点考察事先是否有预谋。对事先有预谋的，进一步分析判断有无策划，策划内容是否涉及共同盗窃、诈骗或抢夺后若遇到抓捕等情形时应对的方法，以及是否事先准备刀具、棍棒等作案工具等。对于事先无预谋的，进一步分析判断各成员之间在事中是否形成转化抢劫的默契，每个人在当场使用暴力或威胁时的目的和动机如何；在未当场使用暴力或威胁的成员中，有无表示反对或不同意见者。

其次，重点考察各共犯成员在客观方面的行为表现。如使用暴力或威胁的时间、地点及对被害人、抓捕人的打击部位，是否携带作案工具，暴力程度如何，是否构成暴力或以暴力相威胁等。只有各成员之间主客观相一致，才能构成共同转化型抢劫罪。

在认定转化型抢劫时，应当根据具体情形，注意厘清以下五个问题：

1. 各行为人事先已经预谋，在实施盗窃、诈骗、抢夺等行为时若遇抓捕可采取暴力或以暴力相威胁的，可以全部转化为抢劫。这是转化型抢劫的典型情形。各行为人事先已经就作案时相互帮助、共同反击达成一致认识，因此其中任何人抗拒抓捕的行为都可以产生全部转化为抢劫罪的结果。此外，各行为人在预谋时已经准备了匕首、棍棒等作案工具，以备被发现后抗拒抓捕之用，也应当认定为各行为人事先已经形成一致意见，可以全部转化为抢劫罪。

2. 各行为人事先没有预谋，部分行为人在实施盗窃、诈骗等犯罪中为抗拒抓捕而当场使用暴力或以暴力相威胁手段的。在此种情形下，由于各行为人之间缺乏转化的事先共同故意，或者转化的共同故意不明确，实践中应当结合各成员的客观行为综合判断：

第一，如果其他成员并不知晓部分行为人正在实施的暴力手段，因事先未约定、事中也不知情，实施该暴力手段超出原先共同犯意的内容，应为部分行为人实行过限的个人行为。即使其他成员事后获悉或追认，因与当时的暴力危害结果之间缺乏因果关系，根据主客观相一致原则，对于超出事先共同犯意的部分，不能加诸其他成员，只能由实施暴力者承担转化抢劫罪的刑事责任。

第二，如果部分行为人当场使用暴力抗拒抓捕，其他成员明确表示反对、阻止或者逃离现场，表明其他成员仅在实施盗窃、诈骗等先行行为时具有共同故意，部分行为人暴力拒捕属于新的犯罪故意。其他成员反对、阻止或逃离现场的行为，表明其对此过限行为并未给予追加认同，既未形成新的犯意，也未加重被害人、抓捕人心理压力，对使用暴力的行为人也未起到精神支持，因而只能由使用暴力的行为人承担转化抢劫罪的刑事责任。

第三，如果当盗窃、诈骗等先行行为被发现后，部分行为人当场使用暴力或威胁手段抗拒抓捕，其他成员仍在继续实施盗窃、诈骗等行为的，表明各行为人在先行的共同犯意的基础上，对后续的暴力或威胁给予追加同意，从而形成了新的共同犯意；在客观上，部分行为人的暴力或威胁行为与其他成员的盗窃、诈骗等行为之间相互配合支持，共同对被害人、抓捕人造成强大的心理压力或恐惧感，因此全体成员均应承担转化抢劫罪的刑事责任。

3. 如何认识和把握"使用暴力或以暴力相威胁"。在司法实践中，转化型抢劫罪"使用暴力或以暴力相威胁"的行为具有明显的主动性、对抗性和攻击性，目的是使被害人、抓捕人不敢反抗、不能抓捕或放弃抓捕。相反，被害人只作简单的挣扎、摆脱，或者行为人在逃跑中与被害人、抓捕人碰撞的行为，不可能达到足以抑制对方反抗、抓捕或不敢反抗、抓捕的效果。例如，行为人被抓住后，想掰开抓捕人的手指或者扭腰挣扎，这本身是一种消极的本能行为，并不具有明显的伤害故意；即使部分人有轻微暴力挣脱行为，也不能简单认定为使用暴力，将普通的盗窃、诈骗罪转化为抢劫罪处罚。此外，行为人在逃离过程中因受到抓捕人追赶、殴打，出于自保的本能而挣扎或反抗，即使造成抓捕人受伤，因其缺乏抗拒抓捕的主观动机，亦不能转化为抢劫罪。

4. 如何认识和把握转化型抢劫的动机或目的。行为人出于非法占有公私财物的目的，在共同实施盗窃、诈骗或抢夺过程中遇到阻力，部分行为人为了排除反抗、夺取财物而使用暴力或威胁手段，其他成员趁机夺取财物的；或者部分行为人出于灭口等动机，杀害、伤害被害人的，由于各行为人的主观目的一致，对彼此行为均知晓，共同完成劫财行为，应认定为一般抢劫罪，不适用转化型抢劫罪处理。实践中需要注意的是：如果行为人先实施盗窃、诈骗或抢夺等行为，而后出于灭口、报复等动机杀害、伤害他人的，应当依法分别认定罪名，数罪并罚。

5. 如何认识把握使用暴力或威胁的当场性。在司法实践中，转化型抢劫案件中的盗窃、诈骗或抢夺"先行为"与暴力或威胁"后行为"之间，在空间上有时会有一定跨度，因此，判断后行为是否属于当场实施，往往成为认定转化型抢劫罪的重要因素。对于"当场"的理解，首先，先行为与后行为之间在时间和空间上应当是连续不间断的。被害人当场发现或者行为人刚一离开现场就被及时发现并追赶，追赶的过程一直延续到行为人实施暴力或威胁的现场，该实施暴力的后行为现场应当视为盗窃等先行为现场的延伸。其次，先行为与后行为在犯罪事实上是紧密关联的，即暴力或威胁的后行为应当是在盗窃等先行为之后很短的时间内实施的，并且是行为人因其先行为被发现后，为抗拒抓捕等原因而实施的。

本案中，检察机关和法院对在盗窃现场未对乘警使用暴力的徐某某按照转化抢劫罪定罪处罚，主要理由有：

1. 主观方面。在列车上盗窃夏某某现金的行为，是经过徐某某、李某某和"高老五"3人事先预谋好的，在共同盗窃犯意下，三人相互配合实施了盗窃行为，虽未约定被发现后采取何种方式进行反抗，但在徐某某准备翻阅车窗逃离时被乘警发现并抓住。李某某和"高老五"在未被抓住的情况下，分别向乘警实施抱腰、砸酒瓶等行为，致使徐某某逃脱。徐某某虽未对乘警实施暴力行为，但是在犯罪现场亲眼目睹了另二人的暴力行为，而另二人实施暴力行为的目的正是为了帮助其顺利逃脱，暴力行为与拒捕逃跑行为之间具有因果关系，因此3人的主观意思联络一致，应当认定该3人对暴力抗拒抓捕达成了新的共同犯罪故意。

2. 客观方面。首先，徐某某实施盗窃后被抓住时，李某某、"高老五"分别对乘警实施抱腰、砸酒瓶行为，致使乘警无法继续抓捕徐某某，已经构成暴力行为。其次，李某某、"高老五"的暴力行为是在盗窃现场实施的，具有当场性。最后，李某某、"高老五"的暴力行为与徐某某实施的盗窃行为具有前后承接关系，3人的行为相互配合，相互作用，互相给予对方精神鼓励和支持，最终致使徐某某逃脱，其结果与李某某、"高老五"暴力行为所追求的目标一致。根据主客观相一致原则，徐某某的行为应当构成转化型抢劫罪。

五、案件点评

转化型抢劫罪与一般抢劫罪在犯罪构成方面有相同之处，但也有明显区别。实践中，对于多人盗窃作案后仅有部分人实施暴力的情况，能否全部适用转化型抢劫罪处罚，很容易产生分歧。

在本案办理中，一种观点认为，被告人徐某某与李某某、"高老五"等人有共同盗窃的犯罪故意，但当盗窃被发现后，仅有李某某与"高老五"对乘警使用暴力，徐某某只是本能的挣脱，不能认为是暴力行为，未形成转化抢劫的共同犯意，故不构成抢劫罪，而应当构成盗窃罪。另一种观点则认为，徐某某应当构成转化的抢劫罪。正确认定本案性质，关键要厘清转化过程中暴力行为与抗拒抓捕行为之间的因果关系，各行为人之间有无共同的意思联络、是否相互配合支持等，将主客观方面结合起来综合分析判断。同时要结合共同犯罪理论，认真分析先行为与后行为的关系，把握主观故意的内容和转化界限。

　　总之，在列车上发生的盗窃、抢劫等犯罪案件，严重危及旅客财产和人身安全，铁路检察机关只有严格依法、细致审查，才能准确认定犯罪性质，确保办案不出现偏差。

作者：安康铁路运输检察院　巩树芳

案例三 特某某、包某某抢劫案

——罪与非罪、此罪与彼罪的认定

一、基本案情

被告人特某某，男，1991 年 3 月 21 日出生，内蒙古自治区兴安盟人，蒙古族，初中文化，无职业。因涉嫌犯抢劫罪，于 2011 年 1 月 1 日被白城铁路公安处刑事拘留，同月 30 日被逮捕。

被告人包某某，男，1990 年 2 月 22 日出生，内蒙古自治区兴安盟人，蒙古族，初中文化，无职业。因涉嫌犯抢劫罪，于 2011 年 1 月 1 日被白城铁路公安处刑事拘留，同月 30 日被逮捕。

白城铁路运输检察院审查起诉认定：2011 年 1 月 1 日 1 时许，被告人特某某、包某某在乌兰浩特火车站北侧的佰安旅店门前遇见被害人王某某，特某某向王某某要 20 元钱，王某某说没有。当晚特某某、包某某进入佰安旅店住宿。当特某某、包某某二人发现被害人王某某从隔壁旅店出来后，即从其旅店出来追了过去，特某某再次向王某某要钱，并向王某某索要手机。当遭到王某某拒绝后，特某某、包某某二人即对被害人拳打脚踢，特某某抢走王某某深圳产 OPSSON 牌 A78 型黑色直板手机 1 部，价值人民币 240 元。后被害人报案，经铁路公安机关侦查，于当日 11 时许在乌兰浩特火车站广场将特某某、包某某二人抓获，所抢手机已返还被害人王某某。

上述事实，有公安机关受案登记、立案决定书、破案报告、抓获经过；被害人陈述；证人万某某、齐某、齐某某等证言；公安机关扣押、发还物品清单；赃物及作案地点照片；两名被告人户籍证明；被抢劫手机价格鉴定结论书；被告人供述与辩解等证据予以证实。

二、证据分析

本案在公安机关侦查阶段，犯罪嫌疑人特某某、包某某均供认自己对被害人进行了殴打，并抢了被害人的手机。审查起诉阶段特某某翻供，并辩解说没有动手打被害人，而是向被害人要手机，被害人不给就从他手中抢去了。包某某则强调说，自己一直跟在被害人身后，没看见特某某抢手机的过程，后来回到旅店才知道的。包某某的辩护人提出，特某某向被害人索要钱和手机时包某某不在现场，本案事实不清。

根据犯罪嫌疑人辩解和辩护人意见，承办人进一步详细阅卷审查，注意到在公安机关移送起诉案卷中，直接证据只有犯罪嫌疑人供述和被害人陈述，间接证据也只有证人万某某证明特某某、包某某住宿后出去大约五六分钟，又从外边回到旅店，见包某某手里拿着一部直板手机，鼻子流着血，特某某说是他打的，万某某即让他们走了。证人齐某证实：2011 年 1 日 2 点左右，有两个 20 多岁的小子住宿，矮个 1 米 65 左右，高个有 1 米 73 左右，就收他俩 20 块钱，早上 8 点多钟就走了。公安机关的扣押清单，只能证明二犯罪嫌疑人抢了被害人的手机，但是以暴力抢劫还是抢夺，仍不能直接证明。这样，能够直接证明特某某、包某某涉嫌抢劫罪的证据，就只有被害人的陈述和犯罪嫌疑人的原始供述。

针对犯罪嫌疑人翻供的情况，承办人分析认为：根据被害人陈述、犯罪嫌疑人供述及证人万某某的证言，认定特某某的行为构成抢劫罪事实清楚，证据确实充分；但由于包某某辩解说他一直跟在被害人身后，没有动手打被害人，并且不知道特某某抢了手机，因此，这是认定包某某的行为是否犯罪、是抢劫罪还是抢夺罪的关键。

在讯问犯罪嫌疑人过程中，承办人注意到包某某的态度十分强硬，而特某某则吞吞吐吐，想说又不敢说的样子，于是决定主攻特某某。经过一番政策教育，特某某供认：我认识包某某两年多了，包某某经常打我，经常逼我给他买烟、请他喝酒。当时是包某某提议要抢被害人的钱，并让我打被害人。特某某还交代：在殴打被害人时，我在被害人前面，包某某在后面，还多次叫喊让我抢被害人的手机。案发后，包某某威胁不让我说，说实话就打死我。

根据特某某供述，承办人再次提审包某某，针对其辩解中的矛盾点，层层剖析，步步紧逼，同时进行政策攻心。在检察官的凌厉攻势下，包某某被迫交代了自己与特某某共同实施抢劫的犯罪事实。

根据《刑事诉讼法》第 53 条第 2 款规定："证据确实、充分，应当符合以下条件：（一）定罪量刑的事实都有证据证明；（二）据以定案的证据均经法定程序查证属实；（三）综合全案证据，对所认定的事实已排除合理怀疑。"本案有被害人陈述、证人证言、犯罪嫌疑人供述和辩解、相关物证、现场勘查笔录等证据在卷，已经形成完整的证据体系，有关犯罪事实和情节均有相应的证据予以证明；据以定案的证据均经过法庭质证，合法、客观；证据与证据之间能相互印证，证据与案件事实之间具有关联性；各个证据之间以及证据与案件事实之间的矛盾均已得到合理排除。因此在本案开庭审理中，有关证据得到主审法官及判决书的充分采信认定。

三、法院裁判结果及理由

2011 年 8 月 23 日，白城铁路运输法院对本案开庭审理，确认检察机关指控的犯罪事实。法院认为：（1）被告人特某某、包某某以非法占有为目的，采取暴力和威胁的手段劫取他人财物，其行为已构成抢劫罪。检察机关指控的罪名成立，予以支持。（2）对包某某的辩护人提出"特某某向被害人王某某索要钱财和手机时包某某不在现场，本案事实不清"的辩护意见。经查，被告人包某某在特某某第一次向被害人要钱时即在现场；当第二次发现被害人时，二人相继追上被害人，在特某某向被害人索要手机时，包某某供述听到此话；当被害人拒绝交出手机时，包某某对被害人又实施拳打脚踢。抢得手机后，当被害人想要回手机时，包某某又对被害人进行语言威胁。从上述行为可以证明，包某某实施抢劫的主观故意是明确的，其犯罪事实有被害人陈述、证人证言等证据证实且与被告人供述相互吻合印证，事实清楚，故对辩护人的意见不予采纳。（3）被告人特某某、包某某当庭主动认罪，认罪态度较好，可酌定从轻处罚。依法判决如下：

1. 被告人特某某犯抢劫罪，判处有期徒刑 3 年 7 个月，并处罚金人民币 1000 元；

2. 被告人包某某犯抢劫罪，判处有期徒刑 3 年 2 个月，并处罚金人民币 1000 元。

四、案件点评

这是一起发生在凌晨时分的公共场所突发性暴力案件。两名被告人虽然事先没有预谋，但见到被害人孤身一人、软弱可欺，便临时起意，对其施加暴力手段，强行抢走被害人的手机。

本案需要证实和解决的关键点是：二被告人的行为涉嫌抢夺罪还是涉嫌抢劫罪？两罪的根本区别在于，行为人是否使用暴力或威胁手段。二被告人很了解其中利害，所以在审查起诉阶段，特某某避重就轻，辩解其没有对被害人施加暴力；包某某则干脆拒不认罪，妄图逃避打击。但是，办案检察官针对被告人特点，各个击破，先对付抗审能力较弱的特某某，再突破抗审能力较强的包某某，紧紧抓住被告人辩解的矛盾点，对证据层层剖析，步步紧逼、有理有据，终于突破被告人的防线，迫使二被告人供认了自己以暴力胁迫手段抢走被害人手机的犯罪事实。本案案值虽然不大，但由于承办人牢牢固定证据，使案件达到了事实清楚，证据确实、充分的起诉标准。在法庭审理中，审判长全部采纳公诉人提供的证据，并以公诉指控的罪名对二被告人做出有罪判决。

作者：白城铁路运输检察院　梁帮来　于少军

案例四 贾某某抢劫、强奸案

——同案犯口供的运用

一、基本案情

被告人贾某某，男，1959 年 5 月 25 日出生，时年 33 岁。

本案由北京铁路运输检察分院提起公诉。指控以下犯罪事实：

1. 抢劫犯罪。（1）1991 年 12 月一天，贾某某伙同他人在莫斯科市"爱华旅馆"殴打被害人张某某，并抢劫 1300 美元。（2）1992 年 1 月一天，贾某某等 6 人在莫斯科火车站，以帮助买火车票为名将二名中国南方人骗至市内，分别持瓦斯枪、铁棍及刀具进行殴打，并抢得 1200 美元。（3）1992 年 8 月一天，贾某某伙同 4 人，分别持瓦斯枪、铁棍及刀具闯入莫斯科市一旅馆房间内，抢得二名中国北方人 3000 余美元后，乘车离去。（4）1992 年 9 月一天，贾某某伙同 3 人殴打被害人后，同案犯苗某某让被害人用 3000 美元赎回护照，被害人被迫交出 1000 美元。（5）1993 年 3 月某天，贾某某伙同他人在莫斯科火车站对刚下车的几名中国南方人抢劫，劫走一包皮夹克、一包毛衣等物。（6）1993 年 4 月间，贾某某提供作案目标，并伙同他人持刀入室，将 11 名中国南方人捆绑后，令其跪在地下，抢劫 1600 美元、单放机 4 台及手表数块。1993 年 5 月间，贾某某提供作案目标，伙同他人通过"探明住宅地址""打电话骗人开门"的方式，持刀入室，将几名中国南方人殴打、捆绑后，抢得 1000 余美元、1000 余元人民币。又在莫斯科市"莫大旅馆"内，伙同他人入室捆绑 5 名中国北方人，抢得 100 余万卢布、100 余只打火机。

2. 强奸犯罪。1993 年 3 月 10 日，犯罪嫌疑人贾某某乘坐北京开往莫斯科的 3 次国际列车，在 3 号车厢与库某某、顾某某、吴某某和钟某某（该 4 人均已判刑）相遇。3 月 11 日上午列车驶入蒙古境内时，贾某某叫同车厢 6 号包房的女旅客孙某某（南京市人）到其 5 号包房聊天。聊天的过程中，贾某某、库某某、顾某某、钟某某和吴某某编造假姓名，语言下流，引起孙某某的反感。孙某某回到自己包房后，贾某某采用欺骗手段与孙某某发生性关系；随后钟某某、库某某、顾某某、吴某某等人轮流去孙某某的包房，对孙进行猥亵并要求发生性关系，均被孙拒绝。当日夜，钟某某用刀撬开孙某某的包房，持刀威逼、殴打并企图强奸孙某某，但因俄罗斯海关人员上车查验护照，钟某某强奸未能得逞。钟某某走后，被害人孙某某向同包房旅客和列车员寻求保护，库某某将孙某某叫到 3 车厢 9 包房，伙同贾某某先后将孙某某强奸。

上述犯罪事实，有被害人陈述、证人证言、同案犯罪嫌疑人供述、辨认笔录，北京市高级人民法院刑事裁定书、北京铁路运输中级法院刑事判决书等在案证据予以证实。

二、法院裁判结果及理由

本案由北京市铁路运输中级法院一审开庭审理。法院认为：被告人贾某某在国际列车上、莫斯科市的旅馆、大街及私人住宅内，与他人共谋，并采用蒙面持刀、捆绑被害人的手段，多次抢劫中国公民的财物，数额巨大，其行为已构成抢劫罪，犯罪情节严重，应依法判处。被告人贾某某在国际列车上，采用胁迫的方法，与他人共同轮奸女旅客，其行为严重侵犯妇女的人身权利，已构成强奸罪，应当依法从重处罚。检察机关指控贾某某犯抢劫罪、强奸罪的事实清楚，证据确实、充分，指控罪名成立。贾某某在判决前犯数罪，应当依法数罪并罚。依据《刑法》有关条款规定，判决如下：

被告人贾某某犯抢劫罪，判处无期徒刑，剥夺政治权利终身，并处没收个人全部财产；犯强奸罪，判处有期徒刑 15 年，剥夺政治权利 3 年。决定执行无期徒刑，剥夺政治权利终身，并处没收个人全部财产。责令被告人贾某某退赔 2.89 万元人民币，发还被害人张某某、丁某某等人。不足部分，继续追缴。

三、法律适用问题解析

鉴于本案被告人贾某某对检察机关指控其参与抢劫、强奸犯罪事实始终拒不供认，并辩称："我和苗某某、张某某、库某某、顾某某等人有矛盾，是他们乱咬我。"现针对本案有关问题分析如下：

（一）对同案犯口供的属性分析

本案中，检方指控贾某某的13起抢劫行为中，均有相关同案犯参与。其中有9起抢劫行为只有同案犯供述这一种证据证实；其余4起抢劫行为，在同案犯供述的基础上，还有证人证言、受害人陈述、辨认笔录等证据证实。在贾某某的同案犯中，部分人已被判刑，中级法院一审判决已经生效，并且经北京市高级法院二审判决书予以认定。

对于犯罪嫌疑人、被告人揭发同案犯犯罪事实的供述，是口供还是证人证言，理论上存在争议，实践中需要具体分析。根据《刑事诉讼法》第48条规定，刑事证据包括八种形式，其中证人证言、被害人陈述、犯罪嫌疑人（被告人）供述和辩解这三种言词证据形式，是依据提供证据的主体来确定的。由于在同一案件中，任何诉讼参与人都不可能兼有证人、被害人、犯罪嫌疑人或被告人的身份，因此相对于某一犯罪嫌疑人（被告人）而言，了解其犯罪行为（事实）的其他任何人，都可以成为证人。根据《刑事诉讼法》第60条第1款规定："凡是知道案件情况的人，都有作证的义务。"因此在共同犯罪案件中，如果犯罪嫌疑人供述的内容是他自己也参与的犯罪事实，那么他就同时具备了犯罪嫌疑人和证人的双重身份，他的供述既可以作为证明自身犯罪事实的言词证据，也可以作为证明其他同案犯犯罪事实的证人证言；反之，如果犯罪嫌疑人供述的内容包括检举揭发同案犯的其他犯罪事实（其本身并未参与），他也可能因"知道案件情况"而被赋予证人身份，其所作供述的部分内容可以作为证人证言使用。

本案中，贾某某参与实施的 13 起抢劫行为，同案犯相对固定，主要集中在苗某某、张某某等几个人之间；但是具体到每一起抢劫行为，参与作案的同案犯并不完全重合。综合全案证据，贾某某等人的共同抢劫行为并不需要长时间的犯罪预备，有时在抢劫过程中也有人临时加入。如 1993 年 5 月间，贾某某提供目标，在莫斯科市一户住宅，陈某某敲门，袁某在外租车等候，贾某某伙同刘某某、张某某、沈某某、徐某和邵某持刀入室，将 11 名中国南方人捆绑起来，并令其跪在地下，抢劫 1600 美元、单放机 4 台、手表数块。证实该犯罪行为的证据，有张某某、刘某某、苗某某和袁某等 4 名同案犯供述，也有未参与此次共同抢劫、但参与其他共同抢劫的杨某的口供。可见，杨某虽然是本案犯罪嫌疑人之一，但其供述的部分内容属于证人证言。

（二）对《刑事诉讼法》第 53 条的理解

该条第 1 款规定："对一切案件的判处都要重证据、重调查研究，不轻信口供。只有被告人供述，没有其他证据的，不能认定被告人有罪和处以刑罚；没有被告人供述，证据确实、充分的，可以认定被告人有罪和处以刑罚。"本案中，贾某某等人的抢劫、强奸行为发生在国外或者国际列车上，犯罪现场很难保护，现场勘验、检查笔录等很难落实到位，甚至连被害人也难以找到。在处理此类特殊案件时，必须根据案件的特殊情况收集、固定和使用证据。根据有关司法解释，只有被告人口供与同案其他被告人供述吻合，并且完全排除诱供、逼供、串供等情形，被告人口供与同案被告人供述才可以作为定案的证据①。可见，在特殊情况下，对于仅有犯罪嫌疑人和其他同案犯供述的案件，并非必然不能证明其犯罪事实。

但是也必须认识到，在司法实践中，同案犯供述与辩解失真或虚假的可能性较大。有的人为了减轻或开脱罪责，极力把罪责推给其他同案犯，甚至推给不在现场、不明就里的其他人；也有的同案

---

① 参见 2008 年 12 月 1 日最高人民法院《全国部分法院审理毒品犯罪案件工作座谈会纪要》（法〔2008〕324 号）之"二、"。

犯江湖义气重，把别人的罪行揽在自己身上，造成审判失误，影响实体正义。对于采用同案犯口供作为定案依据的案件，一般应当满足三个条件：一是完全排除诱供、逼供、串供等情形；二是同案犯之间的供述具有一致性和合理性，口供之间能够相互印证；三是完全排除其他合理怀疑。本案贾某某参与抢劫犯罪事实，有被害人陈述和辨认笔录证实，并有多名同案犯供述相互印证，因此认定其抢劫罪是正确的。

四、案件点评

本案的特殊性有三：一是贾某某等人抢劫、强奸犯罪分别发生在国外或者国际列车上，案犯临时纠合、流动作案、涉案地点多，给证据收集和固定工作等带来很大难题。二是在本案多起共同犯罪事实中，参与作案的同案犯并不完全重合，使案件证据体系呈现出交叉、循环证明的复杂局面。三是本案主犯贾某某始终不供述犯罪事实（零口供），加之侦查阶段获取的其他间接证据也比较少，给检方在审查起诉和提起公诉环节适用《刑事诉讼法》第53条，即通过其他同案犯供述和证言证实犯罪造成很大难度。尽管如此，担负本案审查起诉和出庭支持公诉的办案人员，迎难而上，充分利用涉案人员较多的有限条件，通过全面收集同案犯的言词证据进行交叉证明、相互印证，成功锁定贾某某的犯罪事实。此案可作为检察机关办理类似案件的借鉴参考。

作者：北京市人民检察院第四分院　刘璧莹

案例五　姚某某等人抢劫案

——以杀人为手段抢劫的认定

一、基本案情

1994 年 6 月 2 日，青岛铁路公安处潍坊车站派出所接到潍坊站退休扳道员张某某报案：当天早上 6 时 10 分左右，张某某在扳道房附近的潍坊站卫生所后墙外发现两具尸体。青岛铁路公安处立即开展侦查。

经公安机关现场勘查、尸体检验和走访了解，确定被害人的身份是河南省邓州市木材商人鲁某某、孔某某。二被害人来到山东，是为了与寿光市侯镇福利胶合板厂办理木材款结算事宜。进一步侦查确定，犯罪嫌疑人是湖北省老河口市的陈某某（现在逃）、余某某和姚某某，此 3 人事先掌握两名被害人行程和目的，对被害人跟踪、抢劫后杀害。3 名案犯作案后潜逃，公安部于 1994 年 10 月 25 日组织通缉。

1999 年 10 月 11 日，本案主犯之一余某某在上海市被青岛铁路公安机关抓获，案件侦查终结后，移送济南铁路运输检察分院审查并提起公诉。2000 年 10 月 19 日，济南铁路运输中级法院对此案一审，认定余某某犯抢劫罪，依法判处无期徒刑。目前余某某尚在山东省青岛监狱服刑。

2011 年 8 月 12 日，在公安部组织的清网行动中，本案潜逃 17 年的另一名主犯姚某某在合肥市被青岛铁路公安机关抓获归案；并于案件侦查终结后，移送济南铁路运输检察分院审查并提起公诉。

二、证据情况

鉴于本案的两名主犯时隔多年分别被抓获归案、移送起诉，济南铁路检察机关分别进行审查起诉和提起公诉。认定以下犯罪事实：

1994年四五月份，犯罪嫌疑人陈某某（现在逃）因与被害人鲁某某存在债权债务关系，同余某某（已判刑）去鲁某某家要债未果。当陈某某得知鲁某某要到山东省寿光市收取木材款的消息时，便伙同姚某某、余某某于5月26日赶到寿光市，准备强行劫取鲁某某收取的木材款。6月1日上午，被害人鲁某某、孔某某从寿光市侯镇福利胶合板厂收取现金28900余元，姚某某与陈某某、余某某3人在该胶合板厂找到了两名被害人，5人于同日下午离开寿光市侯镇，到达潍坊市。

1994年6月2日凌晨2点，陈某某、姚某某和余某某3人跟踪两名被害人到潍坊火车站东侧卫生所药库南墙外，持刀劫取被害人携带的钱款，抢劫过程中采取用刀刺、石头砸等手段，致使鲁某某、孔某某二人死亡。经法医鉴定：被害人鲁某某全身共36处损伤，其中11处为钝器伤，23处为锐器伤，2处为表皮划伤，死因系单刃锐器刺断颈内静脉，造成急性出血性休克死亡；被害人孔某某全身共11处损伤，其中4处为钝器伤，7处为锐器伤，死因系单刃锐器刺断颈动脉，造成急性出血性休克死亡。3名犯罪嫌疑人抢得现金人民币28000余元后潜逃。

检察机关认定的上述犯罪事实，有以下证据支持：

1. 现场勘查记录。证实本案犯罪现场位于胶济线K173KM＋60M处。铁路卫生所南墙外为中心现场，即尸体所在位置。二具尸体均系男性，分别呈"东西、南北"方向仰卧在便路旁的草丛内。

2. 尸体检验鉴定书。证实：死者孔某某全身损伤11处，其中4处钝器伤，7处锐器伤，致伤物应系刃宽不大于1.8厘米之单刃锐器；死者左侧颈总动脉被刺断，该损伤造成急性失血性休克，应为孔某某死亡原因。死者鲁某某全身损伤36处，其中11处钝器伤，23处锐器伤，2处表皮划伤。致伤物应系刃宽不大于2.0厘米之单刃锐器；死者左侧颈内静脉被刺断，该损伤造成急性失血性休克，应为鲁某某死亡原因。

3. 济南铁路运输中级法院（2000）济刑初字第7号《刑事判决

书》。证实本案余某某因犯抢劫罪，被判处无期徒刑。

4. 公安部公缉（94）84 号《通缉令》、在逃人员登记信息表。证实陈某某、姚某某、余某某 3 人身份信息、身体特征等。

5. 某交通饭店食宿登记簿、提取笔录。证实 3 名犯罪嫌疑人在寿光市侯镇住宿情况及有关个人身份信息。

6. 本案 3 名犯罪嫌疑人的身份、户籍证明材料。

7. 青岛铁路公安处抓获经过。证实侦查人员 2011 年 8 月 12 日在安徽省某市将姚某某抓获的经过。经审查，姚某某对其伙同陈某某、余某某抢劫杀人的犯罪事实供认不讳。

8. 张某某等人证言：证实犯罪嫌疑人陈某某与被害人鲁某某之间的经济纠纷及交往情况、两名被害人到该胶合板厂结算货款情况、陈某某等 3 名案犯在当地住宿、寻找、跟踪被害人情况等。

9. 已判决案犯余某某、在押案犯姚某某供述。证实 3 名犯罪嫌疑人实施抢劫杀人的具体过程：

（1）余某某 2000 年 4 月 11 日供述……出行前的前两天商量，我的任务就是和他俩一块到山东来抢老鲁的钱。俺 3 人到达寿光市的时间，我记得是 94 年的 5 月 26 日下午……大约住了三四天。一天中午，陈某某首先发现鲁某某，我也看到鲁和孔在马路上走，从那时起，我们就一直跟踪他俩。6 月 1 日下午大约三四点钟，陈某某突然进房间和我说，老鲁他们要走。我们就急急忙忙收拾行李，陈和姚在前面先走了，陈扔给我 50 元钱让我结账；我结完账看到车站前面有一辆车，也急忙上车跟了上去。……姚某某上去将老鲁打倒在地上，然后拿出刀子朝老鲁的身上乱捅，老鲁这时在喊"救命"；我按着姓孔的、陈某某用刀捅姓孔的。这时，陈某某看到姚某某对付老鲁有点吃不太住，然后就过去帮助姚对付老鲁；我看到姓孔的还在喊"救命"，就用左手掐着他的脖子，腿跪在他的身上，顺手从地下捡起一块石头朝姓孔的头部打了几下……

（2）余某某 2011 年 12 月 14 日供述：我们 3 个人有过预谋。在潍坊火车站的时候，陈某某曾经给我一把刀，单刃的，20 来公分长，说就用刀来抢劫鲁某某、孔某某……我们到了现场之后，我和姚某某对付一个人，可能是鲁某某，具体是哪一个我记不清了，陈某某单独对付另外一个人。在抢劫的过程中，我们3人都用刀捅被害人了，我和姚某某捅的是同一个人，捅了几刀，捅的什么部位我都记不清了。

（3）姚某某2011年8月12日供述：在1994年春天的时候，具体时间我记不太清楚了，我和我们老河口的陈某某、余某某到山东省寿光市，去向借陈某某钱的两个河南邓州市人抢他们的钱，并把他们二个人给杀死了。……陈某某说了一句：上。我们俩肯定知道要干掉这两个邓州人。陈某某开始用刀子朝那个瘦子的邓州人身上乱捅，同时我和余某某也上前抱着那个胖子的邓州人往身上乱捅，我记着我朝胖子身上捅了数刀，具体捅了多少刀、捅在什么部位我都记不清了，在我捅的同时，余某某也朝胖子身上乱捅……

三、法院裁判结果及理由

本案由济南铁路中级法院再次开庭追加审理，确认公诉人指控被告人姚某某的犯罪事实及相关证据。法院认为：被告人姚某某伙同陈某某、余某某，以非法占有为目的，采取暴力手段劫取被害人财物，其行为已触犯刑律，构成抢劫罪；在劫取财物过程中致二人死亡，情节严重，应依法严惩。姚某某归案后能如实供述自己的犯罪事实，可酌情从轻处罚。依据《刑法》第12条第1款及修订前的《刑法》第150条第2款、第22条和第53条第1款规定，判决被告人姚某某无期徒刑，剥夺政治权利终身。

本案一审判决后，被告人不服，提出上诉。经山东省高级人民法院二审作出（2012）鲁刑二终字第37号《刑事裁定书》。裁定书认为：经二审审理查明的事实、证据与一审相同。关于上诉人所提"在犯罪过程中只捅了被害人鲁某某腹部，并有犯罪中止行为"的上诉理由。经查，上诉人姚某某与陈某某、余某某在共同犯罪中使用暴力手段劫取财物，造成二人死亡的严重后果。姚某某所称其有犯罪中止的情节与事实不符。关于上诉人所提"其在犯罪中只起了辅助次要作用，有悔过之心，应为第三被告人"的上诉理由。经查，原审法院依据法律规定，对姚某某的处罚适当，其所提上诉理由不能成立。因此裁定，驳回上诉，维持原判。

四、法律适用问题解析

本案姚某某伙同陈某某、余某某 3 人为劫取财物而预谋并故意杀人，致使两名被害人死亡，随后劫取财物。3 人在一个完整的共同犯罪行为中同时触犯故意杀人、抢劫两个罪名——以抢劫为目的故意杀人，或以故意杀人为手段的抢劫。由于本案主犯之一余正雨于 2000 年首先被抓获之时，最高人民法院尚未出台司法解释，检、法两家就本案应定抢劫罪还是杀人罪、是否适用数罪并罚等问题引发激烈争论。后经认真研究，检方决定以抢劫罪提起公诉。

姚某某一案终审判决后，最高人民法院公布司法解释[①]："行为人为劫取财物而预谋故意杀人，或者在劫取财物过程中，为制服被害人反抗而故意杀人的，以抢劫罪定罪处罚。""行为人实施抢劫后，为灭口而故意杀人的，以抢劫罪和故意杀人罪定罪，实行数罪并罚"。本案事实和证据表明，二被告人的行为符合该司法解释中的第一种情况，法院以抢劫罪定罪处罚是正确的。

五、案件点评

本案审查起诉、提起公诉的难点在于：（1）3 名案犯共同实施抢劫杀人犯罪后潜逃，案发后只抓获一名案犯余某某，另两名案犯姚某某、陈某某尚未抓获，检察机关不得已采取了分案处理的办法。在单独审查起诉余某某一案时，余坚持说自己未用刀捅、只用石块砸了被害人。由于当时缺少另外两名同案犯供述，使余一人的供述内容真假难辨，给准确判断案件性质及余在共犯中的地位和作用造成很大困难。（2）时隔案发 17 年后，另一名案犯姚某某被抓获归案。姚犯供述，他们 3 人每人手持一把刀，姚与余分别持刀捅被害

---

① 参见 2001 年 5 月 23 日最高人民法院《关于抢劫过程中故意杀人案件如何定罪问题的批复》（法释〔2001〕16 号）。

人鲁某某,陈某某单独用刀捅孔某某,致两名被害人死亡。两名在押犯关于杀人行为的供述差距巨大。如不能解决这一问题,既无法查清案件事实,也容易导致姚某某心理失衡而翻供,影响案件出庭效果。

针对上述情况,本案公诉人冷静分析后认为:先抓获的案犯余某某可能因另二人在逃而产生避罪心理,其原供述很可能存在虚假成分。为此,承办人决定亲赴青岛监狱,进一步讯问余某某以查明真相。他们精心分析余的心理,对症下药解除其思想顾虑,最终迫使其承认原供述有虚假,交代了自己持刀与姚共同捅死一个人的犯罪事实。余的这一供述与姚的供述基本一致,准确证实了本案最关键的部分——共同犯罪中每个人的地位和作用。这一新证据的获得,也有效防止了姚某某到案后可能出现翻供等不利情况,为下一步陈某某到案做好了证据方面的准备。

作者:济南铁路运输检察分院　赵立勋

案例六 范某某等人抢劫案

——盗窃转化抢劫的认定

一、基本案情

犯罪嫌疑人范某某，绰号二屄，男，1984 年 7 月 26 日出生，汉族，初中文化，农民，河北省迁安市人。2010 年 1 月 10 日因寻衅滋事罪被迁西人民法院判处有期徒刑 1 年 6 个月，2011 年 3 月 7 日刑满释放。因涉嫌抢劫罪，于 2012 年 1 月 11 日被天津铁路公安处刑事拘留；同年 2 月 17 日经天津铁路运输检察院批准逮捕。

犯罪嫌疑人刘某某，绰号大宝，男，1989 年 1 月 6 日出生，汉族，初中文化，农民，河北省迁安市人。因涉嫌抢劫罪，于 2012 年 1 月 12 日被天津铁路公安处刑事拘留；同年 2 月 17 日经天津铁路运输检察院批准逮捕。

犯罪嫌疑人崔某某，男，1973 年 12 月 1 日出生，汉族，高中文化，农民，内蒙古自治区奈曼旗人。因涉嫌犯抢劫罪，于 2012 年 1 月 12 日被天津铁路公安处监视居住。

犯罪嫌疑人高某，男，1978 年 7 月 24 日出生，汉族，小学文化，农民，黑龙江省肇东市人。因涉嫌抢劫罪，于 2012 年 5 月 11 日被天津铁路公安处刑事拘留；同年 5 月 24 日经天津铁路运输检察院批准逮捕。

本案经天津铁路公安处侦查证实：2011 年 12 月 5 日 18 时 45 分许，犯罪嫌疑人范某某、刘某某、崔某某伙同高某、张某某等 5 人，在铁路阜水线行驶的货物列车上，采用上车装袋的方法，在阜水线百米道口附近盗窃精矿粉共计 41 袋，总重 1476 公斤，价值人民币 1867.94 元。当上述 5 人准备将盗窃后的精矿粉装车运走时，被驾驶警车巡视至此的民警发现，遂弃赃逃跑。后为抢回其盗窃的精矿粉以及运赃汽车，张某某、高某、范某某、刘某某、崔某某 5 人手持铁锹、镐把等工具返回盗窃现场，对抓捕他们的民警及保安人员进行殴打，并将警车车窗、挡风玻璃及前大灯砸毁，致使 2 名民警及 1 名保安人员身体受轻微伤。之后，上述 5 名犯罪嫌疑人将其运赃用的面包车一辆以及车上盗窃所得的精矿粉 10 袋（总重 350 公斤，价值人民币 442.94 元）抢走。

另据查明：2011 年 11 月底的一天 22 时许，犯罪嫌疑人范某某、刘某某和崔某某结伙在铁路卑水线行驶的货物列车上，采用上车装袋的方法，盗窃精矿粉 60 余袋，总重 2300 公斤，价值人民币 2910.74 元，销赃后获款人民币 1700 元。

二、证据情况

2012 年 4 月 17 日，天津铁路公安处对本案侦查终结，移送检察机关审查起诉。期间，提请延长审限 15 日，退回公安机关补充侦查一次。检察机关审查起诉认定的犯罪事实，主要有以下证据支持：

1. 案件来源、抓获经过、现场勘查笔录、现场照片和示意图、扣押和处理物品清单、检斤证明、物证照片等证据材料。

2. 被害人幺某、柴某某、刘某、侯某某等 4 名民警、保安员陈述。

3. 现场目击证人李某、李某某、付某、刘某某等证言。

4. 铁路运输企业出具的货物丢失证明等证据材料。证实：2011 年 12 月 5 日，在铁路卑水线水厂站至大石河站区间行驶的 118 次货物列车上装载的精矿粉被盗 5.12 吨。

5. 天津铁路公安处法医临床学人体损伤检验报告书，唐山市工人医院和首钢矿山医院病历等证据材料。证实 2011 年 12 月 5 日，民警幺某、柴某某和保安员侯某某身体受伤，其伤情程度均为轻微伤。

6. 迁安市价格认证中心出具的《价格鉴定意见书》。证实：
(1) 2011 年 11 月被盗精矿粉 2300 千克，价值 2912 元。（2）2011
年 12 月 5 日被盗精矿粉 1476 千克，价值 1867.94 元。

7. 被告人供述和辩解，辨认笔录。证实：（1）2011 年 12 月 5
日，本案 5 名被告人在铁路卑水线行驶的货物列车上盗窃精矿粉 41
袋后，手持铁锹追打抓捕的民警和保安员，并砸毁警车上的玻璃和
车灯等装置。之后崔某某驾驶运赃汽车与范某某、刘某某、高某、
张某某逃离现场。范某某逃匿后将自己的运赃汽车变卖，并将汽车
上的精矿粉 10 袋遗弃。（2）范某某、刘某某和崔某某归案后，如实
供述了其于 2011 年 11 月的一天晚上，在铁路卑水线行驶的货物列
车上盗窃精矿粉 60 袋，销赃后共获赃款 1700 元。其中，范某某分
得赃款 766.7 元，刘某某、崔某某各分得赃款 466.7 元。

8. 本案 5 名被告人的户籍证明和现实表现证明，有关前科犯罪
的《刑事判决书》和《释放证明》。证实：（1）被告人刘某某、崔
某某、高某某均已达到刑事责任年龄，无前科劣迹。（2）被告人范
某某于 2010 年 1 月 10 日因犯寻衅滋事罪被河北省迁西县人民法院
判处有期徒刑 1 年 6 个月，2011 年 3 月 7 日被河北省冀东监狱刑满
释放。

9. 天津铁路公安处刑警支队提供的赔偿损失证明。证实：被
告人刘某某、崔某某和高某在庭审前已向被害人进行了经济赔偿。

三、法院裁判结果及理由

2012 年 7 月 16 日，天津铁路运输检察院以被告人范某某、刘某
某、崔某某涉嫌抢劫罪、盗窃罪，被告人高某涉嫌抢劫罪依法提起
公诉。天津铁路运输法院审理认为：（1）检察机关当庭提供的证据
材料均系依法取得，且与本案存在关联，是客观、真实的，法庭均
予以确认。（2）范某某、刘某某、崔某某和高某伙同他人，以非法
占有为目的，在盗窃犯罪中为抗拒抓捕而当场使用暴力和以暴力相
威胁，其行为已构成抢劫罪，应依法判处。（3）范某某、刘某某和
崔某某以非法占有为目的，秘密窃取铁路运输物资，数额较大，其

行为已构成盗窃罪，应依法判处。（4）对范某某、刘某某、崔某某应当以抢劫罪与盗窃罪实行数罪并罚。（5）范某某曾因犯寻衅滋事罪被判处有期徒刑以上刑罚，在刑罚执行完毕后5年内再犯应当判处有期徒刑以上刑罚之罪，是累犯，依法应当从重处罚。（6）本案4被告人归案后认罪态度较好。其中，范某某、刘某某和崔某某如实供述盗窃犯罪事实，是自首，涉案赃物已被追缴并发还失主。刘某某、崔某某和高某在庭审前已向被害人给予经济赔偿，有一定的悔罪表现；对其有关从轻或减轻情节，可在量刑时综合考虑。（7）针对范某某的辩护人提出"范某某在盗窃犯罪后打伤民警的行为不应定抢劫罪"的意见，法院认为，依照《刑法》有关规定，范某某伙同其他被告人在盗窃犯罪中手持铁锹抗拒抓捕，对抓捕的民警和保安员追打并砸毁警车装置，致使民警和保安员身体受伤，其盗窃行为已转化为抢劫，应当按照抢劫罪定罪量刑，故对该辩护意见不予支持。（8）针对刘某某的辩护人提出"刘某某在抢劫犯罪中是从犯"的意见，法院认为，刘某某伙同其他被告人在盗窃犯罪中手持铁锹抗拒抓捕，对抓捕的民警和保安员追打并砸毁警车装置，致使民警和保安员身体受伤，其在共同抢劫犯罪中的作用与其他被告人相当，不宜区分主从，故对该意见不予支持。对本案4名被告人，应当依照刑法分则及总则有关规定定罪处罚。判决如下：

①被告人范某某犯抢劫罪，判处有期徒刑5年3个月，并处罚金人民币3000元；犯盗窃罪，判处有期徒刑6个月，并处罚金人民币1000元。数罪并罚，决定执行有期徒刑5年6个月，并处罚金人民币4000元。

②被告人刘某某犯抢劫罪，判处有期徒刑4年5个月，并处罚金人民币2000元；犯盗窃罪，判处有期徒刑6个月，并处罚金人民币1000元。数罪并罚，决定执行有期徒刑4年8个月，并处罚金人民币3000元。

③被告人崔某某犯抢劫罪，判处有期徒刑4年4个月，并处罚金人民币2000元；犯盗窃罪，判处有期徒刑6个月，并处罚金人民币1000元。数罪并罚，决定执行有期徒刑4年7个月，并处罚金人

民币 3000 元。

④被告人高某犯抢劫罪，判处有期徒刑 4 年 6 个月，并处罚金人民币 2000 元。

⑤责令被告人范某某退赔人民币 1314 元；被告人刘某某、崔某某各退赔人民币 799 元，发还北京铁路局唐山车务段。

⑥随案移送的作案工具铁锹头一个、折断的铁锹把两节、编织袋 143 个，依法没收。

四、法律适用问题解析

本案关键问题，就是准确认定被告人范某某、刘某某、崔某某和高某的盗窃行为能否转化为抢劫罪。

众所周知，抢劫罪是一种严重的暴力性犯罪，侵犯的是财产、人身双重客体，社会危害性较一般犯罪更大。为此，《刑法》第 263 条对常态型抢劫罪的八种情形作了列举性说明，同时在第 269 条对转化型抢劫罪作出明确规定。司法实践中准确认定适用转化型抢劫罪，需要注意把握以下几个构成条件：

1. 行为人必须实施了盗窃、诈骗或抢夺罪的前提行为。这是构成转化型抢劫罪的前提条件。行为人没有实施上述前提行为，直接实施暴力或者以暴力相威胁的手段强行索取财物的，可以直接认定为抢劫罪，而不适用《刑法》第 269 条之规定。换言之，即使行为人实施的上述前提行为数额较小，甚至没有达到定罪处罚的数额标准，但是为窝藏赃物、抗拒抓捕或毁灭罪证而当场使用暴力或以暴力相威胁，情节严重的，也应按照转化型抢劫罪论处。本案对范某某等 4 名被告人定罪处罚的情况，即是如此。

2. 行为人必须当场使用暴力或者以暴力相威胁。这是构成转化型抢劫罪的客观条件。这里的"当场"，是指行为人实施盗窃、诈骗、抢夺行为的现场，或者虽已离开现场但在被追逐、抓捕过程中。如果行为人作案以后，在其他时间、地点对被害人使用暴力或以暴力相威胁的，不能适用《刑法》第 269 条认定转化型抢劫罪并进行处罚；其前提行为构成犯罪的，应当按照刑法分则的相关条款定罪处罚。

3. 行为人的目的是窝藏赃物、抗拒抓捕或毁灭证据。这是构成转化型抢劫罪的主观条件。所谓窝藏赃物，是指为了保护赃物不被查缴、没收或追回；所谓抗拒抓捕，是指抗拒公安机关的拘留、逮捕或者其他公民的抓捕扭送；所谓毁灭证据，是指毁坏、消灭盗窃、诈骗、抢夺行为遗留在现场的痕迹物品，以掩盖自己的罪行。只要行为人出于上述任何一个目的而使用暴力或以暴力相威胁的，就具备了构成转化型抢劫罪的主观条件，应当适用《刑法》第 269 条进行处罚。

综上所述，本案范某某等 4 名被告人的行为，符合转化型抢劫罪的上述条件，检察机关指控犯罪和法院判决适用法律是正确的。

在办理转化型抢劫案件中，注意把握以下问题：

1. 对已满 14 周岁不满 16 周岁的人，因盗窃、诈骗、抢劫行为被发现而当场使用暴力或者以暴力相威胁的，不应认定为转化型抢劫罪。根据《刑法》第 17 条第 2 款规定，已满 14 周岁不满 16 周岁的未成年人，只对故意杀人、故意伤害致人重伤或者死亡、强奸、抢劫、贩卖毒品、放火、爆炸和投毒等八种犯罪承担刑责。而构成转化型抢劫罪的前提条件，是行为人实施了盗窃、诈骗或抢夺犯罪，这三种犯罪显然不包括在上述未成年人应当承担刑事责任的八种特定犯罪之中。因此，上述未成年人不能成为转化型抢劫罪的犯罪主体。

2. 对于在实施转化型抢劫犯罪中故意毁坏公私财物的，不应构成故意毁坏财物罪。根据《刑法》第 275 条，故意毁坏财物罪是指故意非法的毁灭或者损坏公私财物，数额较大或者有严重情节的行为。本案中，行为人的目的是抗拒抓捕、抢回赃物及其作案车辆，其在实施暴力行为的过程中，同时触犯转化型抢劫（目的行为）和故意毁坏财物（结果行为）两个罪名。根据刑法理论，范某某等人的行为属于《刑法》上的吸收犯，应当按照"重罪吸收轻罪"原则定罪处罚，其故意毁坏财物行为可作为酌情处理的情节考虑。

作者：天津铁路运输检察院　徐　璐

第二十章 盗窃罪典型案例

案例七 杨某某盗窃案
——犯罪嫌疑人伤情是否影响羁押

一、基本案情

犯罪嫌疑人杨某某，男，1963 年 2 月 23 日出生，汉族，高中文化，无业。曾因盗窃等犯罪分别于 1983 年和 2004 年两次被判处有期徒刑，并在服刑期间被加刑。2009 年 9 月刑满释放。

杨某某被释放后不思悔改，继续在铁路上流窜，伺机盗窃。2010 年 4 月 19 日，杨某某在德州火车站购买 2245 次列车卧铺票上车。次日凌晨 3 时许列车行驶至济南东站时，杨某某趁 7 号车厢 5 号中铺旅客睡觉之机，盗窃其放在行李架上的拉杆箱一个，并用自配钥匙打开车门跳车逃跑。在济南火车东站候车室，值班民警发现杨某某形迹可疑而进行盘查。盘查中发现，被盗行李箱内有一台笔记本电脑、一部数码相机及其他物品。经鉴定，被盗物品共计价值人民币 3355 元。当公安机关准备对犯罪嫌疑人拘留羁押时，杨某某自称其体内存在一枚文钉。经 X 光检查发现，杨某某体内左下肺处确有一枚长约 2.2cm 的金属钉状异物，并有左侧胸膜黏连；左足第 5 跖骨基底部骨折。为保障犯罪嫌疑人安全，公安机关对杨某某采取取保候审措施。

犯罪嫌疑人杨某某被取保后，继续流窜作案。2010 年 7 月 3 日凌晨 3 时许，杨某某购买夜间卧铺车票，在衡水站登上 2071 次旅客列车。当列车在济南铁路局临清站停车时，杨某某趁 8 号车厢 8 号中铺旅客睡觉之机，盗窃其放在行李架上的拉杆箱一个，箱内物品价值人民币 720 元。盗窃后，杨某某在临清站下车逃跑，并将所盗物品带到菏泽市一出租屋内藏匿。被害人报案后，济南铁路公安处于 2010 年 7 月 19 日在吉林省德惠市将杨某某抓获归案。

杨某某归案后被依法拘留，送至山东省警官医院羁押。经医院检查，杨某某身体左胸部外下侧存在一节 2 厘米的文钉异物。为确保在押案犯的健康和安全，公安机关决定采取手术方法为杨某某取出异物，却遭到其坚决拒绝并威胁主治医生，导致无法实施手术治疗。在这种情况下，济南铁路公安处将犯罪嫌疑人移至看守所羁押，提请济南铁路运输检察院审查批准逮捕。

二、审查过程

济南铁路运输检察院经审查案卷、提审犯罪嫌疑人后认为，杨某某涉嫌盗窃罪事实清楚，证据确实充分。但对其身体伤情是否影响羁押产生争议，直接影响到案件审查批捕决定。一种意见认为，杨某某伤情的部位很特殊，文钉在体内随着身体的活动可能会移动；如果触及心肺，可能危及生命安全，属于影响羁押的严重疾病，不具备羁押条件，因此不宜采取逮捕措施。另一种意见认为，杨某某系累犯，且长期流窜作案，社会危害性较大，有逮捕的必要性。杨某某拒绝提供其伤情形成的时间及原因，并且拒绝治疗。考虑到公安机关正在对其涉嫌的其他重大盗窃犯罪开展调查，因此杨某某有为逃避打击而自残的嫌疑。根据公安机关走访医生得知，在正常情况下，杨某某的伤情不会进一步恶化，不影响羁押，因此应当采取逮捕措施。

检察机关审查认为：本案嫌疑人长期流窜作案，且系累犯，社会危险性较大；加之在取保候审期间继续实施盗窃犯罪，如不采取羁押措施，既不能保障诉讼顺利进行，也难以防止发生社会危险性。但因杨某某身体情况特殊，羁押是否会影响其健康和安全，是审查批捕时必须考虑的问题。为此，办案人员详细询问与嫌疑人同居的女友张某，了解到杨平时生活和身体状况均正常。又进一步会同公安机关走访山东省警官医院。医院结合临床诊断书及 X 光片分析认为：（1）杨某某胸部确有一枚文钉，长约 2 厘米，文钉周围已形成包膜，说明已在体内较长时间。（2）该文钉在体内已形成包膜，移动的可能性很小；即使受外力影响，因距离心脏约 10 厘米，也不会危及心脏。但如果影响到肺部，有可能形成气胸。上述情况发生后，及时救治不会影响生命安全。（3）目前杨某某的生活不受影响，可以保守观察。

三、处理结果

济南铁路运输检察院在询问证人、会同医疗专家深入调查并综合考虑各种情况的基础上，认为杨某某的伤情不属于不适合羁押的严重疾病，不影响羁押措施的执行，遂依法以涉嫌盗窃罪对其批准逮捕；同时，对看守所提出"羁押期间对杨某某重点观察，发现问题要及时救治"的捕后建议。

四、案件点评

本案犯罪嫌疑人刑满释放后不久再次盗窃犯罪，具备了累犯及流窜作案等从重处罚情节；但由于犯罪嫌疑人身体出现特殊状况，是否应当羁押、如何把握逮捕尺度？办案人员陷入两难，也考验着检察机关公正司法的智慧。

根据《刑事诉讼法》第 40 条第 2 款规定：对于应当逮捕的人犯，如果患有严重疾病的，可以采用取保候审或者监视居住的办法。但是，对于案犯究竟患何种疾病才属于不适合羁押的情况，并没有明确具体的规定，应当根据具体案件具体分析判断。在本案审查批捕中，办案人员在深入调查研究、充分听取专家意见的基础上，着重把握住两个关键问题：一是犯罪嫌疑人是否存在危及生命安全的严重疾病；二是采取羁押措施是否会导致案犯病情恶化或者妨碍及时治疗。当上述羁押风险排除后，他们果断作出了批准逮捕决定。本案后续的侦查、起诉工作进展顺利，表明审查批捕环节的决定是正确的，也为检察机关在打击犯罪和保障人权之间寻求平衡做出了有益尝试。

作者：济南铁路运输检察院　井　辰

案例八　骆某某盗窃案

——扒窃型盗窃罪的认定

一、基本案情

被告人骆某某，男，1963 年 8 月 12 日生，汉族，江西省丰城市人，初中文化，无业。2011 年 12 月 3 日因涉嫌盗窃被昆明铁路公安处刑事拘留，同年 12 月 31 日被依法逮捕。

本案由昆明铁路公安处侦查终结后移送审查起诉。昆明铁路运输检察院审查认定：2011 年 12 月 2 日 9 时 2 分，K79 次列车运行在萍乡至株洲区间，昆明铁路公安处乘警接 14 号车厢无座号旅客翟某某报案称：其装于右后裤兜内的 80 元人民币被人偷走；同时该车厢旅客陈某某报案称：在 14 号车厢过道，一穿深色外衣的男子将其放在右后裤袋内的现金人民币 900 元扒窃，被其当场抓住。在翟某某和陈某某二人将该男子扭送往餐车的过程中，该男子挣脱逃离。接到报案后，乘警立即带二名被害人在车内查找该男子，并于 9 时 10 分在 13 号车厢 17 号座位将该男子找到。经查，该男子真实姓名为骆某某，住江西省丰城市尚庄镇。经翟某某、陈某某辨认，骆某某就是对二人进行扒窃的穿深色外衣男子。

二、证据情况

检察机关审查起诉认定的本案犯罪事实，主要有以下证据支持：

（一）被害人陈述、报案材料

失主翟某某、陈某某于 2011 年 12 月 1 日晚先后从杭州南站、义乌站乘坐 K79 次列车 14 号车厢（无座），并准备分别前往六盘水站、昆明站下车。12 月 2 日 8 时 50 分，当列车运行在萍乡至株洲区间时，翟某某发现自己放在右后裤兜内的现金人民币 80 元被盗，陈某某发现自己放在右后裤兜内的现金人民币 900 元被盗，遂报警。

（二）抓获经过、证人证言

乘警李某某接报后，于当日 9 时 10 分在 13 号车厢 17 号座位将骆某某找到；经两名被害人确认，骆某某就是对其二人扒窃的男子。同车厢乘客罗某某、列车员张某均证实，散落在车厢地面上的百元现金是从骆某某手中掉下来的，骆某某有重大作案嫌疑。

（三）被盗物品提取笔录、现场勘查笔录

从骆某某所穿外裤左侧裤兜内提取现金人民币 80 元（其中 50元、20 元和 10 元票面各一张）、K79 次火车票一张（13 车 17 座，萍乡—株洲，票号 T073459）；从失主陈某某所穿外裤右外裤兜内提取现金人民币 900 元。乘警对 14 号车厢进行勘查，中心现场无变动。

（四）犯罪主体身份证明

骆某某已达到法定刑事责任年龄，应负完全刑事责任。且有多次劳教经历、犯罪前科。

（五）犯罪嫌疑人供述

侦查阶段共作 6 次供述，内容基本一致，均为有罪供述。证实：骆某某为实施盗窃而上车，先后偷盗两名旅客随身携带的现金 80 元和 900 元人民币，随后被民警抓获。

（六）火车票、刑事照片等

骆某某持萍乡至株洲火车票进站乘车的事实，及其指认盗窃现场、被盗现金数量等情况。

三、法院裁判结果及理由

本案由昆明铁路运输检察院提起公诉。昆明铁路运输法院适用简易程序开庭审理。法庭认定的事实与公诉指控一致。一审法院认为：被告人骆某某以非法占有为目的，秘密窃取他人财物数额较大，其行为触犯《刑法》第 264 条盗窃罪的规定。根据云南省关于办理盗窃案件数额标准的有关规定，一审法院以盗窃罪判处骆某某有期徒刑 6 个月，并处罚金人民币 1000 元。

判决后，昆明铁路检察院认为一审判决认定事实与适用法律有矛盾、忽略了对《刑法修正案（八）》的适用，为此向昆明铁路中级法院提出抗诉。

昆明铁路中级法院二审开庭审理认为，原审被告人骆某某以非法占有为目的，在列车上扒窃两名旅客人民币共计 980 元，其行为已触犯《刑法》，构成盗窃罪。原判认定事实正确、审判程序合法，但适用法律有误。该案系发生在铁路运输过程中的盗窃案件，应当以 1000 元为"数额较大"的起点，而不应以云南本省适用的 800 元为起点。检察机关提出"本案应当以扒窃行为认定盗窃罪，一审判决适用法律错误"的意见正确，二审法院予以支持。最终以（2012）昆铁中刑终字第 8 号《刑事判决书》撤销一审法院刑事判决，以盗窃罪判处骆某某有期徒刑 6 个月，并处罚金人民币 1000 元。

四、法律适用问题解析

本案起诉和审判中，涉及如下法律和司法解释的适用：（1）2011 年 5 月 1 日施行的《刑法修正案（八）》之三十八，将原《刑法》第 264 条修改为："盗窃公私财物，数额较大的，或者多次盗窃、入户盗窃、携带凶器盗窃、扒窃的，处三年以下有期徒刑……"（2）1998 年 3 月 17 日最高人民法院《关于审理盗窃案件具体应用法律若干问题的解释》第 3 条规定："个人盗窃公私财物价值人民币 500 元至 2000 元以上的，为数额较大。各省、自治区、直辖市高级人民法院可根据本地区经济发展状况，并考虑社会治安状况，在前款规定的数额幅度内，分别确定本地区执行的……标准。"（3）1998 年 6 月 10 日云南省高级人民法院、检察院和公安厅印发联合通知，确定云南省办理盗窃案件"数额较大"以人民币 800 元为起点。（4）1999 年 2 月 4 日最高人民法院、最高人民检察院、公安部《关于铁路运输过程中盗窃数额认定标准问题的规定》，明确个人盗窃公私财物"数额较大"以1000元为起点。

从上述不难看出，本案案发时适用的有关司法解释，主要是针对原《刑法》第264条盗窃罪的数额标准的规定，并未就"入户盗窃""携带凶器盗窃"及"扒窃"等《刑法修正案（八）》新增入罪的情形作出解释。但是，没有解释并不等于无法适用。从《刑法修正案（八）》立法精神看，扒窃作为盗窃罪的一种特殊形式，除具有盗窃罪的一般特征外，还应当具备两个特征：一是通常发生在特定的公共场所或交通工具中，如车站、码头、机场、商场、集市、影剧院等。二是扒窃的对象通常为被害人随身携带的财物。符合上述特征，即可认定为扒窃。就相关司法解释规定而言，我国幅员辽阔、各地方经济发展不平衡，因此国家除制定普遍性适用标准外，还授权各省级地方制定特殊性适用标准；但是无论各地怎样界定划分，都没有对铁路"客盗""货盗"作出明确规定。

本案被告人的盗窃数额为980元。根据1998年最高人民法院的司法解释以及云南省标准，均已超过数额较大（800元）起点。但是，根据1999年"两院一部"规定，盗窃数额较大以1000元为起点；如果适用此规定，被告人尚不构成犯罪。本案发生在2011年12月1日亦即《刑法修正案（八）》立法实施之后，根据特别法优于普通法的原则，显然应当适用《刑法修正案（八）》作为定罪依据。然而一审法院忽略这一点，仍以原《刑法》第264条司法解释（包括云南省规定）作为定罪依据，因此适用法律错误，应当予以监督纠正。

五、案件点评

当前，审判监督缺位是办理简易程序刑事案件中的突出问题，而检察机关出席简易程序法庭则是最直接、最有效的监督方式。2010年以来，昆明铁路检察机关大力推行简易程序诉讼监督制度，出庭率达100%，使曾经的监督"盲点"变为"抗点"。

本案是一起典型的铁路乘客被盗案件。按照有关司法解释，铁路运输过程中的盗窃案件应当以 1000 元作为 "数额较大" 的起点。本案盗窃数额为 980 元, 看似没有达到该标准; 然而一审错误地以云南省地方标准 (800 元) 作为认定犯罪的依据, 明显适用法律错误。因为在案发时《刑法修正案 (八)》已经生效, 并将 "扒窃" 纳入盗窃罪罪状之中, 法院应当而且必须加以适用。一审判决在认定 "扒窃" 犯罪事实的同时, 却忽略适用《刑法修正案 (八)》, 显然与罪刑法定原则相悖。因此, 检察机关抗诉意见是正确的。

作者: 昆明铁路运输检察分院　李　燕

案例九　王某某等人盗窃案

——盗窃后虚假理赔的定性

一、基本案情

本案经昆明铁路公安处侦查终结，移送昆明铁路运输检察院审查起诉，查明以下犯罪事实：

1. 2008年5月15日，从齐齐哈尔站发往昆明东站的一车大豆到达昆明东站16道，在昆明志程货运有限公司专用线卸车。在该车篷布破损的情况下，被告人王某某伙同姜某某、秦某某、陈某某、徐某某、耿某某、黄某某和唐某某等人预谋策划，由姜某某等7人在卸车过程中先窃取车内40件大豆装入王某某安排好的汽车内，然后伪造多于实际损失40件的货运记录，再由王某某以"大豆在途中被盗"为由向铁路运输部门骗取保价赔偿款。经鉴定，被盗大豆共40件计1980公斤，价值人民币9781元。

2. 2008年5月17日，从北安站发往昆明东站的一车大豆到达昆明东站16道，在昆明志程货运有限公司专用线卸车。在该车篷布破损的情况下，被告人王某某伙同姜某某、秦某某、陈某某、唐某某、徐某某、耿某某、黄某某和姜某华等人预谋策划，由姜某某等8人在卸车过程中先窃取车内23件大豆装入王某某安排好的汽车内，然后伪造多于实际损失23件的货运记录，再由王某某以"大豆在途中被盗"为由向铁路运输部门骗取保价赔偿款。经鉴定，被盗大豆23件计1150公斤，价值人民币5681元。

3. 2008年7月28日，从克山发往昆明东的一车大豆到达昆明东站，在昆明志程货运公司专用线卸车。在该车篷布破损的情况下，被告人王某某伙同陈某某、邵某某和李某某等人预谋策划，由陈某某等 3 人在卸车过程中窃取车内的 20 件大豆，装入王某某事先安排好的汽车内，然后伪造多于实际损失 20 件的货运记录，再由王某某以"大豆在途中被盗"为由向铁路运输部门骗取保价赔偿款。经鉴定，被盗大豆 20 件计 990 公斤，价值人民币 4891 元。

4. 2009 年 2 月 1 日，从下城子站发往昆明东站的一车大豆到达昆明东站，在昆明志程货运有限公司专用线卸车。在该车篷布破损的情况下，被告人王某某伙同姜某某、秦某某、陈某某、徐某某、耿某某和黄某某等人预谋策划，由姜某某等 6 人在卸车过程中先窃取车内的 40 件大豆，装入王某某安排好的汽车内，然后伪造多于实际损失 40 件的货运记录，再由王某某以"大豆在途中被盗"为由向铁路运输部门骗取保价赔偿款。经鉴定，被盗大豆 40 件计 2000 公斤，价值人民币 9120 元。

5. 2009 年 5 月 1 日，从北安站发往昆明东站的一车大豆到达昆明东站，在昆明志程货运有限公司专用线卸车。在该车篷布破损的情况下，被告人王某某伙同康某某、邵某某、康某云和肖某某等人预谋策划，由康某某等 4 人在卸车过程中通过挤压码高的方法窃取车内大豆 15 件，并由王某某安排汽车运走；然后伪造多于实际损失 15 件的货运记录，由王某某以"大豆在途中被盗"为由向铁路部门骗取保价赔偿款。经鉴定，被盗大豆 15 件计 750 公斤，价值人民币 3420 元。

6. 2010 年 6 月 19 日，从海伦站发往昆明东站的一车大豆到达昆明东站，在昆明志程货运有限公司专用线卸车。在该车篷布破损的情况下，被告人王某某伙同金某某、邵某某、夏某某等人预谋策划，由金某某等 3 人在卸车时窃取车内的 32 件大豆，装入王某某安排好的汽车内，然后伪造多于实际损失 32 件的货运记录，由王某某以"大豆在途中被盗"为由向铁路部门骗取保价赔偿款。经鉴定，被盗大豆 32 件计 1584 公斤，价值人民币 7001 元。

上述案件事实，有公安机关制作的抓获经过、扣押物品清单、辨认笔录和现场指认笔录，侦查提取的货运票据、有关情况说明、被盗货物照片、价格鉴定意见书、被告人身份证明，被告人供述和辩解、证人证言等证据证实。

二、法院裁判结果及理由

本案由昆明铁路运输检察院提起公诉。经昆明铁路运输法院一审，对检察机关指控的犯罪事实予以确认。法院认为：被告人王某某伙同姜某某等6人以非法占有为目的，秘密窃取铁路运输中的货物，其中王某某、姜某某盗窃数额巨大，邵某某、金某某、邵某某、陈某某、康某某盗窃数额较大，其行为已触犯《刑法》，构成盗窃罪，系共同犯罪，依法应予以惩处。本案7名被告人归案后如实供述自己的罪行，可以从轻处罚；王某某归案后积极退赔赃款，可以酌情从轻处罚。检察机关对王某某等7人系共同盗窃犯罪的指控成立，予以支持；对公诉人提出判处王某某有期徒刑3年至5年并处罚金，判处邵某某、金某某、邵某某有期徒刑1年至3年并处罚金，以及判处陈某某、康某某有期徒刑1年至2年并处罚金的量刑建议，有事实和法律依据，予以采纳。但公诉人提出判处姜某某有期徒刑3年至4年并处罚金的量刑建议偏轻，不予采纳。一审法院还认为：王某某的辩护人关于"王某某应当构成诈骗罪及其2009年5月1日的行为不构成犯罪"的意见，与本案查明的事实及证据不符。邵某某和康某某的辩护人关于"邵某某和康某某系从犯，应当适用缓刑"的意见，经查本案7名被告人在共同盗窃中的作用相当，不宜区分主从犯，综合全案情况不宜对邵某某和康某某适用缓刑。故对上述意见不予采纳。据此，依法判决如下：

1. 王某某犯盗窃罪，判处有期徒刑4年8个月，并处罚金10000元。

2. 姜某某犯盗窃罪，判处有期徒刑4年3个月，并处罚金5000元。

3. 邵某某犯盗窃罪，判处有期徒刑2年，并处罚金3000元。

4. 金某某犯盗窃罪，判处有期徒刑1年9个月，并处罚金人民币2000元。

5. 邵某某犯盗窃罪，判处有期徒刑1年9个月，并处罚金

2000 元。

6. 陈某某犯盗窃罪，判处有期徒刑 1 年 3 个月，并处罚金 2000 元。

7. 康某某犯盗窃罪，判处有期徒刑 1 年，并处罚金 1000 元。

8. 本案已退赔的赃款，发还被害单位。

一审判决后，王某某、姜某某、金某某、邵某某等 4 名被告人不服，提出上诉。2013 年 1 月 31 日昆明铁路运输中级法院作出（2013）昆铁中刑终字第 1 号刑事裁定，撤销原判，发回重审。

2013 年 4 月 8 日，昆明铁路运输法院对本案重新审理。认为被告人王某某以非法占有为目的，以虚假的货运短少记录骗取铁路运输保价赔偿款，数额巨大，其行为触犯《刑法》，构成诈骗罪，应依法惩处。被告人姜某某等 6 人以非法占有为目的，相互伙同秘密窃取他人财物，数额较大，其行为触犯《刑法》，构成盗窃罪，系共同犯罪，应依法惩处。被告人王某某归案后退赔赃款 39894 元，可以酌情从轻处罚；陈某某归案后能如实供述自己的罪行，可以从轻处罚。根据本案情况，对 7 名被告人适用缓刑不致再犯罪，亦无其他重大不良影响。

昆明铁路运输法院重新审理认为：被告人王某某以虚假货运记录骗取铁路部门保价赔偿款，其行为符合诈骗罪构成要件，而不具备盗窃罪构成要件；但其他 6 名被告人秘密窃取他人财物，应以盗窃罪处断。检察机关对王某某犯盗窃罪的指控罪名不当，本院予以变更；对姜某某、邵某某、金某某、邵某某、陈某某、康某某犯盗窃罪的指控，事实清楚，证据确实、充分，本院予以支持。检察机关对被告人王某某、邵某某、金某某、邵某某、陈某某、康某某的量刑建议，有事实和法律依据，予以采纳且依法可适用缓刑；对姜某某的量刑建议偏重，不予采纳。被告人王某某、姜某某、邵某某、康某某的辩解及其辩护人的意见，与查证的事实不符且无法律依据，不予采纳。被告人金某某、邵某某和王某某 3 人均供认 2010 年 6 月 19 日共同藏匿 32 件大豆，且能与货运记录等证据相印证，金、邵二人对大豆数量的辩解无事实依据，不予采信。据此作出重新判决：

被告人王某某犯诈骗罪，判处有期徒刑 3 年，缓刑 5 年，并处罚金人民币 10000 元；对其他 6 名被告人，仍维持原一审判决。

本案发回重审并重新判决后，昆明铁路运输检察院以重新判决适用法律错误，量刑畸轻为由，于 2013 年 4 月 15 日向昆明铁路运输中级法院抗诉。昆明铁路运输中级法院于 2013 年 6 月 28 日组成合议庭开庭审理。经审理，二审法院采纳了检察机关的抗诉理由，依法判决：撤销昆明铁路运输法院（2013）昆铁刑初字第 12 号判决书第一项，即对王某某的定罪、量刑以及对康某某的量刑部分。本案主犯王某某最终被二审法院认定为盗窃罪，判处有期徒刑 3 年，并处罚金 10000 元。

三、法律适用问题解析

本案诉讼的难点在于准确把握王某某等人犯罪行为的性质。

第一，王某某等人系共同盗窃犯罪。为了骗取铁路保价赔偿款，王某某伙同姜某某等 6 人，先将铁路承运的货物盗走，进而编造多于实际损失的货运记录以骗取保价赔付。主观上，无论是王某某安排装卸工盗窃，还是装卸工邀约王某某盗窃，其共同盗窃的犯意均得到 7 人一致认可。客观上，本案 7 名被告人分工合作，多次实施盗窃行为，且累计的盗窃数额较大。因此，王某某等 7 人的行为完全符合共同盗窃犯罪的构成条件。

第二，本案具有牵连犯罪的特征。审理查明，被告人王某某为了骗取铁路保价赔偿款，非法私刻并使用其他公司印章，该行为触犯《刑法》第 280 条第 2 款，构成伪造公司印章罪；在盗窃铁路运输货物后，又编造货物损失记录，骗取铁路保价赔偿款。在这个过程中，王某某出于诈骗的目的，分别实施了伪造公司印章、盗窃和诈骗 3 个犯罪行为，其手段行为（伪造公司印章和盗窃）与目的行为（诈骗）具有牵连关系，其中，盗窃罪与诈骗罪刑格相同，但盗窃罪的入刑数额较低，应为重罪。因此，根据牵连犯"从一重罪处断"原则，对王某某应以盗窃罪从重处罚。

第三，一审法院认定本案共同盗窃的犯罪对象错误。一审判决认定王某某先后6次伙同姜某某等人采取藏匿等方式窃取大豆的行为，该大豆的货主虽为王某某本人，但根据《刑法》第91条，国有企业运输中的私人财产"应以公共财产论"，对于货物交付前所造成的损失，应当由承运的国有企业承担赔偿责任。因此，对本案王某某等7人盗取的财物，应当认定为国有铁路企业运输中的物资即公共财产，而非一审判决认定的"他人财物"。

第四，一审法院以不同罪名对共同犯罪人作出判决，适用法律不当。本案事实表明，王某某与姜某某等6人在共同盗窃犯罪中并无主从之分，应为共同正犯。一审法院重新审理后，错误地把王某某定性为诈骗，而把姜某某等6人定性为盗窃，将同一犯罪行为割裂开来，明显自相矛盾。

四、案件点评

本案中，个体户货主与铁路专用线装卸队人员内外勾结，遇到篷布车在货物运输途中被割盗时，于交付前先由装卸工窃取车中的部分剩余货物，再由货主编造货物短少记录，利用铁路货运员不负责任、保价理赔流于形式的管理漏洞，将真实的损失和虚假的损失混淆在一起，向铁路运输企业骗取保价运输赔偿款。这种"骗保型"盗窃犯罪在铁路运输领域一度十分猖獗，对国有铁路运输企业财产权益危害极大，应当予以高度重视并依法严厉打击。

本案多种犯罪行为交织、定性难度较大，因行为人作案次数多、涉案金额大、社会影响恶劣，铁道部公安局组织昆明铁路警方将本案立为"2·28专案"侦破。昆明铁路检察机关历时3年，共提起公诉32人，追诉漏犯3名、漏罪1件，抗诉1案7人并获改判，挽回经济损失数十万元，取得较好的法律和社会效果。对铁路公、检、法机关办理同类案件具有一定借鉴价值。

作者：昆明铁路运输检察院　陈　金

案例十　曹某盗窃案

——盗窃并使用他人信用卡的定性

一、基本案情

天津铁路运输检察院审查起诉认定：2012 年 9 月 14 日 3 时许，犯罪嫌疑人曹某在北京铁路局塘沽站军粮城车间职工宿舍，趁更衣室内无人之机，盗窃董某某放在更衣柜内的深圳发展银行信用卡一张、光大银行信用卡一张，并用董某某的手机发送短信将两张信用卡激活并获取密码。同日 5 时许，曹某在中国邮政储蓄银行天津东丽区军粮城支行的 ATM 机上分别用上述两张信用卡透支取款 3000 元和 5000 元人民币。2012 年 10 月 17 日，曹某在唐山市用上述光大银行信用卡透支消费 4323 元，购买苹果黑色手机一部；又用上述深圳发展银行信用卡透支消费 2800 元，购买苹果白色平板电脑一台。综上，犯罪嫌疑人曹某共盗窃人民币 15123 元。

上述涉嫌犯罪事实，有犯罪嫌疑人曹某供述、被害人董某某陈述、查获的两张被盗信用卡及有关证人证言等证据证实。其中，证人魏某某证实董某某丢失光大银行卡和深圳发展银行卡各一张；证人张爱某、王某、李某证实上述信用卡在其店内刷卡消费，并对犯罪嫌疑人进行指认；邮政储蓄银行天津东丽区军粮城支行 ATM 机的取款记录及录像光盘，证实犯罪嫌疑人使用两张信用卡提取现金，并有其他物证书证予以证实；公安机关扣押犯罪所得清单及经过；犯罪嫌疑人曹某对其涉嫌犯罪事实供认不讳。

二、法院裁判结果及理由

本案由天津铁路运输法院一审开庭审理，确认检察机关指控的犯罪事实及相关证据。一审法院认为：被告人曹某以非法占有为目的，秘密窃取他人信用卡并使用，数额较大，其行为侵犯了公民财产所有权，已构成盗窃罪。依照《刑法》第 196 条第 3 款和第 264 条规定，判处被告人曹某犯盗窃罪，判处有期徒刑 1 年 6 个月，缓刑 2 年，并处罚金人民币 10000 元。

三、法律适用问题解析

本案主要涉及两个适用法律的问题：一是盗窃信用卡后又窃取他人身份证信息并冒名开通使用的行为，是否属于《刑法》第 196 条第 3 款规定的"盗窃信用卡并使用"中的"使用"行为？二是对盗窃他人信用卡并进行开卡、透支消费的行为如何定性？即应当定信用卡诈骗罪、盗窃罪，还是定其他罪名？

1. 我国《刑法》规定的信用卡，是指由商业银行或者其他金融机构发行的具有消费支付、信用贷款、转账结算、存取现金等全部或者部分功能的电子支付卡。使用是指行为人将信用卡用于收支现金、刷卡购物和享受服务等用途。鉴于信用卡的特殊性，行为人窃取信用卡后，必须通过使用才能实现对他人财物的非法占有。换言之，"使用"是完成"盗窃"的必要手段，也是行为人追求的目的和结果；没有使用行为，该盗窃行为的过程便失去了完整性，行为人的目的就无法实现，也很难对被害人造成实际损害的后果。从这个意义上说，是否使用是完整评价信用卡盗窃行为的重要环节和标志。本案被告人盗窃他人信用卡，又冒卡主之名激活开通该信用卡，并透支消费卡内资金，应当属于《刑法》第 196 条第 3 款"盗窃信用卡并使用"的行为。

2. 本案被告人出于非法占有目的，先后实施盗窃和冒用他人信用卡两个行为，分别触犯《刑法》第 264 条盗窃罪和第 196 条信用卡诈骗罪，属于《刑法》上的牵连犯。其中，盗窃信用卡是原因行为，冒用信用卡是目的行为；行为人为了"冒用"而实施"盗窃"，两个行为出于一个犯罪目的，因而具有了《刑法》上的牵连性。根据罪刑法定的原则，对于牵连犯罪行为的处罚，法律或司法解释有明确规定的，按规定办理；没有明确规定的，一般按法定刑较重的规定处理。根据《刑法》第 196 条第 3 款规定："盗窃信用卡并使用的，依照本法第二百六十四条的规定定罪处罚。"有关司法解释也规定："根据刑法第 196 条第 3 款的规定，盗窃信用卡并使用的，以盗窃罪定罪处罚。其盗窃数额应当根据行为人盗窃信用卡后使用的数额认定。"① 因此，对本案被告人盗窃并冒名使用他人信用卡的行为，以盗窃罪定罪处罚是正确的。

需要指出的是，《刑法》第 196 条第 3 款关于"盗窃信用卡并使用"的行为以盗窃罪定罪处罚的规定，是一种法律拟制的盗窃罪，实践中应当对盗窃行为和使用行为进行整体评价。换言之，"盗窃信用卡并使用"是一种复行为犯罪，《刑法》将其拟制为一个罪名，以避免在定罪时重复评价犯罪行为而不当地适用数罪并罚。因此，本案以盗窃罪起诉后，法院以冒名使用信用卡的数额作为认定被告人盗窃数额的依据，并作出有罪判决，彰显了罪刑法定和罪责相适应的基本原则。

四、案件点评

随着我国经济社会的稳步发展，信用卡的使用范围日益广泛。信用卡在给经济生活带来便捷的同时，也诱发了一系列犯罪问题。除利用信用卡进行的诈骗犯罪活动外，"盗窃信用卡并使用"的犯罪现象也日益增多，成为当前信用卡犯罪的重要形式之一。

对"盗窃信用卡并使用"行为的定性处理，学界一直存在争议。有观点认为，这种行为应当以信用卡诈骗罪定罪处罚。理由是：（1）盗窃信用卡并不意味着行为人就能占有公私财物，行为人必须通过实施"冒用"行为，才能使财产权发生实质性的转移；因此，从整体上看，"冒用"才是决定此类行为性质的关键，无论行为人利用其盗窃的信用卡在银行取款、在特定商户消费或者在 ATM 机提

---

① 参见 1998 年 3 月 10 日最高人民法院《关于审理盗窃案件具体应用法律若干问题的解释》第 10 条。

取现金，本质上均属于虚构事实的诈骗行为。（2）盗窃罪的对象只限于有形财物，信用卡仅仅是金融机构发行的一种信用证明，行为人必须利用信用卡的磁条信息，才能达到非法占有他人财物的目的；而此时盗窃行为的对象就表现为信息，恰恰与盗窃罪的对象（财物）相冲突。因此，对"盗窃信用卡并使用"的行为不能认定为盗窃，而应当认定为诈骗。

上述学理观点，对于加深我们对此问题的认识有所助益。但是根据罪行法定的原则，实践中对于"盗窃信用卡并使用"的案件，仍应当援用《刑法》第196条第3款和司法解释的有关规定，直接按盗窃罪处理。

作者：天津铁路运输检察院　戴新宁

案例十一　刘某某、沈某某盗窃案

——零口供定罪问题

一、基本案情

被告人刘某某，绰号"刘三"，男，1962年10月18日生，吉林省德惠市人，汉族，初中文化，农民。1993年11月因故意伤害罪被判处有期徒刑5年；1999年7月6日因盗窃被劳动教养二年；2004年8月27日因盗窃被劳动教养1年3个月；2008年9月26日因盗窃被劳动教养1年6个月。2013年1月5日因涉嫌盗窃罪被刑事拘留，同年2月5日被逮捕。

被告人沈某某，绰号"大君"，男，1967年4月16日生，吉林省辽源市人，汉族，初中文化，无业。2007年7月19日因盗窃罪被判处有期徒刑6个月。2013年1月5日因涉嫌盗窃罪被刑事拘留，同年2月5日被逮捕。

本案经白城铁路公安机关侦查终结，依法移送白城铁路运输检察院审查起诉。查明以下犯罪事实：

1. 2012年11月12日5时许，被告人刘某某、沈某某二人经事先预谋，持昌图站至四平站的客票乘座大连至齐齐哈尔的2169次旅客列车7号硬座车厢。在列车抵达四平站停车前，沈某某趁57号座位的旅客张某熟睡之机，将张某放在座位里侧的一个粉色电脑包盗走，并交给刘某某。包内有：红色戴尔牌N311Z型笔记本电脑一台，价值人民币2467元；黑色中兴牌U880型手机一部，价值人民币200元；粉色索尼牌DSC–UK150型数码相机一部，价值人民币1320元及现金人民币500元。案发后，公安机关在沈某某的出租屋内扣押戴尔牌N311Z型电脑一台。

2. 2012 年 12 月 28 日 3 时许，被告人刘某某、沈某某二人经事先预谋，持郑家屯站至四平站的客票乘座齐齐哈尔至大连的 2170 次旅客列车 7 号硬座车厢。在列车驶入八面城站停车前，沈某某趁 73 号座位的旅客王某熟睡之机，用刀片将王某棉上衣左侧内兜割开，盗走人民币 17000 元。盗窃后，被告人沈某某和犯罪嫌疑人李某某（另案处理）用赃款在四平市周大生珠宝店购买金项链一条及金吊坠一个（合计重 46.4 克）。

3. 2004 年 4 月至 7 月间，被告人刘某某在明知是赃物情况下，帮助刘某光（已判刑）将盗窃的黑色夷玲牌 110 型摩托车以人民币 800 元的价格卖给了刘某全，经鉴定，该车价值人民币 3245 元；将刘某光盗窃的蓝色八达牌 100 型摩托车以人民币 200 元价格卖给了代某某，经鉴定，该车价值人民币 1518 元；将刘某光盗窃的一头灰白花色 12 岁母牛卖给了黄某某，经鉴定，该牛价值人民币 2300 元。

二、法院裁判结果及理由

2013 年 4 月 9 日，白城铁路运输检察院以刘某某、沈某某犯盗窃罪，刘某某犯掩饰、隐瞒犯罪所得罪提起公诉。经白城铁路运输法院开庭审理，确认检察机关公诉部门指控的犯罪事实及相关证据。法院认为：被告人刘某某、沈某某以非法占有为目的，采取秘密手段共同盗窃旅客财物，数额较大，其行为均已构成盗窃罪；被告人刘某某明知是他人盗窃的赃物而予以销售，其行为已构成掩饰、隐瞒犯罪所得罪。判决如下：

1. 被告人刘某某犯盗窃罪，判处有期徒刑 2 年 6 个月，并处罚金人民币 20000 元；犯掩饰、隐瞒犯罪所得罪，判处有期徒刑 6 个月，并处罚金人民币 5000 元；决定执行有期徒刑 2 年 11 个月，并处罚金人民币 25000 元。

2. 被告人沈某某犯盗窃罪，判处有期徒刑 2 年 6 个月，并处罚金人民币 20000 元。

三、证据情况

在本案审查起诉阶段，犯罪嫌疑人刘某某对公安机关侦查认定其参与二次共同盗窃及掩饰、隐瞒犯罪所得的犯罪事实均予以否认；犯罪嫌疑人沈某某对公安机关侦查认定其参与第一起共同盗窃予以供认，但对其参与第二起共同盗窃的犯罪事实予以否认。

针对两名犯罪嫌疑人的供述和辩解，本案承办人根据公安机关侦查认定的犯罪事实，将在案证据分为以下三个部分，进行全面审查，力求使案件事实的每一环节都有相应证据予以证实。

（一）被害人张某被盗的证据

1. 被害人张某陈述：2012 年 11 月 12 日 2 时 51 分，我在沈阳站上了 2169 次列车 7 号车厢 57 号座，到四平站睡醒时发现粉色电脑包不见了。有两个人挺可疑，一个有点胖，40 多岁；一个有点秃顶，挺瘦的，50 多岁。他们从昌图站上车后就坐在我左边，到四平站我醒后发现电脑包不见了，这两人也不见了。包内有一台红色戴尔笔记本电脑、一个粉色索尼相机、一部中兴 U880 手机，还有 500 多元现金。

2. 犯罪嫌疑人沈某某供述：证实 2012 年 11 月 12 日在 2169 次旅客列车与刘某某共同盗窃戴尔牌笔记本电脑、手机、数码相机及人民币 500 元的事实。

3. 与被害人同行的证人张甲证实：2012 年 11 月 11 日我们在网上购买沈阳至郑家屯 2169 次车票；张某带了一个粉色的电脑包，里面有一台红色戴尔电脑，有一部粉色的索尼牌相机，有一个中兴手机，还有 500 多元钱。

4. 被害人张某辨认：沈某某、刘某某就是 2012 年 11 月 12 日在 2169 次旅客列车 7 号车厢（57 号）坐在其左侧的人。

5. 被盗赃物照片证实：在被告人沈某某住处搜出的笔记本电脑系被害人张某丢失的。

6. 白城铁路公安处出具的情况说明证实：在被告人沈某某租住

房屋内搜出的戴尔牌笔记本电脑，通过恢复电脑信息，找到 QQ 号使用人张某。

（二）被害人王某被盗的证据

1. 被害人王某陈述：2012 年 12 月 28 日，我坐 2170 次列车 7 号车厢 73 号座位，列车在八面城站停车时我睡醒了，发现放在棉服里怀兜内的人民币 17000 元被盗，兜的底部被人用刀割了一个 12CM 长的大口子。列车快进八面城站时我醒过一次，当时有个中年男子（四五十岁，1 米 8 左右，头发比平头稍长一些，胖脸）坐在我对面，我发现钱被偷时那个人也不见了，我怀疑就是他偷了我的钱。

2. 同行的王某妻子季某某证言，与被害人王某的陈述基本一致。

3. 证人陈某某（列车员）证实：我负责 2170 次列车 8 号车厢乘务，2012 年 12 月 28 日 3 时许，列车进入八面城站时，有两个男旅客，一个 40 多岁，身高约 1.80 米，较胖、短发；一个 50 多岁，身高 1.70 米左右，较瘦，他们慌慌张张从 7 号车厢走到 8 号车门下车。

4. 证人崔某证实：2012 年 12 月 28 日 3 时 30 分左右，有两个男的要打车去四平。其中一个胖子，身高有 1 米 8 左右，平头，穿深色羽绒衣，带帽子，40 多岁，操东北口音；另一个瘦子，穿深色上衣，身高 1 米 7 左右。

5. 证人李某某证实：2012 年 12 月 28 日早 7 时多我去沈某某住处，沈某某给我 1000 元钱；又看到床头上放一沓百元票面的人民币，有 15000 元，被我存到女儿李景坤的银行卡里 14000 多元。当天下午，我和沈某某在金店给沈某某买了一条金项链，重 40 多克，刷了 16000 元钱，沈某某从身上拿出 800 多元，共花了 16700 多元。

6. 证人赵某某证实：2012 年 12 月 28 日下午 14 时，一个中年男子和中年女子在我店里买了一条金项链和一个吊坠，共 46 克左右，花 16000 多元。

7. 扣押的金项链一条及金吊坠照片：证实被告人沈某某盗窃被

害人王某的赃款去向。

8. 购物发票证实：沈某某于 2012 年 12 月 28 日在四平周大生珠宝店购买的金项链、吊坠金额为人民币 16736 元。

9. 银行取款记录：证实 2012 年 12 月 28 日李某某将沈某某交给她的人民币 15000 元（实际存入 14600 元）存入女儿李某坤的信用卡中，后又从该卡刷出人民币 16000 元为沈某某购买金项链及吊坠。

10. 购票信息证实：郑家屯车站售票电脑显示刘某某、沈某某身份证号，证明二人于 2012 年 12 月 28 日购买郑家屯至四平的 2170 次客票。

11. 车站视频截图证实：被告人沈某某、刘某某于 2012 年 12 月 28 日在郑家屯站购票和进站情况。

证明上述两部分犯罪事实的证据还有：

1. 公安机关扣押、移交、发还清单：证实在沈某某身上及其租住的房屋内扣押刀片一枚、金项链一条（项链 32.79 克、吊坠 13.7 克）、红色戴尔牌笔记本电脑一台等物品。

2. 作案工具照片、作案工具刀片：证实被告人沈某某在实施盗窃中用刀片割开被害人王某衣兜的情况。

3. 辽宁省公安厅刑事科学技术研究所（辽）公（刑技）鉴（化验）字〔2013〕011 号检验报告：证明犯罪嫌疑人沈某某随身携带的刀片上附着的纤维，与被害人王某所穿棉上衣（JEANSWEST 牌）左侧内兜下部刀划处的纤维成分均为聚酯纤维。

（三）被告人刘某某盗窃及掩饰、隐瞒犯罪所得的证据

1. 被告人刘某某供述：证实其 2004 年帮助刘某光销赃两辆摩托车、一头牛的事实。

2. 证人朱某某证言：证实其 2004 年 7 月丢失一头灰色 12 岁母牛的经过。

3. 本案被告人所盗窃及掩饰隐瞒犯罪所得的物品，均有物价评估机关出具的价格证明予以证实。

据此，检察机关认为：本案有书证、物证、证人证言、被害人

陈述、被告人供述与辩解及购票信息、音像资料等构成完整的证据链条，相互印证，环环相扣，案件事实的每一环节都有相应的证据证明，达到了"事实清楚，证据确实、充分"的起诉标准。

四、案件点评

本案两名被告人均有长期违法犯罪的经历和较强的反审讯经验。公安机关录音资料证实，在押送沈某某、刘某某去体检的途中，二人商定不交代盗窃事实。因此，当他们对全部或部分犯罪事实予以否认时，承办人并没有过分追求"必须拿下"口供，而是精心组织直接证据与间接证据相结合的证据体系，使案件的各个环节均得到确实、充分的证实，使这件"零口供"案件得以顺利提起公诉。《刑事诉讼法》第53条第1款规定："对一切案件的判处都要重证据，重调查研究，不轻信口供。……没有被告人供述，证据确实、充分的，可以认定被告人有罪和处以刑罚。"本案证明，对于"零口供"案件，只要紧紧把握全案证据，形成证据链条，保证定罪量刑的事实均有证据证明，就能够达到《刑事诉讼法》所规定的定罪起诉标准。

作者：白城铁路运输检察院　梁帮来　于少军

案例十二 刘某某等人盗窃废旧钢轨案
——此罪与彼罪的认定

一、基本案情

1. 刘某某，男，1975 年 8 月 11 日出生，汉族，大专文化，吉林省通榆县开通镇人，铁路职工。因涉嫌盗窃罪，于 2014 年 1 月 30 日被白城铁路公安处刑事拘留，同年 3 月 4 日经白城铁路检察院批准逮捕。

2. 孙某某，男，1962 年 10 月 20 日出生，汉族，小学文化，辽宁省辽阳县兴隆镇人，铁路职工。2010 年因诈骗罪被辽宁省灯塔市人民法院判处有期徒刑 3 年。因涉嫌盗窃罪，于 2014 年 2 月 12 日被白城铁路公安处刑事拘留，同年 3 月 4 日经白城铁检院批准逮捕。

3. 张某某，男，1968 年 1 月 28 日出生，汉族，小学文化，辽宁省辽阳县兴隆镇人，个体焊切工。因涉嫌掩饰、隐瞒犯罪所得罪，于 2014 年 3 月 26 日被白城铁路公安处取保候审。

4. 王某，男，1978 年 7 月 24 日出生，汉族，初中文化，吉林省通榆县开通镇人，个体司机。因涉嫌掩饰、隐瞒犯罪所得罪，于 2014 年 1 月 29 日被白城铁路公安处取保候审。

5. 郝某某，男，1983 年 1 月 1 日出生，汉族，初中文化，吉林省通榆县人，个体司机。因涉嫌掩饰、隐瞒犯罪所得罪，于 2014 年 2 月 12 日被白城铁路公安处取保候审。

6. 赵某某，男，1982 年 7 月 21 日出生，汉族，初中文化，吉林省通榆县开通镇人，个体司机。因涉嫌掩饰、隐瞒犯罪所得罪，于 2014 年 2 月 12 日被白城铁路公安处取保候审。

7. 王某某，男，1978 年 3 月 5 日出生，汉族，初中文化，吉林

省白城市洮北区人，个体司机。因涉嫌掩饰、隐瞒犯罪所得罪，于
2014 年 1 月 27 日被白城铁路公安处取保候审。

8. 杨某，男，1983 年 5 月 25 日出生，汉族，初中文化，吉林省白城市洮北区人，个体司机。因涉嫌掩饰、隐瞒犯罪所得罪，于2014 年 1 月 27 日被白城铁路公安处取保候审。

本案由白城铁路公安处于 2014 年 4 月 22 日侦查终结，移送白城铁路运输检察院审查起诉。查明认定以下犯罪事实：

1. 2013 年 12 月，刘某某与孙某某二人预谋盗窃并销售废旧钢轨。同月 20 日夜，经孙某某联系，由王某雇用王某某（另案处理）的吊车，由司机杨某、王某（另案处理）驾驶货车（吉 CA × × ×）协助吊装；由王某雇用郝某某（另案处理）开其货车（吉 G4 × × × ×）协助运输。在开通火车站原糖厂院内盗窃 43 型、50 型和 60 型废旧钢轨 17 余吨，价值人民币 36040 元。后经孙某某联系，将盗窃的钢轨运至鞍山市，卖给个体收购人员郭某某。

2. 2014 年 1 月 3 日夜，刘某某与孙某某二人再次预谋盗窃铁路废旧钢轨。经孙某某联系，雇用张某某（另案处理）到现场协助切割；由王某联系雇用王某某的吊车，杨某、王某协助吊装；由赵某某（另案处理）开货车（吉 G4 × × × ×）协助运输；由郝某某开面包车协助运送风焊机。在开通火车站原糖厂院内，盗窃 43 型、50 型和 60 型废旧钢轨 22 余吨，价值人民币 46640 元。后经孙某某联系，将盗窃的钢轨运至鞍山市，卖给个体收购人员郭某某。

综上，被告人刘某某涉嫌参与盗窃钢轨 2 次，价值 82680 元；被告人孙某某明知是盗窃的钢轨，仍联系销售 2 次，价值 82680 元；被告人王某明知是盗窃的钢轨，仍联系吊运赃物的吊车、货车及运送盗窃用切割工具 2 次，价值 46640 元。

检察机关认为：本案犯罪事实，有刘某某、孙某某、王某等被告人供述和辩解，有佟某某、宋某、孙某、金某某、王某、刘某某、赵某某、李某和郭某某等证人证言，并有现场勘查笔录、扣押物品清单、辨认笔录、丢失证明、银行查询记录、废旧钢轨价格证明、运赃车辆照片、户籍证明和视频资料等证据证实。被告人刘某某的

行为触犯《刑法》第 264 条，涉嫌盗窃罪，依法提起公诉。被告人孙某某、王某的行为触犯《刑法》第 312 条，涉嫌掩饰、隐瞒犯罪所得收益罪，依法提起公诉。鉴于本案提起公诉时，犯罪嫌疑人张某某在逃，依法另案处理。检察委员会认为，郝某某、王某某、杨某和赵某某 4 名犯罪嫌疑人涉嫌掩饰、隐瞒犯罪所得罪事实不清，证据不足，根据《刑事诉讼法》第 171 条，决定不起诉。

二、法院裁判结果及理由

本案由白城铁路运输法院开庭审理，确认检察机关指控的犯罪事实。法院认为：被告人刘某某以非法占有为目的，采取秘密手段盗窃铁路物资两次，盗窃物品价值 82680 元，个人所得赃款 46400 元，盗窃数额巨大，其行为已构成盗窃罪。被告人孙某某明知是盗窃的废旧钢轨，仍收购并销售两次，赃物价值 82680 元，个人所得赃款 15600 元；被告人王某明知是盗窃的废旧钢轨，仍帮助转移一次，赃物价值 46640 元，个人所得赃款 2500 元，其二人行为均已构成掩饰、隐瞒犯罪所得罪。检察机关指控罪名成立，予以支持。被告人刘某某、孙某某和王某当庭自愿认罪，可酌定从轻处罚。被告人孙某某曾犯诈骗罪被判处有期徒刑，可酌定从重处罚。被告人王某案发后投案自首，可从轻处罚。被告人刘某某积极退赔部分所得赃款，孙某某、王某积极退赔全部所得赃款，可酌定从轻处罚。对公诉人提出对 3 被告人从轻处罚的意见，予以采纳。依法判决如下：

1. 刘某某犯盗窃罪，判处有期徒刑 3 年 3 个月，并处罚金人民币 50000 元。

2. 孙某某犯掩饰、隐瞒犯罪所得罪，判处有期徒刑 10 个月，并处罚金人民币 15000 元。

3. 王某犯掩饰、隐瞒犯罪所得罪，判处拘役 6 个月缓刑 1 年，并处罚金人民币 20000 元。

三、法律适用问题解析

公安机关起诉意见认定，犯罪嫌疑人孙某某与刘某某事先预谋，涉嫌共同盗窃罪。但检察机关承办人在全面分析在案证据后认为，刘某某在找孙某某联系出售废旧钢轨时，并未明确提出是盗窃钢轨，也未明确提出要共同分配盗窃所得的赃款。孙某某则辩解说：刘某某找他时说，其姨夫丈人是铁路局的段长，废旧钢轨是单位处理的，因此才同意帮助其销赃。在案证据表明，孙某某并未到过盗窃现场，只是发现刘某某雇人吊装、运输的价格特别高，才认为这些废旧钢轨"不是好道来的"；孙某某虽然得赃款 15600 元，但并非事先与刘某某商量的分赃，而是利用其单独销售钢轨吞没的。因此，孙某某主观上没有盗窃犯罪故意，不能以其在盗窃前与刘某某有过联系，就认定其构成盗窃罪，而应当认定为掩饰、隐瞒犯罪所得罪。上述事实，有同案犯刘某某、张某某和王某供述及证人郝某某证言证明，孙某某对自己的犯罪事实亦供认不讳。

四、案件点评

这是一起铁路内外勾结、团伙盗窃废旧钢轨的典型案件。此类案件在铁路运输领域是易发、多发现象。由于犯罪分子在作案时不仅要动用机械设备进行切割、吊装及运输，而且要事先联系销赃渠道，因此往往涉及多人或多地。本案参与盗窃的首要分子是铁路职工，被盗钢轨大都是其所在单位的废旧物资；这些物资虽然不由他们保管或管理，但他们利用自己的身份和熟悉作案环境的条件实施盗窃、运赃和销赃，具有较强的隐蔽性和欺骗性。盗窃分子往往自我介绍是铁路的，而运赃、收赃人则可能以为给铁路的人拉货或收购铁路的废旧钢轨不会有问题，这样就给判断运赃、收赃人是否"明知"乃至是否犯罪造成一定困难。本案中，办案人员较好地解决了以下问题：

1. 本案主犯刘某某在实施盗窃前，已事先联系好销赃渠道。如何判断销赃人孙某某是参与盗窃，还是事后发现是赃物而予以销售？这就要求对相关证据深入分析，审慎作出结论。如果根据现有证据难以作出准确判断，又不能排除证据间的矛盾点，那么对其选择罪责较轻的罪名定罪处罚，不失为稳妥而明智之举。

2. 运输被盗赃物的司机是否涉嫌犯罪？在办理此类案件中经常遇到这样的问题：参与运输的司机往往直接到盗窃现场将赃物装车拉走，在这种情况下，行为人就可能涉嫌盗窃罪和掩饰、隐瞒犯罪所得罪两个罪名，或者因为其主观上"不明知"而不能定罪。无论认定哪种罪名，前提是司机必须明知该货物是盗窃的赃物。检察人员在办理本案中发现，盗窃分子在联系运输钢轨的货车时，第一次往往先到铁路的配货站联系，由配货站派司机前往装运；第二次及以后，盗窃分子就绕开配货站、直接与司机联系。在本案审查起诉中，运货的司机一般辩解说：他不知道钢轨是铁路统一调拨的物资，所以不知道是他们偷来的；他在装运其他货物时，也经常在晚上，所以不觉得奇怪；当时装运钢轨现场的人很多，装车时响声很大，没有什么秘密可言。在这种证据条件下，要认定运货司机"明知是盗窃的赃物"比较牵强，因此不宜认定为盗窃或者以掩饰、隐瞒犯罪所得论罪，而应当按照"疑罪从无"的原则处理为宜。

3. 收购被盗废旧钢轨人员能否构成犯罪？本案证据表明，刘某某等人盗窃的废旧钢轨全部被销售到鞍山、辽阳等地的个体炼钢厂，判断这些收赃人是否"明知是盗窃的赃物"，也很困难。这些个体钢厂老板在接受调查时均表示：他们并不知道废旧钢轨是铁路统一调拨物资，因为当地有很多钢材市场都在公开出卖废旧钢轨。在无法充分证明收赃人"明知"的情况下，本案对这些人员按照"疑罪从无"的原则处理，是适当的。

作者：白城铁路运输检察院　梁帮来　于少军

案例十三　鲁某某、任某某盗窃案

——流窜客盗犯罪的认定

一、基本案情

2013 年 2 月 15 日，在北京开往哈尔滨的 Z15 次旅客列车上，一名女旅客丢失 2000 元人民币及一部中兴牌手机，随即报案。经哈尔滨铁路公安处侦查发现，被告人鲁某某有重大作案嫌疑。侦查人员进一步对鲁某某及其妻子任某某（同案被告人）的实名乘车信息查询，发现鲁某某于 2012 年 1 月至 2013 年 4 月在全路共购票 98 次，其妻任某某购票 96 次，其中夫妻二人一同出行的多达 50 次。通过对各次列车发案情况分析研判发现，在二人乘坐的多次列车上，发生旅客财物被盗案件近 20 余起，范围涉及哈尔滨、北京、乌鲁木齐、西安、武汉、福州等近 10 余个铁路公安局管辖的列车。由此判断，这是一起在全国旅客列车上连环盗窃的重大犯罪案件。

2013 年 5 月 10 日，本案经原铁道部公安局依法指定管辖，由哈尔滨铁路公安处实施并案侦查。侦查查明：自 2010 年 11 月至 2013 年 4 月间，鲁某某在全路旅客列车上共盗窃旅客财物 19 次，涉案金额 14 万余元；任某某明知系赃物而予以藏匿，涉案金额 1.4 万余元。2013 年 4 月 13 日，二被告人先后被抓获，同时在二人家中缴获大量涉案赃物。

二、检察机关认定的事实

本案由哈尔滨铁路公安处侦查终结，移送哈尔滨铁路运输检察院审查起诉。审查认定以下犯罪事实：

1. 盗窃犯罪。2010 年 11 月 6 日至 2013 年 4 月 10 日期间，被告人鲁某某在温州至哈尔滨的 K553 次、汉口至乌鲁木齐的 T193 次、广州东至哈尔滨的 T236 次、济南至日照的 K8283 次、成都至汉口的 K962 次、福州至北京的 K46 次、包头至南昌的 1481 次、西安至兰州的 K119 次等全路范围内的旅客列车卧铺车厢内，趁旅客熟睡之机，先后 19 次将 20 余名旅客放在铺位上或挂在衣帽钩上的背包等财物盗走。所盗财物包括现金、外币、金银首饰、手机、摄像机等物品，合计金额人民币 14.6 万元。盗窃得手后，鲁某某马上在列车洗手间内翻看财物，将现金、金银首饰等有价值的财物藏匿在自己身上，并将盗窃的背包、衣物等物品抛弃于车窗外，毁灭犯罪证据；随后，一般在第一时间从列车经停站下车逃窜。

2. 掩饰、隐瞒犯罪所得犯罪。经查证，被告人鲁某某将其 2012 年 5 月 26 日、9 月 12 日和 10 月 20 日 3 次在列车上盗窃的港币 240 元、1 部摄像机、1 枚 18K 金戒指、1 条 18K 金项链 、1 条黄金项链和 1 个黄金手镯（折合人民币 1.47 万元）交给被告人任某某保管，并告知任某某上述赃物是他在火车上盗窃所得。任某某明知是赃物，仍将上述财物藏匿在其位于邯郸市复兴区建设大街的家中。经公安人员依法搜查，当场从任某某家中搜缴上述赃物，现已返还被害人。

三、证据情况

检察机关审查起诉认定的本案犯罪事实，主要有以下证据支持：

1. 受案经过，可以证实案件的来源。

2. 赃物照片，可以证实部分涉案赃物的外在特征与言词证据描述的一致。

3. 搜查、提取笔录，可以证实任某某掩饰隐瞒的赃物被公安人员在其家中缴获的客观事实。

4. 扣押、发还物品清单，可以证实赃物被依法缴回并返还被害人的事实。

5. 旅客乘车实名制信息，可以证实鲁某某均购买了案发列车的火车客票，间接证实鲁某某有作案的时间及空间。

6. 归案情况说明，可以证实二被告人的到案经过。

7. 身源材料，可以证实二被告人的主体身份。

8. 刘某某、郭某某等50余名证人证言，可以证实起诉书指控的19趟涉案列车上均发生了旅客财物被盗的事实。

9. 王某某、江某等20余名被害人陈述，可以证实在被害人乘坐列车期间，财物被盗并报警的经过。

10. 被告人鲁某某、任某某的供述和辩解，其中被告人鲁某某在侦查机关多次笔录中对每起案件发生的时间、地点、行为手段等犯罪事实及情节均做了稳定的有罪供述；被告人任某某在侦查阶段辩解其"不明知"，但在庭审过程中对其掩饰、隐瞒犯罪所得的行为供认不讳。

11. 相关单位出具的价格鉴定意见，可以证实涉案赃物的价值。

12. 部分受害人辨认笔录，可以分别证实在任某某家中缴获的赃物，为被害人在列车上被盗的财物。

13. 案发列车经停站站台的监控录像，可以证实二被告人曾乘坐过案发列车的事实。

四、法院裁判结果及理由

本案由哈尔滨铁路运输检察院提起公诉，哈尔滨铁路运输法院依法开庭审理。庭审中，被告人鲁某某的辩护人提出三点辩护意见：（1）本案中，K8283次、K411次和1481次旅客列车上的3笔盗窃案件，均发生在哈尔滨铁路公安处管辖范围以外，但案发地公安机关并未将《移送案件通知书》附卷，故哈尔滨铁路公安处无管辖权，属于违法侦查；（2）本案部分被害人陈述、证人证言的笔录尾部没有公安机关办案人的签名，属于办案程序违法；（3）本案部分犯罪事实中缺乏实物证据，导致证据不充分，不宜认定。在庭审中，被告人鲁某某对部分犯罪事实不予供认，辩解称其以前的认罪笔录是在公安机关办案人员语言威胁下违心供述的。

法院审理认为，上述辩护意见和辩解理由均不能成立。理由是：（1）本案相关书证已清晰地证实，被告人鲁某某被抓获后，哈尔滨铁路公安局经过请示，原铁道部公安局为彻查其全部犯罪事实，于

2013 年 5 月 10 日正式批复，将本案指定哈尔滨铁路公安局管辖，哈尔滨铁路公安局于同日指定该系列案件由哈尔滨公安处侦办。鲁某某的辩护人所提到的 3 笔盗窃犯罪事实，系在原铁道部管内旅客列车上发生的，有关证据材料已经全部移送至哈尔滨公安处；案发地公安机关虽未将《移送案件通知书》一并附卷，但并不影响哈尔滨铁路公安局对该案的管辖。（2）本案由公安机关制作的笔录，均有办案人员在笔录的首部签名；至于部分笔录没有在笔录的尾部签名，并不违反《刑事诉讼法》相关规定，亦不属于办案程序违法。（3）由于鲁某某采取行窃后将现金及贵重物品留下、将其余物品当场弃掉的作案手段，致使本案部分被盗赃物无法找到；但被告人对盗窃物品特征的供述与被害人、部分证人对同一物品的描述吻合，虽无实物但并不影响对其盗窃犯罪事实的认定。（4）鲁某某虽当庭提出辩解，但并未向法庭提供任何能够证实其辩解理由的证据或线索；鲁某某在本案侦查阶段所做的多次稳定的有罪供述，与被害人陈述及证人证言能够相互印证，足以证明其在旅客列车上实施盗窃的犯罪事实。

综上所述，鲁某某及其辩护人所提出的辩解理由和辩护观点，经查不符合本案实际，均不予采纳。检察机关指控的全部犯罪事实清楚，证据确实充分，证据来源合法、真实有效，能够对二被告人的犯罪事实相互佐证，予以确认。依法判决如下：

1. 被告人鲁某某以非法占有为目的，多次秘密窃取旅客财物，数额巨大，其行为已构成盗窃罪，判处有期徒刑 7 年 6 个月，并处罚金 20 万元。

2. 被告人任某某明知是犯罪所得而予以窝藏，其行为已构成掩饰、隐瞒犯罪所得罪，其在庭审中能够如实供述自己的犯罪事实，认罪态度较好，具有悔罪表现，可酌情从轻处罚，判处有期徒刑 1 年 6 个月，缓刑 2 年，并处罚金 29000 元。

本案一审判决后，二被告人均未提出上诉。

五、法律适用问题解析

本案中，被告人任某某在庭审前始终不供认犯罪，对其行为如何认定成为审查起诉的一个疑难问题。哈尔滨铁路运输检察院审查认为，任某某的行为应当认定为掩饰、隐瞒犯罪所得罪。一是鲁某某的供述比较稳定，可以证实在他将赃物交给任某某时，就明确告知是在火车上偷的。二是任某某在审查起诉阶段供认，在鲁某某给她摄像机时，她感觉到可能不是好道来的；加之二人是夫妻关系，频繁地昼伏夜出坐火车出行，属于无业游民的鲁某某还经常送给她旧首饰，即便她口头上不明确供认"明知"，但她作为一个正常人，不可能不知道她丈夫鲁某某坐火车的真实目的，以及给她赃物的真实来源。三是虽然任某某不承认鲁某某还给过她金项链、金手镯等赃物，但在客观事实上，上述3笔赃物都是在任某某家中搜出来的，任某某也承认这些赃物是她自己整理并放在家中的，并且被害人也已经辨认出这些赃物就是他们丢失的，因此，任某某的辩解显然不能成立。四是在公安人员搜查时，任某某百般阻扰不给开门，搜查过程中发现本案绝大部分赃物被任某某藏匿在家中的暖气片后面，这些行为均能反映出她主观上"明知"的心理态度。上述证据分析充分证实，任某某明知是赃物而藏匿在家中，其行为已构成掩饰、隐瞒犯罪所得罪。

本案认定犯罪的第二个难点是，在鲁某某19笔盗窃事实中，有11笔是任某某和鲁某某一起上下车的；对于任某某在车上的行为，二人只供认"鲁某某盗窃时，任某某在睡觉"。分析认为，虽不能排除任某某在车上参与盗窃的可能性，但现有证据尚不能认定她构成共同盗窃。首先，鲁某某有独立作案的能力，在11笔盗窃事实中有8笔是鲁某某自己实施的，也就是说，当鲁某某在作案时任某某在睡觉的情况，在事实上有可能发生。其次，认定任某某在车上的行为，只有夫妻二人供述；但二人均称任某某没有参与，我方无法补充其他证据，也无法有效反驳。最后，任某某多次和鲁某某一起上车，其客观行为反映出她积极追求鲁某某盗窃后果的心理态度，说明二人有共同盗窃的犯罪故意；但是，再合理地推论也代替不了证据，现有证据无法证实二人有共同盗窃的行为，因此对任某某不能以盗窃罪（共犯）定罪处罚。

六、案件点评

本案是一起典型的旅客列车盗窃案件，曾被多家媒体关注，号称"列车上的雌雄大盗"，具有较大社会影响。在案件侦查阶段，检察机关适时提前介入提出侦查建议，与侦查机关共同克服涉案范围广、取证难等重重困难，使该案从一起普通旅客财物盗窃案件不断延伸查办，成为波及全路范围的列车盗窃系列犯罪案件。在审查起诉阶段，检察人员通过细致审查卷宗，提出补查意见，完善案件证据体系，并依法追诉了3笔犯罪事实。在法庭审理阶段，检察机关通过制作详尽的出庭预案，及时补充法庭审判所需要的证据材料，充分驳斥了被告人及其辩护人的辩护观点和辩解理由，为成功支持公诉、有效打击犯罪奠定了坚实基础。本案的做法，对铁路检察机关办理同类案件具有借鉴意义。

作者：哈尔滨铁路运输检察院

案例十四　李某等人盗窃油罐车案

——赃物价值等问题的认定

一、基本案情

被告人李某，男，1985年10月15日出生，无业。2014年5月30日因涉嫌盗窃罪被逮捕。

被告人王某某，男，1982年8月18日出生，无业。2012年8月23日因犯交通肇事罪被黑龙江省大庆市让胡路区人民法院判处有期徒刑3年，缓刑4年。2014年5月30日因涉嫌盗窃罪被逮捕。

同案被告人李甲等9人基本情况略。

本案经齐齐哈尔铁路公安机关侦查终结，移送齐齐哈尔铁路运输检察院审查起诉。审查查明：2013年12月至2014年3月15日期间，被告人李某组织被告人李甲、韩某某、徐某某、王某军、王某某、王某林、于某、常某某、包姓女子（在逃）和绰号"强子""火烧子""大胖""二成子""豆子""小废"等人，用其租赁的本田雅阁（黑E5××××）运送人员，在独立屯火车站内停留的成品油罐车上，用活口扳手打开油罐车盖，利用抽油管及油泵将成品汽油抽出，装载到容量为25千克塑料空桶中；并用改装的松花江微型面包车（黑E6××××）、红旗轿车（吉EA××××）将盗窃的成品油运至被告人潘某某、范某某、孙某某和张某某处销赃。案发后，徐某某主动向公安机关投案并如实供述犯罪事实，其他被告人相继被公安机关抓获归案。分述如下：

1. 2013年12月初的一天23时许，被告人李某、王某某与绰号"火烧子"、包姓女子（均另案处理）等4人，在独立屯火车站停留的油罐车上盗窃93号汽油720公斤，价值人民币6420余元。盗窃后，李某将汽油卖给大庆市让胡路区银浪五牧场的被告人孙某某；孙某某明知李某等人送来的汽油是盗窃的赃物，仍予以收购。得赃款4000元，被李某等4人均分、挥霍。

2.2013年12月初的一天0时许，被告人李某、王某某与绰号"火烧子"、包姓女子等4人，在独立屯火车站停留的油罐车上，盗窃93号汽油720公斤，价值人民币6420余元。盗窃后，李某将汽油卖给大庆市让胡路区银浪五牧场的被告人孙某某；孙某某明知李某等人送来的汽油是盗窃的赃物，仍予以收购。得赃款4000元，被李某等4人均分、挥霍。

3.2013年12月五六日的一天23时许，被告人李某、王某某、李甲与绰号"大胖"（另案处理）等4人，在独立屯火车站停留的油罐车上盗窃93号汽油920公斤，价值8200余元。盗窃后，李某将720公斤汽油卖给大庆市让胡路区银浪五牧场的被告人孙某某；孙某某明知李某等人送来的汽油是盗窃的赃物，仍予以收购。之后，李某又将剩余的200公斤汽油卖给独立屯火车站前的一家超市。共得赃款7200元，被李某等4人均分、挥霍。

4.2013年12月中旬的一天0时许，被告人李某、王某某、李甲与绰号"小于子""二成子"、包姓女子等6人，在独立屯火车站停留的油罐车上盗窃－35号柴油1620公斤，价值14200余元。盗窃后，李某等人将柴油卖给大庆市让胡路区麦家屯的被告人张某某；张某某明知李某等人送来的柴油是盗窃的赃物，仍予以收购。得赃款12000元，被李某等6人均分、挥霍。

5.2014年1月初的一天1时许，被告人李某、李甲、韩某某、王某军、徐某某与绰号"豆子""小于子"等7人，在独立屯火车站停留的油罐车上盗窃－35号柴油1200公斤，价值10500余元。盗窃后，李某等人将柴油卖给大庆市红岗区宏卫村的被告人潘某某；潘某某明知李某等人送来的柴油是盗窃的赃物，仍予以收购。得赃款6000元，被李某等7人均分、挥霍。

6.2014年1月中旬的一天23时许，被告人李某、李甲、韩某某、王某军、徐某某与常某某、绰号"豆子""小于子"等8人，在独立屯火车站停留的油罐车上盗窃 -35 号柴油 1200 公斤，价值 10350 余元。盗窃后，李某等人将柴油卖给大庆市红岗区宏卫村的被告人潘某某；潘某某明知李某等人送来的柴油是盗窃的赃物，仍予以收购。得赃款 7200 元，被李某等人均分、挥霍。

7. 2014 年 2 月初的一天 0 时许，被告人李某、李甲、韩某某、王某军、王某林、徐某某与常某某、绰号"豆子""小于子""小废"等 10 人，在独立屯火车站停留的油罐车上盗窃 93 号汽油 1400 公斤，价值 12340 余元。盗窃后，李某等人将汽油卖给大庆市红岗区宏卫村的被告人潘某某；潘某某明知李某等人送来的汽油是盗窃的赃物，仍予以收购。得赃款 8400 元，被李某等 10 人均分、挥霍。

8. 2014 年 2 月初的一天晚 23 时许，被告人李某、李甲、韩某某、王某军、徐某某与常某某、绰号"豆子""小于子""小废"等 9 人，在独立屯火车站停留的油罐车上盗窃 -35 号柴油 1200 公斤，价值 10130 余元。盗窃后，李某等人将柴油卖给大庆市红岗区宏卫村的被告人潘某某；潘某某明知李某等人送来的柴油是盗窃的物，仍予以收购。得赃款 7000 元，被李某等 9 人均分、挥霍。

9. 2014 年 2 月末的一天晚 0 时许，被告人李某、李甲、韩某某、王某军、徐某某与常某某、绰号"豆子""小于子""小废""二成子""强子"等 11 人，在独立屯火车站停留的油罐车上盗窃 93 号汽油 1300 公斤，价值 11460 余元。盗窃后，李某等人将汽油卖给大庆市让胡路区喇嘛甸镇的被告人范某某，范某某明知李某等人送来的汽油是盗窃的赃物，仍予以收购。得赃款 6000 元，被李某等 11 人均分、挥霍。

10. 2014 年 3 月初的一天晚 23 时许，被告人李某、李甲、韩某某、王某军、徐某某与常某某、绰号"豆子""小于子""小废""二成子""强子"等 11 人，在独立屯火车站停留的油罐车上盗窃 -35 号柴油 1400 公斤，价值 11980 余元。盗窃后，李某等人将柴油卖给大庆市让胡路区喇嘛甸镇的被告人范某某；范某某明知李某等人送来的柴油是盗窃的赃物，仍予以收购。得赃款 8000 元，被李某等 11 人均分、挥霍。

11. 2014 年 3 月的一天晚 0 时许，被告人李某、李甲、韩某某、王某军、徐某某与绰号"豆子""小于子""小废""二成子""强子"等 10 人，在独立屯火车站停留的油罐车上，盗窃 -35 号柴油 1000 公斤，价值 8560 余元。盗窃后，李某等人将柴油卖给大庆市让胡路区喇嘛甸镇的被告人范某某，范某某明知李某等人送来的柴油是盗窃的赃物，仍予以收购。得赃款 6000 元，被李某等均分、挥霍。

12. 2014 年 3 月 16 日 1 时许，被告人李某、李甲、韩某某、王某军、徐某某与绰号"豆子""小于子""小废""二成子""强子"等 10 人，在独立屯火车站停留的油罐车上，盗窃 97 号汽油 1750 公斤，价值 17620 余元。李某等人盗窃后企图销赃，在运送赃物时被公安机关发现，拒捕逃跑。

二、证据情况

本案审查起诉认定的犯罪事实，有以下证据支持：

1. 物证。包括：活口扳手 1 把，防火手套 1 只，塑料管 2 根，红旗轿车、松花江面包车各 1 辆、白色塑料桶 105 只、钢珠弹 1011 粒等作案工具。

2. 书证。包括：（1）中石油大庆分公司出具的证明，证实该公司通过独立屯火车站货物专用线发往各地的柴油均为 -35 号，汽油均为 93 号和 97 号，及其发往各省市的国家调拨价格。（2）在李某租赁的本田雅阁轿车内发现其记录 6 次销赃的日期及花费明细。（3）称量记录，证实 2014 年 3 月 16 日在被盗现场遗留的 97 号成品汽油总重为 1750 千克。（4）铁路电报、货物运单、列车编组顺序表、铁路槽车计量单、丢失经过、丢失记录和损失确认书，证实中石油东北销售分公司在独立屯火车站承运中转过程中，经常发生成品油被盗现象，以及被盗后太平保险公司理赔的情况。（5）二手车交易协议书、买卖车辆协议书，证实尹某将"吉 EA××××"的白色红旗轿车以人民币 14000 元卖给韩某某的事实。（6）刑事附带民事判决书，证实被告人王某某因犯交通肇事罪，于 2012 年 8 月 23

日被大庆市让胡路区人民法院判处有期徒刑 3 年，缓刑 4 年的事实。

3. 证人证言。包括：（1）王某某证言，证实 2014 年 2 月 12 日独立屯车站发生盗窃油罐车的情况，他发现 G600123798 号油罐车上有人影晃动，走过去看到罐车旁边有油渍，罐车顶部盖子没盖紧，罐车内装的汽油少了半吨左右。（2）何某某证言，证实他于 2013 年 12 月初收购了李某向其销赃的汽油 400 公斤，后将 3200 元人民币交给宋某某的事实。（3）宋某某证言，证实他帮助李某将 20 桶汽油以每桶 160 元的价格销赃给靓丽综合商店何某某的事实，何委托其将 3200 元人民币转交给李某的事实。（4）金某某证言，证实 2014 年 3 月 15 日该公司委托独立屯火车站承运 97 号汽油，单车 41.863 吨，在独立屯火车站待发的事实。（5）王某某证言，证实他于 2014 年 4 月 24 日目睹警察在阳光商都 A 座 1319 室内抓获李甲并从屋内搜出 1 支手枪的事实。（6）闫某某证言，证实在大庆市阳光商都 A 座 1319 室内，公安人员搜出其丈夫李甲的钢珠弹手枪及钢珠弹的事实。（7）刘某某证言及二手车交易协议书，证实她于 2014 年 2 月 13 日上午将 1 辆"黑 E6××××"银灰色松花江微型面包车以 2800 元卖给被告人王某军的经过。

4. 现场勘察笔录及照片，证实 2014 年 3 月 16 日 9 时 30 分侦查机关技术人员对独立屯火车站盗窃现场进行勘验检查，并制作平面示意图。

5. 辨认笔录，证实姜某某、刘某某辨认本案被告人，以及被告人之间相互辨认的情况。

6. 北京铁路公安局物证鉴定意见：在黑色本田轿车内提取物品上的 DNA 来源于李某的可能性大于 99.99999%；在白色红旗牌轿车内提取的黑色绝缘手套上的 DNA 来源于韩某某的可能性大于 99.999999%；在黑色本田牌轿车右后门处提取烟蒂上的 DNA 来源于李甲的可能性大于 99.999999%；送检的疑似枪支认定为"气体动力枪支"。

7. 被告人供述和辩解。除被告人王某某外，本案 10 名被告人均对其犯罪事实供认不讳。

三、法院裁判结果及理由

本案由齐齐哈尔铁路运输检察院依法提起公诉。经齐齐哈尔铁路运输法院开庭审理，确认检察机关指控的犯罪事实及有关证据。法院认为，被告人李某、李甲、韩某某、徐某某、王某军、王某某和王某林以非法占有为目的，伙同他人秘密窃取铁路运输物资，数额巨大、较大，其行为已经构成盗窃罪，系共同犯罪。李某在共同犯罪中起主要作用，系主犯。被告人潘某某、范某某、孙某某、张某某明知是他人盗窃的赃物，仍予以收购、贩卖，其行为已经构成掩饰、隐瞒犯罪所得罪。依法判决如下：

1. 被告人李某犯盗窃罪，判处有期徒刑3年6个月，并处罚金人民币5000元。

2. 被告人李甲犯盗窃罪，判处有期徒刑2年8个月，并处罚金人民币5000元。

3. 被告人韩某某犯盗窃罪，判处有期徒刑2年6个月，并处罚金人民币5000元。

4. 被告人王某军犯盗窃罪，判处有期徒刑2年5个月，并处罚金人民币5000元。

5. 被告人徐某某犯盗窃罪，判处有期徒刑1年6个月，缓刑2年，并处罚金人民币5000元。

6. 撤销大庆市让胡路区人民法院（2012）让刑初字第245号刑事附带民事判决书第一项被告人王某某犯交通肇事罪，判处有期徒刑3年、缓刑4年的缓刑部分。

7. 被告人王某某犯盗窃罪，判处有期徒刑8个月，并处罚金人民币5000元。与原判刑罚有期徒刑3年数罪并罚，决定执行有期徒刑3年6个月，并处罚金人民币5000元。

8. 被告人王某林犯盗窃罪，判处有期徒刑6个月15日，并处罚金人民币5000元。

9. 被告人潘某某犯掩饰、隐瞒犯罪所得罪，判处有期徒刑7个月，并处罚金人民币10000元。

10. 被告人范某某犯掩饰、隐瞒犯罪所得罪，判处有期徒刑 7 个月，缓刑 1 年，并处罚金人民币 30000 元。

11. 被告人孙某某犯掩饰、隐瞒犯罪所得罪，判处有期徒刑 6 个月 15 日，并处罚金人民币 10000 元。

12. 被告人张某某犯掩饰、隐瞒犯罪所得罪，判处有期徒刑 6 个月 15 日，并处罚金人民币 10000 元。

13. 作案工具白色红旗牌轿车、松花江牌微型汽车、塑料桶 105 只、塑料管 2 根、扳手 1 把、气体动力手枪 1 支依法没收。

四、法律适用问题解析

本案争议的焦点是：（1）被告人王某某在侦查阶段及审查起诉阶段均"零供述"，且在其参与的多起盗窃中，部分犯罪嫌疑人在逃，如何认定其构成盗窃罪？（2）被告人李甲所持有的气体动力手枪 1 支、钢珠弹 1011 粒，能否认定非法持有枪支、弹药罪？（3）由于本案涉及盗窃成品汽柴油，属于国家调拨价格，被告人多次实施盗窃，无法准确确认作案日期，如何认定成品汽柴油的价格？（4）本案由公安机关于 2014 年 3 月 16 日布控抓捕，当日实施的犯罪能否认定为未遂？

（一）关于"零口供"认定犯罪的问题

《刑事诉讼法》第 53 条规定，"只有被告人供述，没有其他证据的，不能认定被告人有罪和处以刑罚；没有被告人供述，证据确实、充分的，可以认定被告人有罪和处以刑罚"。在本案审查起诉过程中，被告人王某某辩解说：他参与了 3 次盗窃犯罪，第一次是李某联系他去独立屯火车站，但他不知道是去盗窃，也没有实施盗窃行为；第二次也是李某联系他参与盗窃，但等他到独立屯火车站时，李某等人的盗窃活动已经结束；第三次是他到独立屯火车站参与盗窃，但只是在李某车里坐着，没有实际参与盗窃。鉴于这种情况，检察人员对李甲、李某再次进行提审，重点讯问李甲与王某某的交往关系，以及王某某在盗窃案中的作用。李甲供述：是王某某打电话找他参与盗窃的，具体负责拎桶，并交代了详细的情节。李某也在供述中指认：王某某不仅知情而且多次参与盗窃，并证实王某某后期不参与也是因为与他在分赃上有矛盾。再次提审徐某某，也证实他在盗窃中听说过有"波子"（王某某绰号），间接证实了王某某参与盗窃的犯罪事实。在法庭审质证阶段，公诉人重点讯问李某、李甲，进一步固定了王某某实际参与并招揽雇用李甲的犯罪事实。最后，法庭确认检察机关指控，认定王某某构成盗窃罪。

（二）关于"钢珠弹"能否比照铅弹评价为弹药的问题

根据最高人民法院司法解释[①]，对于"非法持有、私藏以火药为动力发射枪弹的非军用枪支 1 支以上或者以压缩气体等为动力的其他非军用枪支 2 支以上的"，或者"非法持有、私藏军用子弹 20 发以上，气枪铅弹 1000 发以上或者其他非军用子弹 200 发以上的"，应当依照《刑法》第 128 条第 1 款规定以非法持有、私藏枪支、弹药罪定罪处罚。经司法鉴定，李甲持有的是"气体动力枪"，但只有 1 支，尚未达到构成犯罪的标准；司法解释明确规定为"铅弹"，而李甲持有的只是"钢珠弹"。因此，根据"法无明文规定不为罪"的原则，对"钢珠弹"不解释为"铅弹"，李甲不能构成非法持有、私藏枪支、弹药罪。

（三）关于盗窃成品油犯罪数额的认定

本案发生在 2013 年 12 月至 2014 年 3 月 16 日期间，被告人作案时间跨度较长，除最后一次被"抓现行"可以确定外，其他盗窃行为的具体日期、车次等均难以准确核实；加之当时国家调拨价常常与进货价"倒挂"，使得赃物价值更加难以确定。对此，本案根据有利于被告人的原则，对犯罪数额按照各次盗窃行为的时间段成品油直炼购进价格或者最低发货价格予以认定；这个认定意见不仅得

---

① 参见 2009 年 11 月 9 日最高人民法院《关于审理非法制造、买卖、运输枪支、弹药、爆炸物等刑事案件具体应用法律若干问题的解释》（法释〔2009〕18号）第 5 条第 1 款。

到被告人及其辩护人的认可，也在法院判决结果中得到确认。

（四）关于本案最后一次盗窃行为，能否认定为犯罪既遂的问题

本案事实表明，李某等人在近4个月的时间里，连续多次盗窃成品油，并于2014年3月16日最后一次实施盗窃时被公安机关抓获。在审查起诉时，第一种意见认为，当时公安机关接到举报，已经部署抓捕行动，被盗货物已在所有权人实际掌控之下；基于这种"意志以外的原因"，即使当时盗窃已经得手，也应当按照未遂处理。第二种意见认为，首先，本案是连续性盗窃犯罪，应当对全案作整体评价；在前11次盗窃均已得手并完成运输、销赃的情况下，不宜对最后一次盗窃行为进行单独评价。其次，对于连续实施盗窃的案件，应当以行为人完成盗窃行为并离开现场（货运列车）为既遂。在本案中，公安机关虽然部署了抓捕行动，但由于当时参与盗窃的人数较多，在抓捕时大部分犯罪嫌疑人已逃离犯罪现场，且被盗的成品汽油已灌入塑料桶、装上运赃车；尽管犯罪嫌疑人因被抓获而没能逃跑，但被盗赃物已经实际脱离所有权人掌控，因此应当认定为犯罪既遂。检察机关按第二种意见提出指控，最终得到法院采纳。

五、案件点评

本案是一起团伙盗窃铁路运输中货物的典型案件，犯罪嫌疑人在近4个月期间连续作案10余起，检察机关提起公诉的11人（当时在逃8人），其中犯盗窃罪的7人、犯掩饰、隐瞒犯罪所得罪4人。这从一个侧面反映出，当前铁路运输领域的盗窃犯罪活动依然十分猖獗，并且有团伙化发展的趋势。从本案情况不难看出，此类"扒车型"盗窃活动，多是利用熟悉铁路车站环境、在货运列车站停期间、于夜间进行，因此难以被发现；参与盗窃的团伙人员往往临时纠集、组织松散，但是成员相对固定、分工明确、配合默契，并且经常跨地域流动作案、具有一定的反侦查能力，给公安机关侦破工作带来极大难度。

　　通过分析此类案件可以看出，无论是公安还是检察机关，在对连续多次盗窃的犯罪事实进行认定时，往往趋于"保守"，即依法认定的犯罪事实往往少于实际发生的犯罪事实。如本案主犯李某在侦查阶段供述其组织和参与盗窃的次数多达20次，主犯李甲也供述其参与盗窃的次数多达17次。但是，办案的公安、检察机关最终只认定了其中的12次，认定的依据主要是锁定了行为人从销赃到收赃的证据链条；对于其他多笔盗窃问题，由于只有单一口供而无其他客观证据证实，只能被迫"忍痛割爱"。基于本案的经验，在办理涉铁盗窃案件中，应当十分重视收赃、销赃环节的证据收集与核实，力求形成锁定犯罪事实的证据链，避免因客观证据不足而在认定犯罪时"打折扣"。

　　　　　　　作者：齐齐哈尔铁路运输检察院　孙　淏

案例十五 李某某盗窃案

——自首的认定

一、基本案情

本案由南昌铁路公安处侦查终结，移送南昌铁路运输检察院审查起诉。审查认定：（1）2012 年 10 月 31 日、11 月 1 日和 11 月 2 日夜，被告人李某某驾驶一辆长丰牌皮卡车窜至醴茶铁路线皇图岭车站货场，趁无人之机，连续 3 次装车盗走被害人谢某某存放在货场里的块煤，共计 1.96 吨，价值人民币 1500 余元。盗窃后，李某某将赃物藏匿于当地龙旺村花文组一户人家中。（2）同年 11 月 4 日凌晨，被告人李某某邀约陈某某（另案处理）再次开车来到皇图岭车站货场。二人在偷盗块煤、装车过程中，被蹲点守候的被害人发现并抓获。当场扣缴已装车块煤 1.04 吨，价值人民币 800 余元。李某某归案后，如实交代了全部盗窃事实；被盗块煤已全部发还被害人。

二、证据情况

本案审查起诉认定的犯罪事实，主要有以下证据支持：

1. 书证。包括：（1）南昌铁路公安处车站派出所电话报案记录，证实 2012 年 11 月 4 日 4 时许，货主在皇图岭车站货场抓获两名偷煤男子；该所立即派员赶到现场，将李某某、陈某某二人带回审查的经过。（2）公安机关扣押清单和发还收条。证实扣押被盗煤块共 3 吨、运赃皮卡车 1 辆，以及扣押赃物发还被害人的事实。（3）公安机关取赃、称重记录和过磅单。证实从湖南攸县坪阳庙乡龙望村花文组提取块煤 1.96 吨，从运赃皮卡车内提取煤块 1.04 吨的事实。（4）犯罪现场及运赃汽车照片。（5）皇图岭火车站书面证明。证实该车站货场无围墙，也无人看守，属于开放场所。办案单位书面说明，证实同案人陈某某因犯罪情节轻微，对其解除刑事拘留转行政拘留 10 日。

2. 鉴定意见。包括：（1）株洲市佳通煤业有限公司对被盗块煤出具的化验分析报告。（2）攸县价格认证中心的认证意见。该意见以本案案发当日为鉴定基准日，结合被盗块煤的化验分析数据，确定被盗块煤当时的价格为人民币 780 元/吨。

3. 证人王某某证言。证实在发案当日凌晨 3 时 20 分许接到被害人的电话，叫了另一位货主赶到皇图岭车站货场，看见有两个人在往一辆皮卡车上装块煤后，上前将二人抓住的事实。

4. 被害人李某（化名）的报案陈述。证实自己在皇图岭车站货场卸煤后，连续几天发现煤被盗了；11 月 4 日凌晨，他开车到货场蹲点守候，发现两个人开了一辆皮卡车来偷煤，随即打电话给王某某和另外一个人，他俩一起赶到货场，将那两个偷煤的人抓住。

5. 被告人李某某供述。对自己开车接陈某某到皇图岭火车站货场偷块煤的事实供认不讳。同时还供认：自己在这之前还开皮卡车到皇图岭火车站货场偷过 3 次块煤，并且把这三次偷来的块煤都堆放在"桂仔"家门前的水泥坪上了，没有卖过。

6. 同案人陈某某供述。始终供认，是李某某打电话约他并开车到皇图岭火车站货场里偷煤的事实。

三、法院裁判结果及理由

本案由南昌铁路运输检察院依法提起公诉。经南昌铁路运输法院开庭审理，确认检察机关指控的全部犯罪事实。法院认为：被告人李某某以非法占有为目的，秘密窃取他人财物，数额较大，其行为已构成盗窃罪。李某某到案后如实供述自己的罪行，并积极配合办案机关追缴赃物，具有坦白情节，可从轻处罚。被告人李某某于 2012 年 11 月 4 日实施的盗窃行为，因被被害人发现而未能实施完毕，鉴于该次盗窃的赃物价值未达到数额巨大的标准而不计入盗窃数额，但可酌情从重处罚。依照《刑法》第 264 条、第 67 条第 3 款规定，李某某犯盗窃罪，判处拘役 4 个月 15 日，并处罚金 1000 元。

一审判决后，被告人李某某没有上诉。

四、法律适用问题解析

本案从起诉到判决，对犯罪事实和性质的认定意见完全一致，但对被告人归案后是否属于自首，存在不同意见。第一种意见认为，李某某有多次盗窃行为，但在最后一次盗窃时，因被抓获而未能得逞。根据"最高人民法院"司法解释："盗窃未遂，具有下列情形之一的，应当依法追究刑事责任：（一）以数额巨大的财物为盗窃目标的；（二）以珍贵文物为盗窃目标的……"① 本案第四次（最后一次）盗窃的价值仅 800 多元，既非数额巨大，亦非国家珍贵文物，不应当定罪处罚。被告人在最后一次盗窃时被查获、不构成犯罪的情况下，如实供述司法机关还未掌握的其他盗窃犯罪行为，根据《刑法》第 67 条第 2 款规定的精神，应当认定被告人具有自首情节。

本案公诉认为，被告人李某某属于坦白而不是自首。主要理由是：根据《刑法》第 67 条规定，自首包括两种情形：一是"犯罪以后自动投案，如实供述自己罪行的"；二是"被采取强制措施的犯罪嫌疑人、被告人和正在服刑的罪犯，如实供述司法机关还未掌握的本人其他罪行的"。可见，自首是犯罪人出于主动、自愿而将自己交付国家追诉的行为，它与被动归案或者被动归案后的坦白有本质区别；与非自首人相比较，自首人的社会危险性要小得多。正是从这个特殊性出发，我国《刑法》根据宽严相济刑事政策和刑罚个别化原则设置了自首制度。本案被告人在实施最后一次盗窃行为时被抓获，在司法机关采取强制措施之前，如实供述司法机关未掌握的本人其他罪行，显然不符合上述两种规定情形，因此不应以自首论。但是，被告人在被抓获后、采取强制措施前如实供述自己罪行

---

① 参见 2013 年 4 月 2 日最高人民法院《关于审理盗窃案件具体应用法律若干问题的解释》第 12 条。

的行为，符合《刑法》第 67 条第 3 款规定的坦白的情形，依法"可以从轻处罚"。本案判决也采纳检察机关的这一公诉意见。

五、案件点评

本案是一起事实清楚，证据确实、充分的涉铁盗窃案件，各方在认定案件事实和定性方面均无异议。但在审查起诉中，对被告人是否"自首"的问题产生争议。主要原因是，有的办案人员没有准确理解《刑法》第 67 条关于自首、坦白的条件，进而不能正确把握二者区别，以致适用自首条件过宽。这种情况应当在司法实践中引起重视，进一步严格掌握自首的适用条件，避免任意扩大认定自首的范围。

作者：南昌铁路运输检察院　蔡　勇

案例十六 万某某盗窃案

——"事先通谋"的认定

一、基本案情

被告人万某某，男，46 岁，汉族，江西省贵溪市人，文盲，农民。

本案由南昌铁路公安处侦查终结、南昌铁路运输检察院审查起诉。认定以下犯罪事实：

1. 掩饰、隐瞒犯罪所得、犯罪所得收益罪。2006 年 9 月的一天，被告人万某某在收购废旧物资时，遇到正在进行"公铁并行"防撞钢轨设置施工的劳务人员朱某（已判刑）。朱某提出可以按每吨 1300 元价格将施工中的废旧钢轨卖给万某某。万某某明知朱某提供的钢轨来历不明，但为谋取利差，仍多次与南昌市废旧钢材市场的个体工商户樊某（已判刑）联系销售渠道。在与樊某确定每吨 2200 元的销售价格后，万某某向朱某表示可以收购，并确定由双方均熟悉的司机孙某（已判刑）负责转运钢轨。9 月 20 日左右，孙某按约定开车至鹰潭铁路货场，将朱某盗窃的 6 吨钢轨（价值 1.5 万元）装车，运到鹰潭—南昌高速公路入口附近，与万某某一起将上述赃物卖给樊某。销赃后，万某某共获赃款 13000 余元，随后支付给孙某 1300 元运费，又将 7800 元赃款交给朱某，自己从中获利 4100 元。

2. 盗窃罪。2006 年 10 月的一天，朱某电话联系万某某，告知其还有一批废旧钢轨要万某某帮助运输和销售；万某某表示同意，双方当场谈定作案时间、运赃路线和销售价格。同月 13 日，司机孙某按照万某某安排，驾驶货车到浙赣线鹰潭货场，由朱某现场指挥民工切割、装运了约6吨废旧钢轨（价值1.5万元）；孙某开车来到鹰潭高速公路入口附近，与万某某一起将上述赃物运至樊某处销赃。销赃后，万某某共获赃款13000余元，随后支付给孙某1300元运费，又将7800元赃款交给朱某，自己从中获利4000余元。

案发后，公安机关对被告人实施上网追逃。2011年6月，万某某在亲属劝说和陪同下到公安机关投案自首。

二、证据情况

1. 本案认定被告人万某某犯掩饰、隐瞒犯罪所得、犯罪所得收益罪的证据有：（1）南昌铁路工务段出具的证明。（2）同案人朱某、孙某和樊某等人的刑事判决书、电话记录等书证。（3）鹰潭市价格认证中心出具的废钢轨鉴定意见。（4）同案人朱某、孙某和樊某等人供述。（5）万某某供述与辩解等。

上述万某某供述与同案人朱某、孙某和樊某供述证实，万某某在收购赃物之前，已经知道朱某没有处理废旧钢轨的合法手续，所卖钢轨系从铁路线上盗窃所得，但仍予以收购，并在南昌市废旧钢材市场樊某处销赃。相关电话记录证实，万某某与朱某交易的时间为2006年9月。南昌铁路局工务段出具的证明，证实被盗的废旧钢轨系该局公共财产。相关鉴定意见证实，被盗废旧钢轨价值人民币15000元。上述证据客观真实，来源合法，能够形成证据锁链，充分证实万某某对朱某等人盗窃赃物收购、销赃的犯罪事实。

2. 本案认定被告人万某某犯盗窃罪的证据有：（1）南昌铁路工务段的证明。（2）同案人朱某、孙某和樊某等人的刑事判决书、电话记录、证人曾某提供的公路通行费发票等书证。（3）鹰潭市价格认证中心出具的废钢轨鉴定意见。（4）证人曾某证言。（5）同案人朱某、孙某和樊某等人供述。（6）被告人万某某供述与辩解等。

上述被告人万某某供述，同案人朱某、孙某和樊某供述以及证人曾某的证言证实，万某某明知朱某没有处理废旧钢轨的合法手续，配合朱某实施了一系列盗窃行为。如在本次盗窃前，万某某多次与朱某联系，约定盗窃时间、交易地点及收购价格等，承诺对朱某所盗的废旧钢轨予以收购，主动电话联系同案人孙某运赃，并共同与孙某将赃物运输到樊某处销赃。相关电话记录、公路通行费发票证实，万某某与朱某等人的盗窃时间为 2006 年 10 月 13 日。南昌铁路局工务段证明证实，被盗的废旧钢轨系该局公共财产。相关鉴定意见，证实被盗的废旧钢轨价值人民币 15000 元。上述证据客观真实，来源合法，能够形成证据锁链，充分证实万某某对盗窃赃物收购、销赃的犯罪事实。

三、法院裁判结果及理由

本案由南昌铁路运输检察院依法提起公诉。经南昌铁路运输法院开庭审理，确认检察机关指控的犯罪事实及相关证据。法院认为：（1）被告人万某某明知是犯罪赃物仍予以收购，其行为构成掩饰、隐瞒犯罪所得、犯罪所得收益罪；万某某以非法占有为目的，伙同他人秘密窃取公共财物，数额巨大，其行为已构成盗窃罪，依法应当数罪并罚。（2）被告人及其辩护人提出"对 2006 年 10 月 13 日的犯罪行为，应当以掩饰、隐瞒犯罪所得、犯罪所得收益罪定性处理"的辩护意见。经查，在本次犯罪中，万某某明知朱某提供的钢轨没有任何文件证明来源合法，仍与朱某事前通谋，共同商定盗窃时间、赃物运输方式及销售价格等作案细节，应当以盗窃罪（共犯）论处，被告人及其辩护人的辩护意见不能成立，不予采纳。（3）万某某在共同盗窃犯罪中负责运赃和销赃，起辅助的作用，是从犯，应当从轻、减轻处罚；万某某犯罪后自动投案，如实供述自己的罪行，系自首，可酌情从轻、减轻处罚。（4）鉴于万某某归案后能认罪、悔罪并主动退赔违法所得，结合本案犯罪性质、情节和被告人的现实表现，决定对其减轻处罚、适用缓刑并予以社区矫正；对辩护人请求适用缓刑的意见，予以采纳。2012 年 5 月 16 日，南昌铁路运输法院依法判决如下：

被告人万某某犯盗窃罪，判处有期徒刑 1 年 3 个月，并处罚金 8000 元人民币；犯掩饰、隐瞒犯罪所得罪，判处有期徒刑 6 个月，并处罚金 5000 元人民币；数罪并罚，决定执行有期徒刑 1 年 6 个月，缓刑 2 年，并处罚金 13000 元人民币。违法所得 80200 元予以追缴。

本案一审判决后，被告人及其辩护人没有提出上诉。

四、法律适用问题解析

本案共有两起犯罪事实，控辩双方对第一起掩饰、隐瞒犯罪所得罪的事实和定性没有分歧，但对第二起盗窃罪的定性存在不同意见。

辩方认为：案件事实表明，被告人万某某明知是他人盗窃赃物仍然予以收购的行为，触犯的是《刑法》第 312 条，构成掩饰、隐瞒犯罪所得罪。因为万某某虽然明知朱某准备到铁路货场盗窃废旧钢轨，但并没有非法占有这批钢轨的目的，其主观上只是希望通过包销朱某盗窃的赃物，从中赚取差价；虽然万某某主动联系了共同的运赃人孙某，但其在客观上只是支付孙某运费，该支付运费行为本身与孙某、朱某盗窃钢轨并无直接关系。

检方认为，被告人万某某以非法占有为目的，秘密窃取公共财物，数额巨大，其行为触犯的是《刑法》第 264 条规定，应当构成盗窃罪（共犯）。公诉人指出：共同犯罪是指各犯罪行为人具有共同的犯罪故意和犯罪行为。而共同的犯罪故意，是指各犯罪人通过意思联络，意识到他们的共同行为会发生危害社会的结果，并且希望或放任危害结果发生的主观心理态度。共同犯罪故意使得各犯罪人之间的行为彼此联系、默契配合，在客观上结合成一个统一的犯罪行为，共同导致危害结果的发生。虽然万某某辩解自己没有非法占有废旧钢轨的目的，只是希望包销朱某盗窃的赃物赚取差价；但从全案证据可以看出，在被告人第一次收购时，他已经明知朱某没有处理废旧钢轨的权限和手续，明知朱某处理的钢轨系盗窃所得。此后，被告人仍与朱某、孙某多次密谋联系再次盗销钢轨，其主观故意的内容（或心理态度）已经发生根本变化——由之前的明知而放任，演变为积极追求非法占有的目的。由于废旧钢轨属于铁路专有物资，这个特殊属性决定了，盗窃废旧钢轨的行为不可能由一个人单独完成全部过程，而必须由多人合作才能完成。虽然万某某没有出现在盗窃现场，但他与主犯朱某密谋商定收购价格、主动联系司机及寻找下线买家等行为，均在朱某着手盗窃前已经完成。换言之，在朱某盗窃之前，万某某已经与其达成共同盗窃的犯罪合意；其目的不仅是赚取销赃差价，而且有决意参与、帮助朱某非法占有公共财物的故意内容。综观全案，如果没有万某某参与帮助，朱某无法达到非法占有公共财物的目的，万某某在共同犯罪中起到重要辅助作用，其行为完全符合盗窃罪共犯的构成要件。最终，法院判决支持检方指控的意见。

五、案件点评

本案具有如下特点：一是盗窃对象特殊。铁路系统对废旧轨料的回收处理是有专门管理和程序设置的。废旧轨料的所有权、处置权属于铁路局，任何个人不能私自处理或出售。二是被告人从收赃者转化为盗窃共犯，显示出逐步膨胀的主观恶性。三是本案对收购赃物行为的准确定性提供了很好的参考。通过本案审查起诉，可以总结出对此类案件依法定罪的一个重要标准，即判断在盗窃行为发生之前是否有通谋。换言之，就是判断行为人掩饰、隐瞒犯罪所得的主观故意产生于盗窃前还是盗窃后。如果行为人事前与他人通谋盗窃，又于事后就窝藏、转移或收购赃物达成合意的，就应当以盗窃罪（共犯）论处。

作者：南昌铁路运输检察院　徐　健

第二十一章 诈骗罪典型案例

案例十七 杨某、张某诈骗案
——"处分行为"的认定

一、基本案情

2011 年 3 月 28 日，某铁路局工务段向安康铁路公安处报案称：2011 年 2 月至 3 月期间，该段被人以伪造油料用料单的方式冒领油料，涉案金额 40 余万元。同年 3 月 30 日，安康铁路公安处对此案立案侦查。同年 5 月 5 日，安康铁路公安处对犯罪嫌疑人杨某、张某等人刑事拘留，同年 6 月 4 日以张某涉嫌诈骗罪，向安康铁路运输检察院提请批准逮捕。经安康铁路运输检察院依法审查，查明以下涉嫌犯罪事实：

2011 年年初，某铁路局物资供应段与某石油公司签订《供油协议》：由物资供应段每月预付石油公司 20 万元，各铁路站段凭油料用料单加油，由石油公司按照"先款后货"的原则结算；石油公司每月将用料单送达物资供应段，经各站段审核确认后，物资供应段再支付下一个月的预付款。

同年 3 月 15 日，犯罪嫌疑人杨某（无业人员）持两张伪造的某工务段油料用料单，找到犯罪嫌疑人张某（加油站工人），要求张某从已经收取的加油款中为其套出现金，并承诺给张某提成费。张某为贪图提成的好处，遂按照两张油料用料单上填写的油量（0 号柴油 1080 升、93 号汽油 810 升），以当日汽柴油的单价为杨某套出现金 12000 多元，杨某给张某提成 300 余元。

同年 3 月 23 日，杨某又持 3 张伪造的某工务段油料用料单（0 号柴油 1300 升、0 号柴油 1080 升、0 号柴油 910 升）找张某套取现金。张某从已经收取的加油款中为杨某套出现金 22740 元，之后杨某给张某提成 3000 余元。

石油公司在收到伪造的某工务段油料用料单后，误以为是某工务段车辆加油所用，即从铁路物资供应段当月支付的 20 万元预付款中划拨走该虚假用料单核算的加油费金额。

二、审查过程

安康铁路运输检察院受理该案后，办案人员经过讯问犯罪嫌疑人和要求公安机关补充侦查，进一步查明以下情况：

1. 加油站的加油工主要负责加油和收款两项工作。根据石油公司有关规定，加油工收取加油款后应当及时上交给统计员。每日 16 时，公司要对各加油站进行一次统一核算，各加油站收取的加油款、加油卡、铁路油料用料单等核算金额，必须与当日的出油量一致。

2. 按照石油公司规定：为加油时找零钱方便，加油工收取加油款后可持有一定现金，但不得超过 300 元；多出的加油款必须及时上交统计员。

3. 张某辩解，他误以为杨某是管理油料的铁路职工，杨某套取油款是想占公家便宜，不知道杨某所持的用料单是伪造的。

查明上述情况后，办案人员在案件管辖、定性和犯罪嫌疑人张某的主观故意等方面产生了争议。

1. 关于本案的定性问题，存在三种意见。第一种观点认为，杨某勾结张某非法套取石油公司财物，是利用了张某经手公司财物的职务便利，因此应当构成职务侵占罪。第二种观点认为，按照石油公司规定，张某所持的加油款不得超过 300 元，但是他违规持有 20000 余元，张某将代为保管的公司财物非法占为己有，应当构成侵占罪。至于张某和杨某虚构某工务段加油事实，只是他们企图掩盖侵占犯罪的不可罚的事后行为。第三种观点认为，杨某、张某虚构某工务段加油事实，进而套取石油公司的加油款，是采用欺诈手段骗取公私财物的行为，应当构成诈骗罪。

2. 关于本案管辖问题，存在两种意见。一种观点认为，犯罪嫌疑人杨某与张某勾结，非法占有石油公司的财物；被害人是石油公司，故本案不属于铁路司法管辖。另一种观点认为，石油公司在收取虚假的油料用料单后已将铁路的预付款划走，并将假单经铁路方审核后支付了下月的预付款；被害人是铁路单位，故本案应属于铁路司法管辖。

3. 关于张某犯罪故意的问题。本案张某辩解称，他并不知道铁路的油料用料单是伪造的，误以为杨某是管理油料的铁路职工，杨某套取油款是想占公家便宜。补充侦查的证据表明，张某主观上认识到杨某是利用职务便利骗取公共财物，可能实施贪污或职务侵占罪。如果本案认定杨某构成诈骗罪，是否也能认定张某具有共同诈骗犯罪故意？

围绕上述三个关键问题，办案人员结合案情、证据和有关法律规定进行反复研究，最终形成以下一致意见：

1. 杨某、张某的行为应当构成诈骗罪（共犯）。主要理由是：犯罪嫌疑人杨某与张某相勾结，采用伪造某工务段油料用料单的手段，虚构某工务段加油的事实，非法套取某石油公司加油站收取的加油款，致使该石油公司陷于错误的认识，即误以为某工务段已加油而从铁路预付款中划走加油款，属于采用虚构事实方法骗取财物的行为，依法应当构成诈骗罪。

2. 本案属于铁路司法管辖。主要理由是：从表面上看，本案是石油公司受骗，处分的也是加油款，似乎被害人是石油公司；但是，由于石油公司受骗后已将铁路单位的预付款处分给自己，造成实际上的被害人转化为铁路单位的后果。本案证据表明，铁路单位作为某石油公司的用户，每月打给该公司 20 万元预付款，由该公司按"先款后货"的原则结算。石油公司收到伪造的铁路油料用料单后，误以为铁路单位已经加了油，因而将其预先占有的铁路预付款结算给自己所有；在本案犯罪行为未被发现的情况下，蒙受财产损失的始终是铁路单位。因此，本案是一起由石油公司介入铁路财物处分权而形成的"三角诈骗"特殊案件,受骗人是石油公司,被害人是铁路单位,本案由铁路司法管辖具有充分的事实和法律根据。

3. 张某具有诈骗犯罪故意。主要理由是:根据刑法理论,犯罪故意是认识要素和意志要素的统一,对客观事实的认识错误可能会影响犯罪故意的成立。对客观事实的认识错误,可分为具体的认识错误和抽象的认识错误。其中,具体的认识错误是指在同一犯罪构成内的认识错误;抽象的认识错误是指行为人认识的事实与现实所发生的事实属于不同的犯罪构成要件。对于抽象的认识错误,不能仅根据行为人的故意内容或者行为的客观事实认定犯罪,而应当在故意内容与客观事实相符合的范围内来认定。本案中,加油工张某误以为杨某是管理油料的铁路职工,也不知道杨某持有的用料单是假的。但是,张某在主观上能够认识到杨某是在利用职务便利骗取公共财物,可能实施贪污或者职务侵占犯罪,在客观上实施了共同诈骗行为。张某的主观认识是贪污或职务侵占罪,而客观事实是诈骗罪,其主观上具有骗取公共财物的共同故意,并且与诈骗的客观事实相符合,因而应当认定为诈骗罪。

三、处理结果

2011 年 6 月 10 日,安康铁路运输检察院以诈骗罪对张某批准逮捕;同年 12 月 22 日以杨某、张某犯诈骗罪向安康铁路运输法院提起公诉。2012 年 2 月 1 日,安康铁路运输法院对本案开庭审理,法庭确认了检察机关指控的犯罪事实、证据以及罪名认定的意见。依法判决如下:

1. 被告人杨某犯诈骗罪,判处有期徒刑 7 年 6 个月,并处罚金90000 元;

2. 被告人张某犯诈骗罪,判处有期徒刑 2 年 6 个月,缓刑 3 年6 个月,并处罚金 30000 元。

四、案件点评

本案的案值虽不大,但涉及的经济关系、相关罪名却错综复杂,是一起表现形式特殊的"三角诈骗"案件。在铁路企业日益经常性参与多元市场经济活动的条件下，此类案件的发生将会越来越普遍，也给检察机关及时办理、准确认定和依法惩处相关犯罪提出了更高要求。为进一步加深实践中的理解和把握，在此结合本案着重阐述以下几个问题：

（一）关于张某是否构成职务侵占罪问题

在侵财案件司法实践中，对于从外部非法占有公私财物的案件，解决定性问题一般比较容易；但对于从内部非法占有公私财物的案件，准确认定行为的性质往往比较复杂。从财物占有的内部关系上看，大体分为三种形式：一是平等主体之间的共同占有；二是不同主体之间主管、管理、经手等功能复合的占有；三是主体具有上下主从关系的占有。其中，在主体具有上下主从关系的占有形式中，表面上看是数人在参与控制、支配财物，实际上却是数人之间存在上下主从关系。此时，财物的占有人通常是上位者，其他下位者只是上位者的占有辅助人。例如，商店店员虽然负责收支营业款，但只是在店主监督之下接触财物，并无独立的管理、处分权限；换言之，店员对于营业款没有自主占有或者管理、处分的权利，充其量只是将商店的财物过过手。

本案中，某石油公司规定加油工所持的加油款不得超过300元，所收取的其他加油款必须及时上交统计员。在这个关系中，统计员是居于加油工上位的监督管理者，加油工只是在统计员监督之下机械地过手公司财物，并没有自行处分该财物的权力，实际上属于公司财物的占有辅助人。因此，本案张某对于其违规持有的20000元加油款不具有经手或管理的职务便利，不应当构成职务侵占罪。

（二）关于张某是否构成侵占罪问题

在《刑法》第270条规定的侵占罪中，"代为保管"是指行为人对他人财物没有所有权，但基于委托信任关系对他人财物具有事实上或者法律上的支配力。这种委托信任关系，可能因合同关系或者担保物权产生，也可能因无因管理或者民事惯例产生；但行为人对于他人财物必须成立《刑法》上的占有，即对该财物可以独立地控制、支配，除不能对抗所有权外，可以排除任何人的干涉。本案中，张某只是违反石油公司的规定暂时持有该公司的财物，对该公司财物不能独立地控制、支配，不能成立刑法上的占有。因此，张某持有的20000元加油款不具有《刑法》第270条"代为保管"的性质，不应当构成侵占罪。

（三）关于张某是否构成诈骗罪问题

对于诈骗罪的客观要件，我国学者指出，诈骗罪在客观上必须表现为一个特定的行为发展过程：即行为人实施欺骗行为—对方陷入或者维持认识错误—对方基于认识错误交付其财产—行为人取得或者使第三者取得该财产—被害人遭受财产损失。通说认为，交付行为的存在是必要的；交付行为这一要素，是"没有记述的构成要件要素"。本案中，张某虚构某工务段加油事实而使统计员陷于错误认识，但统计员并未因此向张某交付20000余元加油款，该加油款一直被张某持有，似乎并不符合诈骗罪的构成要件。

但是，本案的性质并非如上述表面现象。正确认识这个问题，需要对诈骗罪中的"交付"作全面理解。诈骗罪中的"交付"一词，源于日本《刑法》第246条的规定："欺骗他人使之交付财物的，处十年以下惩役。"在汉语中，"交付"的意思是交给，法律上的意义是指财物占有的转移。由于"交付"一词的外延较窄，不能涵盖诈骗罪对象中的财产性利益、被害人抛弃财产等情况。因此有的国家刑法将交付财产与提供劳务、设立债权、免除债务等并列规定为诈骗罪的客观要素，如法国《刑法典》第313-1条规定："使用假名、假身份，或者滥用真实身份，或者采取欺诈伎俩，欺骗自然人或者法人，致其上当受骗，损害其利益或者损害第三人利益，交付一笔资金、有价证券或者其他财物，或者提供服务或同意完成或解除某项义务之行为，是诈骗。"而我国和其他一些国家的刑法甚至连"交付"一词都未使用，如德国《刑法》第263条对诈骗罪只规定了3个客观要素：欺诈行为、使他人陷入错误因而损害他人财产；在这 3 个客观要素之间应当具有因果联系，即欺诈行为是使他人陷入错误的原因，他人陷入错误是损害其财产的原因。但是，陷入错误是一种主观认识，损害财产是一种客观结果；从因果关系上说，只有在主观认识陷入错误的被害人对财产作出某种客观上的处置行为后，才能导致损害其财产的客观结果。这种对财产处置的客观行为，国外刑法理论称为"处分行为"。然而"处分行为"并没有成文法的明文根据，只是在理论上将其作为不成文的构成要件要素。

在汉语中，"处分"的意思是处理、处置，法律上的意义是指对财物进行事实上或者法律上的处置，由于它比"交付"一词的外延更大，因此得到刑法理论界的广泛认可。但是由于诈骗犯罪的复杂性，对于"处分"行为不应作狭义理解，而应当在客观方面和主观方面作更宽泛的解释。

在客观方面，处分行为包括被害人的任何作为、不作为甚至于忍受。对此，我国台湾学者林山田先生指出："一切对其本人或者第三人财产之任何事实行为、忍受或者不作为，而足使自己或者第三人之财产减低其经济价值者，均足当之。"此外，为区分诈骗罪与盗窃等犯罪，处分行为与财产损害之间应当具有直接性要件，而不能介入其他违法行为。例如，行为人欺骗他人将财物转移至门外，趁他人如厕时取走财物的，因介入了行为人夺取占有的因素，故应构成盗窃罪；又如，行为人伪称财物无价值欺骗他人抛弃财物，行为人取得财物的，因他人已放弃占有，行为人没有夺取占有，故在他人抛弃财物的处分行为与财产损害之间具有直接性要件，应当构成诈骗罪。

在主观方面，处分行为只要求被害人意识到是对自己的财物作出某种处置即可，并不要求其必须意识到处分的性质和具体内容。例如，行为人在被害人购买机票时，打电话欺骗被害人在 ATM 机上输入激活码数字，实际上是将数字输入到转账数额一栏，而将相应款项转入行为人的账户；虽然被害人知道自己是在进行某种与财物相关联的处置，但因受骗没有认识到实际上是将自己财物转移给行为人，对处分性质认识错误的，仍应构成诈骗罪。又如，行为人在超市中更换高级相机和普通相机的价格条形码，支付普通相机款，从而获得高级相机的，超市店员因受骗对处分的具体内容——财物价值认识错误的，应构成诈骗罪。

在本案中，从外部关系上说，张某作为本公司财物的占有辅助人，已经代表石油公司对外处分了 20000 元的油料。然而从内部关系上来说，张某没有向居于上位的统计员交纳加油款，因此该石油公司尚未形成对外处分油料的集合意思。当张某虚构某工务段加油事实并向统计员上交铁路油料用料单后，石油公司从统计员到其他居于上位、具有处分权的人均陷入错误认识，形成了向铁路单位处分油料的集合意思。但是，石油公司并未意识到处分的具体内容，即误以为其处分的是油料，而实际上处分的是 20000 元加油款。因为，加油款一经加油工收取即在石油公司占有之下，加油工只是辅助占有，加油工秘密携款逃匿的构成盗窃罪，而以欺诈手段骗取的当然应构成诈骗罪。

作者：安康铁路运输检察院　宋利军

案例十八　郭某诈骗案

——诈骗罪与合同诈骗罪

一、基本案情

被告人郭某，男，1979 年 7 月 17 日出生，汉族，河北省新河县人，个体经营者。2010 年 3 月 31 日因涉嫌诈骗罪被石家庄铁路公安处刑事拘留；同年 5 月 5 日经石家庄铁路运输检察院批准逮捕。

石家庄铁路运输检察院审查起诉认定：2009 年 5 月，被告人郭某在石家庄火车站的多经企业正太大酒店停车场内开办鹏远托运站，主要经营石家庄市至河北来源县的托运业务。2009 年 7 月 31 日，郭某在收受 15 名货主委托运输的货物并出具托运凭证后逃匿，货物总价值 14.57 万元人民币。其中：被害人刘某某委托运输的货物，价值 94210 元；被害人王某某委托运输的货物，价值 2320 元；被害人梁某委托运输的货物，价值 7998 元；被害人孙某某委托运输的货物，价值 2130 元；被害人胡某某委托运输的货物，价值 2895 元；被害人赵某委托运输的货物，价值 520 元；被害人罗某某委托运输的货物，价值 2000 元；被害人田某某委托运输的货物，价值 3150 元；被害人韩某某委托运输的货物，价值 1200 元；被害人陈某某委托运输的货物，价值 1800 元；被害人门某某委托运输的货物，价值 20741 元；被害人许某某委托运输的货物，价值 1420 元；被害人孙某华委托运输的货物，价值 4100 元；被害人赵某某委托运输的货物，价值 500 元；被害人李某某委托运输的货物，价值 750 元。被告人郭某被抓获后，追回价值 64461 元的货物。

二、证据情况

本案审查起诉认定的犯罪事实，主要有以下证据支持：

1. 石家庄市高新区公安局民警出具的抓获经过及工作说明。证实被告人郭某于2010年3月29日被抓获，次日移交石家庄铁路公安处审查；之后郭某带领公安人员从买赃人处及货物藏匿地点追回部分骗取的货物。

2. 公安机关扣押、发还被骗货物清单及照片。证实本案追回货物的名称、数量、形状，并已分别发还被害人的事实。

3. 刘某某等15名被害人的证言笔录。均证实：他们于2009年7月29日至31日委托鹏远托运站向河北省涞源县托运各自的货物，并办理了托运手续。后来得知托运的货物别骗走，先后向铁路公安处报案。

4. 刘某某等15名被害人与鹏远托运站办理的货物托运单、购买货物收据等凭证。分别证实托运货物的数量及价值。

5. 鹏远托运站给货主开具的托运单，分别证实15名货主与鹏远托运站签订了托运货物的合同。

6. 证人梁某证言及报案材料。证实：2009年5月初郭某开办鹏远托运站，在石家庄站正太大酒店停车场内经营托运业务。同年7月29日至31日，该托运站收受货主的货物，于31日被郭某拉走藏匿；梁某得知后便找郭某，因郭某关掉手机失去联系，于8月1日向铁路公安处报了案。

7. 证人姚某某证言。证实其承包石家庄车站正太大酒店停车场，2009年5月郭某在停车场内办起了鹏远托运站，承运涞源方面的货物。同年7月31日得知郭某拉走了一车货物，不知去向。

8. 证人杜某某证言。证实2009年8月1日下午，郭某让他找房子存放货物，他联系了新河县东关李某某家的房子。当天下午，郭某就把货放在了那里，有坐便器、洗脸盆、气泵等。过了几天，郭某带人又把货拉走了。

9. 证人杜某证言。证实2009年8月初，郭某派人开一辆小货车拉了大约十几台电视机，存放在其居住的石家庄市东城小区8-2-302地下室。同年12月2日地下室被盗，部分电视机丢失，剩下3台放在家被公安收走了。

10. 证人何某某证言。证实 2009 年 11 月，她从郭某处购买一台 42 寸海信牌液晶电视机。

11. 证人郭某某证言。证实 2009 年 11 月，郭某在她家中放了一台海信牌液晶电视机。

12. 证人魏某某证言。证实其 2009 年 11 月从郭某处购买一台 TCL 电脑。

13. 被告人郭某的户籍证明。

14. 被告人郭某供述和辩解，对其涉嫌犯罪事实供认不讳。

三、法院裁判结果及理由

在本案审查起诉中，石家庄铁路运输检察院认为公安机关对被告人涉嫌诈骗罪的定性不正确，于 2010 年 11 月 1 日以郭某犯合同诈骗罪提起公诉。石家庄铁路运输法院开庭审理，确认检察机关指控的犯罪事实。法院认为：（1）被告人郭某以非法占有为目的，私自开办货物托运站，采取与货主签订货物运输合同的手段，收受货主给付的货物，然后携货逃匿，数额巨大，其行为构成合同诈骗罪。（2）郭某在归案后能如实供述犯罪事实，并主动带领公安人员追回部分卖出和藏匿的货物，可酌情予以从轻处罚。2010 年 12 月 8 日，石家庄铁路运输法院以被告人犯合同诈骗罪，依法判处其有期徒刑 5 年，罚金人民币 20000 元，责令退赔人民币 72909 元。

四、法律适用问题解析

在本案审查起诉中，对郭某行为的定性存在三种意见。一是认为构成诈骗罪，二是认为构成合同诈骗罪，三是认为构成侵占罪。检察机关结合本案事实和证据认真研究，最后以合同诈骗定罪起诉，并得到法院支持。

（1）根据《刑法》第 266 条规定，诈骗罪是指"诈骗公私财物，数额较大的"行为；而《刑法》第 224 条规定的合同诈骗罪，则指"以非法占有为目的，在签订、履行合同过程中，骗取对方当事人财物，数额较大的"行为。两罪的主要区别：一是侵犯的客体不同。诈骗罪是单一客体，即只侵犯公私财产所有权；而合同诈骗罪是复杂客体，除侵犯公私财产所有权外，还侵犯市场交易秩序和合同管理制度。这也正是《刑法》将诈骗罪归入侵犯财产罪，而将合同诈骗罪归入破坏社会市场经济秩序罪的根本原因。二是客观行为不同。诈骗罪表现在行为人采取欺骗行为，使受害人产生错误认识而交付财产。诈骗罪的手段多种多样，并不限于在签订、履行合同过程中。而合同诈骗罪是行为人在签订、履行合同过程中，采取虚构事实、隐瞒真相等手段，骗取合同对方当事人的财物。

可见，区分合同诈骗罪与诈骗罪，关键在于判断该诈骗行为是否发生在签订、履行合同过程中，或者该诈骗行为是否以合同交易为名进行的。合同诈骗罪中的"合同"，应当限定为《合同法》意义上的"合同"，即有关内容符合《合同法》第9条规定的合同基本条款，包括合同标的、数量、质量、价款或者合同约定的报酬、履行期限、地点及方式、违约责任和解决争议的方法等。

（2）根据《刑法》第224条规定，以非法占有为目的，在签订、履行合同过程中，收受对方当事人给付的货物、货款、预付款或者担保财产后逃匿的，构成合同诈骗罪。从本案情况看，郭某在接受15名货主托运的货物后，将装有贵重物品的货车转移走之后逃匿，证明其存在非法占有的目的；并且在逃匿之后将货主交付的货物变卖销赃，具有合同诈骗罪的行为。被告人经营的鹏远托运站出具的货运单，应当认定为货运合同；其在履行合同期间骗取货主货物的行为，属于"收受对方当事人给付的货物、货款、预付款或者担保财产后逃匿的"的情形，符合合同诈骗罪构成要件。在本案形成法条竞合的情况下，根据特殊法优于一般法的原则，应当认定郭某构成合同诈骗罪。

此外，被告人郭某的行为亦不构成侵占罪。主要理由是：货物运输合同中的运输行为，不仅要求托运方将货物交付给承运方，而且要求承运方在承担运输义务的基础上附随保管义务。本案中，被告人郭某作为承运方，因运输合同而得到货物的代为保管权；其携带货物、货款逃匿的行为，不同于保管关系中占有货物而拒不交出的侵占行为，而属于履行货物合同过程中骗取对方当事人财物的合同诈骗行为。

五、案件点评

司法实践中，由于合同诈骗罪的特殊性及相关司法解释的欠缺，导致认定该罪名时容易出现争议。从犯罪的主观方面看，诈骗罪与合同诈骗罪均由故意构成；但是，两罪主观故意产生的时间却有明显的不同：合同诈骗的犯意产生时间，可以是行为人在签订合同之初就意图非法占有他人财物；也可以是在合同履行过程中，由于各方面原因使行为人产生利用合同诈骗的故意。后一种情况是合同诈骗罪的突出特征，并且表现方式和手段多种多样，具有极强的隐蔽性，对侦查取证的要求也极为细致严格。而普通诈骗罪的犯罪故意往往产生于诈骗行为之初，或者发生在虚构事实、隐瞒真相等诈骗手段实施之前。本案被告人郭某开办"鹏远"托运站，最初目的显然不是为了实施诈骗犯罪，而只是在他出具货运单并收受对方当事人给付的货物之后，才产生非法占有他人财物的目的，进而携带款物逃匿。

从另一角度看，准确把握普通诈骗罪与合同诈骗罪的差别，关键看行为人是否利用合同进行诈骗。换言之，在实施合同诈骗时，行为人与受害人之间必须有一个真实的合同存在。合同诈骗罪中的"合同"，是指除身份合同、行政合同和《刑法》已规定具体罪名之外的所有民事合同，既包括《合同法》分则所列举的典型合同，也包括未列举的其他民事合同；既包括书面合同，也包括口头合同或者其他形式的合同。本案被告人郭某以"鹏远托运站"名义出具的货运单，因其形式要件与内容要素完整，即属于法律意义上的合同。

总之，实践中判定行为人是合同诈骗罪还是诈骗罪，一般应当从三个方面分析。一看行为主体，主体是单位的，一般是合同诈骗。二看合同性质，涉案合同为双务有偿合同的，一般是合同诈骗；行为人单方面伪造合同或者是单务无偿合同的，一般是诈骗罪。三看行为人主观故意产生的时间，合同诈骗罪的犯意一般产生于签订合同之初或履行合同过程中，而诈骗罪犯意一般产生于诈骗行为之前。

案例十九　宋某某诈骗案

——伪造证明骗取拆迁款的定性

一、基本案情

被告人宋某某，男，1967 年 7 月出生，初中文化，北京市密云县人，北京铁路局通州车务段怀柔北称重计量站原职工。因涉嫌诈骗罪，于 2013 年 7 月 12 日被北京铁路公安处刑事拘留，同年 8 月 16 日被北京铁路运输检察分院批准逮捕。

经北京铁路公安处侦查终结、北京铁路运输检察分院审查起诉认定：2010 年 8 月至 11 月间，宋某某利用北京市密云县密云镇人民政府修建 101 国道绕城线一期工程，计划对北京铁路局通州车务段小唐庄火车站的职工住房进行拆迁之机，经询问拆迁办主任于某某得知拆迁需要的手续和程序，遂组织施工队在小唐庄闲置的办公用房旁边私自加盖平房。宋某某采取借用其 12 名亲戚朋友身份证和自己身份证的方法，私自开具 13 份虚假的分配住房证明，欺骗拆迁办和评估公司，从而获得评估报告、签订拆迁补偿协议书。随后，宋某某又借用他人身份证到银行代领拆迁款，共骗得拆迁款 731.5 万元人民币。宋某某将骗取的拆迁款全部挥霍，无法追回。2013 年 7 月 12 日，在北京铁路公安处调查其他问题时，宋某某主动向民警供认了上述犯罪事实。

上述犯罪事实，有被告人宋某某供述，公安机关出具的到案经过说明，证人李某某、王某某、杨某和黄某某等人证言，拆迁补偿协议书，中国银行存款历史交易明细清单，中国邮政储蓄银行活期明细，中国银行存款凭条及取款凭条，中国邮政储蓄银行取款凭条，北京铁路局通州车务段出具的证明，被告人宋某某的户籍证明等证据在案佐证。

二、法院裁判结果及理由

本案由北京铁路运输检察分院依法提起公诉。北京铁路运输中级法院开庭审理认为：（1）被告人宋某某以非法占有为目的，虚构事实，隐瞒真相，骗取拆迁补偿款，其行为构成诈骗罪，且数额特别巨大，依法应予惩处。北京铁路运输检察分院指控被告人犯诈骗罪的事实清楚，证据确实、充分，指控的罪名成立。（2）鉴于宋某某主动投案、如实供述自己的罪行，系自首，且其家属代为退赔部分赃款 20 万元，可酌情从轻处罚。（3）对于辩护人提出"宋某某当庭认罪；诈骗款中含有宋某某自建房屋的投资部分，应从轻处罚"的意见，经查，当庭认罪为认定自首情节的必备要件；宋某某以其自建房屋骗取拆迁补偿款，属于为犯罪支出的成本，故对该辩护意见不予采纳。依法判决如下：

1. 被告人宋某某犯诈骗罪，判处有期徒刑 15 年，剥夺政治权利 3 年，并处罚金人民币 15000 元。

2. 在案扣押的人民币 20 万元，发还北京市密云县密云镇人民政府。

3. 责令被告人宋某某退赔违法所得人民币 711.55 万元，发还北京市密云县密云镇人民政府。

三、法律适用问题解析

在本案审查起诉中，对被告人宋某某的行为是构成诈骗罪还是合同诈骗罪存在争议。一种意见认为，宋某某构成合同诈骗罪。首先，拆迁补偿协议属于合同的一种，受《合同法》约束，符合合同诈骗罪对于合同的要求。其次，宋某某借用其 12 名亲友和自己的身份证，私自开具 13 份虚假的分配住房证明，欺骗拆迁办和评估公司获得评估报告，并通过签订拆迁补偿协议的方式获得补偿款，属于在签订合同过程中虚构事实、隐瞒真相、骗取对方当事人财物的行为，符合合同诈骗罪的构成要件。

另一种意见认为，宋某某的行为应当认定为诈骗罪。首先，在犯罪客观方面，诈骗罪的手段多种多样，并不限于在签订、履行合同过程中实施；而合同诈骗罪的手段仅限于在签订、履行合同过程中实施，利用合同手段骗取公私财物。从诈骗行为的实行上，宋某某不仅在拆迁补偿协议的签订、履行过程中实施了诈骗行为，而且在协议签订前就为骗取拆迁补偿款在小唐庄火车站建筑 13 间平房、冒用小唐庄火车站的公章出具住房证明，并且在骗取签订拆迁补偿协议之后又冒充他人名义去银行领取拆迁补偿款。可以说，宋某某的诈骗行为贯穿于整个案件过程，已经超出合同诈骗罪的行为发生在签订、履行合同过程中的要求；同时，宋某某的诈骗手段多样，也超出《刑法》第 224 条规定的合同诈骗罪的五种情况。其次，本案宋某某在使用自己身份证的同时，又借用了 12 名亲友的身份证，私自开具 13 份虚假的分配住房证明，并据此与拆迁办分别签订 13 份拆迁补偿协议。在这 13 份协议中，只有 1 份是宋某某以自己名义签订的，而在其余 12 份协议中，宋某某并不是当事人；但宋某某为了非法占有这 12 份协议的拆迁补偿款，进而冒用他人名义去银行领取拆迁补偿款。从这一点也可以证明，宋某某不符合合同诈骗罪主体应是合同一方当事人的要求。最后，根据《刑法》规定，合同诈骗罪属于特殊的诈骗罪，它与诈骗罪是特别法与普通法的竞合关系，根据"特别法优于普通法"的原则，对于符合特殊诈骗罪构成要件的行为，应当适用特别法的规定认定；反之，对于不符合特殊诈骗罪而符合普通诈骗罪构成要件的行为，则应当以普通诈骗罪论处。本案宋某某虽然是通过签订协议的方式骗取拆迁补偿款，但并不符合合同诈骗罪主体及客观方面的构成要件，因此应当认定为诈骗罪。

四、案件点评

本案因地方政府对国有铁路火车站地区进行拆迁而引起，在涉铁案件中较为少见。该案涉及铁路垂直管理与地方政府分片管理两个系统，在双方协调对接中极易出现漏洞，从而给犯罪分子留下可乘之机。同时，因本案诈骗数额特别巨大，情节特别严重，在案发地受到广泛关注，社会影响较大。

在本案审查起诉中，检察机关公诉部门主动介入侦查环节，积极协调各方关系，协助铁路公安机关到密云县政府、通州西车务段、拆迁评估公司和被拆迁的小唐庄火车站等部门单位询问证人，补充证据材料，将案件中的疑难问题和辩护人提出的"房屋面积""诈骗数额"等问题，均较好地解决在审查起诉阶段。同时，办案人员针对案件定性等问题作了充分的预案准备，在庭审中讯问、答辩层次分明，重点突出，使起诉指控的事实最终得到法院确认，被告人一方没有提出上诉，达到了质量与效率并重的良好效果。

值得注意的是，办案人员在审查起诉中发现，涉案的拆迁办主任于某某对被告人宋某某非法提供的 13 份被拆迁人员身份信息证明和房屋权属证明未严格履行审查职责，致使宋某某诈骗拆迁款的犯罪行为得逞。为此，公诉部门注重收集该拆迁办负责人涉嫌渎职犯罪的相关材料，并及时移送职务犯罪侦查部门，在对宋某某诈骗罪提起公诉的同时，对该拆迁办主任于某某以玩忽职守罪、贪污罪另案起诉至法院，并依法作出有罪判决。本案的启示是：检察机关在审查起诉拆迁类诈骗案件时，应当注意审查诈骗犯罪背后有无国家工作人员失职渎职、贪污贿赂等职务犯罪，对涉嫌犯罪的案件线索，应当及时移送职务犯罪侦查部门依法查处。

作者：北京市人民检察院第四分院 刘林逍

案例二十 "12·21"合同诈骗案

——团伙犯罪的认定和处罚

一、基本案情

哈尔滨铁路局讷河站是齐齐哈尔车务段下辖的二等站，该站所在的讷河市是中国优质大豆的主产地。因此，一些犯罪分子便将讷河站发往南方各省的大豆货运列车当成了"发家致富"的目标。

2005年下半年以来，讷河籍的一些无业人员在巨额非法利益的驱动下，依托亲戚、朋友的关系，"滚雪球"式地形成了以被告人张某良、张某文、武某某、冯某、于某某、孙某某为首的3个盗窃铁路运输物资、诈骗铁路运输保价款的犯罪团伙，成员多达100余人。他们在沈阳铁路局白城站、赤峰站和北京铁路局山海关站等个别铁路职工的帮助下，以押运员的身份，在查清目标列车的车次、时间、编组等信息后，利用赤峰站、隆化站区间的隧道和弯道多、车速慢等条件，在讷河站发往南方各省车站的货运列车上，大肆实施"有挂干挂"（相邻车厢装运大豆的，即盗窃大豆到所押运的本车上）、"无挂割刀"（相邻车厢未装运大豆的，即盗窃所押运本车的大豆，然后将本车篷布用刀割破，谎称大豆丢失，骗取铁路运输保价款）的犯罪行为。这些犯罪团伙的成员不是长期固定，组织形态较为松散，但每一次作案都经过事先预谋、分工明确；其中有负责组织实施的策划人，有负责与收赃人谈价的中间联络人，有具体实施盗窃行为的作案人，也有接货收货的收赃人。作案手段也由原始的盗货、"掀"货，演变升级为赃物不离车、不落地、不跟盗窃分子走的新型盗窃、诈骗犯罪活动，因而具有很强的隐蔽性。分述如下：

（一）盗窃犯罪

主要有两种形式：

1. 始发站少装货物，在中途盗窃邻车，终到销赃给收货人。铁路公安机关侦查查明：2007年初至2010年10月13日期间，本案3个犯罪团伙采用上述作案手段，共实施盗窃22次，合计盗窃列车运输的货物大豆71183公斤，总计价值26.9万余元（人民币，下同）；终到销赃24次，共得赃款15.3万余元。例如，2008年5月5日，被告人张某良接到被告人孙某某（发货人）电话，让其押运时少装20袋大豆并在途中盗窃补齐；又接到被告人黄某某（收货人）电话称，有3辆讷河站发往花艳站的大豆车要其押运。于是张某良便找到被告人张某文预谋上车盗窃大豆，张某文同意后，二人分别找来被告人张某某、张某东、刘某某、郑某某和张某军、付某某。张某良通过被告人桂某某（通辽车辆段工作人员）查得列车编组和到发时间后，由张某文、张某良具体组织实施盗窃，将8人分成4组，在通辽站扒上货运列车。在列车运行途中，8名被告人分别从讷河站发往鲇鱼套站的4806319号货车盗窃大豆5000公斤（共计100袋，价值1.87万元），搬运到由讷河站发往花艳站的4201476号货车上存放；从讷河站发往太原西的4936255号货车上盗窃黄豆2000公斤（共计40袋，价值7480元），搬运到讷河站发往花艳站的4907260号货车上存放；从讷河站发往鲇鱼套站的4925839号货车上盗窃大豆2450公斤（共计49袋，价值9163元），搬运到讷河站发往花艳站的车号为4629010货车上存放；从讷河站发往鲇鱼套站的4934481号货车上盗窃黄豆4100公斤（共计82袋，价值1.53万元），搬运到讷河站发往花艳站的4512408号货车上存放。上述合计盗窃大豆271袋。其中张某文和张某良盗窃大豆82袋；张某某和张某军盗窃大豆100袋；付某某和郑某某盗窃大豆49袋；张某东和刘某某盗窃大豆40袋，合计价值5.06万元。盗窃后，8名被告人在隆化站下车，由张某文、张某良、付某某和张某军到花艳站，分别找收货人销赃。其中许某某收购赃物大豆80袋，支付赃款1.2万元；

黄某某收购赃物大豆 89 袋，支付赃款 1.1 万元；收货人贺某某收购赃物大豆 82 袋，支付赃款 1 万元。本次销赃共计得款 3.3 万元，被张某良分两次存入其在中国农业银行三峡分行的信用卡。回到讷河市后，张某良将卡内赃款取出，分给张某文、张某某、付某某、郑某某赃款各 4000 元，给刘某某赃款 1200 元、给张某东赃款 1000 元，其余赃款 1.48 万元被张某良占有。孙某某付给补齐 20 袋大豆的赃款 2000 元，被张某良、张某文分掉并挥霍。

2. 始发站正常装车，在中途盗窃邻车，终到销赃给收货人。铁路公安机关侦查查明：2006 年 11 月至 2011 年 11 月 17 日期间，本案 3 个犯罪团伙采用上述作案手段，共实施盗窃 122 次，合计盗窃列车运输的大豆货物 40.7 万公斤，总计价值 157 万余元；盗窃大米一次，7076 公斤，价值 2.87 万元；终到销赃 110 次，共得赃款 96.1 万余元。例如，2010 年 10 月 14 日被告人孙某某（发货人）从讷河站往六盘水站给被告人张某发送一车皮大豆。正常装车后，孙某某打电话将车次及车皮号告知被告人武某某，让武某某将邻车的大豆盗窃到自己车上。武某某找到被告人冯某、于某某，并通过被告人桂某某获取列车编组情况，并给桂某某 50 元好处费。根据桂提供的情况，武某某、冯某和于某某 3 人从赤峰站窜上列车，盗窃邻车货物大豆 80 袋并转移到孙某某的车上。列车到达六盘水站后，武某某、于某某将盗得的大豆以每袋 100 元（原价每袋 200 元）销赃给孙某某事前已经联系好的收货人张某。孙某某得赃物获利 5400 元；武某某、冯某和于某某 3 人各分得赃款 3600 元。

综上所述，本案 3 个犯罪团伙单独或共同实施盗窃犯罪 134 次，盗窃货物价值总计 187 万余元；实施掩饰、隐瞒犯罪所得犯罪 135 次，总计得赃款 111.4 万余元。其中：被告人张某良参与共同盗窃 32 次，合计价值 56.7 万余元；被告人张某文参与共同盗窃 30 次、单独盗窃 1 次，合计价值 53.8 万余元；被告人武某某参与共同盗窃 19 次，合计价值 28.5 万余元，参与掩饰、隐瞒犯罪所得收益 1 次，犯罪价值 6000 元；被告人冯某参与共同盗窃 19 次，合计价值 25.1 万余元；被告人于某某参与共同盗窃 9 次、单独盗窃 1 次，合计价值 14.6 万余元；被告人孙某某参与共同盗窃 8 次，合计价值 14 万余元。

（二）合同诈骗罪

主要有三种形式：

1. 针对敞车，在始发站少装货物、虚报数量，于中途用刀割篷布伪造被盗现场，而后骗取铁路运输保价理赔款。铁路公安机关侦查查明：2007 年 6 月 11 日至 2010 年 12 月 4 日期间，本案 3 个犯罪团伙采用上述作案手段，共实施合同诈骗 17 次，总计骗得铁路运输保价理赔款 9.69 万余元。例如，2010 年 9 月 17 日，被告人李某某（发货人）从讷河站发运一车大豆到成都铁路局达州站，利用讷河站货场职工不到现场执行监装作业的便利条件，实际装车数量比货票确定的少装 36 件。之后，李某某指使武某某团伙成员冯某，在列车运输中途上车，用刀将篷布划开，将车上平整装齐的大豆搬成一个大坑，伪造成被盗现场，由被告人李某某（收货人）在终到站理赔 7000 元人民币。李某某按约定的到货数量向李某某支付货款，同时将骗得的 7000 元理赔款也返给李某某（因二人是"长期合作"关系，李某某有时从中获利，有时只是"帮忙"）。作案后，李某某支付给冯某 1500 元作为酬劳。

2. 针对篷车，在始发站少装货物、虚报数量，于中途破封伪造被盗现场，骗取铁路运输保价理赔款。铁路公安机关侦查查明：2008 年 10 月 27 日至 2011 年 4 月 24 日期间，本案 3 个犯罪团伙采用上述手段，共实施合同诈骗 9 次，骗得铁路保价理赔款 5.2 万余元。例如，2009 年 1 月 7 日，被告人孙某某（发货人）在讷河站装载一辆发往昆明站的大豆车，利用讷河站货场职工不到现场执行监装作业的便利条件，少装 40 袋大豆货物；之后，孙某某打电话给被告人武某某，告知其车号和发车时间，让武在中途破封。武某某携带断线钳窜至三间房站，将该车的铅封剪断。孙某某将"货物被盗"的情况打电话及时告知被告人孙某祥（收货人，系孙某某的哥哥）。在列车终到后，孙某祥向昆明站提出理赔要求，于同年 3 月 4

日获得铁路运输报价理赔款 6930 元，并通过汇款返还给孙某某。作案后，孙某某付给武某某酬劳 1500 元。

3. 贿赂铁路国家工作人员，骗取保价理赔款。铁路公安机关在侦查中发现，本案部分犯罪嫌疑人通过贿赂铁路工作人员的手段，骗取铁路运输保价理赔款，并将有关案件线索移交检察机关。经齐齐哈尔铁路运输检察院侦查查明：哈尔滨铁路局货运保价运输办公室工程师刘某某、齐齐哈尔车务段货运路风科科长马某某，利用职务之便，于 2008 年 6 月至 2010 年 2 月期间先后 4 次与本案不法货主内外勾结，在为货主办理保价理赔的过程中，违规将不足额保价按照足额保价进行补偿，共计给货主补偿 9.6 万余元，其中含正常理赔款 1.8 万余元，多付补偿款 7.8 万余元。事后，本案不法货主为感谢刘某某、马某某二人的"关照"，分别送给二人共 3 万元。其中刘某某得款 1.4 万元，马某某得款 1.6 万元。

综上所属，本案被告人武某某等人共实施合同诈骗犯罪 30 次，诈骗数额总计 22.8 万余元。其中，武某某参与合同诈骗 10 次，合计骗得 7 万余元；冯某参与合同诈骗 4 次，合计骗得 2.7 万余元；于某某参与合同诈骗 4 次，合计骗得 1.2 万余元。

2011 年 12 月 21 日，本案由原铁道部公安局依托哈尔滨铁路公安局齐齐哈尔铁路公安处，从全国铁路公安机关抽调民警 300 余人，组成专案组进行调查。其间共立案侦查 103 人，向齐齐哈尔铁路运输检察院提请批准逮捕 37 件 84 人，移送审查起诉 25 件 103 人；铁路检察机关审查批准逮捕 36 件 83 人，不批准逮捕 1 件 1 人，分别提起公诉共 25 件 100 人。

二、法院裁判结果及理由

鉴于本案重大复杂、涉案人员众多，齐齐哈尔铁路运输法院根据检察机关指控，陆续分案开庭审理，并确认公诉指控的全部犯罪事实。法院认为：（1）被告人张某良、张某文以非法占有为目的，单独或伙同他人秘密窃取铁路运输物资，盗窃数额特别巨大，其行为均已构成盗窃罪。（2）被告人许某某、黄某某、贺某某、张某和李某某等人明知是赃物，为图私利帮助销售或收购，其行为均已构成掩饰、隐瞒犯罪所得罪。（3）被告人张某文归案后，协助公安机关抓捕其他犯罪嫌疑人，有立功表现，可以从轻处罚。张某文曾因犯罪判刑，此次又犯罪，酌情从重处罚。（4）被告人武某某、冯某和于某某以非法占有为目的，秘密窃取铁路运输物资，盗窃数额特别巨大，其行为均已构成盗窃罪。（5）武某某及有关收货人明知是他人盗窃所得的赃款，进而使用自己的银行账户为他人转交或转账，其行为构成掩饰、隐瞒犯罪所得、犯罪所得收益罪。（6）被告人武某某、冯某和于某某以非法占有为目的，以编造虚假事实，故意少装货物，或采取割篷布、掐铅封的手段，造成货物被盗假象，之后向铁路索赔获利，数额巨大或较大，其行为已构成合同诈骗罪。（7）被告人武某某、冯某和于某某犯数罪，应当数罪并罚。（8）被告人冯某的辩护人提出"冯某归案后能如实供述，自愿认罪，且系初次犯罪，依法可酌情从轻处罚"的辩护意见正确，予以采纳。依法判决如下：

1. 被告人张某良犯盗窃罪，判处有期徒刑 15 年，并处罚金人民币 30000 元，剥夺政治权利 3 年。

2. 被告人张某文犯盗窃罪，判处有期徒刑 14 年，并处罚金人民币 30000 元，剥夺政治权利 3 年。

3. 被告人武某某犯盗窃罪，判处有期徒刑 12 年 9 个月，剥夺政治权利 2 年，并处罚金人民币 10000 元；犯合同诈骗罪，判处有期徒刑 3 年，并处罚金人民币 10000 元；犯掩饰、隐瞒犯罪所得收益罪，判处拘役 3 个月，并处罚金人民币 5000 元。数罪并罚，决定执行有期徒刑 13 年 6 个月，剥夺政治权利 2 年，并处罚金人民币 25000 元。

4. 被告人冯某犯盗窃罪，判处有期徒刑 12 年 6 个月，剥夺政治权利 2 年，并处罚金人民币 10000 元；犯合同诈骗罪，判处有期徒刑 1 年 6 个月，并处罚金人民币 10000 元。数罪并罚，决定执行有期徒刑 12 年 6 个月，剥夺政治权利 2 年，并处罚金人民币 20000 元。

5. 被告人于某某犯盗窃罪，判处有期徒刑 11 年 2 个月，剥夺政治权利 1 年，并处罚金人民币 10000 元；犯合同诈骗罪，判处有期徒刑 6 个月，并处罚金人民币 5000 元。数罪并罚，决定执行有期徒刑 11 年 2 个月，剥夺政治权利 1 年，并处罚金人民币 15000 元。

对本案其他被告人，法院均依法作出有罪判决。

三、案例点评

"12·21"专案涉案人员多、犯罪次数频、历时时间长、涉案区域广、涉案金额特别巨大，如果按照常规审查起诉的方式方法，势必造成诉讼资源的极大浪费。为此，哈尔滨铁路检察机关采取以下方式，有效解决了案件起诉中的若干问题，收到了良好的法律效果和社会效果。

（一）工作创新，减少诉累

一是主动沟通协调，提前介入引导侦查取证。根据提前介入所掌握的案件情况，及时提出引导侦查取证的意见和建议；提前审阅卷宗，确定证据标准，为日后专案的顺利提起公诉奠定了坚实基础。二是抽调骨干组成公诉团，提高诉讼效率。具体采取 5 个公诉团同时动作，各团队成员分别阅卷、集中提出问题、集中提审等方法，最大限度压缩了审查起诉环节的办案时限。三是利用庭前会议程序，提前化解复杂问题。针对此案的特点，及时组织控辩双方在法院庭前会议上进行证据交换，力求把一般分歧解决在庭前会议，在法庭上只针对有争议的证据问题进行质证，有效缩减了庭审时间，提高诉讼效率。四是深入挖掘案件背后的职务犯罪。通过办案，发现职务犯罪线索 3 件 4 人，提起公诉 3 件 3 人，均被法院判处刑罚；相对不起诉 1 人。

（二）聚焦争议，达成共识

在本案审查起诉过程中，办案人员对于有关犯罪事实、证据和适用法律方面的争议不多，主要集中在一点：即关于货主事前明知所雇用的押车人员上车后会实施盗窃，仍雇用其押车，并在事后低价收赃，其行为能否认定盗窃罪（共犯）？

第一种意见认为，本案讷河籍货主在讷河站发往南方各省份的大豆货运列车上进行盗窃活动，已经成为"公开的秘密"。这些货主为了防止自身货物被盗，他们明知张某良等人在押运时会盗窃，仍然雇用张某良等人看车押运；他们虽没有参与事后销赃和分赃，但实施了收赃或者帮助转交赃款的行为，因此应当认定为盗窃罪（共犯）。

第二种意见认为，判断本案货主能否成立盗窃共犯，主要应当从两个方面考虑：一是货主与盗窃实行犯在主观上是否形成共同犯罪的故意？根据刑法理论，共同犯罪要求各犯罪人必须有相同的犯罪故意，即在犯罪既遂之前，各犯罪人存在共同的犯意联络，共同认识到其行为会发生危害社会的结果，并决意参与共同犯罪。本案中，有关货主只是明知张某良等人会在车上实施盗窃行为，但是在张某良等人实施盗窃前或者实施盗窃过程中，并没有与有关货主达成任何犯意联络，因此有关货主与张某良等盗窃实行犯在主观上没有共同盗窃的犯罪故意。二是货主的行为是否属于帮助犯中的帮助行为？根据刑法理论，所谓帮助行为，是指对实行犯给予物质或者精神上的支持，使实行犯的犯罪行为得以实现。可见，帮助行为一般有两种：一是心理帮助，主要指在犯罪前或者犯罪过程中，对实行犯的行为进行激励，或者约定事后收赃、帮助逃跑等，促使实行犯的犯罪决意得到强化。二是物理帮助，主要指为实行犯提供犯罪工具，创造犯罪条件等。本案中，有关货主是为了防止自身货物被盗才雇用张某良等人押运，在张某良等人实施盗窃前或者盗窃过程中，有关货主未与张某良等人明确约定收购赃物等事宜，因此在心理层面并没有强化张某良等人实施盗窃犯罪的决意；在物理层面，有关货主也并未向张某良等实行犯提供任何犯罪工具或者帮助创造犯罪条件。基于上述，本案有关货主虽然事先明知张某良等人会在上车后实施盗窃，但与盗窃实行犯既无事前通谋策划，又无具体帮助行为，因此缺乏认定盗窃罪（共犯）的主客观依据。但是，本案有关货主明知其收购的大豆等财物系张某良等人盗窃所得，仍然以低于市场的价格进行收购，或者帮助转交赃款，依法应当认定为掩饰、隐瞒犯罪所得罪或者掩饰、隐瞒犯罪所得收益罪。

经过反复研究讨论，检察机关审查起诉办案人员就上述第二种意见达成共识，并据此向法院提起公诉。在有关案件开庭审理中，法院对检察机关起诉指控的有关犯罪事实和罪名予以确认，并以有关货主犯掩饰、隐瞒犯罪所得、犯罪所得收益罪定罪处罚。

（三）宽严相济，罚当其罪

公安机关侦查认定，私营旅店业主孙某某以帮助查找车辆信息的方式参与盗窃5次，涉案价值12万余元，按照当时相关法律规定属于数额特别巨大，应当判处10年以上有期徒刑。检察机关审查起诉时认为，孙某某事先未与盗窃犯罪分子通谋，也未具体参与盗窃，事后也未参与销赃和分赃，只是在每次帮助盗窃犯罪分子查询列车编组情况后收取50元好处费，与盗窃犯罪分子获得成千上万的赃款相比属于微利，犯罪情节较轻、社会危害性较小。孙某某之所以为盗窃犯罪分子提供帮助，主要是为自己的旅店招揽生意，顺便贪图点好处费，并不清楚盗窃犯罪分子让他查询列车编组的真实目的，主观恶性较小；加之孙某某具有从犯、重大立功的法定从轻、减轻处罚情节。根据我国刑事司法政策："对于情节较轻、社会危害性较小的犯罪，或者罪行虽然严重，但具有法定、酌定从宽处罚情节，以及主观恶性相对较小、人身危险性不大的被告人，可以依法从轻、减轻或者免除处罚"；"对于依法可不监禁的，尽量适用缓刑或者判处管制、单处罚金等非监禁刑"；"对于被告人检举揭发他人犯罪构成立功的，一般均应当依法从宽处罚，对于犯罪情节不是十分恶劣，犯罪后果不是十分严重的被告人立功的，从宽处罚的幅度应当更大。"① 据此，齐齐哈尔铁路运输检察院经报请哈尔滨铁路运输检察分院同意，在本案公诉时向法院提出"孙某某在共同盗窃犯罪中起辅助作用，应属从犯，并具有重大立功情节，建议对其单处罚金"

---

① 参见2010年2月6日最高人民法院《关于贯彻宽严相济刑事政策的若干意见》第14条、第18条。

的建议，较好地体现出罚当其罪的刑法原则和宽严相济的刑事政策。审判机关也支持此意见，以孙某某犯盗窃罪（共犯）判处其罚金30000元。

（四）客观认定，体现公正

由于本案涉案时间跨度大，有关铁路货票、货运事故记录、保价理赔通知书等相关书证按规定超过 3 年就销毁，导致 2006 年之前发生的部分涉案事实只有犯罪嫌疑人口供，而无相对应的书证予以证实。对于此类问题，铁路公安机关的意见是：多名参与盗窃的犯罪嫌疑人口供一致，应当认定该笔犯罪事实，以便扩大专案成果。检察机关研究认为，《刑事诉讼法》第 53 条第 1 款明确规定"只有被告人供述，没有其他证据的，不能认定被告人有罪和处以刑罚"的基本原则，如果草率认定这部分问题，显然违背《刑事诉讼法》精神。因此，本案应当着力构建以客观证据为核心的证据体系，不仅要有被告人的口供，而且必须要有相对应的发货票、货运事故记录、货运理赔决定书等书证，以及同案人或发货人、收货人证言予以印证。对于没有相应的书证，只有被告人口供的事实，依法不予认定。这种做法，不仅符合以客观证据为核心的现代司法理念，也充分体现了检察机关规范执法、切实维护被告人合法权利的职业精神。

作者：哈尔滨铁路运输检察分院　刘立君等

第二十二章　职务侵占罪典型案例

案例二十一　王某等人职务侵占、盗窃案
——此罪与彼罪的区分

一、基本案情

犯罪嫌疑人王某系某铁路局职工，担任某火车站货场门卫。安康铁路公安处侦查证实：（1）2008 年 11 月期间，王某在当值货场夜班时，伙同无业人员刘某，6 次窃取货场内露天堆放的铁路运输物资"无烟块煤"，运至当地小饭店等处销赃，共计价值 5700 元。（2）2009 年 4 月期间，王某在当值货场夜班时，6 次单独窃取货场内露天堆放的铁路运输物资"无烟块煤"，运至当地小饭店等处销赃，共计价值 6473 元。（3）2009 年 1 月一天，王某趁货运员去火车站提货票时，将货运员放在办公桌上的库房钥匙私自拿出去偷配钥匙；随后利用其当值货场夜班之机，伙同无业人员杨某，4 次用偷配的钥匙打开货场库房大门，窃取铁路运输物资小麦，共计价值 3475 元。

二、审查过程

2009 年 4 月 15 日，安康铁路公安处以涉嫌盗窃罪对犯罪嫌疑人王某、刘某和杨某刑事拘留，后转为取保候审。因刘某、杨某外逃，铁路公安机关于 2010 年 5 月 28 日以本案 3 人涉嫌盗窃罪提请检察机关批准逮捕。

安康铁路运输检察院受理案件后，办案人员审查案卷发现：犯

罪嫌疑人王某系火车站货场门卫兼巡守员，其单独或者伙同他人盗窃铁路运输物资的行为均发生在其当值货场夜班期间。王某的盗窃行为是否利用了其担任门卫和巡守员的职务便利？成为本案需要查明的焦点问题。

经过退回补充侦查，进一步调取某车务段《门卫巡守员岗位责任制》等证据后查明：王某在火车站担任货场门卫兼任巡守员，负责看守货场大门、检查出门货物与提货单是否一致进而验票放行，同时负责夜间巡守货场内露天堆放的货物、防火防盗等职责。货场货运员的职责，是通过管理货票对货物进行账目上的管理，以及向货主开具提货单、掌管货场内库房钥匙等。在夜间，货场内虽有货运员值班，但货运员基本上在室内休息，并不承担巡守货物、防火防盗等职责；有时货运员去火车站提货票，需要离开货场几个小时。

结合本案事实和证据情况，办案人员认真研究后认为：

1. 王某伙同杨某窃取小麦的行为，应当构成盗窃罪。理由是：车站货场的库房钥匙由货运员掌管，货运员负责保管库房内财物，王某对库房内财物并没有保管权。王某趁货运员不在时偷配库房钥匙，又伙同杨某用偷配的钥匙打开库房大门窃取小麦；小麦一经运出库房大门，货运员就失去对小麦的控制和支配权，盗窃行为就已经完成。在这个过程中，王某显然并没有利用自己职务上的便利，而是利用其熟悉作案环境、方便进出单位、能够轻易接近作案目标等工作上的便利。因此，王某、杨某行为应当构成盗窃罪。

2. 王某单独及伙同刘某窃取块煤的行为，应当构成职务侵占罪。在研究本案定性问题时，办案人员产生不同意见。一种意见认为，铁路货场内的货物管理工作是由货运员负责，而门卫的职责主要是检查出门货物与提货单是否一致等；在值夜班时，门卫对于露天货物只是一般看护，并不承担管理或保管的职责，不能将"一般看护"理解为管理或保管。因此，王某在单独或者伙同刘某盗窃块煤时，并不是利用王某职务上的便利，而是利用了王某因工作关系而形成的熟悉作案环境、方便进出货场大门、能够轻易接近作案目标等工作上的便利。因此，王某窃取块煤的行为应认定为盗窃罪。

另一种意见认为，王某单独或伙同刘某窃取货场内无烟煤的行为，应当认定为职务侵占罪。主要理由是：（1）根据补充侦查取得的某车务段《门卫巡守员岗位责任制》规定，王某是铁路车站货场的门卫兼巡守员，专职负责有关货物、车辆的进出管理及夜间巡守、防火防盗等。王某虽未从事公务性质的管理工作，但作为铁路企业人员，对车站货场内露天堆放的铁路运输物资负有保管的义务。王某利用看管铁路货场的职务便利窃取本单位货物，其行为符合《刑法》第271条第1款"公司、企业或者其他单位的人员，利用职务上的便利，将本单位财物非法占为己有，数额较大的"规定，应当以职务侵占定罪处罚。（2）根据有关司法解释："行为人与公司、企业或者其他单位的人员勾结，利用公司、企业或者其他单位人员的职务便利，共同将该单位财物非法占为己有，数额较大的，以职务侵占罪共犯论处。"① 犯罪嫌疑人刘某与铁路人员王某相勾结，利用王某职务便利窃取铁路财物，亦应认定为职务侵占罪（共犯）。

2010年6月10日，安康铁路运输检察院以涉嫌盗窃罪、职务侵占罪对王某批准逮捕；以涉嫌盗窃罪对杨某批准逮捕。同时以刘某涉嫌职务侵占罪事实不清、证据不足，决定不批准逮捕。

三、案件点评

职务侵占罪和盗窃罪都属于侵犯财产罪，两罪在犯罪主体、犯罪对象和客观行为等方面有所不同。特别是两罪在犯罪手段上部分重合，因此在办案实践中需要准确甄别认定。结合本案情况，可以引发出以下几个问题：

1. 单位从事劳务的人员能否成为职务侵占罪主体？一种观点认为，职务侵占罪的主体应为非国有公司、企业的人员。理由是：根据1995年2月28日全国人大常委会《关于惩治违反公司法的犯罪的决定》（以下简称《决定》）规定，本罪主体包括"公司董事、监

---

① 参见2000年7月8日最高人民法院《关于审理贪污、职务侵占案件如何认定共同犯罪几个问题的解释》（法释〔2000〕15号）第2条。

事或者职工"以及"有限责任公司、股份有限公司以外的企业职工";根据 1997 年《刑法》规定,本罪主体是"公司、企业或者其他单位的人员"。可见,1997 年《刑法》将本罪主体由公司、企业人员扩展到"其他单位的人员"。从立法原意上看,职务侵占罪的主体应当包括各类有限责任公司、股份有限公司的董事、监事及其他非国有企业、单位的职工,而不应包括国有公司、企业及其他国有单位的人员。

另一种观点认为,职务侵占罪的主体应当包括国有企业中的非国家工作人员。理由是:(1)有关司法解释规定[①]:《决定》第 14 条所说的"有限责任公司、股份有限公司以外的企业职工",是指有限责任公司、股份有限公司以外的企业中非国家工作人员的职工。据此,"有限责任公司、股份有限公司以外的企业"当然包括国有企业,国有企业的非国家工作人员,也当然可以成为职务侵占罪的主体。换言之,国有企业中从事劳务的人员,如果利用工作中持有、管理或保管单位财物的便利,非法窃取本单位财物的,就应当构成职务侵占罪,而不能因为其身份是单位劳务人员就认定为盗窃罪。(2)职务侵占罪脱胎于贪污罪,都以"利用职务上的便利"为构成要件,但是两罪的法益、主体和规范意旨均不相同。在贪污罪中,"利用职务上的便利"是指国家工作人员利用管理社会公共事务或者管理、经营国有财产的资格或权能的便利,具有公务职权的性质,自然不包括劳务活动中形成的便利。而在职务侵占罪中,由于保护的法益更加宽泛——既包括公共财产权益,也包括私有财产权益——因此在公司、企业或者其他单位中,除董事、监事等管理人员外,那些在公司、企业或者其他单位中因从事劳务而持有、管理或保管单位财物的人员,也可以利用其职务便利非法占有财物。因此,职务侵占罪的主体应当包括各类公司、企业或者其他单位的劳务人员。(3)根据《刑法》第 271 条第 2 款(第 1 款规定了职务侵

①　参见 1996 年 1 月 24 日最高人民法院《关于办理违反公司法受贿、侵占、挪用等刑事案件适用法律若干问题的解释》第 5 条。

占罪）："国有公司、企业或者其他国有单位中从事公务的人员和国有公司、企业或者其他国有单位委派到非国有公司、企业以及其他单位从事公务的人员有前款行为的，依照本法第三百八十二条、第三百八十三条的规定定罪处罚。"此项规定也从另一侧面说明，职务侵占罪的主体包括国有企业中的非国家工作人员。

2. 单位保管、使用、运输中的财物是否属于"本单位财物"？一种意见认为，根据《刑法》第271条第1款，职务侵占罪的对象是"本单位财物"。无论从字面理解，还是从《刑法》第2条、第13条规定的立法体例上看，"本单位财物"均应当是指本单位所有的财物。本案中，被盗煤块是某化工公司所有并委托铁路运输的财物，并非铁路企业自身所有。因此，本案犯罪对象不属于《刑法》规定的"本单位财物"，王某不应构成职务侵占罪，而应构成盗窃罪。

另一种意见认为，在法律属性上，《刑法》第271条第1款规定的"本单位财物"，不仅指单位所有的财物，而且包括下列情形的财物：（1）在本单位占有、管理之下并为本单位所有的财物；（2）本单位虽未占有、支配但属于本单位所有的债权；（3）依照法律规定和合同约定，由本单位管理、使用或运输的他人财物。应当指出，行为人利用职务上的便利，将本单位管理、使用或运输的他人财物非法占为己有，应当视为侵占"本单位财物"，因为对行为人非法侵占的这些财产，其本单位需要承担民事赔偿责任，行为人最终侵犯的是本单位的财产权。因此，本案被盗的煤块属于《刑法》规定的"本单位财物"，王某应当构成职务侵占罪，不应构成盗窃罪。

3. 本案王某是利用职务上的便利，还是利用工作上的便利？一种意见认为，本案中，车站货场内的货物管理工作是货运员的职责，而门卫的职责主要是检查出门货物与提货单是否一致，门卫对于货场的货物并没有主管、管理或经手的职务便利。在值守夜班时，门卫对露天堆放的货物只是尽一般看护的责任，而没有管理、保管的职责，不能将"一般看护"理解为保管或管理。因此王某并非利用职务上的便利，而是利用自己因工作关系而形成的熟悉作案环境、方便进出货场、能够轻易接近作案目标等工作上的便利。

另一种意见认为，本案王某属于利用职务上的便利。理由是：（1）虽然车站货场有货运员值班，但货运员并不负责巡守货物，有时货运员去火车站提货票甚至需要离开几个小时。对于货场内露天堆放的货物，货运员只是履行货票及账目管理，并无安全防护的职责。而门卫则负责日夜巡守、防火防盗及验票放行等职责，即使是货运员，没有货票也不能带货物出门。因此王某对露天堆放的货物具有保管的职务便利。（2）根据最高人民检察院司法解释，"利用职务上的便利"是指利用职务上主管、管理、经手公共财物的权力及方便条件①。一般认为，"主管"是指虽未具体管理、经手单位财物，但对单位财物具有调配、处置、使用等决定性的控制、支配权；享有主管权的，一般是单位中担任领导职务的人员。"管理"是指以直接管理、保管财物为内容的职责，因保管、看守、使用或处理单位财物而拥有一定的控制、支配权，如单位的仓库保管员、会计、出纳、材料看管员等。"经手"是指本身并不负责对单位财物的管理，但因工作需要而对单位财物有领取、使用、发出或报销等直接控制与独立支配的权利，如企业单位的工区长、采购员等。可见，本案王某的职责显然具有"管理"内容。（3）公司、企业等单位对财物的占有，不同于自然人的占有。换言之，单位对其财物虽然是法律上的占有人，但在事实上，单位对其财物的管理、控制等具体权能是由其内部机构或人员来行使的。由于单位的职能机构、人员具有多重性，体现在对单位财物的占有上，就表现为主管、管理或经手等多种功能复合的形态。代表单位行使财物占有权的人可称为"占有行使人"，占有行使人可以是一人，也可以是多人。当单位对财物的管理、控制权由一人行使（如会计、出纳由同一人担任）时，其实施非法占有单位财物的行为就属于职务侵占罪中的"侵吞"；当单位对财物的管理、控制权由两人以上共同行使时，如会

---

① 参见 1999 年 9 月 9 日最高人民检察院《人民检察院直接受理立案侦查案件立案标准的规定（试行）》（高检发研字〔1999〕10 号）。

计、出纳分别由两人担任，其中出纳秘密取得单位财物的行为就属于职务侵占罪中的"窃取"，而会计采取伪造单据等方法从出纳处骗领财物的行为就属于职务侵占罪中的"骗取"。

本案中，货运员对于货场内露天堆放的无烟煤并不能"侵吞"，因为单位赋予了门卫验票放行的职责，实质上是对货运员的一种内控制约，与出纳对会计的制约关系大体相同。也就是说，对于货场内露天堆放的货物，货运员与门卫同为"占有行使人"，共同代表本单位行使财物的占有权，其中货运员具体行使货票及账目管理职责，门卫行使货物的保管职责。因此，门卫作为单位对露天货物（无烟煤）的占有行使人，利用保管财物的职务便利秘密窃取的，就应当构成职务侵占罪。而对于货场库房内的货物（小麦），由于货运员持有库房的钥匙，货运员是单位保管小麦的占有行使人；其他人利用工作便利秘密窃取小麦的行为，就应当构成盗窃罪。对于王某窃取无烟煤和小麦的行为，检察机关分别以涉嫌职务侵占罪和盗窃罪作出批准逮捕决定，是正确的。

作者：安康铁路运输检察院　宋利军

案例二十二　李某等人职务侵占案

——倒卖机车燃油行为的定性

一、基本案情

被告人李某，某铁路机务段司机。

被告人王某，某铁路机务段副司机。

被告人梁某某，某铁路机务段运用车间扳道工。

本案 3 名被告人因涉嫌职务侵占罪，于 2010 年 11 月 11 日至 22 日分别被郑州公安机关抓获归案，随后于 2010 年 12 月 16 日以涉嫌盗窃罪提请检察机关批准逮捕。2011 年 8 月 18 日，郑州铁路运输检察院以 3 被告人构成职务侵占罪提起公诉。检察机关审查起诉认定以下犯罪事实：

2010 年 11 月 6 日 19 时许，被告人李某、王某在值乘东风 8B5584 机车时，经李某给被告人梁某某电话联系，让梁某某将 8 个 30 升的空油桶送到该机车上。在该机车运行期间，李某和王某到机械间打开燃油排气阀，用事先准备好的输油管将机车油箱内的 0 号柴油分别输入 8 个油桶后，再次通知梁某某来接货。梁某某赶到后，李某、王某将 8 个装满 0 号柴油的油桶从机车上递给梁某某，梁某某以每桶 115 元的价格付给李某、王某，共计人民币 920 元。

另据审查查明：自 2010 年 9 月至案发以来，被告人李某、王某利用夜班值乘东风 8B5584 机车之机，先后 12 次采用相同方法窃取该机车油箱内的 0 号柴油，共计 2880 升，每升价值 5.56 元，共计价值人民币 16012.8 元，全部卖给了被告人梁某某，并由梁某某再卖给他人销赃获利。

二、证据情况

本案审查起诉认定的犯罪事实，主要有以下证据支持：

1. 郑州铁路局新乡机务段的报案材料。证实：2010 年 11 月 8 日新乡机务段长治北运用车间司机李某、王某驾驶 DF8B5584 机车担当调车任务。当晚 19 时许，有人以手机方式匿名举报有人偷油，车间负责人立即将李某、王某留下了解情况。王某承认与李某多次盗窃机车柴油。该机务段进一步核查发现，自 2010 年 9 月以来，DF8B5584 机车的燃油单耗比正常情况下多出 6 吨左右，价值 40000 多元，特此报案。

2. 公安机关侦查部门的归案情况说明。证实：李某、王某于 2010 年 11 月 11 日从新乡机务段武保科带到新乡刑警大队；梁某某于 2010 年 11 月 21 日由新乡机务段武保工作人员交到新乡刑警大队。

3. 郑州铁路局新乡机务段的证明。证实本案 3 名被告人职名、岗位职责及当班时间等情况。

4. 被盗机车照片、扣押的油桶、面包车照片等。

5. 3 名被告人供述和辩解。均供认起诉书指控的基本事实，主要事实和情节等能够相互印证。

6. 扣押的油桶、抽油管清单。

7. 被告人李某与梁某某之间的通话记录。

8. 公安机关的情况说明。证实本案被盗赃物的去向已无法查清。

9. 新乡机务段长北运用车间的证明。证实铁路机车司机、学习司机（副司机）、扳道员等人员在日常工作中不负责机车燃油的保管与储存，此项工作由车间整燃支部整备工负责。

10. 调取的机车司机报单。证实本案 3 名被告人在 2010 年 9 月至 11 月 12 次盗窃机车燃油的时间，均为李某、王某上夜班的时间。

11. 新乡机务段证明。证实 2009 年至 2010 年机车用柴油采购综合平均单价情况。

12. 本案 3 名被告人的户籍证明。

三、法院裁判结果及理由

本案经郑州铁路运输法院开庭审理，确认检察机关指控的犯罪事实及相关证据。法院认为：被告人李某、王某、梁某某 3 人利用职务上的便利，将本单位的机车油料非法占为己有，符合职务侵占罪的构成要件。依照《刑法》第 271 条第 1 款、第 25 条第 1 款之规定，于 2011 年 8 月 26 日以职务侵占罪分别判处李某、王某、梁某某有期徒刑 1 年，缓刑 2 年。

四、法律适用问题解析

在本案审查起诉中，办案人员对被告人李某、王某的行为，存在两种定性意见。第一种意见认为，机务段为防止司机偷油现象发生，采取了对机车油箱加锁的方式，并且由单位专人集中保管钥匙，被盗的柴油并不是被告人有权管理、处分的财物；被告人的偷油行为不是利用职务之便，而是利用工作上的便利，因此构成盗窃罪。

第二种意见认为，在本案被盗机车运行期间，机车整体是在司机、副司机的控制之下，司机对机车所带的燃油也有经手、保管的权利；被告人李某、王某正是利用他们的这个职务便利，从机车的排气阀处抽取燃油，转手卖给他人予以销赃，并将所得赃款非法占为己有，其行为应当认定为职务侵占罪。主要理由是：

1. 根据《刑法》第 271 条第 1 款规定，职务侵占罪是指公司、企业或者其他单位的人员，利用职务上的便利，将本单位财物非法占为己有，数额较大的行为。所谓利用职务上的便利，是指行为人根据自己的工作职责而拥有的主管、管理、经手本单位财物的权利，无论是其从事公务活动的便利还是从事劳务活动的便利，均应包括在内。其中，"经手"的职务便利，是指行为人在一定时间内因工作需要而合法占有单位财产，同时基于占有权而使用单位财物的职务便利；这种职务便利，可以使行为人不受他人干预和控制地改变单位财物的存在状态。

2. 本案中，机车司机在机车运行期间对油箱内柴油的控制，类似于单位货柜车司机在运输中对封签集装箱内货物的控制。对于封签物来说，容器虽然有一定的隔离作用，但仍难以抵制行为人事实上的支配；因此，不应过于强调封签容器的隔离作用，而忽视行为人实际控制财物的客观事实。从权利义务的角度来说，在一般货物运输中，货柜车司机因为工作或职务关系，当然地享有对密封集装箱内财物的占有行使权；即使依货运合同约定受托人的赔偿责任豁免或者不允许受托人打开容器，这种民事权利也无法对抗刑法上非法占有的事实认定。同样，机车司机在机车运行途中，对机车整体享有控制权，当然也包括加锁油箱内的油料。因此，本案李某、王某利用这一职务之便窃取柴油，其行为应当认定为职务侵占罪；被告人梁某某虽然只是个扳道工，但出于非法占有本单位财物的目的，伙同李某、王某窃取机车柴油，其行为也应当以职务侵占罪（共犯）论处。

五、案件点评

本案中，对李某等 3 人盗窃运行中机车油料的行为认定何罪，关键问题是看此 3 人的行为与李某、王某的职务身份是否相关，即是否利用了担当机车司机或副司机的职务之便。李某、王某身为铁路机务段的机车司机、副司机，在担当机车驾驶的过程中，对该机车及其附属设备及油料负有一定的持有、保管和使用权，更有与其权利相对应的责任，正因为此，他们才具有了脱离其他部门、人员监管的职务条件，借以实施非法占有的行为。因此，本案以职务侵占罪定罪处罚比较妥当。

作者：郑州铁路运输检察院　葛蓓荣

案例二十三　肖某某职务侵占案

——此罪与彼罪的区分

一、基本案情

被告人肖某某，男，1973 年 3 月 3 日出生，汉族，大专毕业，襄樊铁路公安处枣阳火车站派出所原警长。因涉嫌职务侵占罪，于 2010 年 5 月 21 日被襄樊铁路公安处立案侦查并刑事拘留。同年 6 月 4 日，经武汉铁路运输检察分院审查批准，以涉嫌徇私枉法罪对被告人肖某某执行逮捕。

本案以被告人肖某某涉嫌徇私枉法罪改变侦查管辖，并由襄樊铁路运输检察院继续侦查终结，移送本院公诉部门审查起诉。认定以下犯罪事实：

2010 年 4 月 30 日，被告人肖某某伙同向某某（襄樊工务段枣阳线路车间枣阳工区工长，另案处理）商定，将襄樊工务段枣阳线路车间堆放在枣阳油库铁路专用线旁的废旧钢轨卖掉，由肖某某联系刘某某（另案处理）找切割钢轨的人员及卖钢轨等事宜，向某某联系通过油库铁路专用线大门事宜。同年 5 月 1 日 8 时左右，肖某某带领刘某某等人来到油库大门口，向某某打电话给油库主任檀某某，以"工务有人来割钢轨"为由进入油库专用线，并要求檀某某打开油库专用线大门。随后，刘某某、秦某某、水某某带领的民工顺利进入枣阳火车站油库铁路专用线内，使用携带的氧焊切割等工具，将专用线旁堆放的废旧钢轨切割成段。在此期间，向某某、肖某某分别到现场，要求刘某某、水某某等人在客车通过时进入油库躲避，等待客车通过后再切割。同年 5 月 2 日上午，上述人员继续割钢轨，11 时左右肖某某来到现场，对切割后的钢轨进行清点；5 月 2 日下午，由刘某某、水某某安排了 3 辆汽车，将切割后的钢轨运到河南长葛市，转卖给赵某某。

上述被盗割的钢轨总重 43290 公斤（每公斤价值 3.10 元），合计价值人民币 134199 元。销赃后，刘某某共付给肖某某人民币 85000 元，肖某某分给向某某人民币 35000 元，自得人民币 50000 元。此案破案后，肖某某退出赃款人民币 40000 元，已发还被害单位。

二、法院裁判结果及理由

本案由襄樊铁路运输检察院以被告人肖某某涉嫌徇私枉法罪向同级法院提起公诉。襄樊铁路运输法院开庭审理认为，检察机关指控的犯罪事实成立，但指控被告人犯徇私枉法罪的罪名不当。依据《刑法》第 271 条第 1 款、第 25 条第 1 款、第 64 条及最高人民法院司法解释有关规定①，判决被告人肖某某犯职务侵占罪，判处有期徒刑 5 年，并处没收个人财产人民币 10000 元。

一审宣判后，被告人肖某某不服，向武汉铁路运输中级法院提出上诉，辩称其"有自首情节，一审量刑过重，请求从轻处罚"。二审法院审理认为：上诉人肖某某伙同向某某，利用向某某职务上的便利，将单位财物非法据为己有，数额巨大，其行为已构成职务侵占罪。经查，5 月 15 日，同案人向某某供出肖某某亦参与了盗割钢轨犯罪活动，襄樊铁路公安处于次日对肖某某采取禁闭措施后，肖某某才坦白交代自己的犯罪事实，故不能认定有自首情节。裁定驳回上诉，维持原判。

三、法律适用问题解析

在本案办理中产生两种意见：第一种意见认为，被告人肖某某身为司法工作人员，在向某某找其商量盗割铁路旧钢轨的事情上不

---

① 参见 2000 年 6 月 30 日最高人民法院《关于审理贪污、职务侵占案件如何认定共同犯罪几个问题的解释》（法释〔2000〕15 号）第 2 条。

予拒绝，在明知向某某等人正在盗割钢轨的情况下，不仅不履行制止和查处职责，反而利用自己的身份将铁路公安处的检查组引开，为犯罪行为作掩护，其行为给国家造成重大经济损失和恶劣社会影响，已构成情节严重；肖某某主观上表现为故意，行为上分别触犯职务侵占罪（共犯）和徇私枉法罪，属于《刑法》上的牵连犯，应当"从一重罪处断"，即以徇私枉法定罪处罚。

第二种意见认为，被告人肖某某的行为构成职务侵占罪（共犯）。主要理由是：（1）从犯罪主体上看，案卷中有关任职命令、身份证明、警察证、岗位职责、出勤表等证据证明，被告人肖某某系司法工作人员，向某某符合职务侵占罪的特定身份。（2）从犯罪客体分析，肖某某的行为不符合徇私枉法罪构成要件。徇私枉法罪是指司法工作人员在刑事诉讼中徇私枉法、徇情枉法，对明知是无罪的人而使他受追诉，对明知是有罪的人而故意包庇不使他受追诉，或者在刑事审判活动中故意违背事实和法律作枉法裁判的行为，侵犯的客体是国家司法机关的正常活动。肖某某虽为司法工作人员（警察），但其行为并不符合上述情况，而是与被告人向某某预谋，利用向某某负责管理钢轨的职务便利，共同实施盗割钢轨的行为；其犯罪对象是铁路钢轨，主要侵犯的是铁路企业财产权。（3）从客观行为分析，本案表现为肖、向二被告人合谋利用向某某担任工长，对单位财物具有经手、管理的特定职权，骗开铁路油库专用线大门，盗窃本单位钢轨予以变卖谋利的行为。在实施盗窃时，肖某某两次来到现场，要求雇佣人员在客车通过时躲进油库，以防盗窃行为暴露，并对切割的钢轨进行清点；在铁路公安机关巡线检查时，肖某某还为向某某等人通风报信，并将检查组引开，掩护、帮助向某某等人最终完成盗窃行为。（4）从主观方面分析，徇私枉法罪的目的，是在刑事诉讼中放纵罪犯或者冤枉好人，犯罪动机表现为徇私、徇情，如有的是图谋私利，贪赃受贿，有的是报复陷害他人，有的是袒护、包庇亲友，有的是横行霸道、逞威逞能，等等。而本案证据均证实，被告人肖某某、向某某二人在事前经过预谋，利用向某某的职务便利盗窃铁路废旧钢轨并加以变卖谋利，其非法占有单位财物的主观故意十分明显，不符合徇私枉法罪的主观要件。因此，肖某某的行为应当构成职务侵占罪（共犯），一审和二审法院判决适用法律是正确的。

作者：兰州铁路运输检察院　于文玮

第二十三章 挪用资金罪典型案例

案例二十四 吴某某挪用资金案
——司法解释的理解与适用

一、基本案情

被告人吴某某，系中国铁建集团股份有限公司（2005年上市、国有控股公司）下属的某工程公司财务部出纳。

福州铁路运输检察机关审查起诉认定：2010年3月至9月期间，被告人吴某某利用保管本公司备用金及"小金库"的职务便利，先后8次挪用其所保管的资金用于炒股，共计452万元，获取收益共计10568.9元；一次挪用其所保管的资金38.37万元用于购买商品房，超过3个月未归还。至2010年9月中旬案发时，尚有158.37万元未还。分述如下：

1. 2010年3月1日，吴某某将自己保管的"小金库"资金40万元转入股市，用于个人炒股。其中，申购的亚厦股份中签500股，每股买入价31.86元，卖出价38.3元，营利1397.5元。

2. 2010年4月3日，吴某某将自己保管的单位备用金5万元用于个人购买商品房，并于2010年4月6日将其2010年3月1日转入股市的40万元从股市退出，用于个人购买商品房，总计45万元。2010年5月7日，吴某某归还6.63万元，尚余38.37万元至案发未归还。

3. 2010年8月10日，吴某某将自己保管的"小金库"资金60万元转入股市，用于个人炒股。其中，申购的光大股票中签8000

股，每股买入价 3.1 元，卖出价 3.62 元，营利 3872 元。

4.2010 年 8 月 16 日，吴某某将自己保管的"小金库"资金 80 万元转入股市，用于个人炒股。

5.2010 年 8 月 18 日，吴某某将自己保管的"小金库"资金 30 万元转入股市，用于个人炒股。其中，申购的海格通信股票中签 500 股，每股买入价 38 元，卖出价 48.72 元，营利 5299.4 元。

6.2010 年 8 月 23 日，吴某某将自己保管的"小金库"资金 80 万元转入股市，用于个人炒股。

7.2010 年 8 月 30 日，吴某某将自己保管的"小金库"资金 42 万元转入股市，用于个人炒股。

8.2010 年 9 月 1 日，吴某某将自己保管的"小金库"资金 20 万元转入股市，用于个人炒股。

9.2010 年 9 月 8 日，吴某某将自己保管的"小金库"资金 100 万元转入股市，用于个人炒股。

上述犯罪事实，有侦查机关出具的案发经过；被告人吴某某供述；证人卢某某、陈某某、叶某某、徐某、薛某某、高某某、潘某某、蔡某某和沈某某等证言；扣押物品清单；侦查调取的被告人户籍证明、任职通知、证明文件；内资企业登记基本情况表、企业法人营业执照、公司资质借用情况一览表；企业经费审批签证报销单、记账凭证；银行付款凭证、银行账户明细、股票明细对账单以及购房合同等书证证实。

二、法院裁判结果及理由

本案由福州铁路运输检察院以被告人涉嫌挪用资金罪提起公诉。福州铁路运输法院审理认为：（1）依据案发单位中铁十七局第六工程公司的证明、任职通知等证据证实，被告人吴某某于 1989 年被招收为中铁十七局福州办事处唐城大厦的全民合同制工人；2004 年 9 月，经中铁十七局远通工程公司党委研究决定，聘任吴某某为财务科业务员（正股级）；2009 年 4 月 30 日，中铁十七局第六工程公司印发通知（人管〔2009〕109 号），任命吴某某为财务部部员。据此，吴某某于 1990 年 6 月至今任中铁十七局第六工程公司财务部出纳。鉴于被告人曾被公司党委任命，之后该公司虽经改制成为上市公司，但其所担任的职务并没有变化，因此可以认定为国家工作人员。（2）被告人吴某某身为国家出资企业中铁十七局第六工程公司的出纳，负有代表企业管理、监督国有资产的职责，其利用管理公款的职务便利，多次挪用公款进行营利活动，数额巨大；一次挪用公款归个人使用，数额巨大，超过 3 个月未还，其行为已构成挪用公款罪。据此，依法判处吴某某有期徒刑 6 年。

三、法律适用问题解析

对于本案，检法两院分歧的焦点有二：一是检方认为被告人吴某某的身份是非国家工作人员，法院则认为其身份应为国家工作人员；二是检方认为本案应当累计计算被告人多次挪用资金的数额，法院则没有对其挪用公款的数额进行累计计算。

（一）关于本案被告人身份的认定

法院判决的主要依据，是 2010 年的"两高"《关于办理国家出资企业中职务犯罪案件具体应用法律若干问题的意见》（以下简称《意见》）①。认为被告人曾经是国有企业从事公务人员，该企业虽然改制为国家出资的股份制企业，但案发时被告人的工作岗位并未发生变化，因此其身份仍然是国家工作人员，对其犯罪行为应当以挪用公款罪论处。

检方认为，被告人吴某某应为非国家工作人员。主要理由：（1）被告人所在单位是中铁十七局集团的全资子公司，而中铁十七局又隶属于中国铁建这一上市公司（国家出资参股企业）；但并没有证据证明被告人系经过该企业中负有管理、监督国有资产职责的组织批准或者研究决定，代表其在国有控股、参股公司及其分支机

---

① 参见 2010 年 11 月 26 日最高人民法院、最高人民检察院《关于办理国家出资企业中职务犯罪案件具体应用法律若干问题的意见》（法发〔2010〕49 号）第 6 条第 2 款。

构从事组织、领导、监督、经营、管理等工作，因此不能认定为国家工作人员。（2）根据 2001 年"两高"《关于适用刑事司法解释时间效力问题的规定》（以下简称《规定》）①：对于新的司法解释实施前发生的行为，行为时已有相关司法解释，依照行为时的司法解释办理；但适用新的司法解释对犯罪嫌疑人、被告人有利的，适用新的司法解释。关于在国有资本控股、参股的股份公司中从事管理工作的人员是否属于国家工作人员的认定问题，最高人民法院已于 2001 年 5 月以"批复"② 作过有利于被告人的解释。因此，根据"从旧兼从轻"和有利于被告人的原则，本案应当适用最高人民法院的批复，而不应当适用 2010 年的《意见》，对被告人吴某某不能认定为国家工作人员。

（二）关于本案是否应当对被告人犯罪数额累计计算

法院未累计计算的理由是：根据 1998 年最高人民法院的《关于审理挪用公款案件具体应用法律若干问题的解释》（以下简称《解释》）③，"多次挪用公款不还的，对挪用公款的数额累计计算"。本案被告人虽多次挪用公款但事后陆续归还，不属于该司法解释规定的情形，因此不应当累计计算。

检方认为，法院的上述理解有误。理由是：（1）检方指控罪名是挪用资金罪而非挪用公款罪；法院依据审理挪用公款案件的司法解释来计算本案挪用资金犯罪的数额，显属适用法律不当。（2）即便被告人构成挪用公款罪，本案判决对犯罪数额不予累计计算，也

---

① 参见 2001 年 9 月 18 日最高人民法院、最高人民检察院《关于适用刑事司法解释时间效力问题的规定》（高检发释字〔2001〕5 号）第 3 条。

② 参见 2001 年 5 月 22 日最高人民法院《关于在国有资本控股、参股的股份有限公司中从事管理工作的人员利用职务便利非法占有本公司财物如何定罪问题的批复》（法释〔2001〕17 号）。该解释规定："在国有资本控股、参股的股份有限公司中从事管理工作的人员，除受国家机关、国有公司、企业、事业单位委派从事公务的以外，不属于国家工作人员"。

③ 参见 1998 年 5 月 9 日最高人民法院《关于审理挪用公款案件具体应用法律若干问题的解释》（法释〔1998〕9 号）第 4 条。

有悖于《刑法》第384条精神。该条规定：对挪用公款进行"非法活动"和"进行营利活动"的，不受归还时间的限制。也就是说，行为人一旦挪用公款进行"非法活动"或者"进行营利活动"的，即可构成既遂；至于行为人是否归还、何时归还，均不影响犯罪成立。本案被告人先后8次挪用资金进行营利活动，每次均可单独构成犯罪，且其多次挪用行为均未追究刑事责任，因此应当累计计算，方可彰显罪刑相适应的刑法原则。（3）法院对1998年最高人民法院《解释》的理解有误。该《解释》规定，"多次挪用公款不还，挪用公款数额累计计算；多次挪用公款，并以后次挪用的公款归还前次挪用的公款，挪用公款数额以案发时未还的实际数额认定"①。被告人在每次申购新股后，都将挪用的资金退回原账户，并不存在用"后次"归还"前次"的问题；而法院判决将该条解释的前、后段割裂开来，认为只有"多次挪用公款不还"的才能累计计算，显然没有顾及，该条解释的后半句所表述的情形正是对前半句的具体补充说明，从而导致错误适用法律的结果。按照法院的片面理解，如果被告人在案发前已全部归还所挪用的资金，其挪用公款的金额就应当为零，即不构成犯罪，这显然与《刑法》规定相悖。

四、案件点评

本案行为发生于2010年的"两高"《意见》②发布之前，但是在法院审理本案期间该《意见》才发布。因此，对该《意见》的正确理解与适用就成为影响案件定性的关键问题。如果认定被告人为"国家工作人员"，被告人就构成挪用公款罪，否则就构成挪用资金罪。实践中有人认为，"两高"的这个《意见》不是司法解释文件，

---

① 参见1998年5月9日最高人民法院《关于审理挪用公款案件具体应用法律若干问题的解释》（法释〔1998〕9号）第4条。

② 参见2010年11月26日最高人民法院、最高人民检察院《关于办理国家出资企业中职务犯罪案件具体应用法律若干问题的意见》（法发〔2010〕49号）第6条第2款。

因此，有关"从旧兼从轻"的司法解释适用原则不能适用于该《意见》。这种认识显然有失偏颇。相反，上述《意见》正是"两高"根据《刑法》和刑事政策就办理相关刑事案件具体应用法律问题所作的司法解释；对于这个司法解释文件，当然属于 2001 年"两高"《规定》① 所适用的范畴。本案已经终审判决，但对其中有关新旧司法解释适用的问题，仍然值得司法机关研究思考。

作者：南昌铁路运输检察院　廖育玲

---

① 　参见 2001 年 9 月 18 日最高人民法院、最高人民检察院《关于适用刑事司法解释时间效力问题的规定》（高检发释字〔2001〕5 号）第 3 条。

案例二十五　董某挪用资金案

——国家出资企业人员犯罪的管辖

一、基本案情

被告人董某，男，1978 年 2 月 20 日生，汉族，本科文化，中共党员，原中铁汽车销售服务公司（2014 年与中铁八局四公司合并）下属的成都中铁轩达汽车销售服务公司（以下简称中铁轩达公司）财务总监。

本案由成都铁路运输检察院于 2015 年 5 月 15 日以被告人董某涉嫌挪用公款罪立案侦查，同年 5 月 29 日对被告人依法逮捕。2015 年 7 月 28 日侦查终结并移送审查起诉，期间退回补充侦查两次。

检察机关审查起诉查明：2013 年 6 月至 2014 年 9 月期间，董某在但任中铁轩达公司财务总监期间，利用其负责监督、使用和管理本公司资金的职务便利，挪用公司资金归个人使用，共计 150.67 万元，超过 3 个月未归还。其中：（1）2013 年 6 月 28 日和 29 日通过中国建设银行网上银行操作系统，以给自己重复发放当月工资的形式，将多发放的 21 次工资共计 8.63 万元用于个人使用。财务账上列为"误付董某工资"。（2）2013 年 7 月至 9 月以向其虚构的成都市宏轩汽车贸易公司"支付备件款"的方式，套取公司资金 7.62 万元，用于个人使用。（3）2013 年 10 月 18 日至 2014 年 3 月 13 日以虚列向上海上汽大众汽车销售公司"支付车款"的方式，套取公司资金 47.91 万元，用于个人使用。（4）2014 年 5 月以虚增向上海大众汽车公司广州增城分公司"支付备件款"的方式，套取公司资金 12.43 万元，用于个人使用。（5）2014 年 2 月至 9 月底以代本公司出纳朱某、左某某将现金存入银行的名义，套取公司资金 74.08 万元，用于个人使用。案发后，涉案赃款已全部追回。

2016 年 5 月 31 日，本案经成都铁路运输法院开庭审理，确认检察机关起诉指控的犯罪事实；以被告人董某犯挪用资金罪，依法判处其有期徒刑 1 年 6 个月，缓期 2 年执行。本案判决后，被告人及其辩护人没有提出上诉。

二、法律适用问题解析

在本案审查起诉中，涉及以下几个难点问题：

1. 关于被告人所在单位——中铁轩达公司性质的认定。侦查获取的有关公司营业执照、证明、公司简介等证据证实：中铁八局集团公司是国有资本控股的有限责任公司。中铁八局四公司和原中铁汽车销售服务公司系中铁八局集团公司的全资子公司。中铁轩达公司是由原中铁汽车销售服务公司于 2013 年 1 月 24 日投资成立的有限责任公司，主要从事上海大众斯柯达品牌系列汽车的销售、维修及相关衍生业务。2014 年 3 月 31 日中铁八局四公司吸收合并中铁汽车销售服务公司，中铁轩达公司股东由此变更为中铁八局四公司。据此认定，中铁轩达公司的性质属于国家出资的股份所有制企业。

2. 关于被告人主体身份的认定。据侦查调取的人口基本信息、职务任免通知、中铁轩达公司财务总监岗位职责等证据证实：董某于 2013 年 3 月 19 日至 2014 年 9 月 26 日期间担任中铁轩达公司财务总监一职，该职务由中铁轩达公司人力资源部任命和解聘。在董某担任财务总监期间，具有负责筹集和有效使用公司资金，监督公司资金正常运行，维护公司资金安全和对公司资金进行管理等职责。据此认定，被告人董某为非国家工作人员，在中铁轩达公司具有使用、监督、管理公司资金的职责。

3. 关于被告人挪用资金行为的认定。根据调取的银行付款凭证、建行网上银行电子回单、建行存款对账清单，预付上海大众整车款明细表、预付宏轩备件款明细，应收 POS 机明细、科目明细账，工资支付表、补充材料、情况说明等书证、物证；陶某某、左某某、朱某、冯某等证人证言以及被告人供述与辩解等证据证实：2013 年

6月至 2014 年 9 月期间，董某利用其财务总监的职务之便，分别以为自己重复发工资、向虚构的公司支付备件款、虚列支付车款、代公司出纳将现金存入银行等名义，骗取或套取本公司资金共计150.67 万元。上述被挪用资金均被董某用于个人开销，且超过 3 个月未归还。

4. 关于被告人犯罪故意的认定。本案被告人供述、证人证言等相关证据证明：董某作为中铁轩达公司的财务总监，对自己的职责权限、本公司的单位属性十分清楚，对本公司资金的性质、用途及有关法律禁止性规定等也心知肚明；同时承认自己在任职期间发现公司在资金管理方面比较松懈，为了贪图个人利益，便利用自己的职务和工作便利，或为自己重复发放工资，或以各种名义套取公司资金用于个人支出。这些都充分表明，被告人董某主观上具有非法使用单位资金的直接故意。

5. 关于本案犯罪客体的认定。本案证据表明，被告人所在单位——中铁轩达公司属于国家出资的股份制企业，并非完全国有独资企业；被告人董某的职务亦由中铁轩达公司聘任，属于非国家工作人员。根据"两高"司法解释规定的精神①，被告人的行为致使国家出资企业资金脱离管理，严重侵犯中铁轩达公司对单位资金的使用、收益权，因此应当适用《刑法》第 272 条，以挪用资金罪定罪处罚。

三、案件点评

随着市场经济条件下企业改革的深入推进，许多国有企业已经或即将改制成为国家出资控股或参股的混合所有制企业；经过改制后，原来的国有企业已不再具备"国有"的性质。本案涉及铁路领域国家出资企业财务管理人员经济犯罪问题，具有一定的典型性。

---

① 参见 2010 年 11 月 26 日最高人民法院、最高人民检察院《关于办理国家出资企业中职务犯罪案件具体应用法律若干问题的意见》（法发〔2010〕49 号）第 3 条的有关内容。

在办理类似案件的司法实践中，需要着重关注和解决以下几个方面的问题：

（一）关于案件管辖权问题

目前，铁路运输检察机关办理涉铁犯罪案件管辖范围的依据，仍然是 1982 年"两高三部"的《关于铁路运输法院、检察院办案中有关问题的联合通知》①（以下简称《联合通知》）。近年来，随着铁路改革建设深入发展和新时期查办涉铁案件的需要，最高人民检察院和各省级院在调查研究和遵循法律原则的基础上，通过会议纪要、指导意见等形式，就适当拓展铁检机关管辖范围的问题作了一些实践探索。但是，由于铁检机关正处在探索建立跨行政区划检察院等多项重大改革叠加期，因此尚未就相关问题出台新的司法解释。在司法实践中，各级铁检机关除继续执行《联合通知》依法查办铁路运输系统的各类刑事案件、职务犯罪案件外，对于铁路改革发展新时期和市场经济条件下国有（或国家出资的）铁路建设、施工企业国家工作人员职务犯罪案件，或者直接侵害对象为国家铁路建设资金的犯罪案件，一般按照有利于保护铁路运输和国有铁路资产安全、有利于及时惩罚犯罪和查办案件工作的原则，根据《刑事诉讼法》有关规定，采取"个案指定管辖"的方式办理。

本案中，被告人的犯罪行为直接侵害的是中铁八局四公司下属的中铁轩达公司资金，而非前述的"国家铁路建设资金"；根据《刑事诉讼法》有关规定，办案单位对该案并无确定的管辖权。但是，鉴于司法实践中此类以国家出资的铁路公司、企业资金为侵害对象的犯罪案件层出不穷，地方检察机关又较少办理此类案件，办案单位从及时打击犯罪、有力保护铁路国有资产的职能出发，根据《最高人民检察院铁路运输检察厅、中国中铁股份有限公司、中国铁建股份有限公司联席会议纪要》（高检铁发〔2015〕3 号）的精神，

---

① 参见 1982 年 7 月 9 日最高人民法院、最高人民检察院、公安部、司法部、铁道部《关于铁路运输法院、检察院办案中有关问题的联合通知》（〔1982〕铁办字 1214 号）。

认为本案由铁检机关管辖更为适宜，报请四川省检察院指定管辖。2015 年 11 月 20 日，四川省院以董某涉嫌挪用公款罪将本案指定成都铁路检察院管辖；经协调，四川省高级法院于同日以同罪名将本案指定成都铁路法院管辖。至此，本案侦查、审查起诉和审判管辖权均依法确定。

（二）关于国家出资企业财务管理人员主体身份的问题

在办理此类案件的司法实践中，需要注意把握以下两个要件：

1. 形式要件。即看行为人职务是否经国家出资企业中负有管理、监督国有资产职责的组织批准或者研究决定。本案被告人所在单位的上级企业（自上而下）分别是：中国中铁股份有限公司——中铁八局集团有限公司——中铁八局四公司和原中铁汽车销售服务公司。经调查证实：（1）中国中铁股份有限公司隶属国务院国有资产监督管理委员会主管，上市前名称为中国铁路工程总公司（全资国有企业）；2007 年 12 月该公司改制并上市后的股本结构为：国有资产持股 58.30%；境内社会公众持股 21.95%；境外社会公众及社保基金理事会持股 19.75%。据此认定，中国中铁股份有限公司上市后即成为国有控股公司，即国家出资企业。（2）中铁八局集团有限公司是中国中铁股份有限公司的法人独资企业，亦即国有控股公司。（3）中铁八局四公司和原中铁汽车销售服务公司系中铁八局集团有限公司全资子公司，而中铁轩达公司则是由原中铁汽车销售服务公司投资成立的有限责任公司。（4）2014 年 3 月 31 日中铁八局四公司吸收合并中铁汽车销售服务公司，中铁轩达公司的控股股东由此变更为中铁八局四公司。据此认定，中铁轩达公司的企业性质为国家出资企业中的国有控股公司（非国有公司）。

本案被告人在实施犯罪时担任中铁轩达公司的财务总监，具有直接负责使用、监督和管理本单位财务工作的岗位职责。但是，要认定被告人是否为"国家工作人员"，首先就应当考察其职务身份的取得，是否经过有关企业党委或者党政联席会议等形式的批准、任命，亦即是否符合认定国家出资企业中国家工作人员的形式要件。

根据 2010 年 11 月 26 日最高人民法院、最高人民检察院《关于办理国家出资企业中职务犯罪案件具体应用法律若干问题的意见》（法发〔2010〕49 号）第 6 条的有关内容：经过国家出资企业中负有管理、监督国有资产职责的组织批准或者研究决定，代表其在国有控股、参股公司及其分支机构中从事组织、领导、监督、经营、管理工作的人员，应当认定为国家工作人员。而本案被告人在中铁轩达公司所任职务，只是经由中铁四公司人力资源部聘任的，并不符合上述司法解释所规定的形式要件，因此不能认定为国家工作人员。

2. 实质要件。即看行为人能否代表负有管理、监督国有资产职责的组织在国有控股、参股公司及其分支机构中从事组织、领导、监督、经营、管理等工作。换言之，行为人不仅要符合上述形式要件，还应当符合代表国有资产管理、监督部门从事公务的实质要件；只有行为人具有代表国有投资主体行使监督、管理国有资产的职权，才能认定为国家工作人员。从本案证据看，被告人董某的职务虽然具有"受委派从事公务"的情形，但是难以认定其具有代表国有投资主体行使监督、管理国有资产的职权。

基于上述，本案被告人董某所担任的职务任命，并未经过负有管理、监督国有资产职责的组织批准或研究决定，其职责也不具有代表国有投资主体及负有管理、监督国有资产职责的组织在国有出资企业中从事公务的性质，因此不能认定为国家工作人员。被告人利用其职务便利挪用中铁轩达公司资金的行为，应当构成挪用资金罪。

（三）关于挪用资金罪数额计算，及追诉漏罪的问题

在办理多次挪用资金的犯罪案件中，可能存在这样的情形：行为人用后次挪用的资金归还前次挪用的资金；或者实际挪用资金一次，但在账务凭证上做成了两次。根据《刑法》及有关司法解释①的精神，司法实践中的做法应当是：不论行为人挪用资金的行为属

---

① 参见 1998 年 4 月 6 日最高人民法院《关于审理挪用公款案件具体应用法律若干问题的解释》第 4 条。

于何种情形，均应以案发时尚未归还的实际数额计算。以本案为例，在被告人董某虚列中铁轩达公司预付上海大众整车款明细中，记载有一笔金额为 77.05 万元被挪用的款项；但因其中有 76.2 万元系董某在挪用后为平账而做在了向虚假"宏轩公司"支付备件款的账目上。在案件审查起诉中，办案人员以"被告人采取向虚构的公司支付备件款的方式套取本公司资金"为由，对该 76.2 万元予以认定，而对账面记载的 77.05 万元不再重复计算。

又例如，在审查被告人董某以"为自己重复发放工资"方式挪用资金 8.63 万元的犯罪事实时，董某辩称"重复发放工资的问题，是自己在网上重复操作失误所致，并没有挪用公司资金的故意"。为此，办案人员认真分析中铁轩达公司出具的董某重复发放工资统计表、银行付款凭证、网上银行回单、工资支付表等书证，发现董某 2013 年 6 月应发工资为 4021.75 元，但在同年 6 月 28 日和 29 日这两天，他通过网上银行给自己重复发放工资 21 次，总计金额 8.63 万元，并在记账凭证上列明为"董某误付工资"。鉴于董某在主观上有挪用资金的故意，客观上实施了挪用资金行为，办案单位对此笔犯罪事实作了累计计算，并以漏罪追诉。

作者：成都铁路运输检察院　李沂娟

第二十四章　其他侵财犯罪典型案例

案例二十六　倪某某抢夺案
——抢夺罪与相关犯罪解析

一、基本案情

被告人倪某某，男，1973 年 7 月 9 日生，汉族，小学文化，农民，贵州省平塘县人。2006 年 6 月曾因犯盗窃、抢夺、销售赃物罪被杭州铁路运输法院判处有期徒刑 3 年 6 个月。2011 年 12 月 17 日因涉嫌抢夺罪被杭州铁路公安处刑事拘留，2012 年 1 月 9 日经杭州铁路运输检察院批准逮捕。

被告人李某某，女，1979 年 9 月 16 日生，汉族，小学文化，农民，浙江省慈溪市人。2011 年 12 月 17 日因涉嫌包庇罪被杭州铁路公安处刑事拘留，2012 年 1 月 9 日经杭州铁路运输检察院批准逮捕。

本案由杭州铁路公安处侦查终结，移送检察机关审查起诉。杭州铁路运输检察院审查认定：2011 年 12 月 13 日 17 时 40 许，由兰溪开往温州的 K8478 次旅客列车临时停靠在石柱火车站，被告人倪某某故意打开 2 号车厢 111 号座位旁边的车窗，准备跳下火车；在跳车的过程中，倪某某趁被害人祝某某不备，迅速拎走被害人放在靠窗座位上的拎包 1 只，跳车逃跑。拎包内有人民币 20200 元，以及诺基亚 5233 型手机 1 部、德赛 M289 型手机 1 部（共计价值 520 元人民币）等物品。作案后，倪某某返回金华市家中。次日，被告人李某某在明知其丈夫倪某某实施上述行为的情况下，仍与倪某某一起到浙江省农村信用社金华成泰合作银行城北分理处，将其中的赃款 16000 元人民币存入自己的存折内，并且使用了赃物诺基亚 5233 型手机。

杭州铁路公安机关接到报案后立即立案侦查，并于 2011 年 12 月 16 日将被告人倪某某、李某某抓获，并从二人的暂住房内缴获赃物诺基亚 5233 型手机 1 部、德赛 M289 型手机 1 部以及李某某的银行存折。

二、法院裁判结果及理由

2012 年 3 月 27 日，杭州铁路运输检察院分别以抢夺罪和掩饰、隐瞒犯罪所得罪对被告人倪某某、李某某提起公诉。经杭州铁路运输法院开庭审理，确认检察机关指控的犯罪事实及有关证据。依法判决：（1）被告人倪某某的行为触犯《刑法》第 267 条规定，构成抢夺罪，依法判处有期徒刑 7 年，并处罚金人民币 10000 元；（2）被告人李某某的行为触犯《刑法》第 312 条规定，构成掩饰、隐瞒犯罪所得罪，判处拘役 5 个月，并处罚金人民币 1000 元。

三、法律适用问题解析

在本案审查起诉中，办案人员对以下两个问题产生分歧：

1. 被告人倪某某的行为是抢夺还是盗窃？一种意见认为，行为人在准备跳车的过程中或者在站台上，趁被害人未注意或无防备之机，迅速拎走旅客放在靠窗座位上的行李物品并快速逃跑，这是犯罪分子在铁路上盗窃作案的常见方式，应当以盗窃罪定罪处罚为宜。

另一种意见认为，本案被告人的行为符合抢夺罪构成特征，应当以抢夺罪追究刑事责任。主要理由是：在司法实践中，对于类似本案的行为，以盗窃罪或者以抢夺罪论处的案件均不乏其例。正确区别两罪的关键：一是看被害人当时是否注意到自己的行李；二是看犯罪嫌疑人当时的主观心态。如果犯罪嫌疑人是趁列车快要启动，自己能够快速逃离，等被害人发觉后（因其在车上）已来不及反抗；这种作案方式正符合《刑法》关于抢夺罪"趁人不备，公然夺取"的本质特征，应当认定为抢夺罪。反之，如果犯罪嫌疑人当时在主观上认为被害人并未注意到自己的行李，便趁坐在车窗边的被害人不注意，秘密窃取被害人的行李物品，得手后快速逃跑；这种行为方式正符合《刑法》关于盗窃罪"秘密窃取"的本质特征，就应当认定为盗窃罪。本案证据表明，被告人倪某某为了非法占有旅客财物，在动手前故意先打开车窗以便其迅速逃离；而后在跳车过程中迅速拎走被害人放在靠窗座位上的拎包，立即跳车逃跑。在这种情况下，无论被害人当时是否注意到自己的行李物品，被告人当时的主观心态就是"此时列车快要启动，自己能快速逃离，即使被害人发觉也来不了"，显然符合"趁人不备，公然夺取"的特征，因此应当构成抢夺罪。

2. 被告人李某某的行为是包庇还是掩饰、隐瞒犯罪所得？一种意见认为，应当认定包庇罪。主要理由是：李某某明知其丈夫无正当职业和收入来源，也知道其丈夫曾因在火车上拎包被判过刑，当倪某某突然从外面搞回来 2 万多元钱和 2 部手机，就知道这些钱物来路不正。案发后，李某某又对公安机关作假证，谎称"手机是花钱买的，存折里 16000 元是自己卖淫赚来的"。经查其说法完全与事实不符，并且严重影响到公安机关的侦查工作。

另一种意见认为，李某某的行为应当认定掩饰、隐瞒犯罪所得罪。主要理由是：在本案案发前，李某某主观上明知其丈夫突然从外边带回来的钱物来源不正当，仍与其丈夫倪某某一起到银行，将 16000 元赃款存进自己的存折，并对赃物诺基亚 5233 型手机进行使用，其窝藏赃物的客观行为十分明显；也就是说，在侦查机关立案侦查前，李某某的身份已经是窝赃犯罪嫌疑人，而非单纯的证人。在案发后，李某某又向公安人员谎称"手机是花钱买来的，存款 16000 元是自己卖淫赚来的"。一方面，李某某企图通过作假证明包庇丈夫倪某某，干扰公安机关的侦查活动；另一方面也表明，李某某仍在继续实施其掩饰、隐瞒犯罪所得的犯罪行为。换言之，被告人李某某于案发前后分别实施两个犯罪行为，分别触犯包庇罪和掩饰、隐瞒犯罪所得罪；其中，其作假证的包庇行为并不具有期待的可能性，因而被其掩饰、隐瞒犯罪所得罪吸收。因此，对李某某的犯罪行为，应当按照《刑法》第312条掩饰、隐瞒犯罪所得罪追究刑事责任，而不应当构成包庇罪或者适用数罪并罚。

四、案件点评

本案犯罪行为在司法实践中较为常见，明确其中相关犯罪的定性问题，对我们办理类似案件有所助益。首先，被告人倪某某在作案中采取的先打开列车车窗、在跳车过程中迅速拎走旅客放在靠窗座位上行李的行为，属于铁路客运领域常见的侵财犯罪方式。这种行为，本质上与在站台上突然夺取列车车窗内行李的行为是一致的，均属于"趁人不备，公然夺取"的抢夺行为，在案件定性上应当予以明确。其次，被告人李某某先帮助其丈夫掩饰、隐瞒赃款赃物，又作假证包庇丈夫的犯罪行为，这种情况在实践中并不少见，究竟应当如何定罪，仍存一定争议。总之，无论从犯罪行为延续性还是期待可能性的角度分析，对李某某均应以掩饰、隐瞒犯罪所得罪论处较为适宜。

作者：杭州铁路运输检察院 尹海飞

案例二十七　李某某敲诈勒索案

——罪与非罪的界限

一、基本案情

被告人李某某，男，1976 年 8 月 4 日出生，汉族，初中文化，山西省孝义市高阳镇人。因涉嫌敲诈勒索罪，于 2013 年 10 月 22 日经大同铁路公安处决定取保候审。

本案由大同铁路公安处侦查终结，2014 年 10 月 21 日移送大同铁路运输检察院审查起诉。其间，因证据不足，退回补充侦查一次。同年 12 月 17 日重新移送审查起诉。检察机关审查认定：

1. 2012 年 2 月 25 日至 2013 年 7 月 29 日期间，被告人李某某为实施敲诈勒索，分别乘坐 T145 次列车（北京西—南昌）、T175 次列车（北京西—兰州）、1816 次列车（包头—哈尔滨）、2603 次列车（秦皇岛—临汾）和 K1294 次列车（烟台—太原）。在补办卧铺票时，李某某故意给予列车员楼某等 4 人好处费，尔后以"收钱办铺""补票违规收取好处费"等理由进行投诉，并扬言"如果经济补偿不满意，就向铁道部等上级单位投诉"，以此要挟与其联系道歉的被害人。上述被害人被迫，共给予李某某人民币 9000 元。

2. 2013 年 5 月 16 日至 2013 年 8 月 26 日期间，被告人李某某为实施敲诈勒索，分别乘坐 K889 次列车（郑州—西宁西）、K866 次列车（运城—唐山）和 K1294 次列车（烟台—太原）。在补办卧铺票后，李某某故意不收补票找零的钱，尔后以"补票不找零钱"为由，对列车员韩某某、王某华、王某庆等 3 人进行投诉。当上述列车员与其联系道歉时，李某某又以"经济补偿不满意就继续投诉"为由分别进行要挟，向 3 名被害人共索要人民币 3700 元。

3. 2012 年 6 月 9 日，被告人李某某为实施敲诈勒索，乘坐 4630 次列车（神木北—大同）。李某某找到姚某某（该车次列车员）称自己需要购买食品充饥，并以 10 元的价格购买姚某某的桶装方便面一个。次日，李某某以"在火车上私卖东西"为由对姚某某进行投诉；当姚某某与其联系道歉时，李某某又以"经济补偿不满意就继续投诉"为由继续要挟。2012 年 6 月 10 日，被害人姚某某被迫将 1000 元人民币汇入李某某提供的建设银行账户。

4. 2013 年 1 月 26 日至 2013 年 3 月 7 日期间，被告人李某某伙同王某某（已判刑），分别乘坐 K861/4 次列车、K732 次列车（广州东—大同）、Z151 次列车（北京西—西宁）和 K689 次列车（太原—重庆北）。在补办卧铺票后，李某某、王某某二人故意给予列车员好处费，尔后以"收钱办铺""补票违规收取好处费""补票不找零钱"为由进行投诉，并扬言要"向铁道部等上级单位投诉"，分别要挟与其联系道歉的吕某某、孙某某、马某某、王某某和高某某等 5 名被害人。吕某某、孙某某、马某某和高某某 4 人被迫，共给予李某某等 2 人 16000 元人民币。被害人王某某因对投诉内容分歧较大，并与王某某发生争执，未给予李某某二人财物。

综上所述，被告人李某某在列车上共实施 12 起敲诈勒索行为，其中 1 起系犯罪未遂，敲诈勒索数额共计人民币 29700 元，其中李某某获赃款 21700 元人民币，所得赃款均已挥霍。案发后，被告人李某某于 2013 年 10 月 21 日到大同公安处刑警支队投案自首。

二、法院裁判结果及理由

2015 年 1 月 8 日，本案由大同铁路运输检察院提起公诉。大同铁路运输法院 2015 年 3 月 25 日开庭审理，认为被告人李某某单独及伙同他人以非法占有为目的，采用要挟的方法，强行索取他人财产，数额较大，其行为触犯《刑法》第 274 条规定，犯罪事实清楚，证据确实、充分。被告人李某某主动投案，如实供述自己的罪行，系自首。认定检察机关的指控成立，量刑建议适当，予以采纳。依法判决如下：

1. 被告人李某某犯敲诈勒索罪，判处有期徒刑 2 年 4 个月，并处罚金人民币 20000 元。

2. 继续追缴被告人李某某违法所得的赃款，计人民币 21700 元。

三、法律适用问题解析

敲诈勒索罪是指以非法占有为目的，实施威胁或要挟的方法强行索取公私财物，数额较大的行为。该罪成立的基本构架为：行为人出于非法占有公私财物的目的—故意造成相对人行为瑕疵，或者借相对人的行为瑕疵或其他可能的恶害—对被害人进行威胁、要挟—造成相对人精神产生压力、恐惧—相对人不得已处分自己的财产—行为人取得相对人的财产。

一般来说，行为人正常行使权利、合法主张财产权的行为，与讹诈行为的界限比较容易区分；只要行为人寻求的是未超出权利范围的利益，没有对他人财产造成损害，就可以认定其行为具有正当性。但在日常生活中，一些行为人利用他人"好面子""胆小怕事"或"多一事不如少一事"等心理弱点，无理取闹，借机讹诈、索要他人财物，也屡见不鲜。问题在于，当行为人虽然具有一定请求正当利益的权利，却使用威胁或要挟方法，以图实现超常利益时，行为的性质就可能发生根本性改变。本案中，部分列车员在办理补票手续过程中确实存在收取"好处费"等违规情形，且案中涉及的被敲诈数额多为被害人或其单位领导主动提出给付的；从表象上看，被害人是"自愿的"，似乎与敲诈勒索罪中的"被强迫性"表现不同。正因如此，办案人员对李某某行为的定性产生以下分歧意见。

一种意见认为，李某某借机索取他人财物，属于讹诈类不道德行为，可以通过民事方式或在道德范畴内解决，不宜诉诸刑事追究。

另一种意见认为，李某某出于非法占有他人财物的目的，故意设计、引诱列车员实施违规收取"好处费"等瑕疵行为，并借机以投诉、告发等言词进行要挟，迫使列车员给付其财物，且数额较大，其行为符合敲诈勒索罪的构成特征，应当依法追究刑事责任。

鉴于讹诈类不道德行为与敲诈勒索罪在某些方面既有相似之处，

也有明显区别，实践中往往不容易甄别把握，因而给办案工作造成困惑。笔者拟在此结合本案作一简要分析，供读者方家兼听参考。

首先，敲诈勒索罪是行为人在主观故意支配之下实施的侵害他人财产权的行为。与道德不同，《刑法》的任务和目的就是保护法益。在刑法规范与道德规范出现重合的情况下，犯罪行为当然也是违背道德行为；但更根本的是，犯罪行为使得《刑法》所保护的法益受损。因此，判断某个行为的违法性，最根本的依据就是看《刑法》保护的某项法益是否受到侵害或面临侵害危险，而并不以该行为是否违背道德规范为判断标准。本案中，被告人在主观上恶意为列车员制造违规条件，客观上以投诉相要挟并非法占有被害人的财产，其行为严重侵犯了公民的财产权和人身权；从刑事违法性的角度而言，其行为是对法益的损害，为现行《刑法》所不容，业已具备犯罪的本质属性。

其次，敲诈勒索罪的另一特征是，行为具有严重的社会危害性。本案被告人李某某之所以频频登乘涉案列车，正是由于这些车次人员流动量大，乘客补票可能性大，发生补票找零的情况比较常见，列车员对无良乘客借机讹诈的防范意识不强。因此，被告人或者利用乘客多，以"补票就算帮忙了""买盒烟抽""算交个朋友"等理由给予列车员好处费；或者趁补票的人多、列车员忙不过来之际，主动表示放弃找零；或者是有意躲避补票员为其找零钱。据被告人李某某交代，他之所以均选择中年男性列车员为敲诈对象，是因为女性列车员往往胆小，不敢或不愿违规，年轻列车员大多不屑于为百十来块钱冒风险，而中年男性列车员一般生活压力、经济开销较大，在工作中人际关系广，并且在票源紧张的情况下有解决卧铺票的能力。由此可见，被告人的犯罪故意十分明显。诚然，无论是不道德取得还是违法占有他人财物，行为人取得他人财物的理由均不合理，但此间亦有程度上的差别；这种程度上差别，无疑会直接影响人们对该行为社会危害性的判断，因而成为区分和把握两种行为性质的重要标准之一。也就是说，根据行为人取得财物的理由和取得财物的数量，我们就可以判断出行为人占有他人财物的合理程度。

对于敲诈勒索罪而言，《刑法》明确规定"数额较大"为法定构成要件，因此在司法实践中，犯罪数额就成为界定敲诈勒索罪与讹诈类不道德行为的一个重要标准。换言之，《刑法》规范的只是法益受到严重侵犯的情况，以本案为例，如果被告人要求的补偿数额超出其实际损失数额但差额较小，其要求虽不合理但属情节显著轻微，可视为讹诈类不道德行为，无须追究刑事责任；反之，如果被告人要求的补偿数额远远超出其应当获偿的范围，即属于违法行为，达到"数额较大"标准的，应当依法追究其刑事责任。本案中，被告人在补票时虽然每次支付给列车员百元左右"好处费"，也未收取 2 元至 40 余元不等的"补票找零"，但他"同意私了"的补偿金额却大大超过对方应退还的数额，明显超过正常范畴。

四、案件点评

本案发生在铁路客运高峰期间，车票十分紧张，加之铁路部门正在严厉整肃路风、路纪，对"以票谋私"等问题加大处罚力度。被告人在频繁乘车过程中发现了一条"吃铁路"的财路。他以先给好处费为诱饵，精心布局：一旦对方接受好处费或者未及时找零，立刻下车电话投诉。绝大多数涉事人员均怕连累所在单位、车班同事，宁愿在单位做出调查结论前与投诉人"私了"，用经济赔偿的方式息事宁人。部分被害人甚至在被告人东窗事发后，还拒绝配合调查取证工作。此案的查处，有力震慑了妄图以"吃铁路"为生的不法分子，也在铁路系统客运部门引起较大震动，为铁路工作人员敲响了警钟——在客运服务中，铁路人员不但应当遵章守纪，自觉抵制贪图小利、违规操作的思想和行为；同时强化树立法律意识，当自己的合法权益受到侵犯时，学会并勇于使用法律武器维护自身权利。

作者：大同铁路运输检察院　赵莉燕

案例二十八　王某某敲诈勒索案

——"恶意补票"的定性

一、基本案情

被告人王某某，男，41 岁，汉族，山西省阳泉市人，小学文化，农民。

本案于 2013 年 7 月 5 日由大同铁路公安处侦查终结，移送大同铁路运输检察院审查起诉。同年 8 月 5 日，检察机关以本案证据不足，退回公安机关补充侦查一次。同年 9 月 5 日，本案重新移送审查起诉。检察机关审查认定以下犯罪事实：

1. 2013 年 1 月 26 日，被告人王某某在 K861/4 次列车上，伙同一名李姓男子，让列车员吕某某帮助其补办汉口至宝鸡的卧铺票两张，并给予吕某某好处费 100 元人民币。事后，王某某二人又以"补票时违规收取好处费""要向铁道部投诉"为由对吕某某进行要挟，强行向吕某某索要 6000 元。被害人吕某某因怕被投诉而同意"私了"，被迫于次日将 6000 元人民币汇入王某某提供的邮政储蓄账户。

2. 2013 年 1 月 30 日，犯罪嫌疑人王某某伙同一名张姓男子，通过采取上述相同手段，对 K732 次列车员马某某进行要挟，并强行索要 6000 元。同年 2 月 1 日，马某某通过其妻子办理，将 6000 元人民币汇入王某某提供的邮政储蓄账户。

二、法院裁判结果及理由

本案由大同铁路运输检察院依法提起公诉。经大同铁路运输法院开庭审理，确认检察机关指控的犯罪事实及有关证据。法院认为：

被告人王某某以非法占有为目的，以要挟方法伙同他人强行索取被害人财产，数额较大，其行为已构成敲诈勒索罪，依法应予惩处；被告人王某某1988年曾因犯故意伤害罪被判处有期徒刑，历史上系有前科，酌定予以从重处罚；被告人王某某当庭自愿认罪，酌定予以从轻处罚。依法判决：被告人王某某犯敲诈勒索罪，判处有期徒刑1年3个月，并处罚金6000元。

三、证据情况

因本案刑事侦查卷中第二起事实的证据比较齐，第一起事实的相关证据比照第二起所收集，故在此重点列举和分析第二起事实所涉及的证据。

（一）书证

1. 中国邮政储蓄银行新华街支行提供的王某某账户交易情况。证实：2013年2月1日，王某某的账户收到王明花（马某某之妻）汇款6000元。

2. 太原客运段提供的旅客列车补办卧铺登记簿。证实：王某某于2013年1月30日在K732次列车上补办一中、一上两张卧铺票。

（二）证人证言

1. 证人马某某证言。证实：2013年1月30日，王某某和另一名男子在K732次列车上，让马某某帮忙补办两张赣州—石家庄的卧铺票，王某某以买烟为名给马某某300元好处费；事后，王某某又以马"违规收取好处费""要向铁道部投诉"为由相要挟，勒索马某某赔偿6000元，马让其妻王明花将该笔钱汇到王的账户上。

2. 证人高某某、尹某某、丰某某、陈某某（均为太原客运段深圳车队工作人员）证言。均证实：接到一个叫王某某的投诉电话，反映他在1月30日乘坐K732次深圳—大同列车上补办了两张赣州—石家庄北的卧铺票，并形容他找的是餐车上的一名炊事员给他联系办的，这个人收了他300元好处费。

（三）被告人王某某供述

2013 年年前的一天，他伙同一张姓男子在火车上让工作人员（马某某）帮助补办两张卧铺票，给了这名工作人员 100 元好处费，事后又以欲投诉其违规收取好处费相要挟，逼迫其给自己 6000 元钱"私了"。

四、案件点评

本案是一起不法分子通过"恶意补票"敲诈勒索乘务人员的典型案件，犯罪数额并不很大，事实和证据方面也比较简单明了；但是，案件中延伸暴露出的铁路系统"以票谋私"的行业作风问题，以及由此而引发的一系列靠"吃铁路"谋生的违法犯罪现象，却值得高度重视和深入思考。

（一）"恶意补票"敲诈勒索案件原因分析

旅客列车是铁路运输服务的重要窗口单位，路风路纪建设的好坏，不仅关系铁路行业的信誉和形象，而且影响铁路运输在市场竞争中的份额。目前，"恶意补票"现象在旅客列车上比较常见，成因也复杂多样、不可一以概之；但可以确定的是，在铁路运力资源供不应求、行业风纪尚未完善的背景下，"恶意补票"旅客与少数乘务员之间的利益驱动、双向选择，乃是诱发相关违法犯罪现象的主要根源。

1. "恶意补票"旅客一般是低收入人群。就本案而言，被告人王某某整日无所事事，也没有固定的经济来源，于是把投机取巧、坑蒙拐骗等不劳而获的方式当成日常谋生的手段，利用运输高峰期车票紧张的机会，以给相关乘务员好处费为报酬补票，而后以乘务员违规进行敲诈，逐渐形成"恶意补票"敲诈勒索的作案套路。

2. 某些乘务员的价值取向偏差。列车乘务员的工资收入普遍不高，一些人受到"只要提供方便就给小费"的不良观念影响，行为准则和价值取向出现倾斜，以岗谋私的"潜规则"蔚然成风；还有一些人出于对物质文化生活的攀比心理，以及自以为不会被发现的侥幸心理，成为被恶意补票旅客敲诈勒索的牺牲品。

3. 路风路纪制度措施落实不到位。客运服务作业标准是旅客列车客运工作的灵魂。但是，由于高峰时段旅客流量大，各色人等需求不一，难免出现众口难调的问题，从而引发服务质量投诉，最终转化成路风问题；加之旅客列车点多线长、铁路职工人数庞大、乘务员流动分散等因素，给路风管控带来一定难度；特别在一些"热门线路"上，路风路纪制度措施难以落实甚至出现"盲区"，容易发生以票谋私、无票乘车等现象，给违法分子以可乘之机。

（二）"恶意补票"敲诈案件的特点

旅客列车存在多种特殊性，如点多线长、跨地域流动范围广；流动旅客人员密集、成份复杂；列车乘务员流动分散、接触人员较多，且大多数是单兵作战、有一定工作便利。在漫长且相对封闭的客运途中，很可能发生各种各样的事件。以本案为例，客运列车上发生的"恶意补票"敲诈勒索等事件，具有以下几个特点：

1. 轰动性。所谓"好事不出门，坏事传千里"，事件发生后，会被快速的传播。尤其是随着网络信息、电子通讯的发展，旅客对列车工作人员的投诉已经由来信、来访发展电话投诉、网上传播，舆论传播的覆盖面大、时间快，加之铁路各级组织层层追究，就会迅速产生轰动效应，涉事乘务人员就会受到不同程度的处分，甚至在铁路范围内成为"新闻人物"，而这恰好给社会上一些不法分子带来兴风作浪、大作文章的契机。

2. 随机性。规章制度上的有空可钻，无疑为一些心存侥幸、贪图小利的铁路职工带来"福音"，只要有机会，他们就不会放过利用岗位或职权"以票谋私"的好处。由于客运职工本身数量庞大，又实行轮班轮岗作业，所以握有票源的乘务员在每次列车上都可能不同；而一些"恶意补票"的旅客，由于经常与乘务员、列车长打交道，深谙此类人员心理，往往通过攀谈、交友等各种方式接近他们，并设法确定他们是否会成为恶意敲诈的对象。

3. 诱发性。直接送钱或者变相利诱，是不法分子"恶意补票"

敲诈勒索最常用的伎俩。此类"旅客"有时会拿着钱直接找到列车人员谈条件，声称只要把他带到目的地或者办理好卧铺票，就会付给相应的好处费；或者向列车人员许下承诺，声称只要补办了车票，就会在限定的日期之内给予好处。而一些意志不坚定的列车人员，禁不住金钱诱惑，就会丧失原则立场，成为敲诈勒索不法分子的"盘中餐"。

（三）防控"恶意补票"敲诈现象的建议

通过本案管中窥豹，不难看出当前铁路客运列车上"恶意补票"敲诈勒索违法犯罪活动依然十分猖獗，由此反思的经验教训也十分深刻。而我们要有效防控此种现象，除依法及时查处相关案件外，更应当从职业道德和思想教育入手，并把不断强化路风路纪制度建设作为源头治理的重要举措，标本兼治，进而降低违法违纪和犯罪率。

1. 全员发动。采取以案说法等各种形式，对铁路职工的路风、路纪以及常见法律问题进行宣传及警世教育，尽可能达到"横向到边、纵向到底"；不定期地通报辖区内发生的路风、违纪和违法犯罪案例，进一步增强铁路职工的忧患意识、责任意识、法律意识、防范意识和维权意识，真正使铁路职工对路风路纪的各项规章制度入脑入心，时刻严于律己、警钟长鸣。

2. 强化暑运、春运及其他重点时期、重点区段路风路纪监督检查。针对客运常见的违法违纪现象，研究铁路风纪问题易发多发的活动规律，并对重点区段、重点列车和重点人员实行全程有效监控。车队干部要经常深入重点区段和列车明查暗访，全面检查各项作业程序，力争不留死角；必要时，可组成督察组不定期上车检查，及时掌握和处理客运途中发生的问题，堵住旅客列车上违法违纪的漏洞。

3. 强化对无票上车等突出问题的检查。私带无票旅客上车，是整肃路风工作中的难点问题，也成为"恶意补票"敲诈现象发生的一个"温床"，多年来屡禁不止，必须引起高度重视。可以由各级添乘干部和检查组主动到旅客当中了解情况，听取旅客意见和反映；也可以通过在列车上张贴监督电话，或利用列车广播向旅客宣传路风路纪的相关规定，主动接受旅客监督；对旅客的投诉应当建立登记，并及时作出相应处理、答复。

4. 强化对跨局列车的抽查。跨局旅客列车，通常是路风路纪问题的多发点，也是违法犯罪案件的主要发生地，因此要主动出击、建立互控，确保不发生路风问题。可以与沿途兄弟站段建立联系，搞好站车关系；各车队应当对主要车站进行走访，了解情况，主动听取意见，并建立路风互查网络机制；各车队干部也要主动深入中间车站，认真检查作业标准和路风路纪等情况。

作者：大同铁路运输检察院　吕晓芳

案例二十九　王某甲等人故意毁坏财物案

——想象竞合犯的认定

一、基本案情

被告人王某甲，男，52岁，汉族，小学毕业，农民，山西省长治市长子县大堡头镇人。

被告人王某乙，男，49岁，汉族，文盲，无业，山西省长治市长子县大堡头镇人。

本案由郑州铁路公安处于2015年7月2日侦查终结，移送检察机关审查起诉。经郑州铁路运输检察院审查认定：2015年1月16日晚上，被告人王某甲、王某乙伙同他人，在长子县大堡头镇范家庄东南方向瓦日铁路上行联络线 K507 + 708M 处，盗割电缆沟内的电缆。经查证实，被盗电缆分别为：16芯电缆线（SPTYWPL23 - 16B）2根，长度分别18.05米、8.9米；28芯电缆线（PTYL23 - 28C）1根，长度18.05米；37芯电缆线（PTYL23 - 37C）1根，长度8.9米。现场勘查还发现1根56芯电缆线（PTYL23 - 56C）被割断，遗留在犯罪现场。经长治市价格认证中心鉴定：中南通道长子南至壶关区间 K507 + 708M 处电缆被毁坏，损失总价值24580元人民币。

二、法院裁判结果及理由

本案由郑州铁路运输检察院于2015年7月29日提起公诉。经郑州铁路运输法院开庭审理，确认检察机关指控的犯罪事实及有关证据。法院认为：被告人王某乙、王某甲以非法占有为目的，伙同他人以破坏性手段盗割铁路通信电缆线，毁坏财物价值已达到"数额较大"标准，犯罪事实清楚，证据确实、充分，其行为已触犯《刑法》第 275 条之规定，构成故意毁坏财物罪。2015 年 8 月 14 日，郑州铁路运输法院依法对本案作出判决：（1）被告人王某甲犯故意毁坏财物罪，判处有期徒刑 1 年 6 个月；（2）被告人王某乙犯故意毁坏财物罪，判处有期徒刑 1 年。

三、证据情况

在本案诉讼过程中，支持检察机关指控犯罪的主要证据有：

1. 被盗单位山西中南部铁路通道四电系统集成第二施工项目部出具的报案材料。证实：2015 年 1 月 16 日 19 时 20 分许，长子南站住站人员发现瓦日线长子南至壶关区间的信号设备中断；经检查，K507＋708 处上行线南侧电缆沟内铺设的 7 根电缆线被割断 5 根。丢失的电缆为：SPTYWPL23－16B 电缆 2 根，共计 26.95 米；PTYL23－28C 电缆 1 根，计 18.05 米；PTYL23－37C 电缆 1 根，计 8.9 米。此外，现场还遗留 1 根（PTYL23－56C）电缆被割断。

2. 郑州铁路公安处现场勘查笔录。证实：被盗现场电缆线被盗割情况与报案材料一致。电缆沟盖板被撬，边沿均有不同程度的新鲜撬压痕迹，地面留有两种不同痕迹的鞋印，沟内有 5 根电缆线被割断，断头上均留有新鲜的锯割痕迹。现场外遗留有电缆线 1 根（长 8.1 米，直径 1.3 厘米）等物品。

3. 被盗单位出具的抢修明细及电缆线出入库证明。证实：抢修过程中共更换 5 根电缆。分别为：SPTYWPL23－16B 电缆 2 根 104 米；PTYL23－28C 电缆 1 根 52 米；PTYL23－37C 电缆 1 根 52 米和 PTYL23－56C 电缆 1 根 52 米；10 个接头盒；随车吊 3 台、面包车 4 台、双排车 4 台以及劳务人员等，抢修费用共计 24630.96 元。

4. 焦作铁路电缆有限责任公司出具的单价明细。证实本次抢修所使用的四种型号电缆线单价。

5. 新乡电务段长治北信号车间的证明。证实：电缆被盗割后，造成瓦日线长子南站至壶关区间的信号设备不能正常使用，中断行车。经过全力抢修，于 2015 年 1 月 17 日 14 时 25 分设备恢复正常。

6. 长治市价格认证中心出具的鉴定结论书。证实：中南通道长子南至壶关区间 K507 + 708 处电缆被毁损失总价格（含抢修用人工、车辆等费用）为人民币 24580 元。

7. 郑州铁路公安处的情况说明。长治北站信号车间负责人证实，通信电缆被割断后，将会造成列车停车，无法正常运行，但是理论上不会造成列车颠覆的后果。

8. 郑州铁路公安机关出具的说明。证实本案犯罪嫌疑人王某乙、王某甲先后被抓获的经过。

9. 被告人供述与辩解。证实被告人王某乙、王某甲先后到案后，多次供述的内容均一致并且能够相互印证。证实在案发当日晚上，二被告人与程某某（在逃）预谋后，携带钢锯、撬杠来到中南通道的铁路上，撬开铁路水泥护栏，进入铁路内割盗电缆线。次日，他们又烧化电缆芯的外皮，取出其中的铜芯，并将电缆线铜芯卖给收废品的人。

10. 王某乙、王某甲相互之间及其对所盗赃物的辨认笔录。

11. 公安部物证鉴定中心《现场提取物证检验报告》。证实：在瓦日铁路 K507 + 708m 南侧布村庄稼地内电缆线皮端检测出 STR。

12. 河南省公安厅刑事科学技术研究所《法医物证鉴定书》。证实：在瓦日铁路 K507 + 708m 南侧布村庄稼地内电缆线皮端头的生物成分，为王某甲所留。

13. 对王某乙住处的搜查笔录。证实：搜查提取作案工具钢锯条一根，以及扣押决定书、物证照片。

14. 王某乙、王某甲的户籍证明。证实二人具有完全刑事责任能力。

15. 王某甲的前科刑事判决书。证实其曾于 2003 年 11 月 27 日因破坏电力设备、盗窃、销售赃物罪被判处有期徒刑 4 年，并处罚金 2000 元。

四、案件点评

本案中，两名被告人出于非法占有的目的，采取盗窃手段将铁路站区的通信电缆割断、盗走并销赃获利。侦查证实，这种行为将导致列车停车、无法正常运行，但并不会造成列车颠覆的后果（或危险），因此被告人不构成破坏交通设备罪。但实践中需要注意的是，被告人以破坏性手段盗割正在使用的铁路通信电缆线的行为，同时触犯了盗窃罪和故意毁坏财物罪两个罪名，属于刑法上的想象竞合犯，应当按照"从一重罪处断"原则定罪处罚。

作者：郑州铁路运输检察院　郭丽洁

案例三十　梁某某破坏生产经营案

——"泄愤"型犯罪的认定

一、基本案情

本案由济南铁路公安处侦查终结，移送检察机关审查起诉。济南铁路运输检察院审查认定：被告人梁某某在邯济铁路电气化改造施工线路上担任巡线组组长（外聘民工）。因其要求涨工资未被施工单位应允，遂产生"给铁路单位找麻烦"泄愤的想法。2013 年 10 月 7 日，梁某某携带断线钳到邯济线 K203 + 985M 处工程线，将 113 号接触网的支柱拉线剪断，导致支柱折断倾斜。2014 年 1 月 31 日梁某某又携带断线钳到 K203 + 100M 处营运线，将 82 号接触网的支柱拉线剪断，导致支柱折断倾斜。2014 年 3 月 4 日梁某某再次携带断线钳到邯济线 K207 + 840M 处工程线，将接触网的支柱拉线剪断，导致支柱折断倾斜。

经查证实，在梁某某 3 次剪断接触网支柱拉线的行为中，有两次发生在施工的工程线上，一次发生在正常的营运线上。3 次行为给施工单位造成直接经济损失，共计 13.28 万元人民币。据被害施工单位即中铁十局邯济扩能改造施工指挥部第八施工处出具的证明材料证实：（1）剪断接触网支柱拉线发生在工程线侧，会造成机车停车事故。（2）剪断接触网支柱拉线发生在营运线侧，如果支柱断裂倾斜度不大、接触网线下落弛度不大，在及时发现并且抢修及时的情况下，不会影响列车运行；如果支柱断裂倾斜度较大，极易造成接触网支柱倾斜侵限、接触网下落弛度大、导线被机车缠绕，可能形成大面积接触网支柱倒塌事件，导致机车停车事故。如果机车车速快、司机在弯道区瞭望不好，将会造成机车碰撞支柱、导线缠绕机车，极易造成机车、车辆脱轨事故。（3）该接触网工程正在施工期，有待整个工程施工完毕、验收合格后一并投入运营使用。而有关接触网器材都是甲供物资，按材料计划集中采购，如果被损坏或者丢失，还需要再次采购，如厂家因量少不能及时送货，将会影响整个工期。

对于梁某某第二次在营运线侧剪断接触网支柱拉线的行为，营运单位聊城车务段伦镇站也出具了危害分析证明。同样证实：电气化铁路接触网支柱拉线被剪断，将会造成支柱折断倾斜，如果没有及时发现，极易造成未启用的接触网线侵入机车车辆限界后被机车车辆挂碰，从而中断铁路正常行车，造成一般 C 类事故，给铁路安全运输造成严重影响。

上述犯罪事实，有被告人梁某某供述；巡线工张某某、马某某、牛某某和高某某等证人证言；被害单位中铁十局集团公司邯济扩能改造工程第八施工处出具的有关证明、下锚抢险材料表、轨道车出租合同等书证；济南铁路公安处有关情况说明、现场勘察笔录、刑事科学技术照片；被告人户籍证明、前科证明及其他相关证据证实。

二、法院裁判结果及理由

本案由济南铁路运输检察院依法提起公诉。经济南铁路运输法院开庭审理，确认检察机关指控的犯罪事实及有关证据。法院认为：被告人梁某某以泄愤报复为目的，3 次剪断铁路电气化接触网支柱拉线，破坏铁路施工单位的正常生产经营秩序，其行为已触犯《刑法》第 276 条之规定，构成破坏生产经营罪。以破坏生产经营罪，依法判处梁某某有期徒刑 3 年。

三、法律适用问题解析

1. 关于被告人行为的定性。本案中，被告人实施破坏行为的主观故意很明确，就是因为施工单位不给其涨工资，由此产生给铁路"找麻烦"的想法。在这种主观故意的支配下，被告人 3 次剪断接触网支柱拉线，显然不止是针对支柱拉线这一特定物品进行损坏，其更深层的想法是破坏铁路施工、运营单位的生产经营秩序，从而达到泄愤报复的目的。因此，从主客观方面分析，被告人行为更符合《刑法》第276条规定，检察机关以破坏生产经营罪起诉、法院以同罪名判决是恰当的。

2. 关于经济损失的计算。破坏生产经营罪行为对相关单位的生产经营秩序造成严重破坏，而衡量这种破坏程度的客观标准就是经济损失。与故意毁坏财物罪不同，对破坏生产经营罪不仅应当计算直接经济损失，而且应当计算破坏行为所造成的间接经济损失，如受害单位组织抢修人力、租用机械设备以及占用时间进行修复等相关费用。这就要求我们在实际办案工作中严把证据关，全面考察被害单位是否出具相应的损失证明，是否详细列明所产生的相关费用，对破坏行为所造成的直接和间接经济损失数额一并纳入，并在支持公诉时予以着重阐明，为法院依法酌情量刑提供准确依据。

四、案件点评

在铁检机关司法实践中，破坏生产经营案件较少遇到，但在铁路运输、工程建设领域，此类问题却有着潜在风险；因此，及时有力地查处涉铁破坏生产经营案件，对于维护铁路运输安全和生产经营秩序具有重要意义，应当引起高度重视。在本案审查起诉中，办案人员对被告人行为性质一度产生分歧；经过反复研究、观点碰撞，最后在准确理解法律精神的基础上达成共识，使这起案件最终得以顺利起诉和审判，并取得良好的效果。此案的成功办理，为检察机关查处同类案件积累了一定经验，不失为一件可资借鉴的实战案例。

作者：济南铁路运输检察院　徐　妍

后　记

　　在最高人民检察院、铁路运输检察厅领导高度重视和各级铁检机关的支持参与下，本书编写历时一年多，五易其稿，如今终于画上句号。掩卷沉思，此刻的心情却并不比开始时轻松多少。

　　为了达到"检察业务指导"的目标和效果，本书在编排上力求涵盖侵犯财产罪刑事检察、法律监督理论与实践的各个要素，尽量选取铁检机关近些年所办结的各类典型案例；内容表述也力求言出有据，准确适用相关法律法规和司法解释，充分采纳法学理论和检察实务的通说，避免作者一家之言或者创设新奇观点，试图为读者学习研究和规范办案提供一个正确的指引。但由于编者学识有限，初次尝试经验也不足，能否得偿所愿，还有待方家同仁和实践检验——这也正是编者在书稿完成后依旧忐忑不安的隐衷。

　　令人感动的是，这部近 30 万字的书稿，字里行间凝聚了许多检察同仁辛勤的汗水。除北京铁路运输检察分院特别是石家庄铁路运输检察院主要负责综述撰稿、案例编纂与统合修改等工作外，西安、郑州、济南、南昌、昆明、哈尔滨、吉林、太原、兰州、上海、成都以及安康、白城、大同、天津、杭州、齐齐哈尔等铁路运输检察分院和基层院还提供了大量案例材料，参与本书撰稿、修改的业务骨干多达 60 余位。本书编写得到诸多同仁朋友的支持帮助：昆明铁路运输检察分院检察委员会专职委员申娴同志在百忙中审阅书稿，提出许多指导意见；铁路运输检察厅原副厅长王光月、副厅级检察员韩晓黎、刑检一处处长陈旭文和助检员姜耀飞等同志为本书编辑组织、资料收集和稿件把关等做了大量工作；中国检察出版社副社长常艳、第二编辑室主任周密和责任编辑三位同志为本书框架设计和稿件内容提出许多宝贵意见。在此一并致以诚挚谢意！

编　者①

2017 年 3 月 22 日

---

① 本书主编曹康，现任最高人民检察院铁路运输检察厅副厅级检察员、二级高级检察官，兼任中国检察官协会铁路检察官分会副会长；副主编李睿杰，现任石家庄铁路运输检察院检察委员会专职委员、四级高级检察官、河北省检察理论专家；副主编刘光辉，现任石家庄铁路运输检察院一级检察官、全国铁路检察机关理论研究人才库成员。

图书在版编目（CIP）数据

侵犯财产罪刑事检察/曹康主编 . —北京：中国检察出版社，2017. 11
ISBN 978 - 7 - 5102 - 1998 - 6

Ⅰ. ①侵…　Ⅱ. ①曹…　Ⅲ. ①侵犯财产罪 - 刑事诉讼 - 中国
Ⅳ. ①D924. 354

中国版本图书馆 CIP 数据核字（2017）第 243040 号

侵犯财产罪刑事检察

主　编　曹　康　　副主编　李睿杰　刘光辉

出版发行：	中国检察出版社	
社　　址：	北京市石景山区香山南路 109 号（100144）	
网　　址：	中国检察出版社（www. zgjccbs. com）	
编辑电话：	(010) 86423704	
发行电话：	(010) 88954291　88953175　68686531	
	(010) 68650015　68650016	
经　　销：	新华书店	
印　　刷：	北京朝阳印刷厂有限责任公司	
开　　本：	710 mm ×960 mm　16 开	
印　　张：	29	
字　　数：	398 千字	
版　　次：	2017 年 11 月第一版　2017 年 11 月第一次印刷	
书　　号：	ISBN 978 - 7 - 5102 - 1998 - 6	
定　　价：	80. 00 元